主 办

教育部人文社会科学重点研究基地
上海师范大学都市文化研究中心
上海高校都市文化 E- 研究院

主 编

苏智良　陈　恒

编　委（以姓氏笔画为序）

王安忆　王　旭　王晓明　许纪霖　孙　逊　苏智良　杨远婴　杨剑龙　陆伟芳
陈思和　周大鸣　周振华　唐力行　葛剑雄　詹　丹　熊月之　潘建国　薛　义

本书系国家社科基金重大招标项目多卷本《西方城市史》(17ZDA229)阶段性成果

都市文化研究
Urban Cultural Studies

Urban World
and History

中文社会科学引文索引 (CSSCI) 来源集刊

第23辑

城市世界与历史

上海三联书店

CONTENTS 目录

城市与社会

艺术中的都市文化

光启评论

城市与社会

假如全世界的城市都像费城一样：
建构城市史[①]

[美]山姆·巴斯·华纳　文　刘慧敏　译

从美国历史学家开始撰写他们所定义的城市史的那一刻起，他们就认为城市是一个特定的地点，是一种环境或多种环境的集合，因此是需要进行专门历史研究的领域。老亚瑟·施莱辛格（Arthur M. Schlesinger Sr.，1888—1965）在其极具开创性的著作——《城市的兴起，1878—1898》（纽约，1933年）一书中提到，当时美国社会都已经注意到的，包括城市空间拥挤、市政管理混乱、市中心频密的经济社会交流和郊区的生活节律问题，这些问题迫使人们适应——如果他们想生活得更好，甚至如果他们想生存下来的话。无论是研究移民、工业城市还是殖民城镇，其后的城市史学家都一再断言：城市，无论是整体还是某个方面，都涉及居住其中的男男女女们的生活，讲述着他们的故事。但是，迄今为止，历史学家未能以任何系统的方式来研究城市的这种独特性。

或许是因为城市被当作一个真实存在的特殊地点或者地点集群，其本身的研究价值就被忽略了；或许是对城市方方面面的研究需要历史学家们花费很长时间去挖掘当地城市的细节，所以几乎没有人能够进行长时段的城市历史或是比较历史研究；又或许，目前为止地方志式的城市史传统一直强调每个

---

① 本文译自山姆·巴斯·沃纳1968年发表在《美国历史评论》上的专题论文：《如果全世界都是费城：建构城市史，1774—1930》[Sam Bass Warner Jr.："If All the World Were Philadelphia：A Scaffolding for Urban History，1774‑1930"，*The American Historical Review*，Vol. 74，No. 1 (Oct. 1968)，pp. 26‑43]。

城市的独特性,使得历史学家们忽略了城市各方面的比较性和相关性研究。不管是什么原因造成的这种研究体系的缺失,在施莱辛格开创城市史专业35年后,城市史研究仍然缺乏对主要城市的系统性研究,也缺乏一个便于读者进行城市历史比较的书写习惯。

　　缺乏系统性研究给城市史带来了严重的后果。美国高校中城市史课程的教师必须按时间顺序将书中的内容呈现给学生,尽管这些书的主题都是城市化,但它们都不涉及内容之间的比较。这就使得这些书中共同触及的美国城市史中的一些重要问题可能会被忽略。例如,从卡尔·布莱恩博(Carl Bridenbaugh)对殖民城镇的描述,奥斯卡·汉德林(Oscar Handlin)对1830年至1880年波士顿城市的分析,到雅各布·里斯(Jacob Riis,1849—1914)对纽约下东区的描述和林肯·斯蒂芬斯(Lincoln Steffens,1866—1936)对市政腐败的研究,再到吉尔伯特·奥索夫斯基(Gilbert Osofsky)所写的哈莱姆历史,[1]在这些著作中,汉德林、里斯和奥索夫斯基都对城市环境进行了分析,尽管其数据不一定能够经得住大量相关知识的验证。布莱恩博和斯特芬斯则缺乏关于城市环境的分析。后者的论据基于对20世纪初期城市工业结构的解释,但是其他的著作并没有提及这一时期之前或之后的城市工业结构。布莱恩博的著作中提到了镇上的移民,但没有提到关于文化适应的问题。令老师和学生感到沮丧的是,这些书无法共同描绘出一个连续的知识结构,而且即使我们按照涉及的时段阅读目前的城市史著作,也无法了解城市化的大致过程。除非是最具想象力的读者,否则对于普通读者来说,目前的城市史书籍看起来就像是一些相互间没有联系的"城市传记"的集合。

　　后来不时地有人提出更系统的观察城市环境变化的方法。施莱辛格的著作发表后不久,刘易斯·芒福德(Lewis Mumford,1895—1990)写下了涉及欧洲和美国的大区域城市历史:《城市文化》(纽约,1938年)。在书中,他以技术为标准将城市历史划分为三个时期,在不同时期不同技术影响下,城市环境有

① Carl Bridenbaugh, *Cities in the Wilderness: The First Century of Urban Life in America, 1625 - 1742*, Ronald Press, New York, 1938, and *Cities in Revolt: Urban Life in America, 1743 - 1776*, New York, 1955; Oscar Handlin, *Boston's Immigrants: A Study in Acculturation*, Cambridge, Mass., 1941; Jacob Riis, *How the Other Half Lives: Studies among the Tenements of New York*, New York, 1890; Lincoln Steffens, *The Shame of the Cities*, New York, 1904; Gilbert Osofsky, *Harlem: The Making of a Ghetto. Negro New York, 1890 - 1930*, New York, 1966.

所不同。① 经济史学家则以发展阶段来划分城市史,他们的分期方式对芒福德的技术分期学说进行了补充。经济史学家将城市的规模与经济功能相关联,从而将城市历史与工业化历史直接联系起来。② 经过推论,可以将城市内部环境与宏观经济变迁联系起来——将城市内部环境视作本地、国家和国际市场不断升级的规模和复杂性的结果。因此,美国殖民城镇成为大西洋系统手工业品和小商品的交换地,19 世纪初移民去往的大城市成为地区间贸易增长的产物,现代大都市已成为高度专业化的区域和区域间交流的产物;在跨区域的交换过程中,各种服务已逐渐取代了较早的具有重要意义的制造业和商业功能。这种城市连锁反应的概念与工业化的概念一样古老。值得注意的是,经济史学家区分城市发展和变化关系的能力也在不断提高。

如今可以整理城市史学家们在研究过程中乐于收集的基本史料,以展示芒福德和经济史学家们所提出的城市发展的连续性。这种方法可以使作者、继而使他的读者更明确主题,使作者和他的读者将特定事件放在大西洋城市化的过程中。简言之,有序地陈述历史事实可以为城市史研究提供史料支撑。

本文将费城人口资料进行了系统的梳理,以 1774 年、1860 年和 1930 年划分为三个阶段。将按顺序讨论费城的人口增长、工业化过程、工业区和生活区空间位置的相对改变、居民住宅区密度以及劳动力的组织结构等问题。费城作为在美国早期就发展起来的大城市,很早就发生了工业化,因此具有这样的典型性。

根据最新估计,1775 年费城(包括费城、北利伯特和南沃克)的人口为 24,000。③ 这样的城市规模无法与爱丁堡和都柏林那样的大城市相提并论,④

① 在这部作品及其前身《技术与文明》(纽约,1934 年)中,芒福德详细阐述了苏格兰生物学家、城市规划师帕特里克·格迪斯(Patrick Geddes)在其著作《革新中的城市》(伦敦,1915 年)首次提出的方案。

② Eric E. Lampard, "History of Cities in Economically Advanced Areas", *Economic Development and Cultural Change*, III, Jan., 1955, pp. 81 - 136; Eugene Smolensky and Donald Ratajczak, "The Conception of Cities", *Explorations in Entrepreneurial History*, 2nd Ser., II, Winter 1965, pp. 90 - 131; 以及 Philip M. Hauser 和 Leo F. Schnore 在 *The Study of Urbanization* (New York, 1965)中对各种城市史研究的系统方法进行的极具价值的调查。

③ 此数字是根据手稿税单和警员的报税表计算得出的。本文中其他的移民数据统计数据从 1774 年开始。人口规模数据与 Everett S. Lee 在 *The Growth of Seaport Cities, 1790 - 1825*, ed. David T. Gilchrist (Charlottesville, Va., 1967),28 中的人口数据一致。

④ Bridenbaugh, *Cities in Revolt*, p. 217.

只是一个像欧洲或者拉丁美洲的一些城镇那样的普通地方城市。虽然是一座新城,但它的自然环境、社会环境和经济环境与欧洲世界一些已经发展起来的大城市极为相似。这一特点表明,将费城与欧洲或者拉丁美洲的一些地方城市相比较,我们可以揭示出大城市工业化之前的城市面貌。

1860年,合并后的费城(1854年与费城县合并)拥有56,600人口,在人口数量上仅次于纽约。[1] 其发展速度非常之快,以至于它一跃成为当时世界上最大的城市之一,其规模与维也纳和莫斯科的旧城区或利物浦的新城区相同。与利物浦一样,工业化、移民和繁荣是其标志。

到1930年,费城的人口(辖区与1860年相同)已增至1,951,000。此后,它一直与纽约、芝加哥、洛杉矶和底特律并称为全美的"五巨头"。与世界其他城市相比,它排名第十二,仅次于大阪、巴黎、列宁格勒和布宜诺斯艾利斯。[2] 在这一时期费城面临最主要的问题是:这样一个规模空前的城市该如何管理其大规模的城市人口和经济活动。

虽然不太可能对一个半世纪以来的城市居民的职业进行准确的划分,但粗略地列出清单也有助于了解城市经济生活的特点。对费城的统计引出了两种截然不同的观点:城市发展的连续性观点和城市发展的阶段性观点。

在连续性方面,我们从下表中可以看到的差异只有几个百分点,这既表明了城市生活的稳定性,也指出了一些基本的变化。例如,在表I中,制造业所占比重从52.4%下降到45.3%,专业技术性工作所占比重从3.1%上升到6.3%,建筑业所占比重从7.6%上升到8.1%。尽管历史学家通常认为1774年到1930年间美国发生了巨大变化,但在这150年中,该市的基本职能始终没变:为居民提供衣服和住房、专业服务和市场,并为其居民及其贸易伙伴制造商品。从客观上讲,即使是有某个行业的就业量急剧下降或上升,例如运输工作者数量的减少和公司职员数量的增加,都可以被看作是城市贸易的转变,

---

① 纽约的人口是805,651人,布鲁克林的人口是266,661人,两地总的城镇人口数量是1,072,312人,巴尔的摩以212,418人的人口规模位居全美第三(*U. S. Eighth Census*:1860, *Population*, I, xxxi - xxxii.)。

② 1860年和1930年的人口数据来自于Vladimir S. Woytinsky and Emma S. Woytinsky, *World Population and Production*, New York, 1953, pp. 120 - 122. 城市人口都是根据其政治区划而不是大都市区而定。

而不是其历史功能的改变。这种城市发展的连续性观点有利于政治史的书写,因为它解释了商业对于城市发展、城市领导者的商业化以及商业意识形态对各级城市政治机器的产生的持续性影响。

表 I 1774 年—1930 年费城的工作结构部分要素所占比例①

	1774 年	1860 年	1930 年
职业:			
所有行业的劳工	13.3	8.1	8.7
各种文员,办公室和销售	0.8	3.4	13.9
所有其他职业	85.9	88.5	77.4
	100.0%	100.0%	100.0%
按行业类别划分的工人:			
制造业和机械工业	52.4	54.9	45.3
建筑	7.6	8.3	8.1
服装	7.6	11.7	4.5
面包房	3.3	0.9	1.2
钢铁,造船	6.2	4.5	4.7
汽车和高炉,钢铁以外的金属加工	2.0	2.4	0.6
造纸和印刷业	0.8	3.2	2.9

① 这是费城第十五次人口普查的数据,根据职业分类并且按字母顺序排列(华盛顿特区,1930 年)。一个特例是:木制造船业已被归类于 1774 年和 1860 年的钢铁和造船业类别中。表中选取的类别着重显示出这三个时期中的特殊性和连续性,与银行业不同,包括许多非特定的柜员。与柜员一样,棉纺织业中也包含许多非特定的操作工,以便于看出 1774 年或者 1860 年的数据回升。1774 年和 1860 年中有些无法按行业分配的职业,例如绅士、寡妇、文员、特工、操作员、劳工、领班和助手,因此未被统计在内。1774 年,1860 年和 1930 年之间的分类差异可能导致表 III 的相异性指数出现小幅波动。在某些情况下,为清晰起见,某些工业类别的普查名称已更改。人口普查的"其他钢铁"类别在表中显示为钢铁、造船业、汽车和高炉除外;普查的"其他纺织品"为杂类纺织品,羊毛和针织品除外;人口普查的"其他专业人员"将显示为"专业人员"和"半专业人员"(娱乐除外)。该表的类别(旅馆、洗衣房和家政服务,奴隶和契约仆人除外)被归于旅馆、饭店和寄宿公寓三个行业之中。1774 年的职业清单是通过仔细比较费城县 1774 年的省财产税清单和 1775 年费城警察局申报表上的名称而得出的。税单存放在哈里斯堡的宾夕法尼亚历史博物馆;警员的调查反馈书在费城市政厅的费城档案馆中。1860 年的资料是从 3,666 人的随机样本中抽取的,这些样本取材于费城县最初的第八次人口普查计划,这次的普查资料现已存放在国家档案馆中。1930 年的数据是从我手上未出版的第十五次人口普查时间表中抄录的。

续　表

	1774 年	1860 年	1930 年
除羊毛和针织品以外的其他纺织品	1.8	4.8	3.8
其他制造业	23.1	19.1	19.5
非制造业：	47.6	45.1	54.7
批发和零售（汽车除外）	21.1	11.2	15.3
运输（铁路运输除外）	12.3	3.6	2.6
专业和半专业（娱乐除外）	3.1	4.3	6.3
旅馆，洗衣房和家政服务（奴隶和契约仆人除外）	5.9	21.8	12.8
其他非制造业	5.2	4.2	17.7
	100％	100％	100％
总数	3,654	3,012	864,926

通过将职业信息分类可以从阶段性的角度理解费城的历史。例如，通过比较 1774 年（52.4％）、1860 年（54.9％）、1930 年（45.3％）制造业和机械行业人员的百分比的变化，可以看出自 1774 年制造业从业人员比例达到峰值后，费城中从事制造业的人员比例不断下降。这种理解似乎是符合实际的，因为 1774 年的数据甚至低估了制造业从业人员的比重。殖民地税单看不出女性的家庭劳作，但她们的工作是该市商品生产的重要部分。确实，一位经济史学家统计过，在革命前夕，有 4,000 名费城妇女在从事纺纱和编织工作。[①] 如果这种说法是正确的，那么费城的工业化进程就具有特殊性。工业组织和机械行业从业比例的连续变化使得越来越多的人脱离制造业而从事其他行业，而且城市工业化进程是持续的，这就导致制造业需要的人口越来越少。这一趋势与我们的原有认识并不符合，我们一般认为，从杰克逊时代到胡佛时代，城市制造业人口是不断增加的。

我们还可以对职业和产业分化进行更详细的比较。伴随着费城在大西洋地区和美国经济中的作用的变化，这些分化反映了费城经济结构的变化。在 1774 年至 1860 年的第一波工业化浪潮中，办公室和销售文员的数量成倍增加，非熟练劳动力的比例迅速下降。但是，随着传统进口批发商和零售商的分

---

① Anne Bezanson, *Prices and Inflation during the American Revolution：Pennsylvania，1770 -
1790*, Philadelphia, 1951, p. 129.

离,综合性批发和零售业更加专门化。与海上和陆上运输业的急剧下降相比,服装、造纸、印刷以及纺织业等一些新兴产业逐渐占据重要地位。

在第二次工业化浪潮中,1860 年到 1930 年的办公室和销售人员所占比重再次成倍增长,但是非技术工人在劳动人口中所占比例基本保持稳定。服装、印刷、烘焙和纺织品的重要性相对下降,尽管它们仍然是费城劳动人员所从事的主要行业。新兴产业,特别是电机和汽车零部件产业迅速崛起。[①] 制造业的这种变化是在费城人从事制造业的比例普遍下降以及专业性行业、政府、商业和某些服务业迅猛增长的背景下进行的。

总而言之,即使是这样一个粗略的表格(表 IV)也表明,费城尽管兼具制造业、银行业和运输业这样独特历史组合,却也符合科林·克拉克(Colin Clark)提出的美国和欧洲工业化的总体趋势。[②] 费城经济努力从早期集中于制造业和商业向现代化的服务业、教育行业和政府转变。

与所有美国大城市一样,费城的经济发展是由大量本地农村人口和外国移民推动的。连续不断的移民浪潮已经有详实的文献记录,国内移民如今也已经可以以州为单位进行统计。[③] 今天我们关注的社会和政治问题——内城的黑人化和外城的白人化——已经使人们快要忘记一些城市是如何形成的了。贫困人口聚居城市中心和富裕阶层的郊区化始于 19 世纪后期,并不是第一次城市发展浪潮的特征。[④]

美国城市化从一开始就存在中心—边缘的分布模式,但并不如后来明显且分布特征相反。1774 年,由于特拉华河码头附近土地价格的不断提高,穷人被迫聚集到了城市的边缘。从那以后,整个 19 世纪早期,费城快速发展,但没有足够的旧房屋来容纳涌入城市的穷人。

---

① 见表 IV 和 Gladys L. Palmer, *Philadelphia Workers in a Changing Economy*, Philadelphia, 1956, pp. 20 - 52。

② Colin Clark, *The Conditions of Economic Progress*, 2d ed., London, 1951, Chap. ix。

③ Conrad Taeuber and Irene B. Taeuber: *The Changing Population of the United States*, New York, 1958; Simon Kuznets et al. *Population Redistribution and Economic Growth*, United States, 1870 - 1950, 3 vols., Philadelphia, 1957 - 1964.

④ Sam Bass Warner, Jr., *Streetcar Suburbs: The Process of Growth in Boston, 1870 - 1900*, Cambridge, Mass., 1962. 详细介绍了波士顿的这种核心-环形的发展模式;Leo F. Schnore, *The Urban Scene, Human Ecology and Demography* (New York, 1965)展示了 1950—1960 年间美国大都市中种族、教育和收入三种因素影响下产生的三种不同的发展模式。

　　就像今天蓬勃发展的拉丁美洲城市的居民一样，各个收入水平的费城人都必须在新建筑中安家。19世纪的城市卫生巡查员们报道了棚户区、棚屋、后街住房、廉价公寓和大规模改建房里骇人听闻的恶劣条件，揭示了贫困家庭的困境。[①] 在这种情况下，穷人在各处的后街住房、没有被商业占用的破旧街道上，特别是在土地最便宜的或者无人管理的城市边缘地带上定居下来。

　　如果将劳工群体作为低收入家庭的代表，那么表 II 显示，1860 年贫困人口集中在城市边缘而不是城市中心。公司职员集中在市中心附近。木匠，工匠，制鞋匠和裁缝等普通职业比较平均地分布于这两个区域之间。到 1930 年，城市中心已经出现了大量廉价旧住房，显示上述格局已经改变。廉价房屋的租赁者主要集中在城市中心，郊区的居住者则是在市中心拥有房产者和中等收入者（月收入 \$50.00— \$99.00）。

　　从移民的所在地可以观察到一种互补模式。1860 年，除了分布在该市外围纺织厂附近的英国人外，其他移民都均匀地分布在城市外环和核心区域之间。到 1930 年，主要的移民群体——意大利人、波兰人、俄罗斯人和新来的黑人都集中在市中心的廉价住房里。到了 20 世纪，就像早期大城市一样，收入不均、种族问题和种族隔离已经成为这个工业化大都市的特征。

表 II　外国裔美国人和黑人的择业和终身职位百分比[②]

1860 年							
	黑人	外国裔美国人	英国人	德国人	爱尔兰人		总人口数
城市外环	34.90%	62.10%	73.70%	60.40%	60.80%		61.90%
城中心	65.10%	37.90%	26.30%	39.60%	39.20%		38.10%
总人数	22,185	168,556	22,398	43,833	94,989		565,529

① *Transactions of the American Medical Association*，II，1849；John H. Griscom，*The Sanitary Condition of the Laboring Population of New York*，New York，1845.

② 核心区域是费城最初发展的中心城区，1860 年市中心有 5—10 个行政区；城市边缘有 18 个行政区，其数量远高于城中心。黑人聚集的位置信息来自于美国 1870 年第九次人口普查；外国裔的位置是统计时根据美国国家档案馆的第八次人口普查记录抄录而来，误差不超过 1%。各类职业的分布位置来自于 *McElroy's Street Directory for 1860*. 南 48；西 34、46、40；西北 38、21、22、42；核心范围是费城的 37 个内区。所有数字均根据 1930 年第十五次人口普查未发表的统计数据计算得出。拥有房屋的家庭加上租房居住的家庭所占比例并没有达到 100%，因为有 3,497 个家庭被列为租房家庭，但是并未统计出在其他地方是否有房产。(*U. S. Fifteenth Census*：1930, *Population*, *Families*, IV, pp. 1162 – 1163.)

续　表

	劳工	银行职员	木匠		制鞋工	裁缝	样本数
城市外环	75.50%	40.60%	61.70%	69.50%	66.90%	68.90%	58.90%
城中心	24.50%	59.40%	38.30%	30.50%	33.10%	31.10%	41.10%
样本人数	442	283	149	82	181	122	4,740

1930 年							
	黑人	英国人	德国人	爱尔兰人	意大利人	波兰人	俄罗斯人	人口总数
城市外环	19.70%	52.60%	43.80%	52.00%	29.50%	27.40%	30.00%	70.40%
城中心	80.30%	47.40%	56.20%	48.00%	70.50%	72.60%	70.00%	29.60%
总人数	222,504	36,593	38,066	31,359	68,156	30,582	80,959	1,950,961

	有私有住房	租金低于 15 美元	租金 15—29 美元	租金 30—49 美元	租金 50—99 美元	租金高于 100＋美元		家庭总数
城市外环	52.40%	10.90%	16.80%	40.30%	60.50%	44.20%		44.20%
城中心	47.60%	89.10%	83.20%	59.70%	29.50%	55.80%		55.80%
家庭数量	232,591	10. ,142	63,432	96,026	36,427	6,538		448,653

不同收入、族裔和种族群体在城市核心与边缘的分布形态对理解费城社会史与社会地理十分重要，同样重要的还有居民人口的分布密度。例如，印刷商店和印刷厂等产业的集聚是为了建立某种类似于中世纪行会的慈善团体或者工会，印刷匠居住分散是否意味着只有通过店铺才能建立起协会？各个时期的移民是否一直紧密地聚集在一起，是便于通过各个移民民族的聚集来体验美国文化，还是将移民与其他大部分穷人混在一起，使他们适应美国穷人文化的过程？聚集强度的变化也将影响历史学家对政治代表及其选区条件的评估，以及医院、学校、剧院和酒吧等城市机构服务的评价。通过观察表 I 中按行业组别分类的工人所在的选区，再加上关于出生地和租金的信息（如果有的话），就可以比较 1774 年、1860 年和 1930 年的移民工人的居住位置。

费城的居住集聚现象是惊人的。在 1774 年至 1860 年之间，行业的要求和便利性使某些行业的成员纷纷聚居。然后，随着城内交通的改善和大型企业组织的建立，这种像蜂巢一样的聚集形式的必要性逐渐减弱。随着这种产业集群现象的消失，基于收入、种族、外国移民和阶级划分居住区已经成为大城市的组织原则（表 III）。

表 III 1774 年的费城县、南沃克和北部自由区与 1860 年和 1930 年的费城市的相异指数①

1774 年	指数	1860 年	指数	1930 年	指数
				租金低于 15 美元每月	56
				意大利裔美国人	50.7
				美国本土黑人和外国裔黑人	50.7
				租金超过 100 美元	50.2
		黑人,自由人,本土美国人	47.3		
劳工	37.2			俄罗斯裔美国人	44.4
				波兰裔美国人	44
				各种各样的纺织品	42.3
钢铁制造业之外的脑力劳动者	32.5	各种纺织业	40.3		
				租金 15—29 美元	35.3
		德裔美国人	34.1		
				德国裔美国人	32.4
钢铁行业和造船业	29.4			租金 50—99 美元	31.5
造纸和印刷业	29.4			酒店,洗衣工,操作工	30.8

---

① 表格中的差异性指数为读者提供了一些参考依据,使读者可以比较 1774 年、1860 年、1930 年的住宅集群密度。社会学家经常使用该指数来讨论现代美国城市中的种族隔离问题。该表中数据信息对于当代研究的价值变低了,因为所有表格都基于每个市辖区的数据,市辖区数量是该市三个时期在进行人口普查时可得的唯一一分支。每个分组(劳工比例、爱尔兰裔美国人或者其他种类)在各区中的比例数量来推断该类别在城市总人口中所占的比例,然后计算出该市各类人口和劳工的数据。该指数衡量的是该小组在某些市辖区聚集的程度,应该高于其在城市总人口中所占的实际比例。它是衡量一组人口与城市中所有其他人口相比的分布变化的依据。如果其所占比例为 0,则将在该城市的每个区中将所讨论的组按其在整个城市人口中的比例进行分配。如果比例为 100,则该组将完全集中在其一个或多个区中,并且没有其他群体。Taeuber and Taeuber, *Negroes in Cities*, 203 - 204,223 - 238 中对指数和其他测量聚类的方法有完整的解释。该表的职业分类与表 I 注释中提及的来源相同。有关 1774 年数据背后档案研究的更完整描述,请参见 Sam Bass Warner, Jr., *The Private city*: *Philadelphia in Three Periods of Its Growth*, Philadelphia, 1968, pp. 225 - 228。

续　表

1774 年	指数	1860 年	指数	1930 年	指数
		面包房	30.7		
				制衣工	27.7
		钢铁和造船业	29	除铁路运输外的其他运输业	27.2
除铁路运输以外的运输业	24.7			除北爱尔兰裔美国人以外的英国人	26.6
各种纺织业	24.3				
				除娱乐行业以外的专业工人	23.1
		酒店,洗衣工和操作工	25.9	家庭职业	22.6
制衣工	22.3	钢铁行业以外的脑力工作者	25.6		
		娱乐行业以外的专业技术人员	25.4		
建筑行业	21.2			南北爱尔兰裔美国人	21.5
批发行业和零售行业	20.5	劳工	21.9	钢铁制造和造船业	20.8
		制衣工	21.8		
德裔美国人	19.7				
娱乐行业以外的专业技术人员	19.7	南北爱尔兰裔美国人	19.8		
面包房	16.7	铁路运输以外的运输业	19.6	租金 30—49 美元（中产阶级）	17.7
		造纸和印刷业	19	除钢铁、铁路的脑力劳动	16.4

续　表

1774 年	指数	1860 年	指数	1930 年	指数
酒店清洁工,洗衣工和维修工	15.1			面包房	15.2
		建筑行业	16.4	造纸业和印刷业	11.4
私房屋主	6.1			建筑业	10.4
		宾夕法尼亚州本地美国人	10.1		
		批发商和零售商	9.6	批发商和零售商	5.3

随附的相异指数(表 III)代表了高密度行业集群和低密度行业集群之间的便利界限。[①] 一些行业,例如建筑业、批发业和零售业,其从业者很少大规模集聚。在 1774 年,工人的住所最为集中且分布在城市外围。印刷工主要聚居在城市外围,而港口附近则居住着大量的造船厂工人,铁匠,锡匠和铜匠(这些职业包括在表 III 的美国人口普查类别中,分别为钢铁以外的金属加工,钢铁和造船,造纸和印刷业)。

费城这座大城市在 1860 年一定程度上延续了产业集聚的趋势:律师和医生等专业人员在市区附近生活和执业;面包师也在市区和 11 个大型的公共市场附近居住。纺织业是这个时代最强大的工业集群,直到 1930年仍然如此。从 1860 年的表格中可以看到未来的趋势,即酒店、洗衣房和家政工人也开始集聚。基于这种需要,他们大多聚居于费城市区南部的未开发地区或者贫民窟。自由黑人的存在也表明了种族隔离制度的长期存在,他们所受的种族隔离是最严重的。德裔移民聚居在城市的北部,但是最大的移民群体爱尔兰人,则分散在城市中各个街区的地下室、小巷和阁楼里。[②]

---

① Karl E. Taeuber and Alma F. Taeuber, *Negroes in Cities: Residential Segregation and Neighborhood Change*, Chicago, 1965, pp. 43 - 62.

② 我比较了 1860 年同一时期内费城和波士顿两地的行政区中的外国人口出生比例。结果相同:这都表明爱尔兰移民与当地贫民和各个阶层的融合也发生在波士顿。波士顿的相异指数值(十二个选区),1855 年:外国出生的爱尔兰人占 8.0%;外国出生的加拿大人占 13.9%;外国出生的德国人和荷兰人占 33.8%。(*Census of Massachusetts: 1855*, Boston, 1856, pp. 124 - 127.)

在 1930 年,除了纺织行业从业者外,高薪的熟练工人分散居住在城市之中,与所就业的行业的分布没有必然联系。表 III 所示的新出现的聚居群体是那些缺乏专业技能且薪酬不高的人:卡车司机、邮递员、水手、成衣工人以及旅馆、洗衣店和家政服务人员。这些也是黑人和新移民经常从事的行业。1930 年的数据显示出现代大都市区的空间格局:低技能劳动者聚居在低租金区域。可以肯定的是,所有弱势群体并没有生活在同一个地方,但是这些群体都分布在各地的廉价住房区域内。在 1920 年的费城,市中心和城市北部的老工业区是主要的租金洼地。当然,有钱人则聚居在其他城市的其他区域并且与最贫穷的黑人隔离开来。

这些趋势符合美国大都会发展的总体趋势,并且与建筑物的年代有高度关联。它们还反映了 20 世纪初美国人对外国移民的强烈排斥和对黑人的强烈歧视。从这个意义上讲,费城的历史似乎与美国城市发展、移民和工业化的整体历史脉络相吻合。①

对于大城市感兴趣的社会史学家大多关注移民问题,而劳工史学家们却并未关注城市本身,所以美国历史研究未能触及城市环境与以工作场所为基础的社会组织间的相互作用。即便最简单的统计数据也揭示出,我们忽略了一系列具有广泛影响和巨大意义的事件。将城市的大多数经济活动按照行业群组划分,就像汽车或电力的引进一样,对城市各方面的研究产生革命性的影响。从这样的维度来观察费城,这座城市在 1774 年、1860 年和 1930 年之间有着明显的不同。

在 18 世纪的费城,除了极少数例外,大多数人独立工作或与家人一起,或者有一个固定搭档或者一两个助手。② 第一次工业化浪潮后,城市大多数制造业工人都进入到有组织的工作中(表 IV)。在我看来,将工作任务合理化并

---

① 我在华盛顿大学研讨会上的学生对 1910 年和 1950 年的相异指数进行了一些计算,得出的值与 1930 年在费城为巴尔的摩、波士顿、芝加哥、辛辛那提、休斯敦、堪萨斯城、洛杉矶、路易斯维尔给出的值一致。斯坦利·利伯森(Stanley Lieberson)使用类似的方法仔细研究了波士顿、布法罗、芝加哥、辛辛那提、克利夫兰、哥伦布、费城、匹兹堡、圣路易斯和锡拉丘兹的族裔模式。他的结果与我对费城的数据分析结果大致相同。(Stanley Lieberson, *Ethnic Patterns in American Cities*, New York, 1963, pp. 209 - 218.)

② 除了城市中的造船厂、铁路和酒厂之外,美国的农业或者林业都是集体工作,军队和军舰也是如此。(Richard B. Morris, *Government and Labor in Early America*, New York, 1946, pp. 38 - 40; Carl Bridenbaugh, *The Colonial Craftsman*, New York, 1950, pp. 126 - 129, pp. 136 - 139, pp. 141 - 143.)

在同一个厂房内分配而不是分散于邻里的个体工人,是第一次城市工业化浪潮最大的特征。费城制造业的大部分行业,早期生产力的提高是由于工作组织化,而不是新机器的使用。19 世纪三四十年代的暴力罢工以及反天主教和反黑人的暴动证明了这种社会变革的痛苦和革命性影响。[①] 到 1930 年,费城四分之三的劳动力——办公室职员、农场工人、商店售货员和政府工作者——都是组织化了的工作。[②]

表 IV　1860 年和 1930 年费城主要生产线的建立及其平均规模[③]

就业总人数	1860 年	各行业平均人数
98,397	所有制造业	15.6
1,255	机车制造	627.5
4,793	棉织品	94
1,131	气体混合物	75.4
3,258	棉花和木材产品	63.9
1,021	伞具制造	48.8
3,290	衣物及衣领制造等	45.7
14,387	男装	40.9
1,219	真丝流苏和边饰	39.3
1,876	造砖厂	38.3
2,285	针织羊毛	32.2
1,613	机械、普通钢铁制造	26.4
2,680	地毯制造	21.6

---

① *History of Labour in the United States*, ed. John R. Commons (4 vols., New York, 1918 – 1935), I, pp. 185 – 230.

② 由此我们可以推断出,在均人数为 15 人或以上的机构中,集体工作情况普遍存在。(William M. Hench, *Trends in the Size of Industrial Companies in Philadelphia for 1915 – 1930*, Philadelphia, 1948, pp. 7 – 8, pp. 21 – 23; *U. S. Fourteenth Census: 1920*, IX, *Manufactures*, p. 1277; *U. S. Fifteenth Census: 1930*, *Manufactures*, III, p. 444, *Wholesale Distribution*, II, pp. 1262 – 1267; Pennsylvania Department of Labor and Industry, "Employment Fluctuations in Pennsylvania 1921 – 1927", *Special Bulletin 24*, Harrisburg, 1928, p. 30.)

③ 费城一条主要的制造业生产线需要雇佣超过一千人。办公室的工作者包括工厂工人,主管,业主和雇主。在 1860 年的工业生产中,我们还忽视了像雪茄制造那样的小商品加工行业中童工的数量。(*Philadelphia Board of Trade*, *Manufactures of Philadelphia*, Philadelphia, 1861, pp. 5 – 18; *U. S. Fifteenth Census: 1930*, Manufactures, III, pp. 466 – 467.)

就业总人数	1860 年	各行业平均人数
1,190	书本装订	20
1,038	货车和公共汽车制造	20
1,326	皮革制品	15.8
8,434	鞋靴制造	12
1,627	家具和精制木制品	10.1
1,290	雪茄制造	5.6
1,138	女帽和蕾丝制品	4.9
54,851		
	1930 年	
292,616	所有制造业	52.6
1,986	精炼糖厂	662
3,103	钢铁制造厂	443.3
20,280	电机厂	375.6
1,535	造纸	307
5,105	皮革厂	204.2
8,321	杂物	180.9
8,564	雪茄和香烟制造	161.6
26,693	针织品制造	134.1
1,861	牙科用品和设备	124.1
1,245	印刷出版业	113.2
13,806	报纸杂志	99.3
3,479	丝绸和人造丝制造	94
2,219	小型棉厂	92.5
	1930 年	
1,829	药剂师制剂	91.5
5,692	棉织品	79.1
3,002	羊毛制品	73.2
3,327	衬衫	72.3
1,840	肉类包装和批发	59.4

续　表

就业总人数	1930 年	各行业平均人数
13,083	机械车间基础生产	59.2
3,227	纸箱	50.4
4,056	纺织品染色加工	41.4
4,676	家具,包括商店固定装置	41
11,680	男女服装	39.6
3,884	糖果制造	39.2
2,070	油漆制造	37.6
1,432	冰淇淋制造	36.7
1,114	结构和装饰铁制造	35.9
9,304	女装	31.3
1,464	杂物	30.5
1,463	刨床产品	28.7
1,513	有色金属	28
1,293	铜、锡和薄铁	21.9
8,413	面包糕点加工	16.5
7,319	印刷出版业	15.2
189,878		

从最简单的意义上说,这种工作组织形式的转变产生了这样一种效果,即在城市中创造了一种新的忠诚度和社会关系。宾夕法尼亚大学沃顿商学院的研究表明,与文员和销售员的流动性相对的是工厂工人的工作具有一定的稳定性,20 世纪 20 年代的大多数城市居民在四五年的流动后,逐渐安定下来从事一份固定的工作。[①] 由此可以推断,劳工在自己所在的工作组织中认识他人,在自身的社会关系中扮演着重要的角色,这样以来,这个组织自身也就具备了严明的纪律,培养了忠诚,塑造了文化。[②] 这是城市中的大部分劳工从自

[①] Anne Bezanson et al. , *Four Years of Labor Mobility*：*A Study of Labor Turnover from a Group of Selected Plants in Philadelphia*，*1921 - 1924*，Philadelphia，1925，pp. 70 - 96.

[②] 根据罗伯特·布劳纳(Robert Blauner)的建议,通过查看 The Pittsburgh Survey, ed. Paul U. Kellogg (6 vols. , New York, 1909 - 14), Alienation and Freedom：The Factory Worker and *His Industry* (Chicago, 1964); 和 Marc Fried, "The Role of Work in a Mobile Society," *Planning for a Nation of Cities*, ed. Sam Bass Warner, Jr. (Cambridge, Mass. , 1966),81 - 104. 可以更好地了解城市。

我经营转变为有组织工作的好处。

虽然关于工会组织和城市居民环境之间历史性的互动关系的研究尚未完全开始,但这种研究似乎有助于加深我们对城市发展历史的理解。在对费城的研究中我发现,即使是像按行业划分的平均规模那样的简单信息也可以加深我们对诸如行会的衰落、街头暴力问题以及费城磨坊文化的发展和郊区下城区白领文化的发展问题的理解。[①]

综上所述,此次对费城的调查以什么方式为城市史研究提供了什么样的理论基础呢? 它提供了一个描述框架,将规模的变化与结构的变化联系起来。

第一,在费城的历史每个时期(1774 年、1860 年、1930 年),这座城市的规模都发生了根本性的变化,人口数量从 2.4 万到 56.6 万,再到 195.1 万。这种转变彻底改变了城市中各种社会元素的比例,也改变了城市的环境。城市的行业和住房的基本分布以核心—环状的总体趋势在不同时期有所变化,其变化直接取决于城市的发展情况。这种社会地理变化对政治机构、城市内部的联系、市政机构和非正式协会的影响尚待深入研究。这是一个进行微观研究的绝佳角度,这些研究将重新诠释当地的历史。

第二,通过经济史的分期可以看出城市职业分布的历史变迁。费城的发展过程与这些描述高度吻合,这也表明,该市作为大西洋经济—社会共同体的一员,对交通、商业组织形式变化和技术的进步做出了反应。

第三,工业化的社会地理变迁也是其复杂变化之一。工业化的结果和工业的迅速发展之间的相互作用似乎已经使住宅隔离从职业聚类转变为阶级、种族和种族聚集。史学界对这些事件的研究方兴未艾。[②]

第四,工业化使城市产生了一种新的社会组织:工会。这些群体的性质,数量及其对大城市历史上其他事件的影响随着时间的推移发生了显著变化。同样,该主题尚未探索,需要结合本地和机构历史进行研究。

对于费城相关数据的汇总,证明了芒福德的社会技术分期和经济史学家

---

① Sam Bass Warner, Jr., *The Private city: Philadelphia in Three Periods of Its Growth*, Philadelphia, 1968.

② 在阿兰·派瑞德(Allan R. Pred)的 *Annals of the Association of American Geographers*, LVI, June 1966, pp. 307-338 中有一项关于 1840 年的曼哈顿的研究,遗憾的是,其街道目录数据并不完整。

关于发展的理论可以作为分析现代城市发展的理论基础。在现代工业化和城市化进程的各个阶段,城市规模、社会结构、经济制度和技术的统一是不可避免的。

这篇文章进行了对一个现代大都市的数据进行挖掘和分类的尝试,通过这种尝试,历史学家们可能会发现一些可以支撑他们对于城市化过程的推测的新证据。笔者进一步希望,有关费城的数据将为城市历史学家提供一个理论基础,以便在其上建立对变化的城市环境的区域性研究。而且,由于数据简单,将这些数据系统分类之后应尝试与其他城市进行比较研究,从而使我们能够验证对费城发展过程的分析是否可以作为一个全世界城市化的模型和理论基础。

作者简介:山姆·巴斯·沃纳(Sam Bass Warner Jr.),密歇根大学的教授,美国城市史学家,代表作有《有轨电车的郊区:波士顿的发展过程,1870—1900》《私有城市:费城的三个发展阶段》等。1959 年毕业于哈佛大学并取得博士学位,师从奥斯卡·汉德林(Oscar Handlin)。这篇文章的研究得到了麻省理工学院—哈佛大学城市研究联合会和华盛顿大学城市与区域研究所的支持(1962 年—1976 年)。

译者简介:刘慧敏,上海师范大学世界史专业研究生。

阿萨·布里格斯与
维多利亚时代社会史研究

王鸣彦

摘　要：阿萨·布里格斯是英国著名的社会史学家，学界普遍认为是他开启了维多利亚时代英国社会史的研究领域。布里格斯创造性地提出社会史是包括政治、经济、文化等一切要素在内的整体史，并在跨学科、跨国界的比较视野下解读了19世纪英国的人物、城市与物品，开拓了新的历史研究领域与范式。通过呈现丰富的"生活经验"和历史细节，布里格斯揭示了维多利亚时代社会发展的独特性和社会文化的多样性。

关键词：阿萨·布里格斯　维多利亚时代　社会史

1921年，布里格斯（Asa Briggs，1921—2016）出生于英国基斯利的一户工人阶级家庭。基斯利是位于英格兰北部约克郡西区的一座小城镇，以毛织业为主要生产业，这里的工作及居住空间紧凑共享，各阶级之间的关系也相对密切和谐。当时席卷全球的经济危机蔓延至整个英格兰北部，身处浪潮之中的布里格斯亲身感受到经济动荡不需要街垒和政变，就改变了整个英国的社会结构，并深刻体会到经济在社会、国家发展中发挥的巨大作用。受到20世纪初西方新史学思潮和美国芝加哥学派的影响，布里格斯从剑桥大学历史学专业毕业后，就放弃了中古史研究，将目光投向英国近代史研究。

布里格斯是一位兴趣广泛、精力充沛的学者，他的研究跨越了社会史、城市史、劳工史、传播史、物质史、科技史等多个领域，其中最主要的研究方向是19世纪的英国社会文化史。直至今日，关于维多利亚时代英国史的研究很大程度上还都受到了布里格斯研究的影响。

布里格斯史学研究的开拓性之一就在于他挑战了长期以来主导史学界的传统观念：一方面，他将研究重点从政治、军事、外交史转向社会文化史，不过他并没有否定政治的重要性，他批判了特里维廉(G. M. Trevelyan, 1876—1962)关于社会史应剔除政治内容的主张，提出社会史应该涵盖文学、经济、政治等各方面的内容，是研究一切事物的整体史。另一方面，他改变了当时英国学界对维多利亚时代社会文化的否定态度，将维多利亚时代的英国社会史纳入历史研究的范畴之中。布里格斯认为，19 世纪的英国经历了工业化、城市化、帝国主义和民主发展，进入了现代社会真正形成的时代。维多利亚时代为英国社会的现代化进程提供了模板，19 世纪的英国社会与战后经历了巨大社会、政治变革的全球社会之间存在着密切的关联。因此，研究 19 世纪的英国历史对于英国整体史，甚至是世界史的意义都非常深远。

在创新研究方法方面，布里格斯打破了学科之间的壁垒，将社会学、经济学、政治学、文学等学科的知识点和研究方法运用于历史研究之中。布里格斯提倡不同研究领域在不断的对话和借鉴之中彼此影响。[①] 他认为，跨学科研究方法突破了传统学科分类的局限，不仅加强了学科之间的知识整合，更扩大了可采用的史料来源，还能让不同领域的专家在交流中找到彼此共同的兴趣点："当不同领域的学者将注意力集中于共同的兴趣点时，他们最能为彼此提供帮助。"[②]此外，他还非常强调在进行历史研究时采用比较研究法。在 1980 年代之前的大多数学者眼中，布里格斯是运用跨学科比较法研究 19 世纪英国社会史最成功的历史学家之一。

布里格斯通过发表学术论著、评论文章或通俗性文章等方式，用大量的历史事实、生活细节构建了人们脑海中关于维多利亚时代英国社会的最初形象，其中最著名的论著当属他的维多利亚时代三部曲《维多利亚时代的人物》《维多利亚时代的城市》和《维多利亚时代的物品》。[③] 布里格斯认为，维多利亚时

---

① Asa Briggs, review of Darwinism and the Study of Society, in *New Scientist*, 27 July 1961, p. 237.

② Asa Briggs, "Family Forests", review of English Genealogy, in *New Statesman*, 23(1960), pp. 598 - 599.

③ Asa Briggs, *Victorian People：A Reassessment of Person and Themes, 1851 - 1867*, London：Odhams Press, 1954; *Victorian Cities*, London：Odhams Press, 1963; *Victorian Things*, London：B. T. Batsford, 1988.

代的每个人、每一座城市、每一件日常物品都有独特的史学价值。他在研究维多利亚时代的人物时,选取那些在各行各业中取得了一定成就的人作为研究对象;在研究维多利亚时代的城市时,更多地关注大城市之外的省级地方城市;在研究物品的时候,聚焦于人们日常生活最为普通的物件。布里格斯通过描绘大量历史细节,向读者呈现了维多利亚时代真实的社会全貌,以及当时居民的日常生活、精神状态等。在他的努力下,越来越多的人开始关注和研究这个时代的英国社会。

一、布里格斯笔下维多利亚时代的人物

1954 年,布里格斯创作出版了《维多利亚时代的人物》,正式开启了对维多利亚时代的学术研究。有学者认为,布里格斯的《维多利亚时代的人物》正是对当时史学界反维多利亚态度的一种回应。[①] 他也明确表示,这本书的创作目的就是为了让更多的人,能够有机会去了解这个在当时被忽视或误解的时代。布里格斯在读完布鲁姆斯伯里集团成员、著名传记文学大家利顿·斯特雷奇(Lytton Strachey,1880—1932)于 1918 年出版的《维多利亚时代四名人传》之后,就知道自己和斯特雷奇对于这个时代的认识和态度有多大的不同。斯特雷奇表面上是在歌颂曼宁主教、南丁格尔护士、教育家阿诺德、戈登将军四位人物的传奇人生,暗地里却蕴藏着对这些人物的嘲讽。在谈及曼宁时,他连续发问:他们这样的人是靠策略获得了用实力绝对获得不了的成就?也就是说,他们这样的人能成功地成为领袖人物,并不是因为他们有多优秀,而是因为他们有巧妙地跻身于领袖行列的高超才能?[②]

布里格斯并不认同布鲁姆斯伯里集团对于维多利亚时代人物虚伪或滑稽的批判,反而对那个时代社会改革者身上奋斗和勤勉的精神非常钦佩。布里格斯在《维多利亚时代的人物》中记录了塞缪尔·斯迈尔斯(Samuel Smiles,1812—1904)、托马斯·休斯(Thomas Hughes,1822—1896)、本杰明·迪斯雷利(Benjamin Disraeli,1804—1881)、约翰·布莱特(John Bright,1811—1889)、安东尼·特罗洛普(Anthony Trollope,1815—1882)、沃尔特·白芝浩

---

① Miles Taylor and Michael Wolff (eds.), *The Victorians since* 1901: *Histories*, *Representations and Revisions*, Manchester: Manchester University Press, 2004; Kelly Boyd & Rohan McWilliam (eds.), *The Victorian Studies Reader*, London: Routledge, 2007.
② 利顿·斯特雷奇:《维多利亚时代四名人传》,逢珍译,花城出版社 2003 年版,第 2 页。

(Walter Bagehot, 1826—1877)等一系列在维多利亚时代中期各行各业中做出过贡献的人物的发展经历。他表示,之所以选择他们作为研究目标,是因为他们的身上体现了被称为"平衡时代"的维多利亚时代中期的社会文化特征。① 书中关于塞缪尔·斯迈尔斯的章节,就对这位彰显了维多利亚时代中期众多特质的人物进行了全新的诠释:他非常认真,极其诚实,向维多利亚时代的人们提供了福音。布里格斯表示,如果自救、节俭和勤奋等品质都毫无意义,那么成千上万的人加入教育机构,组织参加志愿运动,并通过节制消费积累资本,这些人的努力又如何证明呢? 布里格斯认为,尽管斯迈尔斯的经济哲学在理论和实践上存在一定的缺陷,但他带给了人们希望,赋予了人们尊严和意义,并激发了个人努力的积极性,这是非常重要的。

《维多利亚时代的人物》的研究时段是从 19 世纪 50 年代初到 70 年代经济快速发展、社会有序进步的维多利亚时代中期,书中并没有过多地涉及政治性话题,但详细呈现了当时社会氛围的开放、包容,知识分子观点之间的自由交流,以及经济体系中的公共资金支出,并认为这些都是 20 世纪初学术界并未足够重视的维多利亚时代优秀品质。布里格斯通过讲述这些律师、银行家、新闻工作者、小说家等专业人士的成长经历传递了这样一种观念,即坚守着诚实守信、秉公职守工作信条的维多利亚时代社会已经实现了大发展大繁荣,创建了合理且令人满意的政治和经济制度。

布里格斯对维多利亚时代日常社会生活和普通大众的关注,得到了史学界的多方赞誉。评论家普里切特(V. S. Pritchett, 1900—1997)认为《维多利亚时代的人物》这本书重新唤起了人们对于维多利亚时代独特风格和道德习俗的尊重。② 对于通俗历史作家伊丽莎白·朗福德(Elizabeth Longford, 1906—2002)来说,布里格斯向她呈现了维多利亚时代充满特色的整体概貌。她表示,布里格斯在这本书中记录了那些本来出生平凡,但通过自身的努力,以一种维多利亚式的自救方式获得独一无二成就的人们。③ 基特森·克拉克

① W. L. Burn, *The Age of Equipoise: A Study of the Mid-Victorian Generation*, London: Allen and Unwin, 1964.

② V. S. Pritchett, "Exuberant Victorians", in *New York Review of Books*, 30 September 1965, p. 14.

③ Brian Connell, "Elizabeth Londford: History with a Charming Human Face", in *Times*, 6 December 1976, p. 16.

(Kitson Clark,1900—1975)表示,这本书极具启发意义,维多利亚时代在整个英国发展历史中占据非常重要的地位,这个时代非常值得我们继续深入挖掘。① 崔斯川姆·亨特(Tristram Hunt,1974—)赞赏布里格斯的写作风格"轻松活泼,能够吸引更广泛的受众群体",并认为"布里格斯通过这本不厚却内容丰富的研究著作,呈现了维多利亚时代多样化的社会生活方式,人们的精神状态及他们对这个时代的深厚情感"。②

虽然,《维多利亚时代的人物》并没有比迈克尔·杨(Michael Young,1915—2002)的《维多利亚时代的英国》提出对这个时代更多的新颖解读,书中表达的很多观念都已经在杨、杰弗里·贝斯特(Geoffrey Best,1928—2018)等历史学家的著作中被阐述过,例如他们都认可沃尔特·白芝浩(Walter Bagehot,1826—1877)的观点以及"工作信条""品质的严肃""尊严"和"自救"等斯迈尔森式的表述。《维多利亚时代的人物》一书中描述的人物虽然范围上超出了传统意义上的维多利亚时代伟人名册,但大部分的研究对象还是局限于精英阶层,且缺少对时代女性的描述。但不管怎么说,《维多利亚时代的人物》这本书的确开拓了观察维多利亚时代的独特视角,让读者能够从不同的角度去了解那个时代的人及他们身上具备的品质,并推动学者们将更多注意力投向这个时代的人们。③

二、布里格斯笔下维多利亚时代的城市

《维多利亚时代的城市》是布里格斯多年研究的成果,代表了他学术创作的顶峰。在该书于1963年出版之时,城市史尚未形成为独立的研究领域。在当时的英国,关于城市的文学作品无论是在数量上还是在种类上都十分的多,但关于具体城市的研究专著却很稀少,也基本没有专业历史学家关注19世纪的英国城镇。正如 H. J. 戴奥斯(H. J. Dyos,1921- 1978)所说:"令人感到讽刺的是,维多利亚时代的英国因为经济发展而需要人们进行城市集中,但却只有少数的人真正品味到了城市文化的甘甜。关于维多利亚时代的史学研究论

---

① Kitson Clark, review of Victorian People, in *The Economic History Review*, No. 1(1955), pp. 108 - 110.

② Tristram Hunt, "The Ten Best History Books", in *Independent*, 25 June 2004, p. 26.

③ Asa Briggs, *Special Relationships：People and Places*, Barnsley: Frontline Books, 2012, p. 55.

著中总是会出现与城市有关的内容,但针对这个时代的城市历史却没有足够的研究。"①

　　《维多利亚时代的城市》一书是英国社会史研究领域非常重要的经典著作,它推动了英国城市史研究的逐渐专业化。布里格斯曾公开表示,如果这本书只有一个写作目的的话,那就是反驳刘易斯·芒福德(Lewis Mamford, 1895—1990)认为维多利亚时代城市是"单一、无生命"的观念。② 布里格斯强调城市的多样性,认为每个城市的社会环境都是特殊的,永远不会存在相同的城市,自然也不会有相同的发展规律,因此他并不试图为这个时代的城市强加上任何普遍适用的理论。布里格斯认为城市史是一个变化中的历史发展过程,只有对变化中的城市进行动态过程的分析,才可能对城市的发展有一个全面客观的认识。在书中,布里格斯选择了几座维多利亚时代特色鲜明的城市,将研究重点集中于这些城市历史发展中的特定事件,以展现不同类型的城市经验,并用这些历史事实来呈现维多利亚时代城市文化的变化性和延续性。

　　该书开篇的两章就占据了 70 多页的篇幅,概述了全书的总体思想,随后是围绕曼彻斯特、利兹、伯明翰、米德尔斯堡、墨尔本和伦敦等城市的分章阐述,最后一章对全书的思想精华进行总结,并附有 50 页有价值的参考书目。布里格斯在讨论伯明翰和曼彻斯特的社会、经济结构以及政治活动时,有意识地运用了比较分析法,在对利兹、布拉德福以及坐落于约克郡西区的其他城镇进行讨论时,也非常强调城市个体的特征,他还将维多利亚时代澳大利亚的墨尔本与英国遍布小作坊的伯明翰、典型工业城市曼彻斯特进行比较。可以说,这本书最大的特点就在于它不间断地对照比较研究。曼彻斯特在这本论著中占据很重要的地位,因为这座城市的工业化程度很高,城市的生产模式发生了巨大的变革,是令所有人震惊的"工业革命之城",且戏剧性地呈现了城市发展过程中会遇到的所有问题。③ 然而,在布里格斯的描述中,伯明翰是一座美丽的城市,在城市中一条条狭窄的小巷里,人们可以发现包括纸箱制造商、煤气配件制造商、冲压工具制造商、黄铜铸工、煤炭商人、珠宝和玻璃切割工、板条箱制造商等各种行业的存在。这种特殊的行业基础也是使伯明翰的城市文化与众不同的重要因素,存在于伯明翰的小型工场与曼彻斯特、利兹的大型工厂

---

① H. J. Dyos, review of Victorian Cities, in *The Economic History Review*, 3(1964), p. 56.

② Asa Briggs, *Victorian Cities*, London: Odhams Press, 1963, p. 32.

③ Asa Briggs, *Victorian Cities*, London: Odhams Press, 1963, p. 82.

形成了鲜明的对比。伯明翰的工场让学者们能够有机会探索工场主与工人之间紧密的社会和经济关系,在布里格斯看来,伯明翰的资本家和工人之间的关系没有像在曼彻斯特那样被特权高墙隔离开来。在他提出的这种"小群体体系"中,工人有望成为资本的所有者,在一定的情况下,工场主和工人之间的地位还可能会互调。在描述这种流动性关系时,布里格斯引用了乔治·艾略特(George Eliot,1819—1880)的话,"有些人的社会地位下降了,有些则往上爬了"。① 工人阶级和中产阶级之间可以组建政治联盟,其中最著名的是托马斯·阿特伍德(Thomas Attwood,1783—1856)于1830年在伯明翰成立的中产阶级、工人阶级政治联盟,这个联盟允许两个阶级以各种形式开展社会和文化方面的合作。因此,布里格斯声称,伯明翰相比其他城市,实现了更高程度的社会民主与和谐。布里格斯表示,"如果马克思一直身处于伯明翰,他可能不会成长为一名共产主义者,而会成为一名货币改革者"。②

布里格斯坚持认为维多利亚时代的城市"不仅有着明显不同的地形外貌,有着不同的经济和社会结构,对于周边地区的吸引力有很大的差别,而且对于共同面临的城市问题的反应也截然不同"。③ 通过描述曼彻斯特、利兹、伯明翰、米德尔斯堡、伦敦以及墨尔本的城市发展,布里格斯展现了绝大多数维多利亚时代人在面对工业化城市带来的问题时做出的不同反应。他利用城市来表达维多利亚时代人们的声音,"发生在城市里的各种问题,迫使人们清楚地表达自己的价值观和愿望,并开始思考财富与贫穷,成功与失败,私有财产和公共利益等问题"。④

在布里格斯之前,还没有一位历史学家试图对维多利亚时代城市的发展进行广泛的比较或综合的评价,因此,《维多利亚时代的城市》一经问世就获得了热烈的反响,史学界普遍认为这是一项内容丰富且有创意的研究,不仅为读者解读了城市的现在,还向读者展示了城市的过去。这是真正意义上将比较法引入英国城市研究之中的最早尝试,这种研究方法的目的不在于概括城市发展的标准

---

① Asa Briggs, "Thomas Attwood and the Economic Background of the Birmingham Political Union", in *The Collected Essays of Asa Briggs. Volume 1*: *Words*, *Numbers*, *Places*, *People*; *Volume 2*: *Images*, *Problems*, *Standpoints*, *Forecasts*, Brighton: Harvester, 1985, p. 149.

② Asa Briggs, *Victorian Cities*, London: Odhams Press, 1963, p. 116.

③ Asa Briggs, *Victorian Cities*, London: Odhams Press, 1963, pp. 33 - 34.

④ Asa Briggs, *Victorian Cities*, London: Odhams Press, 1963, p. 34.

模式,而是为了更好地理解存在着普遍城市问题的地方社会文化的多样性。H. J. 戴奥斯称赞布里格斯:"想尽办法地将比较研究法引入英国的城市研究之中,并且在尊重城市地区差异性的情况下,尝试解读城市普遍存在的问题。"①

布里格斯努力想要了解维多利亚时代城市社会结构的变化,以及随着更多居民参与到城市管理中,城市朝着更民主方向发展的整个过程。通过运用融合社会学、文学、政治学和经济学等多学科知识的比较研究法,布里格斯为新兴的城市史研究开辟了不同的研究范式,他用每个具体城市的微观历史,向我们展示了整个维多利亚时代的社会全貌。

三、布里格斯笔下维多利亚时代的物品

1988 年,布里格斯创作了维多利亚时代三部曲的最后一部作品《维多利亚时代的物品》。这本书是布里格斯对维多利亚时代英国社会史研究工作的一份总结报告,是关于 1840 至 1900 年间英国物质文化一份非常有价值的研究。三部曲的前两本是关于维多利亚时代的人以及当时的城市,最后一本则是关于那个时代的人们设计、命名、宣传、购买、出售、收藏及遗赠的物品。《维多利亚时代的物品》的出现契合了跨学科研究、大众心理学和宏大理论与历史学研究不断融合的史学研究发展趋势。在这本书出版之后,物质文化方面的研究越来越受到史学界的关注。

相对于历史上发生的重大事件,布里格斯认为社会史更应该关注人们的日常生活,关注人们在日常生活中会经常接触及使用的物品。一切物品都有史学研究的价值,因为我们能从这些老一辈遗留下来的物品中,挖掘出不同时代人们生活、工作的丰富信息。布里格斯在该书的开篇就阐明了自己采用的是经验主义叙事方法,而不是当时流行的符号学研究法。在他看来,法国符号学家并没有发现和掌握事物的发展规律,而是将各种规则强加于事物之上。相比之下,布里格斯更认可贡布里希的观念:"我们除了要看到事物之间的相互联系,还需要假定所有文化研究都可以追溯到一个导致它们如今呈现形式的关键原因。"②布里

---

① H. J. Dyos, review of Victorian Cities, in *Economic History Review*, 16(1964), p. 64.
② Asa Briggs, *Victorian Things*, London: B. T. Batsford, 1988, pp. 17 - 18. 恩斯特·贡布里希(Ernst Gombrich, 1909—2001)是英国著名的艺术史学家与艺术理论家,是视觉文化研究的开创者,他认为人文科学和心理学方面的解释对于理解艺术作品至关重要。他最著名的作品为《艺术的故事》,该书通过通俗易懂的语言和清晰明了的叙述方式,向大众读者呈现了视觉艺术。

格斯表示："自己并不是通过抽象或概括的方式,去研究物品的类别或类型,而是对特定的物品进行详细的分析和研究。"①布里格斯将注意力集中于那些能够象征维多利亚时代精神的物品上,并表示自己对于物品本身其实并不感兴趣,真正感兴趣的是当时的人们如何使用和欣赏这些物品。因此,这本书的每一个章节围绕着特定物品以及它们的象征和实践意义进行了详细的研究与阐释。

通过这本书,布里格斯不仅掀起了维多利亚时代研究的学术热潮,还掀起了维多利亚时代物品的流行热。一般情况下,历史学家并不太愿意尝试物品研究,因为在他们看来这方面的研究超出了自己的研究范畴,相对而言,考古学家和人类学家更习惯于将古文物用作研究证据,但是跨学科研究本来就是布里格斯史学研究的另一个突出特点,所以他并不存在这方面的困扰。在该书的第一章中,他就表达了自己与奥古斯塔斯·皮特-里佛斯(Augustus Pitt-Rivers,1827—1900)在精神上的契合。②

这本书跟布里格斯的其他著作保持着写作风格上的统一,充斥着大量关于维多利亚时代历史细节的描述。他试图通过这本书向所有读者呈现维多利亚时代人们真实的居家环境。据布里格斯观察,那个时代人们的房屋里总是堆满了杂七杂八的东西,家家户户的每一英寸空间都得到了充分的利用,"在维多利亚时代中期中产阶级的房屋里(有时往往包括房屋外),是很少有剩余空间的。大部分物件的表面都被加以丰富装饰,尤其是桌子腿,可以说没有任何留白的空间。挂在墙上的各种反映奇闻轶事的图画,也往往蕴含着丰富的信息"。③ 在布里格斯看来,会客室的家具和摆设以及放在壁炉架上的各种小物件,都能为日后学者深入理解那个时代人们的世界观、价值观提供切入点。④ 这些人们日常生活中充斥着的各种物品跟他们曾阅读的书籍一样,都能够让我们更好地了解那个时代人们的思想世界。布里格斯认真研究了人们收集物品的态度,并认

① Asa Briggs, *Victorian Things*, London: B. T. Batsford, 1988, p. 31.
② 原姓为奥古斯特斯·莱恩-福克斯(Augustus Lane-Fox),后于1880年改姓为"皮特-里佛斯"。他是英国军队的高级官员、民族学者和考古学家,被称为英国的"考古学家之父"。他创新了考古学的研究方法,采用社会学方法来研究考古素材,并强调文化遗产的学术意义。1882年从军队退役之后,他在威尔特郡进行了有关史前、罗马和撒克逊时期历史古迹的挖掘研究,挖掘出很多珍贵的文物,并有大约22000多件考古物品收藏于牛津大学皮特-里佛斯博物馆之中。
③ 阿萨·布里格斯:《英国社会史》,陈叔平译,中国人民大学出版社2015年版,第300页。
④ Rohan McWilliam, "The Theatricality of the Staffordshire Figurine", in *Journal of Victorian Culture*, 10(2005), pp. 107-114.

为这些物品是普通人表达创意的一种方式。在他的努力之下,以前只有维多利亚时代物品收藏家关心的物品,如今变成了社会史学家的研究对象。

《维多利亚时代的物品》这本书的酝酿时间很长,它问世的时间正巧与英国文化研究领域的"物质性转向"彼此呼应。① 布里格斯在 2012 年时表示,该书是他维多利亚时代研究三部曲中最具创新性的一本书,它以认真严肃的态度,研究着维多利亚时代人们日常生活中的普通物品。② 这本书确实是布里格斯所有研究著作中最具个人风格的一本,研究对象涵盖从大型博览会上的收藏品到日常生活中使用的火柴这样大大小小的物品,全书没有一个脚注,大篇幅都是对历史细节的描述。罗伯特·韦勃(Robert K. Webb,1922—2012)认为这本书比《维多利亚时代的人物》《维多利亚时代的城市》的内容都更加丰富。罗伊·波特(Roy Porter,1946—2002)认为布里格斯向读者们讲述这些发明生产和销售的故事,新颖且有趣。③ 他表示,这本书呈现了与人类生活息息相关的物品的发展史,人们要想了解维多利亚时代的社会文化,翻阅这本书绝对是最佳的选择。从布里格斯的著作中,我们可以发现他一贯采用的将事物与更广泛时代背景联系起来,进行跨学科、批判性考察的研究方法。这本书虽然看起来没有提供足够的理论依据,但实际上它运用了批判性理论思想,阐释了布里格斯对于那个时代的认识。

结论

费尔德曼(David Feldman,1957—   )认为:"阿萨·布里格斯的研究在 19 世纪英国的史学研究中占据着非常重要的地位。他对英国城市史、劳工史、政治史和物质文化研究的发展产生了深远的影响。其中,他做出的最大贡献在于开启了维多利亚时代历史这一研究领域的大门。"④斯坦福大学的斯坦斯盖(Peter Stansky,1932—   )认为:"布里格斯是一位研究 19 世纪英国历史的优秀学者。他对于西方的历史,尤其是英联邦、美国、法国和德国的历史都非常熟

---

① Erika Rappaport, "Imperial Possessions, Cultural Histories, and the Material Turn: Response", in *Victorian Studies*, 50(2008), pp. 289-296.

② Asa Briggs, *Special Relationships: People and Places*, Barnsley: Frontline Books, 2012, p. 154.

③ Roy Porter, "Victoriana-a Passion to Consume", in *Sunday Times*, 27 November 1988.

④ David Feldman, review of Cities, Class and Communication: Essays in Honour of Asa Briggs, in *Victorian Studies*, No. 3 (Spring, 1993), p. 390.

悉,并能够运用丰富的知识背景去进行比较研究。他总能找到鲜为人知但又恰到好处的史料,并能够置身于英国过去的历史背景之中进行分析和讨论。"①弗雷泽(Derek Fraser, 1929—1993)表示:布里格斯探索和挖掘了19世纪极具特色的英国社会文化,使地方自豪感这一概念逐渐被大家所知晓和认可,他的论著突破了传统政治和宪政史的研究局限,推动了对英国整体史的研究。

我们可以说,布里格斯从20世纪初学术界的傲慢态度中拯救了维多利亚时代,并推动跨学科比较研究法成为早期维多利亚时代史学研究的主要特征之一。作为一位探索者和引导者,布里格斯开启了维多利亚时代社会史学这一崭新的研究领域,并提出了研究这一时代社会文化的新视角。作为一名备受欢迎的维多利亚时代文化的拥护者和解读者,布里格斯在帮助广大读者理解这个时代,引导众多学者进入这个领域展开思考与研究方面发挥着积极的促进作用。虽然,布里格斯并没有提出关于维多利亚时代史学研究的核心理论,也没有将解决实际历史问题作为自己的研究使命,但是他确实为我们理解维多利亚时代构建了一个新的框架。

Asa Briggs and the Study of Victorian Social History

Abstract:Asa Briggs (1921 - 2016) is one of the most famous social historians in Britain. It is well recognized that Briggs has open the research field of British social history in the Victorian era. Briggs creatively put forward that social history is a whole history including politics, economy, culture and other elements. Moreover, he has interpreted the people, cities, and things of the 19th century Britain through interdisciplinary and cross-border comparison fashion, opening up new research fields and paradigms. Through presenting rich "life experience" and historical details, Briggs reveals the uniqueness of social development and the diversity of social culture in the Victorian era.

Key Words:Asa Briggs; Victorian; Social History

作者简介:王鸣彦,上海师范大学历史学博士生。

---

① Peter Stansky, review of The Collected Essays of Asa Briggs. Volume 1: Words, Numbers, Places, People, in *Victorian Studies*, No. 4 (Summer, 1986), p. 616.

搁浅的"有机规划愿景"

——刘易斯·芒福德《檀香山走向何方?》解读

王丽娟

摘　要：刘易斯·芒福德在《城市发展史》中谈到中世纪城镇时提出了有机规划的概念。有机规划不主张预先设定目标，而是一种"随机而遇"的规划。芒福德在《檀香山走向何方?》的报告中充分践行了他的有机规划思想。檀香山拥有独特的自然地理环境，而且整个城市一直缺乏合理规划，其城市的状态非常有利于践行有机规划思想。有机规划思想融合了几个关键要素：尊重传统和有历史意义的形式；因地制宜；明晰的功能定位；注意社会关切和人文尺度以及技术创新。按照他的有机原则，他在报告中指出了檀香山的规划问题，并对公园和城市规划提出了极具远见性的意见及建议。

关键词：芒福德　檀香山　城市规划　有机规划

檀香山在美国城市中享有独特地位，它坐落在夏威夷瓦胡岛上背风的一侧，距离最近的大陆 2,200 英里。檀香山是一座带状城市，以其山脉(makai，山侧)和海岸(mauka，海侧)为界，从钻石山(Diamond Head)流向檀香山港口(图 1)。刘易斯·芒福德(Lewis Mumford)与檀香山的相遇恰逢他职业生涯中一个充满活力的时刻：《技术与文明》(*Technics and Civilization*，1934)和《城市文化》(*The Culture of Cities*，1938)这两部作品将他确立为城市生活和美国文化的先知代言人。[1]

---

[1] Vladimir Ossipoff, *Hawaiian Modern：The Architecture of Vladimir Ossipoff*, Yale University Press, p. 133.

图1 刘易斯·芒福德的钻石山素描，1938年

《城市文化》发表后，作为城市理论家，芒福德的声誉已如日中天。辛辛那提、密尔沃基及华盛顿哥伦比亚特区附近许多绿色走廊城镇规划师们，纷纷开始试验他的城市理论构想。[①] 为檀香山进行城市规划是芒福德第一次离开他作为历史学家、理论家和批评家的角色开始把其思想付诸城市规划实践。1938年夏，檀香山市县公园委员会主席赖斯特·马考伊（Lester McCoy）和他的建筑师助手哈里·西姆斯·本特（Harry Sims Bent）因对芒福德的《城市文化》感兴趣，而邀请芒福德对本地的公园和游乐场所进行考察，专门就城市绿地建设和贫民窟改造出谋划策。经过实地调查研究，芒福德为檀香山市县公园委员会（Honolulu's Park Board）撰写了一份67页的报告，名为《檀香山走向何方？》（*Whither Honolulu?*，1938）。[②]（图2）这份报告是基于芒福德对檀香山公园和游乐场所进行的为期四周的调查研究。最初的一些调查是其在6月份第一次访问期间完成的，后面大部分的调查是在其8月份第二次访问期间进行的。芒福德在《檀香山走向何方？》中描述了檀香山无与伦比的情况。

---

① 唐纳德·L.米勒：《刘易斯·芒福德传》，宋俊岭、宋一然译，商务印书馆2015年版，第372页。

② 该文在檀香山写作完成，于1938年12月出版名为《檀香山走向何方？》的小册子。因为战争原因，直到1945年，该文才在芒福德的论文集《城市发展：解体与更新研究》（*City Development：Studies in Disintegration and Renewal*）中正式出版，名为《檀香山报告》（"Report on Honolulu"）。

图 2　刘易斯·芒福德《檀香山走向何方?》封面,1938 年

他的报告文笔优雅,开篇描述了当地的自然环境资源,包括景观和人口状况,如海滩和浅水、稳定的气候、雨季及路面排水系统、植被、花园、檀香山的居民以及他们日常生活中相遇和融合的各种文化。他对檀香山独特的元素构成给予了更多分析性的关注,正是这些元素共同赋予了檀香山独特的魅力。他在报告中指出了檀香山的规划问题,并对公园和城市规划提出了极具远见性的意见及建议。总的来说,芒福德在报告中表达了这样一种观点:尽管檀香山近年来有了显著的发展,同时也存在一些社区常见的"成长的烦恼",但它仍然是一个可塑的城市,应该服从于有效的长期规划。不幸的是,这份报告被檀香山市长置之不理,这位"老妇人"因此而受苦。

一、檀香山城市规划的发展历程

19 世纪,夏威夷白人移民带来了国外的城市规划发展知识,这些知识对热带岛屿没有任何意义,但不可避免地产生了影响,尤其是对檀香山的发展产生了影响。这一阶段以设计为导向的规划被带到了美国城镇,导致了原本丑陋的地方被正统的设计所覆盖——并非真正意义上宏伟的林荫大道和中心广场。檀香山从这个时期获得了阿拉莫纳公园(AlaMoana)、卡皮奥拉尼林荫大道(Kapiolani Boulevards)以及一些休憩用地。实际上,它仍然是一个没有规划的城市。从"美国和欧洲最好的规划中",它只学到了一些肤浅的东西。①在 20 世纪最初的几十年里,夏威夷领土受到了当时美国城市规划的影响,这些影响来自于来访的专业人士和观察过大陆新发展的移民居民。1906 年 2月,檀香山公民联合会(the Civic Federation of Honolulu)邀请查尔斯·马尔福德·罗宾逊(Charles Mulford Robinson)来到檀香山,②为城市的未来发展方向做一个总体规划,他提交了一份名为《美化檀香山》(*The Beautifying of Honolulu*)的报告,他的报告得到了普遍认可,由监事会以小册子的形式出版。罗宾逊的成功之处是他对美丽城市的描绘更为传统,更为时兴,甚至更为业余。但他强调的是可行的建议而不是创新的建议,所以未能为全面规划理想本身开辟新天地。他的思想与更广泛的"城市美化"运动中更受欢迎的方面如此紧密地结合在一起,以至于他的计划最终被废弃,因为城市规划更多地关注城市的根本功能,而非城市的美化。③ 罗宾逊和芒福德都是有远见的人,他们都希望通过全面规划使城市变得更加连贯和美丽。但前提是,如果不采取纠正措施,这座城市将陷入困境,并将衰落,甚至成为一座墓地。他们认为,在过去的某个时候,城市已经与自然疏远了,结果变成了一个人造的、破坏性的人

---

① Thomas H. Creighton, *The Lands of Hawaii*, The University Press of Hawaii, 1978, p. 255.

② 查尔斯·马尔福德·罗宾逊是纽约州罗切斯特市的国家规划师,他被看作"城市美化"(City Beautiful)运动的主要代表人物,他于 1901 年出版了该领域的先进教科书《城镇和城市的改进:或,公民美学的实践基础》(*The Improvement of Towns and Cities: Or, the Practical Basis of Civic Aesthetics*)。罗宾逊是综合规划和专业人员的合作努力、私人和公共参与以及公民行动主义的坚定支持者。他的目标是进行良好的城市设计,将公共建筑、道路、街道家具、休憩场、景观、雕塑和艺术作品整合到一个环境中,从而提高城市所有居民的生活质量。洛杉矶和檀香山是两个喜欢称自己为天堂的城市,但是 20 世纪初,这两座城市越来越担心自己会失去天堂的称号。1905 年,鲁滨逊为洛杉矶起草了洛杉矶规划;1907 年,洛杉矶市艺术委员会聘请其规划洛杉矶市中心。

③ Jon A. Peterson, *The Birth of City Planning in the United States, 1840 - 1917*, Johns Hopkins University Press, 2003, p. 196.

类环境。但他们也相信建设一个美好城市是可以实现的目标。^① 埃比尼泽·霍华德(Ebenezer Howard)和帕特里克·格迪斯(Patrick Geddes)在英国提出的花园城市概念被移植到美国,作为城市美化、城市艺术运动的一部分,被热切采纳,夏威夷从中吸取了教训。^② 几位来自大陆的建筑师和景观设计师在夏威夷成立了委员会,并对这座美丽的热带城市寄予厚望。^③ 然而,它们的实践仅限于夏威夷几个公园类的区域,并不包括檀香山。在夏威夷开发热带花园城市的希望被证明是徒劳的。^④

　　檀香山市将城市规划纳入市政府的一部分之后,于1912年任命第一个规划委员会为监事会咨询小组。该小组主要关注卫生和健康问题(欧洲和美国城市规划的经典原因),然后是保护财产价值的基本分区(大陆分区的原始动力)。^⑤ 芒福德到访檀香山时,檀香山公园委员会是唯一一个认真关注城市各部分有序安排的公共机构。直到1939年,才成立一个具有一定规划权的规划委员会,并开始考虑为整个岛屿分配土地用途。^⑥ 檀香山在此之前仍然没有合理规划。尽管芒福德以及一些当地建筑规划师提出了立即改进的具体建议,但是实现合理规划的步伐非常缓慢。在1950年代和1960年代期间,檀香山市和夏威夷州都效仿美国大陆司法机构建立了系统的规划程序。^⑦ 在大陆,一个城市地区总体规划的概念表明的是各地块的土地应如何使用——战略规划,或在1949年联邦政府的住房法中被命名的总体规划——作为一个市或县的土地管控策略,已经成为一个很好的标准(尽管很长一段时间以来对该

---

① James Miller McCutcheon, "Utopian Visions in united states Urbanism", *Moreana*, Vol. 42, 164 (December 2005), p. 172.

② Thomas H. Creighton, *The Lands of Hawaii*, The University Press of Hawaii, 1978, p. 255.

③ 《夏威夷年鉴》(*Hawaii Annual*, 1907)第97—105页敦促"美化"夏威夷。1916年12月,《笔尖》(*Pencil Points*)写着"呼吁更具热带色彩的檀香山"。1906年,查尔斯·马尔福德·罗宾逊受邀来到檀香山,准备美化计划。1920年代,大陆建筑师拉尔夫·克拉姆(Ralph Adams Cram,著名的教堂设计师)和(Bertram Grosvenor Goodhue,哥特式建筑设计师)在檀香山工作,寻找一种"夏威夷风格"。

④ Thomas H. Creighton, *The Lands of Hawaii*, The University Press of Hawaii, 1978, p. 255.

⑤ Thomas H. Creighton, *The Lands of Hawaii*, The University Press of Hawaii, 1978, p. 257.

⑥ Thomas H. Creighton, *The Lands of Hawaii*, The University Press of Hawaii, 1978, pp. 255 - 256.

⑦ 关于美国城市规划史参见 Mel Scott, *American City Planning Since 1890: A History Commemorating the Fiftieth Anniversary of the American Institute of Planners*, University California Press, 1969。

规划应包含多少信息存在着很大的混淆）。^① 在总体规划之后通常会有一份用来确定市政各部分的具体用途和密度的分区图（通常作为一项条例被采用），几乎都是成片的地块。区划，或土地用途的详细分类，在夏威夷具有里程碑意义的总体规划和1961年"土地使用法"通过之前，并没有被纳入全州规划的程序。直到1964年，夏威夷遵循所有现行规则和做法的第一个总体规划才被檀香山市和县完成并通过。[②]

没有人能够预见到芒福德来访后发生的变化。1938年，檀香山大约是一个只有15万人口的小城市，是美国夏威夷领土的主要中心。三年后，该岛突然陷入全面战争的痛苦之中，这场战争几乎改变了生活的方方面面。1946年后，变化的步伐加快了，檀香山与美国大陆的联系也更加紧密。1959年成为夏威夷州首府后，檀香山成为太平洋经济发展的中心，随之而来的是大量资本流入、航空运输的显著改善和游客人数的相应增加，以及人口的迅速增长。夏威夷州现在有100万居民，其中85％居住在瓦胡岛的檀香山及周边地区。该州每年有400多万游客。在任何一天，该州都有超过10万名游客，其中大部分在檀香山。[③] 1960—1970年代，檀香山的天际线被建筑起重机占据，地面道路工程似乎无穷无尽。从那时起，不断扩张的建筑环境——曾经被视为进步的证据——就与夏威夷独特而特殊的品质相悖。[④] 如今，檀香山的城市形象以其独特的天际线为特征——将自然的优雅与现代的发展融为一体。像其他港口城市一样，檀香山远眺视野被密集的摩天大楼所占据，在过去的一个世纪里，这些摩天大楼共同改变了檀香山的海滨环境。[⑤] 而1938年，檀香山尚未陷入摩天酒店大楼的发展狂潮。芒福德发现威基基（Waikiki）只有两家酒店，客房几百间，后来发展到40,000间客房，而且高度集中在占地600英亩的旅游

---

① 关于总体规划的哲学概念请参考 T. J. Kent, *The Urban General Plan*, Chandler Public, 1964, p. 12. 关于美国总体规划史参见 Mel Scott, *American City Planning Since 1890: A History Commemorating the FiftiethAnniversary of the American Institute of Planners*, University California Press, 1969, pp. 493 – 494。

② Thomas H. Creighton, *The Lands of Hawaii*, The University Press of Hawaii, 1978, p. 257.

③ Gerald P. Oaly, "A Retrospective View of Lewis Mumford's Report on Honolulu", *Planning History Bulletin*, Planning History Group, 1984, Vol. 6, No. 3, pp. 18 – 19.

④ Vladimir Ossipoff, *Hawaiian Modern: The Architecture of Vladimir Ossipoff*, Yale University Press, 2007, p. 273.

⑤ http://www.dsarch.net/DSA_NEWS/2010fall_hliving_skyline.pdf.

区。① 当时的檀香山虽然遍地都是简陋破败的贫民窟,而海滩一线仍"精光如野,啥都没有"。整个城市尚未脱离自然怀抱,天空,大海,群山环抱。(图 3)只要告诉这座城市懂得珍惜自己的珍贵自然遗产,妥善利用,包括天空、海滩、温润气候以及按时按季的降雨,一定会成为地球上最美好的地方。② 尽管檀香山的天际线和生活方式发生了巨大变化,但芒福德的许多观察都具有先见之明,而且至今仍有意义。

图 3　威基基和钻石山鸟瞰图,1934 年

二、檀香山报告中的有机规划设想

《檀香山走向何方?》是芒福德的城市规划杰作。他在报告中设想了一个文明的、绿色的檀香山,一个像公园一样的城市,其在报告中提出的规划建议充分体现了有机规划思想。唐纳德·米勒(Donald L. Miller)在其《刘易斯·芒福德传》(*Lewis Mumford：A Life*)中写道:"该规划设想可谓大胆周密,虽

① Gerald P. Oaly, "A Retrospective View of Lewis Mumford's Report on Honolulu", *Planning History Bulletin*, Planning History Group, 1984, Vol. 6, No. 3, pp. 18 - 19.
② 唐纳德·L. 米勒:《刘易斯·芒福德传》,宋俊岭、宋一然译,商务印书馆 2015 年版,第 375 页。

大部分遭到当地官员的否定,但这份规划书确可视为芒福德生平最详尽的城市有机规划思想的总结。"①20 世纪 30 年代,芒福德的作品开始反映出"对中世纪建筑和城镇规划日益浓厚的兴趣,而不是对现代建筑的持久兴趣"。② 他在谈到中世纪城市规划时提出有机规划的概念。更新、适应性和调节性,这些是有机规划的基本属性。③ 按照他的解释,有机规划并非一开始就先有一个预订目标;它从实际需要出发,一步步追随生活需要,追随种种时机,经过一系列调适、不断修正,最终变成和谐连贯而目的明确的设计作品。④ 芒福德把中世纪城市看作有机规划的杰作,因为"中世纪城市尽管形态上千差万别,却都具有普遍统一而协调的布局。它们那么多变幻和不规则形态,恰好不仅完美而且巧妙地把实际需要和高度审美效果融为一体。每座中世纪城镇都从独特的优良地理环境中滋生出来,为各种人文要素发展提供独特的组合方案,并以其规划提供了独特的解决方案。中世纪城市规划看似布局随意,但实际上也是经过合理考量和深思远虑的"。⑤ 有机规划对檀香山同样适用。檀香山拥有独特的自然地理环境,它塑造了田园诗般的岛屿形象:美丽的热带自然风光、温暖健康的气候、肥沃的土地和郁郁葱葱的植被,以及热情友好的人们。芒福德初到檀香山时,就被其美丽的自然风光所吸引,但他对檀香山缺乏规划感到非常沮丧,因为他看到了檀香山有成为一座非凡城市的机会——他在报告中写道:"据我所知,没有哪个城市能像檀香山一样,在合理规划方面获得如此高的回报。"⑥按照芒福德的解释,尽管城市到处是破败的贫民窟,海滩一线

① Donald L. Miller, *Lewis Mumford: A Life*, Grove Press, 2002, p. 366.

② Robert Wojtowicz, *Lewis Mumford and American Modernism: Eutopian Theories for Architecture and Urban Planning*, Cambridge University Press, 1998, p. 96.

③ 刘易斯·芒福德:《城市文化》,宋俊岭、李翔宁、周鸣浩译,中国建筑工业出版社 2008 年版,第 418 页。

④ 刘易斯·芒福德:《城市发展史:起源、演变与前景》,宋俊岭、宋一然译,上海三联书店 2018 年版,第 287 页。

⑤ 刘易斯·芒福德:《城市发展史:起源、演变与前景》,宋俊岭、宋一然译,上海三联书店 2018 年版,第 287 页。

⑥ 1973 年,由福特基金会(Ford Foundation)赞助的一个专家研究小组(AIA group)来到夏威夷,他们发现了与先前使芒福德灰心丧气同样可悲的情况。同样的结论,檀香山有机会成为一个伟大的城市,但是它错过了这个至少已经向我们指出过几次的机会。但是几年后,AIA 的另一个研究小组没有发现任何证据表明这些机会得到了承认。该小组在研究报告"问题与结果"(Issues and Findings)部分公布了调查结果,报告称"缺乏公共指导方针和不充分的规划程序,简而言之,混乱的氛围……和无所作为"。

一无所有,但檀香山只需要珍惜和善加利用其自然资源,合理规划就能成为全球最美好的地方。到 1961 年檀香山通过总体规划之前,檀香山一直缺乏合理规划,但也因为这一点使得檀香山城市还未被大量开发,没有被摩天大楼占据,整个城市的状态非常有利于践行有机规划思想。芒福德的有机规划思想融合了几个关键要素:尊重传统和有历史意义的形式;因地制宜;明晰的功能定位;注意社会关切和人文尺度以及技术创新。

在芒福德看来,无论建筑还是城市设计都应该尊重传统和具有历史意义的形式。优秀的建筑作品无不体现着当时的社会文化,出色诠释彼时彼地的价值理念和审美情趣。[①] 芒福德在檀香山报告中指出,檀香山是一个房屋低矮的城市,即使是商业区也没有受到摩天大楼的影响,尽管威基基被两座酒店建筑所破坏(遮挡了人们欣赏海景的视野)。他希望檀香山保持这种状态,他反对檀香山建造摩天大楼。而这一点受到路易斯·凯恩(Louis S. Cain)的抨击,因为城市规划委员会和建筑部门为取消六层楼的建筑限制做了大量的工作和努力。[②]芒福德认为现代建筑应该关注社会学和功能问题。一座建筑的朝向应当最大限度地做好采光和通风,而且能够恰当地服务于人类的需求。在檀香山的热带气候条件下,开放式建筑不仅可以达到最大程度的通风,还可以缓和炎热的阳光。芒福德"坚决反对任何形式的历史复兴主义"。[③] 然而直到 1980 年,檀香山仍然在努力模仿一个大陆城市,当地的建筑师和规划师纵然有错,但他们的客户才是罪魁祸首,因为他们主张建造商业建筑以获取最大的利润。另一方面,当地的建筑师和规划师也需要反省,因为他们热衷于复制别人的作品。夏威夷国家规划总监希迪托·科诺(Hideto Kono)在接受《国家地理》(*National Geographic*)记者撰写瓦胡岛报道的采访中说:"我们的建筑师曾在其他州接受过培训,所以留下的遗产是厚重的大陆建筑。我们应该有比这些建筑更轻、更开放的结构、充分利用信风冷却机制的建筑。"[④]当然,檀香山仍然有一些漂亮的老建筑,一些像样的现代建筑,以及足够的开放空间,可以为重新规划提供一个

---

① 唐纳德·L.米勒:《刘易斯·芒福德传》,宋俊岭、宋一然译,商务印书馆 2015 年版,第 185 页。

② "Cain Continues Blast At Mumford Park Plan", *The Honolulu Advertiser*, Jan 1,1939, p. 6.

③ Robert Wojtowicz, *Lewis Mumford and American Modernism: Eutopian Theories for Architecture and Urban Planning*, Cambridge University Press, 1998, p. 74.

④ Thomas H. Creighton, "Honolulu's Opportunities", *The Honolulu Advertiser*, 27 Jan, 1980, p. 21.

良好的开端。因此,檀香山还是有机会成为芒福德所说的"非凡城市"。

芒福德倡导的有机规划的一个核心要素就是因地制宜,即规划应该符合该区域的独特性质和要求。他在《城市发展史》中对中世纪城市规划大加赞扬,主要是因为中世纪城市规划做到了因地制宜,充分利用了其地理自然条件。城市建设应该能够适应地形、地貌、气候,并充分考虑到周边的自然资源,达到与自然界融合的境界……因地制宜在规划层面上首先表现出来的是特色建构。不同的城市应该有不同的特色,这种特色的构造部分是因地制宜的结果。[1] 檀香山拥有得天独厚的自然条件,因地制宜也是其城市建设的核心要素。正如芒福德在报告中写到的,"檀香山是一个只需学习如何保护和利用自然优势的城市,就能保持地球上最具吸引力的景点之一"。

芒福德认为,自然环境所提供的条件应该控制规划决策但檀香山的城市规划忽略了城市的地方特色,没有充分利用当地自然资产的优势。在夏威夷,岛上的各种群体都受到海滩和海洋的影响。檀香山的城市规划没有利用"水"的优势,街道规划对水的视觉忽视一直是一个明显的缺陷。[2] 行人走在路上很少意识到自己身处海岛,因为只有市中心少数几条路直达海滨。芒福德认为,"街道设计如此忽略本地海景、水景,乃规划之一大败笔!"[3]他为檀香山背弃海洋的事实感到遗憾,他建议开放海滨,通过镇中心建造面向大海的景观。

同时,芒福德认为,气候必须纳入规划,并强调有"炎炎"烈日、雨和风的户外生活的重要性。信风可以被看作是檀香山的"天然空调",但檀香山在城市规划和传统场地布局上都没有利用信风。"远离海滨的街道,走向、布局却随意而古怪。两旁的房屋都紧密凑成一团。这种紧凑聚集的街道房屋布局适合寒冷、潮湿的北欧中世纪城市。热带城市这样的布局很不妥。整个道路网布局未能巧妙利用本地东北方吹来的习习海风,这种信风提神醒脑,是很好的天然、廉价制冷系统"。[4] 因此,芒福德根据夏威夷自然条件以及当地人喜爱露天活动的特点,建议本地采取开放式规划。然而,"檀香山的大部分建筑都没有接受这种自然条件作为规划的决定因素"。[5] 开放式规划不仅可以充分利

---

① 李月:《刘易斯·芒福德的城市史观》,上海师范大学博士论文,2016年,第83页。
② Lewis Mumford, *Whither Honolulu?*, City and County of Honolulu Park Board, 1938, p. 9.
③ 唐纳德·L. 米勒:《刘易斯·芒福德传》,宋俊岭、宋一然译,商务印书馆2015年版,第375页。
④ 唐纳德·L. 米勒:《刘易斯·芒福德传》,宋俊岭、宋一然译,商务印书馆2015年版,第375页。
⑤ Lewis Mumford, *Whither Honolulu?*, City and County of Honolulu Park Board, 1938, p. 9.

用当地海景和信风资源,同时也能减轻市中心因交通路网芜杂凌乱带来的拥挤混乱。因此,芒福德建议开放海滨,修建步行长廊,规划一条海滨大道,建造几条美观整齐的林荫大道,直通海滨。

再次,有机规划强调城市明晰的功能定位。城市之所以能吸引与聚集人和物就是因为它能满足人们超越生存的更高追求,进而具备相应的功能。①在芒福德看来,中世纪城市的功能定位非常明晰,其核心功能即满足人们的物质保障和精神需求。随着生产力水平的不断提高,科技的进步,现代城市承担的功能也越来越多。如果城市的建设不能满足人们自身对城市所提的要求,城市就失去了一定的功能性,那么城市也就没有存在的必要了。

芒福德在报告中特别强调公园规划如何更好地服务于人。他主张城市与自然环境的融合,从檀香山引人注目的地理环境和文化融合中,他看到了城市景观与自然世界和谐相处的希望。芒福德对自然的热爱源于卢梭多次提到的对自然生命的热爱。芒福德曾经写道,"卢梭从一开始就发起了一场浪漫主义运动,这是一种不可否认的能量和活力元素,对自然的信仰是人类精神的源泉"。正是基于这种精神,芒福德把檀香山看作是一个"大公园",并建议城市利用当地华人和日本居民的力量,创建日式和中式花园。此外,他建议通过拓宽和规划主教街这条主干道,建一个停车场,以及清除混杂的建筑群,使城市直通山峦景色。②

芒福德在《技术与文明》中曾提出恢复人与自然的平衡,保护和恢复土壤,为野生动物提供可栖息的森林覆盖。对檀香山来说,这意味着花园城市理念和区域规划理念的延伸:芒福德建议把老花园城市的"绿化带"或公园带提供出来。檀香山部分地区被群山环绕,绿化带是其天然屏障,可以作为兼具实用性和美学属性的永久绿化带或开放空间。"在山侧,通向城市的山脉的支线形成了一堵自然开放的绿色墙,只有在这些地区还没有被细分者牺牲的情况下,才能以昂贵的代价为城市建筑开发,它们应该作为绿带被保留和连接在一起"。③芒福德指出,"绿化带"或公园带可以只有 100 英尺宽,就像中世纪的城墙一样,也可以给现代社区带来同样的连贯性。另外,他还建议,通过在运河

① 李月:《刘易斯·芒福德的城市史观》,上海师范大学博士论文,2016 年,第 84 页。
② Lane Efavre, Alexander Tzonis, "*Tropical Lewis Mumford*", Writing Urbanism-A design Reader, Routledge, 2008, p. 316.
③ Lewis Mumford, *WhitherHonolulu?*, City and County of Honolulu Park Board, 1938, p. 33.

旁边设置"公园带"作为开放空间，并建立通向大海或山脉的观景走廊。

绿化带最初是作为限制园林城市规模的一种手段而提出的。[1] 芒福德在报告中主张通过绿化带控制檀香山城市规模的扩张，并使绿化带中心的公园道路上的交通流量合理化（图 4）。芒福德在报告中写道，"无限制扩张的规划既浪费又过时。未来的城市将意识到它的自然极限：它将努力充分利用它所拥有的一切，而不是通过鼓励其居民搬到郊区，来逃避目前的困难和衰败，放任内城变得更加糟糕"。[2]

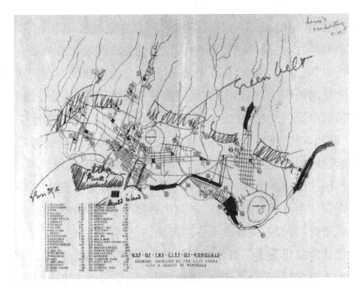

**图 4　刘易斯·芒福德在檀香山地图上画的一幅草图，表示
他希望在檀香山和其上方的山脉之间放置绿化带，
1938 年**

芒福德严厉批评了城市鲁莽的、不计后果的扩张，并准确地预测了跨越式的细分将在未来几年为城市带来严重的基础设施问题。[3] 他将其归因于当地政府对市中心的放弃。这种放弃导致了"他们发展的高低不一和参差不齐"。

---

[1] Lane Efavre, Alexander Tzonis, "*Tropical Lewis Mumford*", Writing Urbanism-A design Reader, Routledge, 2008, p. 317.

[2] Lewis Mumford, *Whither Honolulu?*, City and County of Honolulu Park Board, 1938, p. 16.

[3] Gerald P. Oaly, "A Retrospective View of Lewis Mumford's Report on Honolulu", *Planning History Bulletin*, Planning History Group, 1984, Vol. 6, No. 3, p. 19.

这也就意味着"市中心附近大片土地的长期闲置"阻碍了城市有序、系统的发展，"迫使"较偏远郊区的土地建设和开发过早。芒福德还指出了这种扩张的经济后果。在其报告"城市能容纳人口吗？"这一章节中，他抱怨"甚至许多人倾向于逃离城市更拥挤和肮脏的区域，到边远的城市发展，那里至少还有一点阳光，新鲜的空气和自由玩耍的空间，让他们的孩子得到保障"。他认为，"如果这种趋势继续下去，现存的城市中心地区将被清空，留下大量腐朽或破旧的建筑，以及资本投资的巨大负担，这些投资的回报每年都在变得越来越小，越来越不稳定，最终会导致税收拖欠和没收"。[①]

就像"美国各地的城市"一样，这些城市"都在老城区逐渐衰败，过度扩张成破烂不堪的碎片，往往是拖欠税款，或以其他方式涉及边缘的私人和公共产业"，檀香山也是如此。这里"在许多情况下，划分为商业和工业的地区也是任何城市正常使用面积的 5 至 15 倍"。根据芒福德的评估，这是伴随着"城市山坡场地的极其昂贵的开发，在很久以前，在正常情况下，这些场地应该是可以利用的"。例如，在圣路易斯这样的地区，土地已经向中产阶级房主开放，"他们负担不起这样的开发所需的过多的场地筹备和公用事业费用：且城市被迫以不成比例的成本扩大其市政服务"。[②] 扩张在其他方面也是昂贵的。就当地供水而言，"本身就限制了这一扩展"，这是代价高昂的；通过利用远距离的供水来克服这一问题，将造成水资源短缺。

芒福德认为绿化带这一概念应该考虑到汽车交通的新现实。檀香山亟需一条交通大干道，疏解人口和车辆，缓解城市中心的压力。他把绿化带看作是他所谓的"交通大干道"的所在地，即有高速公路贯穿其中的公园。芒福德呼吁在市中心建设一条通往海滨的宽阔的林荫大道，两条东西走向的公园道路，一条走向沿海岸线，一条沿山脚延伸。这种构想胜过大干道直插城市中心。这不仅限制了内城的汽车交通，又建立了与海洋和山脉的牢固联系，同时，又避免了因拓宽道路而不得不拆除大片现有建筑。

与此同时，另一个问题是如何管理因遏制扩张而产生的内城密度。"我认为，只有在认识到必须把老城区改造成健全的生物环境的情况下，才能成功地回答这个问题。"[③]芒福德呼吁"有系统地改善住房，防止过度拥挤，建立健康

---

① Lewis Mumford, *Whither Honolulu?*, City and County of Honolulu Park Board, 1938, p. 23.

② Lewis Mumford, *Whither Honolulu?*, City and County of Honolulu Park Board, 1938, p. 10.

③ Lewis Mumford, *Whither Honolulu?*, City and County of Honolulu Park Board, 1938, p. 25.

的密度标准,创建必要的公共开放空间……提供空前的规模的花园、公园和休闲场所,在郊区本身成为投机性混乱和拥挤的牺牲品之前,这些将使城市具备郊区在其存在之初通常具有的所有优势"。① 在其城市规划思想中,他将拉德伯恩(Radburn)的带状公园(ribbon parks)和1932年前(即纳粹主义兴起之前)的"法兰克福住房项目"(Frankfurt housing projects)的理念借鉴到檀香山的市中心区域,以此来取代老规划中"公园在建筑街区中形成的孤立开放区域",使其成为小学的天然场地,孩子可以在不穿过交通街道的情况下步行上下学。芒福德还建议,公园可以作为一种潜在的冷却机制,它能够"更新空气,调节太阳的热量,减少眩光和压力,为娱乐和放松提供视觉愉悦,并提供所有工作模式中最健康的一种,即植物本身的护理"。②

　　另外,有机规划还注重社会关切和人文尺度。城市是由人创造的,也是人们的生存空间,城市建设也是由人来进行的,人们利用和感受城市。因此,城市的发展首先要顾及人在物质和精神上的感受,而且人们的居住方式以及生活应该与制定的规划相适应,这就要求城市规划的决策者应当广泛听取建议。芒福德在报告中建议,政府应创造条件让广大市民拥有话语权,积极参与规划决策过程。他在报告中提出,檀香山城市规划的目的是立即扩大公民和专业团体对整个城市发展方案的参与,并给予比现在更多的权力来提高技术能力和健全的行政主动性。通过组建城市规划咨询委员会,吸收各界别利益团体参加,包括城市的主要专业团体、政治、宗教、医疗团体以及劳工组织,他们可以无偿为环境问题提供咨询。此外,他认为,"檀香山可以创建一个市民博物馆,并将其作为一个更广泛的城市规划项目的一部分……在这样的博物馆里,檀香山的过去、现在和未来应该以一种集中和简化的方式展现在人们的眼前,这样每个公民都可以成为城市命运的积极参与者"。③

　　城市的规划和建设应该以人为中心,注重人的基本需求、社会需求和精神需求。在《城市发展史》中,芒福德把本笃会修道院(Benedictine monastery)和中世纪城镇视为模范环境,因为它们为居民提供了平衡、高效和愉快的生活条件。相对于国际风格的简朴和机械限制,在芒福德看来,中世纪发展起来的建筑—城市形式在很大程度上教会了建筑师和规划师尊重人类需求和价值观的

① Lewis Mumford, *Whither Honolulu?*, City and County of Honolulu Park Board, 1938, p. 24.
② Lewis Mumford, *Whither Honolulu?*, City and County of Honolulu Park Board, 1938, p. 5.
③ Lewis Mumford, *Whither Honolulu?*, City and County of Honolulu Park Board, 1938, p. 61.

建筑和城市设计。① "人文尺度"意味着城市规划应该注重设计那些与我们的日常生活息息相关的、最为亲切的空间。芒福德认为,城市扩张的规划是一种浪费,城市应该集中精力提升服务,特别是在教育、医院和公共卫生方面。他认为没有必要修建更多的道路和街道,公共资金应该用于创建一个"美丽的环境"。他在报告中着重于开发不同类型的公园,并引用了罗伯特·摩西(Robert Moses)的工作成果。他写道,像科科角(KoKo Head)这样的自然美景应该在很大程度上保持原样,而市政公园可能需要更正式的设计,比如纽约的奥姆斯特德中央公园(Olmsted's Central Park)和布鲁克林的展望公园(Prospect Park)。他认为,自然公园和规划公园相辅相成,共同有助于创造一个良好的环境。芒福德还建议,檀香山应该建设符合需求的游乐场所,它是为社区家庭群体服务的,是一个大的运动场地,针对不同年龄段的孩子,玩耍的面积有所不同。除此之外,芒福德还建议"在社区中建立开放的绿地和隐蔽的散步场所,作为有吸引力的地方,年长的成员可以在那里根据他们的年龄、性别和喜好与人闲聊、调情或求爱"。② 除此之外,"人文尺度"还体现为一种审美尺度。美源于人的认识与感受、人的审美感知和审美体验。兼具审美与实用功能的公园设计可以给人们带来愉悦的体验。芒福德在报告中强调公园应该注重设计品质,他写道,"人民公园不亚于皇家公园,应该传达某种意义上的秩序感,每一棵树的种植,每一座建筑的设计,都能让人感觉到生活环境的最佳状态:宽敞、和谐、有节奏,充满旺盛的生命力,'艺术'和'美'的名称必须与之相提并论。……对公园美学设计再多的关注也不会徒劳,因为美是公园或建筑的最佳防腐剂。丑陋凌乱的环境不利于良好的利用,而漂亮、有序的环境通常会激发人类最好的反应:在通常情况下,人们会为保持这种美而感到自豪"。③ 芒福德还举例称赞罗伯特·摩西开发的所有公园项目,从琼斯海滩(Jones Beach)宏伟的海滨公园到他最小的市政游乐场,其最大优点在于,他的建筑师和规划师所触及的每一个地方都带有高度理性的目的、易理解的设计和美学形式。

---

① Frank G. Novak, Jr., *Review of: Lewis Mumford and American Modernism: Eutopian Theories for Architecture and Urban Planning*, The New England Quarterly, Vol. 70, No. 3 (Sep., 1997), p. 506.

② Lewis Mumford, *Whither Honolulu?*, City and County of Honolulu Park Board, 1938, p. 31.

③ Lewis Mumford, *Whither Honolulu?*, City and County of Honolulu Park Board, 1938, p. 47.

最后,有机规划不仅仅关心生态问题,也强调技术创新,他赞成利用当时最先进的技术为经济现代化服务。芒福德在报告中写道,"开放式规划、空气循环和效率之间的关系值得在这里特别强调。在一个组织良好的工厂,如夏威夷菠萝公司,主要的工作单位都被设计成空气可以自由流通。从温斯洛的经典实验开始,许多生理研究已经表明,机械降温并不像身体的自然冷却那么重要。在特殊条件下,机械空调可能是对自然有用的辅助设备;但对于广大人口和大多数生活环境而言,通过适当规划使城市中的每个人都能使用天然空调必须保持重要地位"。① 很显然,芒福德是赞成开空调的。尽管科学研究表明,降温不如空气直接对人体降温重要,但芒福德仍然认为,"在特殊条件下,机械空调可能是对自然有用的辅助设备"。这样的条件包括工作场所,但在大多数生活环境中,空气流通的天然空调方式的效果是最好的。② 在雷纳·巴纳姆(Reyner Banham)的《第一机器时代的理论与设计》(*Theory and Design of the First Machine Age*,1960)的三十年前,在芒福德的《技术与文明》中,我们庆祝了一项技术发明,如现代汽艇船。他对巴克敏斯特·富勒(Buckminster Fuller)的 Dymaxion 汽车、联合太平洋流线型火车(Union Pacific train)、苏联的"轨道飞船"(rail zeppelin sphero-train)、布鲁克林大桥(Brooklyn Bridge)和巴黎的机械博物馆(Galeriede Machine)非常钦佩。③

三、檀香山规划报告的搁浅

芒福德的檀香山规划是一个好的规划吗? 就其规划要素而言,不仅包括景观,还有空气污染防治、交通拥堵改善、贫民窟清理、土地使用和市政管理等方面,芒福德提出的建议都是值得肯定的。而且他的一些建议最终得到了执行,尽管有些建议直到 1970 年代才得到落实。比如建立海滨公园,开发带有隔离带的林荫大道,沿着排水渠建设缓冲区和绿地,将重工业型的工厂从市中心的滨水区迁离,以及用数量有限的住房取代檀香山中部的"瘟疫贫民窟"。④

① Lewis Mumford, *Whither Honolulu?*, City and County of Honolulu Park Board, 1938, p. 9.

② Philip Bay, "Three Tropical Design Paradigms", *Tropical Architecture: Critical Regionalization in the Age of Globalization*, London, Wiley, 2001, p. 259.

③ Lane Efavre, Alexander Tzonis, "Tropical Lewis Mumford", *Writing Urbanism-A Design Reader*, Routledge, 2008, p. 321.

④ Gerald P. Oaly, "A Retrospective View of Lewis Mumford's Report on Honolulu", *Planning History Bulletin*, Planning History Group, 1984, Vol. 6, No. 3, p. 21. 2001 年,柯林斯(转下页)

但是他的报告中也有一些缺陷是显而易见的，而这些缺陷可能是芒福德的报告被搁浅的原因。比如，他的一些建议可能缺乏现实可行性。芒福德提出建设公园干道以防止城市杂乱无序的扩张，这一提议可能并不是最好的办法。实际上，在芒福德的规划中，考虑的主要交通工具是汽车，他没有将公共交通系统考虑进去。况且在1938年，汽车还远没有达到现在的主导地位，因此，对这个问题的忽视其后果是严重的。[1] 路易斯·凯恩在其抨击芒福德的文章中认为，芒福德先生没有能力做出任何有益的让步，除非他可能被雇来这样做。他的批评也相当谨慎，他没有提到大街小巷那些难看的电线，但对他这种行家来说，这一缺陷肯定是最明显的。[2]

　　芒福德没有预见到城市规模和人口的增长，这或许反映了他在1938年所持的悲观心态。他从"本土"的视角来分析檀香山，并将其与其他已经稳定或正在缩小的美国城镇进行比较，因此，他没有意识到檀香山市中心的首都地区规划的必要性或内在潜力。他也没有意识到夏威夷作为"太平洋大熔炉"的独特地位，以及其对人口增长和旅游产业的影响。[3] 但实际上，由于第二次世界大战，随之而来的婴儿潮，美国经历的大量合法和非法移民，以及旅游业的繁荣，很多事情都发生了变化。夏威夷的旅游业持续多年增长，大陆人口增长率呈下降趋势，而夏威夷1938年的人口增长率为3.7％，是1930年以来最大的一年。[4] 芒福德简单概括说，檀香山的经济机会和其他城市一样受到限制。他的结论是，从人口的日益稳定来看，只有一个真正的扩张领域依然存在，那就是提高生活水平。[5] 另外，芒福德有些天真地建议，城市规划者"应立即采取一切可用的法律手段"，"将土地价值降至更合理的水平"。在承认"檀香山

（接上页）设计集团（Colline Design Group）的汤姆·帕安德鲁（Tom Papandrew）提出了"梦想再绿"（Regreen the Dream）理念，将罗宾逊和芒福德的理念付诸实践。

[1] Gerald P. Oaly, "A Retrospective View of Lewis Mumford's Report on Honolulu", *Planning History Bulletin*, Planning History Group, 1984, Vol. 6, No. 3, p. 19.

[2] "Cain Fires New Blast At Mumford's Booklet", *Honolulu Star-Bulletin*, 31 Dec, 1938, p. 1.

[3] Gerald P. Oaly, "A Retrospective View of Lewis Mumford's Report on Honolulu", *Planning History Bulletin*, Planning History Group, 1984, Vol. 6, No. 3, p. 19.

[4] Louis Cain, "Louis Cain Replies to F. C. K. Letter", *The Honolulu Advertiser*, Jan 8,1939, p. 18.

[5] 1938年，美国人口约为1.3亿，夏威夷总人口约为41万。根据美国1980年的人口普查数据，美国人口自1938年起增长了70％左右，夏威夷增长了150％左右，因此，这足以说明芒福德当时对美国人口趋于稳定的结论是错误的。

的独特优势"的同时,他坚持将这座城市与美国和欧洲更古老、更大、更多从而忽略了有限的土地供应和人口增长对房地产价值不可避免的影响。

不可否认的是,《檀香山走向何方?》是芒福德的城市规划杰作。芒福德关于檀香山的研究本身获得了好坏参半的评价。该文在 1938 年 12 月正式发表,檀香山报纸《广告人》(*Advertiser*)同时在头版刊发社论予以盛赞。但是该规划方案的内容大都遭到市政府官员的漠视、否定。① 次年 2 月,该报告在立法机构成立的领土规划委员会的"第一次进展报告"中被简要引用。莱斯特·麦考伊(Lester McCoy)非常支持芒福德,他没有对报告提出任何质疑,而是忠诚地支持这份报告并积极传播。然而,麦考伊最后不得不辞去公园委员会的主席职务,因为芒福德提出的改组公园委员会的激烈建议没有得到麦考伊同事们的支持。② 1941 年,民主党支持者麦考伊去世,这让芒福德在面对共和党公共工程总监路易斯·凯恩的攻击时毫无还手之力,而后者很快就成为檀香山市长,他声称芒福德的规划是"捏造事实"的"胡言乱语"。③ 他认为芒福德在许多方面提出的建议都是不合理的,缺乏现实可行性,他的事实数据实际上也存在错误。

虽然报告在当时没有得到太多关注,但在许多现在的城市规划者看来,芒福德的这些观点在很大程度上仍然是正确的。事实上,在 1975 年,它们可能更具预见性。④ 1965 年,城市设计师斯迈泽(A. A. Smyser)在当地一家报纸上撰文评论,忽视芒福德报告的结果证明是一场灾难。他写道:"从檀香山国际机场出发,沿着这条丑陋的、没有树木的主干道向小镇驶去。或者咒骂你的运气不好,在下午 4 点 30 分几乎到处都塞车,或者看看镇上散布着高架电线的丑陋街道。"芒福德规划的公园大道从檀香山港的海岸一直延伸到科科角(Koko Head),宽阔的交通车道和遮荫美化的树木本可以改变这一现状。⑤ 但同时,他又抱怨芒福德反对修建没有把握的帕利隧道(Pali Tunnel),因为修建隧道会进一步扰乱城市的发展。

① 唐纳德·L. 米勒:《刘易斯·芒福德传》,宋俊岭、宋一然译,商务印书馆 2015 年版,第 376 页。
② Lewis Mumford, *City Development: Studies in Disintegration and Renewal*, London: Secker & Warburg, 1946, p. 74.
③ "Mumford Book on City Parks Rapped Cain", *Honolulu Star-Bulletin*, Dec 29, 1938, p. 1.
④ David Smollar, "Old Advice Valid, But...", *Honolulu Star-Bulletin*, May 11, 1975, p. 3.
⑤ A. A. Smyser, "Mumford Revisited", *Honolulu Star-Bulletin*, May 15, 1965. p. A-9.

1980 年,檀香山的交通状况依然没有得到改善。城市规划师杰拉尔德·霍奇(Gerald Hodge)称芒福德的许多建议"会使问题变得更容易解决"。为了建立与海洋和山脉的紧密联系,芒福德提出修建通向海域的宽阔林荫大道和两条东西大道。然而,檀香山却选择修建 H1 高速公路——就像一道无情的伤口横亘在城市景观中尼米兹(Nimitz)和卡拉尼奥尔(Kalaniana'ole)高速公路,这两条公路几乎没有利用它们与海域的距离。① 芒福德认为,这两条公园大道显然可以将城市里的埃瓦(Ewa)和钻石山两地连接起来。时至今日,前往或从埃瓦一侧的出行仍然受到诸如葡萄园、学校、迪灵汉(Dillingham)这样的迷宫般杂乱街道的阻碍。②

芒福德报告的搁浅还可能跟第二次世界大战的爆发有关,更重要的一点是因为芒福德忽视了政治因素的影响。他在报告中帮助阐明了某些发展和规划问题,虽然他认识到了公众支持的必要性,但他未能弥合创意思考者与那些决定城市规划政策的务实人士之间的鸿沟。③ 按照芒福德自己的标准,人们发现他缺乏这样的能力:他在其报告的序言中写道,"对一个想法的检验在于它是否有能力应对现实生活中的问题,并为规划和行动提供合理的基础"。④因此,当芒福德向公园委员会提交他的建议时,他的行政和政策建议被完全忽略了,甚至没有公开讨论。事实上,芒福德后来承认他的某些断言是"幼稚的"。尽管他的报告形象生动,脉络清晰,传达的信息也相当明确,但人们还是忍不住希望他的建议不是针对学者和专业规划者,而是针对那些决定城市未来走向的政治家和选民。像许多有远见的规划者一样,芒福德没有与普通人或决策者进行有效的沟通,所以,他的影响是有限的。⑤ 正如大卫·里斯曼(David Riesman)所观察到的:"美国不太需要那些不是政治家的先知,……芒福德主要是一位先知:……但他并没有建议真正的政治团体来完成看似近在

① Lane Efavre, Alexander Tzonis, "Tropical Lewis Mumford", *Writing Urbanism-A Design Reader*, Routledge, 2008, p. 323.
② Lane Efavre, Alexander Tzonis, "Tropical Lewis Mumford", *Writing Urbanism-A Design Reader*, Routledge, 2008, p. 323.
③ Gerald P. Oaly, "A Retrospective View of Lewis Mumford's Report on Honolulu", *Planning History Bulletin*, Planning History Group, 1984, Vol. 6, No. 3, p. 21.
④ Lewis Mumford, *City Development*: *Studies in Disintegration and Renewal*, London: Secker & Warburg, 1946, p. 73.
⑤ Gerald P. Oaly, "A Retrospective View of Lewis Mumford's Report on Honolulu", *Planning History Bulletin*, Planning History Group, 1984, Vol6. , No. 3, p. 22.

咫尺,却又如此遥不可及的复兴。他的武器既不是对工人阶级的召唤,也不是对专业城市规划者的谨慎建议。他的武器和他讲的故事一样古老:理性、劝诫、想象力和信仰。"①而如果我们回顾美国的城市规划相关立法的发展时,就会发现,城市规划者虽然有时会参与起草过程,但很少参与拟定这些基本问题,而这些基本问题往往是在政治框架内拟定的,且就此问题进行辩论也是为了经济而不是社会美学或规划理由。② 尽管芒福德自称是一个有远见的人,但是他可能也因为远离政治世界的喧嚣而受到挑战,因为住房和规划决定往往是由政治集团作出的。和其他地方一样,檀香山城市规划也是一个由不同的政治和经济利益调和的政治过程。所以,芒福德报告不受重视也就不言而喻了。

结语

总而言之,芒福德偏爱中世纪城市的有机规划,并不是要求人们以中世纪城市为榜样来模仿,而是将其作为一种形象来丰富和启发一种完全不同的城市理念。和中世纪城市相比,檀香山有和其相似的自然环境,都倾向于遵循自然的轮廓,但无论是自然条件、规划布局还是建筑风格上,都有自己的特点。芒福德的有机规划虽然强调"随机而遇",同时他也关心城市应该有的空间形态。他在报告中提出的统一的有机原则可以帮助建筑和城市规划行业找到重建城市与自然环境辩证关系的策略和方法。他将有机原则应用到城市规划和设计中,可以使人类能够在健康的环境中满足需求和获得成长。对芒福德来说,良好的有机规划似乎在很大程度上是循序渐进的。虽然芒福德提出的一些建议可能缺乏可行性,但他对檀香山城市问题的诊断,以及处理这些问题的解决方案让人们对改变后的檀香山有了清晰的理解。芒福德关于檀香山的有机规划愿景虽然未能完成,但其价值就在于提醒人们檀香山所具有的潜力,而非哀叹其目前的损失。无论芒福德的建议是对还是错,他都把注意力集中在需要解决的问题上。他的报告引发了诸多思考,而这正是关心城市命运的人们所需要的。

---

① David Riesman, "Some Observations on Lewis Mumford's 'The City in History'", Washington University Law Quarterly, Number 3, Jan, 1962, p. 293.

② Gerald P. Oaly, "A Retrospective View of Lewis Mumford's Report on Honolulu", Planning History Bulletin, Planning History Group, 1984, Vol. 6, No. 3, p. 22.

A Stranded "Vision of Organic Planning"
— Interpretation of Lewis Munford's *Whither Honolulu*?

Abstract: Lewis Mumford put forward the concept of organic planning when he talked about medieval towns in the *The City in History*. Organic planning does not advocate setting goals in advance, but rather akind of "random encounter" planning. Mumford's organic planning ideas are fully practiced in his report — *Whither Honolulu*?. Honolulu has a unique natural geographical environment, and the whole city has been lacking reasonable planning, the state of its city is very conducive to the practice of organic planning ideas. The idea of organic planning fuses several key elements: a respect for traditional and historically meaningful forms; suite to local conditions; clear functional orientation; attentiveness to social concerns and the human scale as well as technological innovation. In accordance with his organic principles, he pointed out the planning problems of Honolulu in his report, and put forward far sighted opinions and suggestions on Park and urban planning.

Keywords: Mumford; Honolulu; urban planning; organic planning

作者简介: 王丽娟,上海师范大学人文学院世界史系博士研究生。

"美好年代"巴黎住房的
条件和卫生治理研究

滕子辰

摘　要：城市的住房作为城市结构的基本组成单位，不仅占据了城市史研究中一个重要的位置，还受到环境史、日常生活史和医疗社会史的深入研究。近年来随着传统史学的复苏，经济史和政治制度史领域中对住房的研究再次获得重视。因此本文旨在从"美好年代"巴黎住房的条件和卫生出发，探析城市的住房问题以及法国官方和民间对待这种问题的态度和解决方法。最后讨论该时期针对住房的治理在法国起到的影响，以更好地勾勒出城市的主体并从一个更深层次的角度来理解城市的维度。

关键词：城市治理　住房卫生　廉价住房

美好年代(Belle Époque)指法国社会从 19 世纪末期开始至第一次世界大战爆发而结束的一段历史时期。因为该时期的法国处于一个相对和平的黄金发展时期，而被法国历史学家使用"美好年代"一词来定义这段资本主义和帝国主义急速扩张的时期。[1] 最近史学界通常也会以"讽刺"的方式来对待"美好年代"这一术语，因为部分历史学家认为对于人类而言，一个人所处的时代有多美好取决于这个人是谁，换言之就是美好年代对于当时 19 世纪末期 20 世纪初期的有闲阶层或许是一段美好的时期，对于底层的劳工和移民来说，就不那么"美好"。因此在这里笔者认同斯特林大学雷诺兹(Siân Reynolds)教授

---

[1] Dominique Lejeune, *La France de la Belle Époque*, Armand Colin, 2002, pp. 4 - 5.

的观点,只是将该术语用作跨越 1900 这个时间段的简写,而不暗示任何价值判断。[1]

　　法国历史学家布罗代尔认为"城市是法兰西历史演变的路标、阻力和动力"。[2] 处于"美好年代"的法国经济飞速发展,巴黎作为法国的首都处于创新和现代化的前沿。然而飞速的城市化带来的一系列诸如卫生和房价的问题依旧困扰着这座瓦尔特·本雅明(Walter Benjamin)笔下"19 世纪的首都"。在法国的城市史研究中,关于这些问题的讨论主要都集中在 19 世纪中叶奥斯曼城市大改造这种以国家力量或者是市政厅为主导进行的城市规划与更新,对于 19 世纪末到 20 世纪初期的私人企业,主要是房地产公司与市政人员在城市化问题尤其是城市住房方面的研究并不多。关于 19 到 20 世纪城市住房的问题可以参考阿兰·福尔(Alain Faure)的文章《美好年代的巴黎人如何住宿》和《从平民居住区的研究角度来看 1880—1914 年巴黎的住所》。这两篇文章从住房的经济角度和居民的生活角度展现了该时期巴黎的居民面对住宿问题的思考以及市民的生活方式,在作者看来从居住区(quartier)的研究角度出发是城市史研究中不可或缺的一部分,它能够更好地定义或者去理解城市中的一些社会现象。[3]

　　多米尼克·拉罗克(Dominique Larroque)的论文《1830—1914 年巴黎的工业化和城市设施》首先从地理学角度分析了城市工业的分布情况,其次以城市清洁运动为例,具体考察了近代巴黎的公共赋权,最后以铁路运输为主,分析了巴黎在 1830—1914 年期间与国家政策和金融方面的问题。[4] 法比安纳(Fabienne Chevallier)的著作《巴黎的现代性:1855—1898 年的公共卫生史》从近代巴黎公共卫生入手,不但论述了 19 世纪巴黎城市医疗政策以及城市卫生环境的改变,而且从医疗史的角度出发,围绕 19 世纪中期巴黎城市爆发的霍乱疫情的论述引发对城市公共卫生健康的反思,可以说是近年来关于巴黎

---

[1] Siân Reynolds, *Paris-Edinburgh*: *Cultural Connections in the Belle Epoque*, Routledge, 2016, p. 2.

[2] 费尔南·布罗代尔:《法兰西的特性:人与物》(下),顾良、张泽乾译,商务印书馆 1997 年版,第 170 页。

[3] Alain Faure, Le local: une approche du quartier populaire (Paris 1880 - 1914), *Mélanges de l'école française de Rome*, tome 105, n°2. 1993. p. 489.

[4] Dominique Larroque, Industrialisation et équipements urbains à Paris. 1830 - 1914, *Les Annales de la Recherche Urbaine*, N. 8,1980, pp. 49 - 86.

城市史的著作中较为新颖的题材。[①]

英语世界关于该方面最新的研究是耶茨(Alexia M. Yates)的著作《贩卖巴黎：世纪末首都的房地产和商业文化》。作者通过对私人业主、建筑师、房地产开发商和信贷公司的研究,从商业史的角度探索了19世纪末期住房的融资、建造和销售。她把城市、经济、商业和文化历史编织在一起,分析市场参与者和机构如何推动城市发展,揭示了私人资本力量对城市现代化的推进。正如她在书中所说的那样:"要想了解现代巴黎的历史,就要理解其私人开发商。"[②]

以上学者的论著可以说内容详实,并且对于这一时期城市住房演变和发展的研究极为细致,此外国外学者的研究中还涉及地理学、经济学和卫生学方面的知识,为读者提供了丰富的材料与研究视野。但是一些研究距离我们时间较远,对于私人企业与市政厅的关系研究不够深入,没有充分讨论出巴黎在城市化过程中的问题。当下中国住房问题成为人们热议的话题之一,因此研究美好年代巴黎住房的问题有助于了解市政府与私人企业在住房问题上面的复杂性,也具有一定的现实意义。

一、巴黎的住房和卫生问题

不同阶层国民的住房问题是19世纪到20世纪初期法国工业城市中新产生的问题之一,它对家庭以及家庭生活结构、移民和住宿方式、私人生活和公共生活空间的关系以及建筑的形态影响很大。[③] 早在17世纪许多巴黎人就已经开始注意到城市的住房卫生和公共卫生条件的恶劣而引起的流行性疾病等问题。随后的城市美化运动得到了当时许多政治家和思想家的支持,其中伏尔泰在1749年编写的《美化巴黎》(*Les Embellissements de Paris*)就将卫生学和实用性融入城市美化的理念中。他呼吁对街道进行改造,以改善城市的卫生条件,并且加强城市的空气净化与流通。但是并没有改变巴黎的本质,城

---

① Fabienne Chevallier, *Le Paris moderne*: *Histoire des politiques d'hygiène* (*1855 - 1898*), PU Rennes, 2010.

② Alexia M. Yates, *Selling Paris*: *Property and Commercial Culture in the Fin-de-siècle Capital*, Harvard University Press, 2015, p. 5.

③ Alain Faure, Comment se logeait le peuple parisien à la Belle Époque? *Vingtième Siècle. Revue d'histoire*, 1999, N. 64. p. 41.

市依然充斥着垃圾,普通市民的住房条件仍然十分恶劣。

1832 年巴黎爆发的霍乱导致大约 2 万巴黎人死亡,随后三位卫生学家开始怀疑住房条件的恶劣是这次霍乱的罪魁祸首,并在城市内部开展了一次调查。在奥斯曼(George Eugène Haussmann)对巴黎进行的大改造之后,城市卫生而导致的疾病得到了一定控制,市区的街道不再像中世纪的城市那样肮脏、污染和拥挤,城市人口的死亡率也开始缓慢下降,但是奥斯曼的改造工程仍然没有解决恶劣的住宿空间。在 1890 年巴黎遭遇流行性感冒,大量居民因此丧命,流行病对市中心老城区的打击最为严重,而这些地区也是 1832 年霍乱大流行时死亡人数最多的区域。①

从法国 1911 年人口普查的结果来看,巴黎城中有 215,888 间过度拥挤的住所内,每个房间都有超过两人居住,而在 924,757 间面积大的房屋内,普遍是一至两人住在一个房间内。1884 年巴黎爆发的霍乱造成 989 人死亡,其中绝大多数为贫民区的居民;1892 年霍乱再次来袭,这次死亡的 906 人大都来自贫困的工人阶级居住区。同样的情况在 1882 年伤寒病流行时也出现过。但得益于近代医疗的发展,虽然 1882 年的伤寒造成 2,122 人死亡,但是到了 1894 年则降到 773 人死亡。在当时肺结核仍然是主要的杀手:死亡人数从 1880 年的 11,023 人增至 1894 年的 12,376 人。②

住房调查显示从 1894 到 1904 年,结核病死亡率高发地区都位于卫生条件恶劣的区域。在 1913 年关于城市卫生服务的报告总结中提到结核病主要爆发于住房阴暗且通风条件恶劣的地区。③ 1907 年的报告也指出在其他欧洲国家的首都,结核病的发病率已经明显降低,而巴黎却依然保持着同原来一样的水平。④ 主要原因是当时出生率上升以及失业率和通货膨胀导致人们迁移进入城市,由于新兴资本主义工厂需要大量劳动力,一些业主为了利益会毫不犹豫租出已经十分拥挤并且卫生条件恶劣的房间因此加快了疾病的传染性。

这些出租的房间引起了市政人员的关注,根据巴黎市政厅的调查,在第一

---

① Bernard Marchand, *Paris*, *histoire d'une ville*(*XIXe - XXe siècle*), Seuil, 1993, p. 140.

② 彼得·霍尔:《文明中的城市》,王志章等译,商务印书馆 2016 年版,第 1058—1059 页。

③ Norma Evenson, *Paris*:*A Century of Change*, *1878 - 1978*, Yale University Press, 1979, p. 211.

④ Anthony Sutcliffe, *Autumn of Central Paris*:*Defeat of Town Planning*, *1850 - 1970*, Study in Urban History, 1970, p. 111.

次世界大战爆发前，大约 43％的巴黎人居住在肮脏、拥挤的住房内。① 而大多数居住条件恶劣的居民，都是巴黎的工人阶级。当市政的卫生人员或者是慈善团队的成员去参观巴黎工人阶级的住房时，他们发现有些人的房屋窗户很少打开，住宅内的通风严重不足。在阿兰·科尔班（Alain Corbin）的著作《瘴气与黄水仙：18—19 世纪的嗅觉与社会想象》可以看出这是人们对于内部环境卫生的不重视，甚至部分居民对自己身体的体味还带着一种自满情绪在其中。② 居民不愿意打开门窗通风的原因还有一个：如果打开窗户，城市的噪音、烟雾就会入侵住房。例如城市中的许多小作坊会为食品杂货商提供咖啡烘焙的服务，这些活动往往在居民区甚至是楼道的公共区域进行，并且会散发出难闻的气味。③

除了噪音和难闻的味道是住房的卫生问题外，工人阶级住房缺水问题也很严重：每个庭院中仅有一个供水设施，并且由于受业主控制，因此对于房客来说还要忍受业主的拮据。缺水导致的卫生问题就是厕所由于没有自来水无法保持清洁以及业主对下水道卫生问题的忽视，这种问题一直到 1894 年法国出台法律，强迫业主们订购城市用水，并且处理下水道中的"黑水"（尿液和废水）。④ 但是在 1903 年，巴黎只有 10％的房屋与下水道相连，大约有 5 万套公寓配备现代的厕所，而这些公寓的厕所一般位于一楼的庭院或公共楼梯的中间。甚至有四分之一的建筑物根本没有厕所，而在郊区这个比例远低于此。居住在这种不卫生住房（logements insalubre）的居民健康受到严重的威胁。

在约翰·梅里曼（John Merriman）的研究中，此时巴黎的 80,000 多栋住宅楼中的 32,000 栋被认为是不卫生的。在 1900 到 1910 年间巴黎的市政当局列出的"不卫生岛"（îlots insalubres）的记录中，巴黎的郊区和市中心的一些街区都被认作是不卫生街区，还有更严重的不卫生地区被视为肺结核区。其中郊区的住房卫生状况最为恶劣。圣丹尼斯（Saint Denis）的不卫生住房的比

① 科林·琼斯：《巴黎城市史》，董小川译，东北师范大学出版社 2008 年版，第 268 页。
② Alain Corbin, *Le Miasme et la Jonquille*, *l'odorat et l'imaginaire social*, *XVIIIe-Xxe siècles*, Aubier Montaigne, 1982, pp. 252 - 253.
③ Alain Faure, Comment se logeait le peuple parisien à la Belle Époque? *Vingtième Siècle. Revue d'histoire*, 1999, N. 64. p. 44.
④ Elsbeth Kalff, La sensibilisation à l'hygiène: Paris 1850 - 1880, la loi sur les logements insalubres, *Les Annales de la Recherche Urbaine*, 1987, N. 33, p. 102.

例占到 58％,圣杜昂(Saint-Ouen)的比例为 62％。① 造成这种局面的主要原因一方面是房地产商和业主对于金钱的追求而忽视居民的健康问题,一方面也是城市规划中对于城市居民增长而出现的住房问题的不重视,而这些都可以视为当时的市政厅或者是共和国政府缺少严谨统一的针对城市化的政策。

　　缺乏严谨统一的城市化政策导致的另一个关于住房的问题就是巴黎市区住房的匮乏与租金的上涨。1852 年到 1859 年,因为奥斯曼进行的城市大改造,巴黎旧城损失了 25,562 套住宅,但是新增了 58,207 套房屋净收益为 32,645 套;1860 年后损失住宅数为 91,991 套,得到了 215,104 套,净收益为 123,113 套,完全可以安置 30 万人。同时租金低于 250 法郎的且民众均能负担的住房数目也在不断增长:1863 年为 101,909 套,1867 年有 118,580 套。在 1860 年之后,虽然在新的被兼并的地区修建了租金更便宜的房屋,但是房屋的增长数量已被持续增长的移民压力完全抵消。②

　　除此之外,1901 年表决通过的新税种对法国的房地产冲击较大,地产税的增高以及新开税种使得地产税收在法国税收财政中的比重提高至 29％,除去抵押负债,不动产所贡献的税收高达 43％,国家财政对不动产税收的提高也使得法国的投资商对于该产业的投资也是飘忽不定,在他们看来资金的安全应该是放在首位,相比对房地产的投资他们更喜欢购买国债,尤其是沙皇俄国那样政权牢固国家发行的债券,因此,虽然巴黎的投资商在全球的投资排名第二,但他们缺乏热情与资金投资本地的房地产市场。③ 另一方面,巴黎的金融阶级也认为对中下层阶级,尤其是工人阶级住房的投资利润较低,官方则认为自由放任主义原则不能应用到社会住房的发展之中,政府更多地是鼓励个人和慈善事业投资。④

　　1911 年巴黎 45％的住房在规模上被评估为"过度拥挤"或"过度贫穷",尽管法国的廉价住房协会(Les habitations à bon marché)在当时为房屋质量和数量都做出了努力,但巴黎仍然缺少至少五万套公寓。除了受巴黎人口增多对住房的影响外,最主要的原因是楼房造价成本的升高导致新建楼房与增多人口比

① John Merriman, *Ballad of the Anarchist Bandits: The Crime Spree that Gripped Belle Epoque Paris*, Nation Books, 2017, p. 43.

② 彼得·霍尔:《文明中的城市》,王志章等译,商务印书馆 2016 年版,第 1039 页。

③ Bernard Marchand, *Paris, histoire d'une ville (XIXe - XXe siècle)*, Seuil, 1993, p. 228.

④ 科林·琼斯:《巴黎城市史》,董小川译,东北师范大学出版社 2008 年版,第 268 页。

例不对等。1885 年到 1910 年,巴黎近郊独栋洋楼的成本造价从 400 到 500 金法郎上升到 700 至 800 金法郎,[1]1910 年到 1914 年受入市税和建材市场波动影响,成本又上涨了 10％。[2] 成本的增高也导致房价开始上涨,巴黎的房价在经历奥斯曼大改造后一直都在上升,比如在拆毁旧楼房之后新修的大街两旁建造奢华的住宅虽然各方面条件都比原先的住房要好,但是房租金额激增,不断上涨的房租远超当时工人们的工资,而工人阶级人数的增长速度也快于他们能够承受的租住房屋数量:从 1860 年至 1910 年最低房租价格增长了一倍。[3]

增长的房价使得居住在巴黎的市民住房压力开始增大,房屋租金不断上涨也让许多巴黎人开始居无定所,为了找到更加便宜并且适合自己的房屋,他们只有通过不断更换居住房屋的办法来解决居住问题。根据 1890 年巴黎的街区选民名单来看,13％到 18％的巴黎人每年都会更换居住的街区。[4] 住房成本的上升直接影响的后果就是许多人迁移至郊区生活,造成巴黎郊区人口膨胀。郊区为无数没有能力在市区支付房租的人提供住房,圣丹尼斯(Saint Denis)的人口从第二帝国时期的 15,700 上升到 1914 年的 71,800,布洛涅—比扬古(Boulogne-Billancour)从 7,000 居民增加到 57,000,而塞纳河畔伊芙里(Ivry-sur-Seine)的居民从 7,056 增加到 38,307。在世纪之交的时候,巴黎地区大约有 26％的市民居住在郊区,这个人数是 1861 年居住在巴黎郊区人数的两倍。[5] 另外一部分人选择居住在市区内"带家具的出租房"(le garni)[6],自 1911 年以来这种房间是巴黎重要的租房模式,并占巴黎所有住所的 11％以

① Bernard Marchand, *Paris, histoire d'une ville* (*XIXe - XXe siècle*), Seuil, 1993, p. 227.

② Maurice Agulhon, *Histoire de la France urbaine, tome 4: La Ville de l'âge industriel*, Seuil, 1983, p. 93.

③ Bernard Marchand, *Paris, histoire d'une ville* (*XIXe - XXe siècle*), Seuil, 1993, p. 226.

④ Jean-luc Pinol, Francois Walter, *La Ville contemporaine jusqu'à la Seconde Guerre mondiale. Histoire de l'Europe urbaine* (4), Points, 2012, p. 139.

⑤ John Merriman, *Ballad of the Anarchist Bandits: The Crime Spree that Gripped Belle Epoque Paris*, Nation Books, p. 39, 转引自: Colin Jones, *Paris: Biography of a City* (London, 2004), pp. 411 - 412。

⑥ 带家具的出租房(le garni)是法国在 19 世纪到 20 世纪中期流行的一种租房模式,大多数由旅店提供服务。该业务为租客提供单独的房间,并配备完善的家具用品,由于这种出租房环境比郊区的房子要好并且价格也属于可以接受的范围之内,因此深受初来巴黎工作的外省人和外国移民的青睐。受到 20 世纪 30 年代法国经济危机的影响,这种业务的行情不如从前。在 1950 年的住房危机之时,该租房模式又迎来"第二春"。最后在 1960 年左右走向衰退。关于这种租房模式的研究参见 Alain Faure et Claire Lévy-Vroelant, *Une Chambre en Ville. Hôtels meublés et garnis à Paris 1860 - 1990*, Créaphis, 2007。

上,为大约 165,000 左右的巴黎人提供住处,而这些人约占首都人口的 6%。[①]

虽然在奥斯曼城市改造的刺激下,巴黎的建筑行业在此期间发展迅猛,并随着房地产业的快速发展在 19 世纪中期到一战爆发前迎来了自己的黄金时期,然而大多数巴黎中下层阶级的市民仍要忍受着糟糕的住房卫生与高昂的房价对他们带来的影响。

二、巴黎市政厅对住房和卫生问题的治理

高昂的房价、住房的缺乏和恶劣的住房卫生引起了当时的社会活动家与巴黎市政厅的关注。市政人员一方面组织当时的医生和工程师通过对住房的调研来了解不同街区房屋的具体状况,以便更好采取措施;另一方面是官方通过立法手段来对整个城市街区的规模、卫生以及人口住宅区进行合理的规范,为此巴黎市政部门不仅颁布了一系列关于城市卫生与社会住房的法令,还运用现代城市规划的思想对街区的布局进行规划与治理。

1. 对街区住房卫生的治理

19 世纪是欧洲走向城市化的时代。城市的社会地理面貌发生变化,飞速扩展的后果很快开始显现。此时公民的自尊感和资产阶级对环境的重视逐渐合为一股力量,以寻求解决之道。在 19 世纪下半叶,提高街区的卫生标准变得越来越迫切。城市人口的加速增长和密度的增加,加剧了工业化前城市中已经很低的卫生标准。例如,在斯德哥尔摩,19 世纪 50 年代男性的平均预期寿命为 20 岁,每三个出生的孩子中就会有一个在 1 岁的时候夭折。直到 19 世纪 70 年代,一名 15 岁的男性才有 20% 的机会活到 60 岁。然而在农村地区,死亡率却较低。斯德哥尔摩的人口统计数据并不是唯一,欧洲其他国家的大城镇也有类似的情况。随后人们意识到疾病的流行和高死亡率的城市人口之间的联系,当时的人们需要一种卫生学意识或者说城市街区的卫生标准。这种观念的诞生影响了城镇的卫生条件和居民的预期寿命。此外,当时所有大城市关于城市卫生的问题都很相似。任何取得的积极成果在当时都可以迅速传递到欧洲其他国家的城市之中。[②]

---

① Alain Faure, Comment se logeait le peuple parisien à la Belle Époque? *Vingtième Siècle. Revue d'histoire*, 1999, N. 64. p. 45.

② Thomas Hall, *Planning Europe's Capital Cities: Aspects of Nineteenth-Century Urban Development*, Routledge, 1997, p. 327.

关于近代城市街区卫生的状况最早可归溯于 1842 年埃德温·查德威克(Edwin Chadwick)撰写的一份关于英国城镇工人阶级卫生条件的报告,此后在英国成立公共卫生协会,在当时欧洲影响巨大。19 世纪 70 年代,英国社会普遍认为,地方政府有义务提供洁净饮水,应当有效处理垃圾,清扫街道,保证环境清洁。例如 19 世纪末英国普及抽水马桶运动,其中 1881 年曼彻斯特法律规定新建房舍一律必须安装抽水马桶的厕所。这种对城市街区卫生问题的重视不仅仅局限于英国,当时的布达佩斯、汉堡以及之后的巴黎都开展了一系列旨在解决街区环境卫生的城市改造。[①]

随着 19 世纪卫生主义(l'hygiénisme)在欧洲范围内开始流行,巴黎的街区卫生问题引起了每个行政区(arrondissement)的关注。[②] 在街区卫生中,最受关注的则是市民居住房屋的卫生问题。早在 1850 年法国政府就已经颁布《不卫生住房法》(La Loi des Logements Insalubres),[③]这代表着国家开始干预业主与房客之间的关系,除了制定业主必须维护住房卫生的法规外,商店、小作坊和私人公司的办公场所也都在法规范围之内,即使这项法律的初衷是更多地保护当时居住在恶劣条件下的工人阶级的健康。[④] 1850 年颁布的这项法律,也反映出那个时代所盛行的"自由主义"(liberalism),一方面这项法律委托每个公社的政府建立不卫生住房委员会(Les commissions des logements insalubres),但是这并非强制性;另一方面由于"私人财产的不可侵犯性"使得业主们谎报虚假信息来达到法律要求。此外,委员会的成员只有检查卫生的权利,他们中多数是医生、化学家、药剂师和建筑师,可以说他们只是委员会中的志愿者。但正是因为他们的身份是志愿者们而不是公务员,也不是曾经负责城市卫生的警察,他们更能获得业主和房客的信任,市民也更愿意去找他们投诉或者是咨询关于住房卫生的问题。这种民间和官方各自的"妥协"也进一

---

① 理查德·埃文斯:《竞逐权力:1815—1914》,胡利平译,中信出版集团 2018 年版,第 394—395 页。

② 法语中通常表达市区单词为 arrondissement,该单词含义不同于街区 quartier,前者为城市的行政区域,后者更多地代表生活街区。

③ 《不卫生住房法》于 1850 年 4 月 13 日生效,1902 年 2 月 15 号被废除,旨在为了居民的健康而对巴黎市区内部的住房以及商铺进行卫生监察与管理,并提出可参考的住房卫生标准,主要适用范围为 1860 年巴黎扩张前的"老巴黎地区"。

④ Elsbeth Kalff, La sensibilisation à l'hygiène: Paris 1850 - 1880, la loi sur les logements insalubres, Les Annales de la Recherche Urbaine, N. 33, 1987, p. 97.

步保障了不卫生住房委员会的存在。

同时作为第一个受到法律保护而建立不卫生住房委员会的法国城市,不论是处于第二帝国时期还是第三共和国时期,巴黎的不卫生住房委员会也是唯一从不同层面上治理不卫生住房的机构。当时的巴黎人普遍对由市政厅负责的城市不卫生住房委员会有一种不信任感,他们往往相信由市镇(公社)负责的自治委员会。例如1894年不卫生住房委员会敦促房东将他们的房屋连接到城市的供水线并改变排水系统时,许多业主认为官方下达的要求过高,业主们宁可在法庭上与市政委员争吵,也不愿意以缓和的方式结束被政府投诉的案件。[①]

同文化水平较高的业主和租客相比,美好年代巴黎郊区的工人阶级对卫生问题显得格外敏感,他们作为贫困的社会阶层十分渴望能住在干净、通风且饮水干净的房间中,一方面他们会观察周围的环境是否卫生,并且向公社的不卫生住房委员会投诉以改善自己的住宿条件,另一方面他们会根据专业市政人员的建议而改变自己曾经不健康的生活习惯。正如当时负责巴黎下水道的工程师贝尔格朗(Eugène Belgrand)在回忆录中所写那样:"据说我们的工人永远不会克服他们的污秽习惯,这是错误的。在我们为工人而建造的房屋里,我们给每个家庭提供自来水,通过家庭主妇对她丈夫和孩子的简单行动,他们的小房子都保持着清洁。"[②]从中可以看出不卫生住房委员会对于改善住房卫生问题的贡献。

不卫生住房委员会不断地普及卫生观念以及通过法律手段对一些住房的污水处理所进行的改造,在一定程度上缓解了街区住房的卫生条件。随着后期为市政工程而服务的工程师的加入与城市对周围地区的兼并,不卫生住房委员会的管理与组成也在发生变化:由原来公社自治的委员负责的房客和业主间的和解逐渐转变为政府直接干预。这种政府对地方卫生管理权的控制在美好年代随着第三共和国对国家内部控制的加强而不断深化。同时也方便了之后市政部门通过记录房屋的卫生档案来评估城市的卫生水平。随后在

---

① L. Toussaint, Les logements insalubres à Paris, *Journal de la société de statistique de Paris*, 1879, pp. 44 – 49.

② Mémoire d'Eugène Belgrand, ingénieur en chef et directeur du Service des Eaux et Egouts, Assainissement de Paris, *Transformation de la vidange et suppression de la voirie de Bondy*, Demourgues Frères, Paris. , 1871, p. 5.

1881 年巴黎市政府从住房的卫生角度出发,制定了统计住房档案的标准:除了考虑住房中居民的数量外,还要考虑内部结构和舒适程度。[①] 虽然这只是草案,并且 10 年后才被法国内政部获准用于居民的调查统计,但是这种崭新的统计方式影响到《1902 年公共卫生法》的制定,并于 1904 年在巴黎施行。其中关于住房的内容规定:任何起居室的面积最小为 9 平方米,每个房间都必须设有排烟管道,房间应该光线充足且通风,房间必须配有大小为房间面积六分之一的窗口。[②] 该规定的要求对于楼房的建造是强制性的,也就是说此后巴黎的每一栋建筑物都必须符合《1902 年公共卫生法》中的条例来建造,这也预示出当时城市规划的权利。可以说这种统计住房的调查方式成为了分析住宅与城市规划领域之间关系的一种工具。

不卫生住房委员会除了通过立法来改善住房条件外,内部成员的提案也对住宅的内部结构提出了各自专业方面的设计。其中马丁医生(A. J. Martin)和工程师杜朗德(Olivier Durand-Claye)通过前期的社会调查设计出有益居民健康的房间模型。这种结合自然因素与早期室内设计的房屋不仅考虑到住房者的经济因素,更多地是从卫生和健康角度而设计。这种住宅模型于 1889 年万国博览会期间在巴黎展出,除了受到了巴黎市卫生和住房高级委员会(la Commission supérieure de l'Assainissement et de l'Habitation de la Ville de Paris)的重视外,在博览会期间也将这种模式传播给世界各国,并对未来建设工人阶级的社会福利住房影响巨大。

美好年代这种由不卫生住房委员会负责的街区住房卫生治理运动仍有一定的局限性。比如该委员会只注重房间内部的环境是影响身体健康的因素,却忽略了对当时城市环境污染的管控;"老巴黎"街区卫生排放污水以及垃圾清理虽然在一定程度上得到了治理,但是新并入巴黎的各区,尤其是郊区的卫生状况依然堪忧,这种情况也一直持续到二战以后才得以解决;健康卫生的住宅户型运用范围有限,因为房地产开发商认为会提高造楼成本;等等。但是这种由政府干预,民间专业人士为志愿者的委员会模式在当时也不失为一种有效的方法来解决住房的卫生问题:放在当时的背景下,如果政府过多干涉会

[①] 在居民填写的调查单中,内容涉及房间的数量,每个房间窗户的数量,窗户是否朝向花园、走廊和街道,房间是否带有壁炉以及带有壁炉的房间的数量,等等。

[②] Yankel Fijalkow, Mesurer l'hygiène urbaine en épargnant les propriétaires: Le casier sanitaire des maisons de Paris, *Les Annales de la Recherche Urbaine*, N. 53, 1991, pp. 73 - 74.

被市民认为损害其私有财产的利益,但是专业的工程师和医生的介入能有效从科学角度分析以解决卫生问题,并且不会遭到市民的排斥。

2. 社会廉价住房的建设

社会廉价住房最早源自于不同形式的工人住房,分别为团体住房和个人住房。法国的社会廉价住房(Habitation à bon marché)是指由于公共或私人倡议,旨在向低收入人群提供的一种住房,这些人往往都是难以在市场上找到住处的人。该术语涵盖住房的建设,日常事务和管理。

法国同大多数的欧洲国家一样,国家对住房部门的干预直到 19 世纪末才开始。18 世纪末到 19 世纪初期是法国社会廉价住房的起步时期,该时期随着巴黎的出生率不断上升,失业和通货膨胀的蔓延,导致众多市民不断搬家。1850 年 4 月 13 日,法国颁布了第一部关于整治社会住房的法案《不卫生住房法》,在该法案中工人住房的安全问题成为主要内容,并且赋予市议会界定城市不卫生住房的权利,但是关于工人住房的问题并没有解决。当时的工人并没有住进卫生体面的住房,赚取工资最少的工人依然居住在一种既不卫生又十分破烂的住房之中。

住房的数量来看,开始出现供不应求的现象。而当时的很多业主,为了经济利益,依然出租存在卫生或者是有安全隐患的住房。① 这引发了许多社会问题也导致公众开始关注这些人的住房问题;19 世纪 80 年代到 20 世纪 20 年代是社会廉价住房的发展阶段,该时期国家与民间资本也关注于社会住房的建设,并于这一时期诞生了第一部关于社会住房的法律文件:《齐格弗雷德法案》(la loi Siegfried);从 20 世纪 20 年代到 21 世纪,社会廉价住房通过不断完善的法律保护以及住房形式逐渐成为法国必不可少的福利住房模式。

19 世纪中期巴黎的疫病和 1871 年的巴黎公社运动也使当时的资产阶级认识到工人阶级的重要性,并且想通过为他们建造相对舒适的住房来缓解当时的社会矛盾,正如《齐格弗雷德法案》的创始人于勒·齐格弗雷德法案(Jules Siegfried)所说:“我们想让人们幸福而保守;如果我们想维持秩序,道德以及温和的政治与社会,那我们需要建立一座工人城市。”② 在他看来工人的住房

---

① M. Amzallag et C. Taffin, *Le logement social*, éditions L. G. D. J, Collection Politiques locales, 2010, p. 118.

② Le site de l'association Rouge Midi, *Petite histoire du logement de 1800 à nos jours*, 16 février 2011.

主要是社会管理的一个项目,通过改善工人的生活条件达到维护社会稳定的作用。1894 年 11 月 30 日,《齐格弗雷德法案》正式生效,该法旨在鼓励私人住房的建设,并为其提供法律保护,以及通过免税和贷款计划刺激建造廉价住房。① 它标志着政府开始鼓励通过免税和开放信贷来源创建低成本的廉价住房。

该法案还使得工人获得成为房屋所有者的机会。然而,关于建造廉价住房的融资在当时依旧任重而道远,从 1898 年到 1906 年只成立了 18 家建造社会住房的公司,而建造的廉价住房中收益最多的人主要是由老板安置的工人们。即便如此,该法案的出台也解决了当时工人阶级住宿的燃眉之急,并且在 1899 年巴黎举行的第一届国际廉价住房大会上,法国廉价住房协会(SFHBM)正式取代曾经的工人住房协会。随后的 1900 年万国博览会上,由火之角股份有限公司(Le Coin du feu)设计的工人住房夺得了社会经济宫的金奖。虽然只是图纸以及模型,但是这种为无产阶级打造的住房却表现出对住户的尊重,能让每位住户感到自由、独立。② 这种房屋的模式除了适用于法国,同样也适用于俄国、英国、美国和西班牙,因此通过 1900 年的博览会,这种新型的住房模型被传播到世界各地。

除了在万国博览会上取得巨大成功以外,房屋的模型于同年 12 月在巴黎市政厅展示,这也代表着这种住房模式将会成为未来整个法国社会住房的样板。自 1906 年开始,廉价住房协会通过和类似火之角的房地产公司与法国的信托局(la Caisse des depots et consignations)合作进行大规模融资以刺激小型房地产业的发展,同时法国政府给予 25 年的优惠贷款,利率为 2%。③ 从整个美好年代巴黎的社会廉价住房的发展历史来看,由官方制定的法律和民间资本背景下的信托基金都对巴黎的社会住房建设起到了很大的作用。值得一提的是随后的几十年里,随着公共政策对城市化的贡献,从建设第一套社会住房到最近开始的拆除市郊住宅区(Grand ensemble),信托局都扮演着重要的

---

① Benoît Pouvreau, LE COIN DU FEU À SAINT-DENIS (1894 - 1914), *histoire urbaine*, 2008, N. 23, p. 42.

② Benoît Pouvreau, LE COIN DU FEU À SAINT-DENIS (1894 - 1914), *histoire urbaine*, 2008, N. 23, p. 47,转引自:Article de M. Vavasseur (avocat et maire du IIe arrondissement de Paris, proche de Leven), *Revue des societes* no. 7, juillet 1900.

③ Alain Faure, Comment se logeait le peuple parisien à la Belle Époque? *Vingtième Siècle. Revue d'histoire*, 1999, N. 64. pp. 41 - 42.

角色。①

　　一直到第一次世界大战爆发前,这种官方放宽利率,鼓励民间资本投资巴黎廉价住房的模式一边使当时社会趋于稳定,缓解了社会矛盾,另一方面也为当时的工人阶级提供了相对而言比较卫生且便宜的住房。虽然他们的住房大多集中于圣丹尼斯或者是美丽城等巴黎的郊区,但是随着当时的房地产投资商与国家信托局对廉价住房的支持逐渐加强,巴黎乃至于整个法国的社会廉价住房仍然吸引着众多的工人搬进属于自己的房间,即使房间面积只有 15 或 20 平方米。1915 年巴黎成立塞纳河地区廉价住房办公室,该机构和之前的法国廉价住房协会一起致力于法国的社会廉价房,未来在 1920 年到 1949 年之间为大约 12 万人提供了 2 万多套住房。② 总之,"美好年代"的巴黎对住房问题的重视主要表现在公共卫生和大规模廉价住房之中,这也与当时诞生的现代都市主义相呼应。

三、结语

　　对"美好年代"巴黎住房的研究涉及的是法国第三共和国早期的历史,也可以说是当时整个巴黎由"国王的首都"向"公民的首都"过渡时期的历史。该时期法国的经济飞速发展,社会趋于稳定,如果从住房的角度来看,可以发现几个明显的特点。

　　一是街区不卫生住房的改造改善了居民,尤其是工人阶级的住房卫生,而社会廉价住房的建设,使得城市的贫困人群有了落脚之处。官方和民间对住房的重视不仅完善了之前奥斯曼城市改造中解决城市贫民窟的问题,还结合现代卫生学理念,从科学的角度出发设计健康舒适的住宿环境。一方面缓解了卫生问题带来的例如结核病、霍乱等疾病,另一方面这种住房模式也可以看作政府对于工人阶级的一种社会福利,缓解了社会矛盾。可以说正是这种国

---

① Annie Fourcaut, Daniele Voldman, La Caisse des depots et le logement Une historiographie en chantier, *Histoire urbaine*, 2008, N. 23, p. 7. 关于近代法国城市信托行业与城市史的研究可以参考 2008 年第 23 期法国的城市史研究刊物《城市史研究》中 Michel Margairaz, *Les historiens*, *l'histoire de la Caisse des depots et consignations et des politiques du logemen*, Hélène Frouard, *La Caisse des depots et les HBM（1894 -1921）Un long apprentissage*。在他们看来近代法国城市史研究中应该重视对信托业或者是信托局对城市发展的贡献,在城市史研究中也应该注意到这个新的研究领域。

② Alfred Fierro, *Histoire et dictionnaire de Paris*, Robert Laffont, 1996, p. 531.

家公共管理部门和社会志愿组织相互合作的方式,对解决当时城市住房的问题起到了关键作用。

二是城市的市政人员和志愿者们对城市不卫生住房的调研以及他们所宣传的现代卫生理念不仅让大多数底层市民对当时的"城市疾病"产生了一个更为直观的认识,还在一定程度上改变了当时人们对底层阶级的刻板印象。可以发现如果条件允许,底层的工人阶级也渴望居住在通风且明亮的屋子内,他们也讲究自身的卫生问题,但是却不得不面对现实:无良的业主与高昂的房价迫使他们变成了"不讲卫生"的一个群体,而不是他们自身的选择。

三是应该注意该时期治理与建设新住房背后更深层次的"意愿"。除了为市民提供更多比较卫生的住房让他们有家可归,还有着对于利润的追逐。当时的房地产开发商们一般都宣传自己的住房卫生并且价格优惠,但是对于资本家来说,他们通过与官方的合作往往会赚得更多利润。此外,在巴黎市政府治理住房卫生的同时,一批专业的市政人员进入市政厅工作,他们在城市住房的规划、卫生的治理以及管理街区居民方面发挥了重要作用并且他们在市政厅的管理经验和技术也日臻成熟,这批专业的技术和管理人才也在这一时期培养了大量的巴黎市政管理人员,为巴黎以后住房的建设打下了一定基础,而这也是未来法国人认识和治理城市不卫生住房的起点所在。

19世纪飞速发展的城市化运动决定了我们不能单纯的以住房的卫生和房价等问题来看待当时城市的发展与变化,正如年鉴学派的历史学家们在总结当今的城市史研究时所呼吁的那样:"历史学家和地理学家以外的从事人文科学的学者们应当互相交流,通过不断地跨学科交流,不断从新角度、新方法来研究城市历史以及共同探讨城市发展中不断遇到的问题与挑战。"①因此在研究城市住房问题的时候,往往需要探究住房背后所蕴含的社会或者是文化层面的内容。例如当时市民对现代卫生理念的接受、工人阶级住房与法国社会主义思想或者是当时思想家、社会活动家与文学家笔下的住房条件的变迁等等都可以视作城市住房研究的一部分。笔者希望能梳理出"美好年代"巴黎住房的整体脉络,并让读者对这一时期巴黎住房的特点产生较为全面或者是全新的认识。

---

① Les Annales:Histoire et Urbanisation(édito), *Annales. Économies, Sociétés, Civilisations*, Vol. 25, No. 4, 1970, pp. 829 – 830.

总之,从最早巴黎市政府开始在 19 世纪早期对住房问题的关注再到奥斯曼城市大改造时期对城市整体秩序的规划,最后再到 19 世纪末 20 世纪初对住户健康和生命的重视,反映了巴黎人对城市住房问题的认识是逐步的,而在对"不卫生住房"的治理过程中,也不难发现这既涉及官方到社会层面的重视,也涉及到法国市政技术人员在卫生方面的贡献。可以说正是这二者的结合直接影响到二战后法国社会住房的建设与不卫生住房的治理。

Study on the Governance of Housing Conditions and Sanitation during" La Belle Époque" in Paris

Abstract：The city's housing, as the basic unit of the urban fabric, not only occupies an important place in the study of urban history, but also affected by the environmental history, history of everyday life and social history of medical and health. In recent years, with the revival of traditional historiography, the study of housing has been given renewed attention in the fields of economic history and the history of political institutions. The aim of this paper is therefore to explore the problem of housing and Sanitation during "La Belle Époque". Discuss the attitude and solution of Parisian towards this problem. Finally, a discussion of the impact of the governance of housing in France during this period, in order to better define the urban subject and to provide a deeper perspective of the city to understand the dimensions of Paris.

Keywords：urban governance; social housing; environmental sanitation

作者简介：滕子辰,复旦大学历史学系世界史专业博士研究生。

唐宋时期浙西城市的变迁

——宋《平江图》的解读[①]

[日]伊原弘　文　钟翀　译

摘要及译者案：本文以唐宋浙西地区城市变迁为历史背景，以《平江图》的分析与解读为主要线索，在对苏州城形与里数开展史料梳理的基础上，详细考察《平江图》所反映的唐宋间苏州城市扩张与坊制演变，进而对中古时代中国城市的面貌与变化、"唐宋城市变革论"等日本学界长期关注的问题进行深入探讨。此文虽创作于多年前，未及利用此后的考古与研究成果，文中有关乾符三年苏州城市形态重大改变的推导也尚存商榷余地，但作者在苏州城市历史形态、唐代坊与宋代坊表的实态与内涵、中古筑城技术等领域的广泛涉猎与细致解析，其中不乏真知灼见，并对今日苏州及唐宋城市史地研究、历史景观鉴别与维护也具较高参考价值。

关键词：宋《平江图》《苏州新地图》　城市历史形态　浙西地区　唐宋时代

引言

宋代被称为"平江府"的苏州，现为江苏省所辖，但当时属于两浙路的"浙西地域"。众所周知，宋代的浙西是发达地区，在这一时期曾经发生显著的变化，因此为众多宋史学者所关注，然而不知何故相关的城市史研究

---

① 本文为国家社科基金项目"日军测制中国城镇聚落地图整理与研究"（19BZS152），国家社科基金重大项目"外国所绘近代中国城市地图集成与研究"（15ZDB039）研究成果。本文原刊日本《中央大学文学部纪要》第92号，1979年3月，第39—75页。

却较缺乏。有关苏州城的专论也较为少见，目前仅见仓持德一郎①、加藤繁②的宋代苏州研究，宫崎市定的明代苏州研究③，加藤繁④、池田静夫⑤、日野开三郎⑥等有关苏州城市的研究，以及中国及欧美的一些研究。⑦ 苏州的城市形成史、城市结构变迁以及居民状况都还不甚明了。正如梅原郁所指出的那样，既往的城市研究往往偏重于大都会即国都研究，或因交通、经济发达而成长起来的新兴城市研究，而对于长期存续并不断发展变化的历史城市的研究却较薄弱。⑧ 从这个意义上说，具有悠久历史和珍贵史料的苏州，为揭示宋代浙西城市面貌提供了重要的线索。

　　关于宋代城市，目前尚存数种重要史料，《东京梦华录》《武林旧事》《梦梁录》就是其中的极佳文献。而关于当时的城市结构，通过一些方志地图，或多或少可推察其大概。不过，此类古地图大多创作于讲求礼仪秩序的图式之上，比较缺乏写实性。虽然不能说没有像《咸淳临安志》所收《临安图》那样的佳作，但是凭借此类地图还难以表现当时城市全貌。因此，笔者认为宋《平江图》的史料价值并不比《东京梦华录》要低。关于这幅地图，加藤繁考证为南宋绍定二年(1229 年)的石刻史料，图上所反映的城市结构与现代实测地图、航片大体一致，由此可见宋代以降苏州的城市结构并未发生显著改变。⑨

---

① 仓持德一郎：《宋代の都市平江の一瞥》，《日本大学文学科研究年报》，1934 年。

② 加藤繁：《苏州今昔》，《支那学杂草》，东京：生活社，1944 年。

③ 宫崎市定：《明清时代の苏州と轻工业の发达》，京都：同朋舍，《アジア史研究》第 4 册，1964 年。

④ 加藤繁：《宋代における都市の发达について》，《支那经济史考证》上卷，东京：东洋文库，1952 年。

⑤ 池田静夫：《支那水利地理史研究》，东京：生活社，1940 年。

⑥ 日野开三郎：《唐代邸店の研究》，福冈：日野开三郎自印，1968—1970 年。

⑦ 王謇《宋平江城坊考》对解读《平江图》颇有助益；欧美的苏州研究主要有 Frederick W. Mote(牟复礼)，*A Millennium of Chinese Urban History：Form，Time，and Spase Concepts in Soochow*，Rice University Studies，Vol. 59，No. 4 (Fall，1973)，pp. 35 – 65 等。

⑧ 梅原郁：《宋代城市の税赋》，《东洋史研究》28—4，第 4 页。

⑨ 关于《平江图》传入日本的历史，详见前揭加藤繁《宋代における都市の发达について》以及森鹿三《栗棘庵所藏舆地图解说》《东洋学研究·历史地理篇》，京都：东洋史研究会，1970—1975 年，第 275 页）。其他一些苏州地图，见于明卢熊撰洪武《苏州府志》、清雅尔哈等撰乾隆《苏州府志》等方志，但明代苏州图大多简略粗杂，而清代图质量较高，这些图制作于南宋《平江图》与 1912 年江苏省陆军测量局测绘的 1/2 万图之间，也有一定参考价值。此外，东京大学东方文化研究所收藏 1/12,500《苏州新地图》对本文研究非常有帮助，该图大概是当时阊门附近日系旅社——繁廼旅馆发行的，惜未注制作年代。相关航片资料见于前揭牟复礼论文以及 G. W. Skinner (eds.) *The City in Late Imperial China* (Stanford University Press，1977)，应该是出自 1945 年美军所摄的同一帧照片。加藤繁与欧美学者很早就注意到了《平江图》上苏州城市形态与近代实测图高度相似这一点。

　　本文将以《平江图》的解读为主线,意欲通过此案例来考察江南、特别是浙西地区诸种城市之样貌。为此先将此图说明附于文前。此外在本文写作过程中,笔者得到中嶋敏氏惠允,将其所藏地图借阅并准予摹写,在此谨致谢意。

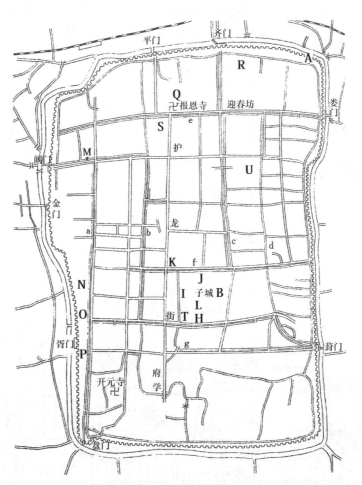

图 1　近代苏州地图

资料来源:据加藤繁《苏州今昔》及 1/2 万、1/1.25 万实测图改绘。城郭与建筑物(图1):A 罗城;B 子城;H 平江府门;I 西楼;J 齐云楼;K 乐桥(护龙街);L 平江府治;M 至德庙;N 贡院;O 官厅群;P 姑苏馆;Q 报恩寺;R 北禅寺;S 能仁寺;T 城隍庙;U 天宫寺;a 第一直河;b 第二直河;c 第三直河;d 第四直河;e 第一横河;f 第二横河;g 第三横河

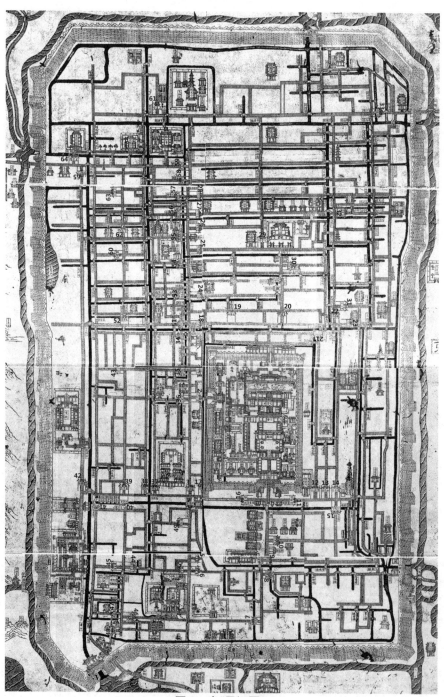

图 2 宋《平江图》

资料来源：南宋绍定二年(1229年)刻石《平江图》，本文译者据高清图重加标注。

图2中的坊表(据《吴郡志》卷六)：

乐桥东南隅(17)：1 孝义坊(东憩桥巷)；2 通阛坊(金母桥西)；3 绣锦坊(大市)；4 儒教坊(饮马桥南)；5 旌义坊(蔡汇头)；6 孝友坊(南园东巷)；7 玉渊坊(南星桥)；8 儒学坊(乌鹊桥南)；9 衮绣坊(乌鹊桥北)；10 状元坊(醋库巷黄魁所居)；11 吴会坊(府治东)；12 晋宁坊(濠股口)；13 和令坊(杨郡王府前)；14 绣衣坊(南仓桥北)；15 孔圣坊(南仓桥南)；16 积善坊(府治西)；17 阜通坊(夏侯桥西)

乐桥东北隅(16)：18 干将坊(东市门)；19 建善坊(干将巷)；20 真庆坊(天庆观巷)；21 迁善坊(草桥)；22 布德坊(顾家桥)；23 豸冠坊(仁王寺前)；24 富仁坊(鱼行桥东)；25 闻德坊(周太尉桥东)；26 崇义坊(禅兴寺桥南)；27 乘鲤坊(张马步桥南)；28 闾丘坊(张马步桥北)；29 大云坊(天庆观西)；30 碧凤坊(天庆观前)；31 庆源坊(大郎桥东)；32 天宫坊(迎春巷)；33 迎春坊(百口桥)

乐桥西南隅(17)：34 武状元坊(乐桥南纸廊巷林魁所居)；35 吴歈坊(西憩桥巷)；36 平权坊(跨街楼南)；37 馆娃坊(果子行)；38 和丰坊(米行)；39 丽泽坊(吉利桥北)；40 通波坊(吉利桥南)；41 孙君坊(孙老桥)；42 宾兴坊(贡院南)；43 好礼坊(富郎中巷)；44 义和坊(杉渎桥东)；45 灵芝坊(侍其巷)；46 昼锦坊(南营西)；47 载耜坊(开元寺东)；48 坤维坊(瑞光寺东)；49 同仁坊(金狮巷)；50 南宫坊(南园巷)

乐桥西北隅(15)：51 西市坊(铁瓶巷)；52 太平坊(太平桥)；53 嘉鱼坊(鱼行桥西)；54 流化坊(吴县东)；55 武状元坊(雍熙寺东周魁所居)；56 文正范公之坊(范家园)；57 盍簪坊(张马步桥北)；58 德庆坊(禅兴寺桥西)；59 甘节坊(承天寺东)；60 乐圃坊(三太尉桥北)；61 立义坊(北寺西)；62 清嘉坊(朱明寺桥北)；63 仁风坊(十九胜巷)；64 至德坊(泰伯庙前)；65 吴趋坊(皋桥西)

一、城市扩张与城郭变迁

1. 城形与里数

正如加藤繁所言，苏州历史悠久，且其位置几乎未曾移动①，自春秋吴王阖闾采伍子胥策建城的传说时代以来一直延续至当代。因此有关苏州城郭的记述，也大多起自阖闾之时②，不过本文主要考察联结华北至江南的大运河完工后、苏州的价值得以真正体现的隋唐以后该城的变迁。

一般认为，苏州的罗城为"亚"字形，唐末陆广微撰《吴地记》也说"罗城作

---

① 唯一见载的移动是陆广微《吴地记》所记"隋文帝开皇九年改郡邑至横山东，新立城郭(一云开皇十三年却为苏州)，唐武德七年移新州，却复旧址"。

② 《吴郡图经续记》卷上："阖闾乃委计于子胥，使之相土尝水，象天法地，筑大城周四十里，小城周十里"，《吴郡志》卷三："阖闾城，吴王阖闾自梅里徙都，即今郡城，……筑大城，周回四十里，……小城周十里"，其他如《吴地记》以及明代方志也都从阖闾开始叙述筑城史。

亚字形",因此自唐末以来这一特殊的平面形态似已为人关注。① 而从《平江图》来看,城北部的一部分确实向东西呈突出状,这也不是不能说呈亚字形。根据牟复礼(Frederick W. Mote)论文所载 1945 年航片和民国地图,也会产生与《平江图》相同的印象——两者前后年代相距甚远,但罗城及城内结构却大致相同。② 不过,中唐诗人白居易歌咏苏州的《九日宴集醉题郡楼兼呈周殷二判官》诗中却是这样描绘的:

> 半酣凭槛起四顾,七堰八门六十坊。远近高低寺间出,东西南北桥相望。水道脉分棹鳞次,里闾棋布城册方。人烟树色无隙罅,十里一片青茫茫。③

他说苏州城是方形的。据《旧唐书》卷一六六、《新唐书》卷一一九载,白居易就任苏州刺史当在穆宗之时,他所描述的苏州是九世纪初的状况。虽说是诗歌,但白氏是一位极具凝练、抽象能力的诗人,因此他说"方形"或许是当时的准确描述吧。池田静夫、日野开三郎也曾援引此诗认为当时苏州是方形城池,并设七堰八门,已经形成拥有 60 个坊的齐整的里闾市井格局,日野氏甚至还进一步据此推测长安城也是近方形结构。④ 不过,《吴地记》在前引文句后接着说"周敬王六年丁亥造,至今唐乾符三年丙申,凡一千八百九十五年",因此推断《吴地记》当成于乾符三年(876 年)。⑤ 由此可知,《吴地记》虽在后世有所补订,但有关罗城亚字形的描述至迟在唐末就已出现。此后的史料记载稍有参差,但在五代宋初即吴越钱镠时期,亚字形围郭的存在是可以确认的。因此,推测苏州城在白居易作诗的九世纪初到唐末的半个世纪里曾发生较大变化。亚字形这一特征在对事物敏感的白居易作诗之际并未出现,与之相对,后

---

① 宋以来有关城形的史料有北宋《吴郡图经续记》卷下《往迹》提及"都城之状如亚字"、元代高德基《平江记事》提及"城形如亚字,世俗不知,以为龟形"、明正德《姑苏志》卷十六提及"今城为亚字形"等。

② 不过,加藤氏曾指出宋以来的城墙也有变化,明代方志以及《吴都文粹》等文献都提到宋以来城墙曾遭严重破坏并历经修缮,但从地图等资料来看,城域、城形并未发生重大改变。

③ 《白氏长庆集》卷五一、《全唐诗》卷四四四。

④ 前揭池田静夫《支那水利地理史研究》第 96—97 页、日野开三郎《唐代邸店的研究》第 317 页。

⑤ 青山定雄《唐宋地方志目录及の资料考证》(《横浜市立大学纪要》21 号,1958 年),不过,加藤繁在前揭《苏州今昔》、日比野丈夫在《アジア历史事典》(东京:平凡社,1959—1962 年)均提及《吴地记》经宋代补订,书中还有五代宋初的记述。

来的文人和士人则一致使用亚字形而不用方形这个描述。那么，为什么在唐末会发生这样的变化、具体发生了什么变化？下文将从浙西城市的变迁中来思考这些问题。

首先，关于苏州罗城的范围，有如下几种记录。

① 唐末《吴地记》：阖闾……筑，大城周回四十二里三十步，小城八里二百六十步，陆门八，……，水门八。

② 北宋初《太平御览》卷一九三《居处部》二一《城下》：吴大城周四十七里二百一十步，陆门八，水门八，……吴小城周十二里。

③ 北宋初《太平寰宇记》卷九十一：今按阖闾城，周回三十里，水陆十有二门。

④ 北宋中叶《吴郡图经续记》卷上：筑大城周四十里，小城周十里，开八门。

⑤ 南宋中叶《吴郡志》卷三：地筑大城，周回四十七里，陆门八，……水门八，……小城周十里。

以上记载均从吴王阖闾筑城开始，里数的描述也被当作春秋吴国时代的记录。不过，将罗城、子城里数排列起来看，随时代不同有较大的差异。这种差异在明以降文献也可见到，如正德《姑苏志》卷十六"今城为亚字形，周三十四里五十三步九分"所示，历来史籍对该城大小记述不甚确定。① 从最小的三十里到四十里、四十二里三十步、约四十七里这 4 种记录，大小之差竟达十七里之多。为何如此？看来有必要对此作进一步分析。

上述里数记录中，最常见的是四十七里。与南宋《吴郡志》几乎同时期的《舆地纪胜》卷五"平江府吴大城"条注："《越绝书》曰：……阖闾所筑，周四十七里，陆门八，……水门八，……筑水城周十里。……《续志》云：即今郡城也。"此处"水城"当为"小城"之误，但需留意关于里数所引的《越绝书》。案《越绝书》卷二云：

---

① 这种情况直至清代仍可见到。加藤繁定为四十五里（前揭《苏州今昔》第 27 页、道光《苏州府志》也记为此数），但除四十五里外，《读史方舆纪要》卷二四称"罗城四十二里三十步、小城八里一百六十步"，《古今图书集成》卷六七〇称"大城周四十二里二十步、小城周十里"。另以日本人近代著作来看，远山长江等所著《苏浙小观》（东京：江汉书屋，1903 年，第 182 页）云"周围二十余里"，这将日本里换算成公制应该是 80 公里左右，极不可信。总而言之，对苏州城郭里数的精确比定是比较困难的。

　　　　吴大城,周四十七里二百一十步二尺,陆门八,其二有楼。水门八。
南面十里四十二步五尺,西面七里百一十二步三尺,北面八里二百二十
六步三尺,东面十一里七十九步一尺,阖闾所造也。……吴小城周十
二里。

　　此记录与②《太平御览》记述大致相同,大城里数也与⑤《吴郡志》相近。
此外,四十七里之数在《后汉书》卷三二、唐《元和郡县图志》卷二五也可见到,
其中《后汉书》明言引自《越绝书》。① 这样看来,四十七里当源自《越绝书》,并
非宋代实测数据。② 而《吴郡志》记载之数,虽小城数据略有不同,但大城应该
也引自《越绝书》、或引自同一系统的《太平御览》。这一推测可从下文的近代
测绘地图分析上得到一定程度的支持,接下来谈谈这点,只是由于存在诸说,
以下的比定、换算也只是作为参考的概算而已。

　　根据上述《苏州新地图》,测算近代大城规模约为 20,250 米。而以《吴郡
志》所载四十七里换算,唐制一里约 529 米,则全长约 24,863 米;若按宋制一
里 560 米,约为 26,320 米。③ 当然,宋代文献记录与民国实测图不可同日而
语,此处着眼点亦不在超历史的比较。不过,若以地图、航片与《平江图》类似
之处甚多,来推论宋以来罗城与城市格局变化甚微这点来考虑,两者数据也不
至于出现如此大的差异;而宋城较民国之城大 4 到 6 公里、而且城市围郭形状
却是相同未变、城内格局也几乎相同这样的情况也是不可能的。因此,即使考
虑一些误差,《吴郡志》所载四十七里也不该认为是当时围郭的实际里数。④

　　那么,当时苏州城规模到底有多大呢? 笔者意欲结合前文所引白居易诗
歌加以论述,但在此之前,首先需要考虑罗城发生变化的史实,而《吴郡图经续

──────────

① 《后汉书》卷三二《郡国志》"吴郡吴本国"条刘昭注:"《越绝》曰:吴大城阖闾所造,周四十七里二
百一十步二尺",另,《吴越春秋》卷四提及"大城四十七里,小城十里"。
② 不过,就城门的数量而言,《吴郡图经续记》卷上《门名》与《吴郡志》等都记载宋代是 5 座城门,这
与《平江图》一致。
③ 里数也有几种换算法,本文为概算,唐里换算据森鹿三《汉唐の一里の长さ》(《东洋学研究》5—6,
1940 年 10 月),宋里则据王国维《宋巨鹿故城所出三木尺拓本跋》的营造尺 0.311,5 米。
④ 若按森鹿三上述研究的汉代 1 里为 414.5 米换算,四十七里为 19,481.5 米,可知古代苏州城规
模相当大。而且这一数字与本文通过近代实测图所得宋平江城周长也非常接近,范成大不可能
特地用汉尺来做测量,所以推断四十七里应是直接引自《越绝书》。因此,继承《越绝书》的《太平
御览》中虽无"亚字形"的记述,但却不能简单认为其里数记录是没有实测依据的。

记》卷下及洪武《苏州府志》卷四记载的筑城或修筑曾有如下几次①：

唐僖宗乾符三年(876 年)重筑罗城

五代梁龙德二年(922 年)吴越王钱镠筑砖城

宋徽宗政和、宣和年间，修理门及城墙

宋高宗建炎四年(1130 年)，金军毁城

宋孝宗淳熙年间，修缮城池

宋宁宗嘉定十六年(1223 年)，修筑城池

《平江图》完成于绍定二年(1229 年)，该图反映的是南宋宁宗嘉定间修筑后的城池形态。而此前历次修筑之中最有可能产生变化的，当是唐末乾符三年的重筑城池。"重筑"一词是洪武《苏州府志》的说法，《吴郡图经续记》则用"修完"一词。如前所述，乾符三年正是最初出现亚字形城的《吴地记》成书之年，所以需要特别留意乾符三年的修竣或重筑工程。因为此次工程与苏州城从方形变化为亚字形及其具体的变化、城郭规模的考证密切相关。可惜目前缺乏有关苏州城市变迁的直接史料，为此，下面将以唐末五代城市变迁全貌为背景来加以论证。

2. 唐末五代浙西地区的城市营造

唐末藩镇自立，江淮地方陷入混乱。裘甫、庞勋、黄巢之变也给两浙带来冲击，不安的气氛在不断增长，局势最终演变为五代十国的分裂与争斗。历来研究已多次指出这样的变乱使得中国的城郭制得以维系，而关于苏州的混乱，正德《姑苏志》卷三六《平乱》列举唐上元元年(760 年)刘展之乱、永贞二年(806 年)李锜之乱、乾符二年(875 年)王郢之乱、光启初年张郁之乱、光启二年(886 年)张雄之乱等。而乱世中脱颖而出的钱镠，在公元 896 年建吴越国，这一时期引发苏州城修竣或重筑工程的则发生在此前王郢乱后的那一年。

如此唐末乱世之中，城市的兴筑趋于盛行。例如《资治通鉴》关于两浙的城市，在卷二五六"僖宗光启三年三月壬辰"条就提到镇海军(今江苏镇江)"筑

---

① 《吴郡图经续记》卷下《往迹》："阖闾城即今郡城也，旧说子胥伐楚还师，取丹阳及黄渎土以筑，盖利其坚也。郡城之状如亚字。唐乾符三年刺史张传尝修完此城。梁龙德中钱氏又加以陶甓。"洪武《苏州府志》卷四："旧《图经》云：乾符三年因王郢之乱，刺史张搏重筑，梁龙德二年四月砖甃，高二丈四尺，厚二丈五尺，里外有濠。……政和中修治于诸故门。……宣和五年又诏重甃。淳熙中知府谢师稷以郡中羡余钱四十万缮完，遂为壮观。开禧中半已隤圮，而池隍亦多为菱荡稻田所侵，时史弥远提举常平，有意兴缮，以嘉定十六年正月□事，明年二月毕工。"此外《吴郡图经续记》亦有吴以来亚字形城这样的说法，应该是将文献传承与现实混为一谈了。

罗城二十余里",而在五代十国时期,卷二九四"显德二年(955年)二月丁卯"条则提及"至扬州,命韩令坤发丁夫万余,筑故城之东南隅,为小城以治之"。关于此处的扬州,胡注为"今扬州大城是也"。繁华的唐代城市扬州,也和镇海军城一样在唐末五代进行了改筑。① 此类记述在两唐书本纪均未见载,显示地方城市的变化在正史上的缺失。《旧唐书》卷十九上"懿宗咸通十年(869年)八月"条谈及崔雍时提到"今在润州,……兼科配军州官吏修葺城池",不过像这样触及筑城史的记录总体上看还较少见。这与新旧五代史相同,有关华北、华中地区战略要冲的筑城记述压倒性地占据了多数。不过在《吴越备史》以及《十国春秋》的《吴越记》中稍有提及钱氏营造城市的历史。当然,这些文献都没有覆盖唐末江南城市营造的全貌,不过多少提供了一些关于吴越时期城市营造的知识。而关于这一时期杭州城的营造史,相关论述较详备,在此不再展开,但可以明确的是杭州城也是在钱氏的大力经营下逐渐完善起来的。②

《吴越备史》卷一"文德元年(888年)正月"条提及"又命筑嘉兴县城",同书"龙纪元年(889年)夏四月丁丑"条载"命筑安众营于临安""大顺二年(891年)七月"条载"城东安镇""天复三年(903年)夏四月"条载"城婺州""开平五年(911年)五月"条载"是月,筑松江南北二城,锁栅毕备,设险故也"。同样的记载在《十国春秋》卷七七也可见到,如该书"(唐昭宣帝)天祐四年(907年)十二月"条提及"筑温州子城,周三里十五步",卷八二"(北宋太祖)开宝七年(974年)"条提及"(钱)昱筑福州夹城,……开沿城河三千余尺",卷八四"罗隐"条提及"今闻群盗已拔睢阳二城,大梁亦版筑自固"。

以上虽仅数例,但可明确自唐末以来城市营建的盛行,而且像宋代的扬州城,其城市格局的基础也是源于五代的营造。那么唐末盛行筑城的动因,是单纯应对战乱的防卫措施、还是市民因自卫而将原先溢出城外部分街区扩大的围护工程、抑或是与草市及镇的发达相关联形成的? 或许,这与藩镇体制、五代十国的战乱直接相关,或者也包含了前述所有的动因及其他一些理由,此点

---

① 《宋史》卷二五一《韩令坤传》提及后周世宗之际"扬州城为吴人所毁,诏发丁壮别筑新城,命令坤为修城都部署"。此事不见于明万历《扬州府志》。

② 池田静夫前揭《支那水利地理史研究》第三章《运河の都——杭州》、曾我部静雄《开封と杭州》(东京:富山房,1940年)、佐竹靖彦《杭州八都から吴越王朝へ》(《东京都立大学人文学报》第127期第7页)也讨论了吴越钱氏之杭州筑城。

尚待深究。①

值得留意的是,唐末以来城市营造中常常可见"栅"的描述,在此不一一征引,仅举《旧唐书》卷一八二《秦彦传》中"自扬子江北至槐家桥,栅垒相联"即可说明此种设施也常用于攻防战。而前引《吴越备史》松江南北二城"锁栅毕备",《宋史》卷四八〇"沈承礼"条提及润州攻防战,则可见"城中兵夜出焚外栅"。以白居易云苏州"城册方"推测,也许城周所绕之"册"即指"栅"。而苏州城之"栅",在前述该地最初发生刘展之乱时可见相关记载——《资治通鉴》卷二二一"肃宗上元元年(760 年)十二月"条提及"李峘……东至苏州,募壮士得二千人,立栅以拒刘展",似乎给人以当时苏州城未筑罗城这样一种印象,但详情尚不得知。不过,城郭周围也并非都是"栅",像此前提及润州城之条,下文则有"士多攀垒而登",由此可知当时藉由"栅"或"垒"这类设施来构筑罗城的可能性颇高。此外,《十国春秋》卷七七"大顺二年(891)秋七月"条提及东安镇(今浙江富阳新登镇东)注云:

> 元帅大丞相彭城王始授君以板筑之要,濠堑之广袤,地理之横亘,皆取于丞相。

根据此处议论的筑城之法,有学者推测江南板(版)筑始于唐末,而此前多为"栅""垒"之类。② "垒"即土垒,那么"栅"呢?《新唐书》卷一六七《王式传》提及安南城形态:

> 徙安南都护,故都护田早作木栅,岁率缗钱,既不时完,而所责益急。式取一年赋市芳木,竖周十二里,罢岁赋外率以纾齐人。浚壕缭栅,外植刺竹,寇不可冒。

---

① 前揭佐竹靖彦《杭州八都から吴越王朝へ》探讨了吴越钱氏的权力形成,其中论及唐末筑城大体可分新创城郭与旧城的变化再生这两种情况,苏州属后者。
② 关于城墙变迁,详加藤繁《城郭の话し——北方の都市特にその城郭について》(《支那学杂草》,东京:生活社,1944 年)。正如加藤所论,版筑与土质密切相关,在早期江南,版筑的记载较为少见,这可能与当地土质有关。又,唐末苏州人陆龟蒙《唐甫里先生文集》卷七载《筑城词》二首,其一云"城上一掊土,手中千万杵,筑城畏不坚,坚城在何处",可以想象该时期当地筑城之情状。

　　此处亦用"栅"这一词，而且是以"木"为栅。南宋《淳祐玉峰志》卷上《城社》：

　　　　按古图经云：县故有城，云东南三百步，然今县境无城，以竹木为栅。

　　由此推测"栅"为竹木类构造。那么竹木是如何建成"栅"的呢？若以西欧中世纪筑城来看是横向垒积原木为墙，而古代日本则以竖立原木打桩并排为墙，或者还是单单以木板作为屏障呢？关于此点，清乾隆《镇海县志》卷三提及明州镇海县"明洪武元年千户王及贤始立木为栅"，"立木"说明应是采用纵向将木头打入地中。此外，前述吴越罗隐条、沈承礼条及东安镇条可见"板筑""焚"这类描述，叙述虽略有差异，但除了历来解释的"板筑"同"版筑"之外，"板"、以"焚"攻城这两点似乎也需要考虑。① 并且还有"栅"不看作"城"的实例，《新唐书》卷二二四下《叛臣下·高骈传》提及咸通中"始筑安南城"，可见直到高骈筑城之前，安南都护府应该是没有正式的"城"的。

　　以苏州而言，白居易所咏之城或许也有类似"栅"的设施，容易引燃因此比较脆弱。若以润州的案例类推，大概也是以"栅""垒"组合形式的罗城构造。也就是说，其形态是易变的。而这种相对脆弱的设施，是通过唐末五代的变化渐渐得以改进、强化的。

　　以上讨论由唐入宋的浙西城市，明确了在此时代该地区城市整顿的盛行，并了解到这一史实在正史等文献意外地缺乏记载，即便是像扬州那样所谓"扬一益二"的繁华都市也少有相关描述。另外，上文还讨论了"栅"这种设施，由此可知唐宋之际城市变化之剧烈。上文所探讨的几座城市，都是自唐以来长期存续的，虽说只有筑城或修城的记载，但实际上应该也存在着城市建成区的扩张、由"栅"转变为"砖城"、或者同时出现上述两种变化等多种可能。基于以上的论证，下文再来进一步考虑苏州城的情况。

----

① 《吴越备史》卷一"开平四年八月"条提及捍海塘的修筑，即"始筑捍海塘，……复建候潮、通江等城门"，并说明"江涛昼夜冲激沙岸，板筑不能"。此事在《十国春秋》卷七八"天宝三年八月"条有具体记述："始筑捍海石塘，塘外植滉柱十余行，以折水势。先是江涛汹涌，板筑不时就。……《昭勋录》云：又以大竹破之为笼，长数十丈，中实巨石，取罗山大木长数丈，植之横为塘。依匠人为防之制，内又以土填之，外用木立于水际，去岸二丈九尺，立九木，作六重。"虽是五代海塘修筑记载，但也可见当时工程中木材使用与不用板筑（版筑）等实况。

3. 唐代苏州的城形与里数

若先提结论,唐代,或者再明确地说乾符三年的修竣或重筑工程,使得苏州城发生了重大变化。也就是说,由唐中期的方形改为亚字形,且罗城大幅扩张,宋以后苏州城的原型,出现在经历这一变化之后。该结论将在下节《平江图》解读中详析,在此先将唐苏州城的规模予以解释。

如前所述,记载四十七里的各种史料均源于《越绝书》,而并非基于各种文献成书年代的实测。其余的里数记载,尚有唐《吴地记》的四十二里三十步、宋《太平寰宇记》的三十里、宋《吴郡图经续记》的四十里这三种。其中的四十二里三十步,若以唐制换算则约 22,262 米,而四十里以宋制换算约 22,400 米,这两种记载的长度大致相当,应该是对应于同一城郭形态的实测数据。并且,这一数据与根据《苏州新地图》等近代实测图换算的约 20,250 米也较接近。因此可以认为,自唐末宋初以来,苏州城池基本维持了既有形态而无大的变化。但是,正如长安城考古所表现的文献记载与发掘结果并不一致,另外,同样的里数在不同地方也有长短差异、以及各时代有关里数的长度尚存争议等,因此以上换算也请看作是一组参考数据,笔者用意更在于强调对文献记录数字需要慎重考察这一点。

那么,现在剩下的就是三十里这个记录了。《太平寰宇记》卷九一原文如下:

> 吴县:三十乡。本秦旧县也。吴王阖闾所都。《汉书地理志》:吴之故国,周泰伯之邑也。今按阖闾城周回三十里,水陆十有二门。

"今按"显示这个三十里是《太平寰宇记》成书的太平兴国时的数字,除"今"之外,《太平寰宇记》也会使用"旧""元"等词语加以区别,但总体上此类用语比较少见。如果三十里是四十里之误,那么倒是可以跟《吴郡图经续记》相一致了,可是水陆十二门这一记述,却与宋代水陆十门的记录也不相符。唐末五代苏州的城门数没有其他明确记录,所以尚难定论,不过在白居易时代,按其诗作"七堰八门六十坊"的描绘似乎是 8 座城门。前文既已引用《越绝书》《吴越春秋》等书,并且《吴地记》确载四十二里三十步,《太平寰宇记》所称三十里十二门可以说存在史料系统上的差异。这个三十里,是五代宋初的测量、还是此前的数据?进一步追问的话,这个数据是否正确?现在我们假设这个数

据是显示某一时期比如唐末时期苏州城的规模,那么将对苏州城由方形转变
为亚字形的论证就具有重要意义。在唐末五代浙西地方城市变革背景下,苏
州也因乾符三年的工程而发生重大改变,城郭由方形变为亚字形,并且出现较
大的扩张。如此一来,《太平寰宇记》的"今按三十里"一语实际若是转录唐末
苏州城里数的记载,那么应该正是显示变化之前的苏城规模。进而可推论,前
引"修完""重筑"的描述,是包括苏州城市扩张在内具有重大意义的一种史料。

　　如此种种史料分析显示苏州城郭的扩张历史,不过对于唐末苏州城改修、
扩张以前的规模是否确为三十里这一点,尚需深入辨析。当然,最重要的材料
就是《平江图》,下节将利用此图详论唐末五代苏州城发生的变化。

二、宋《平江图》解读作业

1. 苏州城的扩张与形态变迁

　　前文论证唐末五代浙西城市发生了重大变革,苏州也出现较大变化,那么这个
变化能否从《平江图》上读取? 为解决此问题,下面先对《平江图》做一基本说明。

　　首先从此图观察城内的分区状况。在接近城中央有座乐桥(K),以此桥
为中心可做城市分区。在《平江图》上,城内的大街、河道、行、坊表、寺院、官衙
等均有描绘,苏城繁华得以尽现,此点加藤繁《苏州今昔》已有详论,本文仅说
明相关的几处。其一为通过乐桥(K)贯穿南北的龙街,此街后称护龙街,其北
直抵报恩寺(Q),向南可达罗城,这条大街似乎也是划分城内行政区域的重要
界线。[1] 乐桥同时横跨城内东西向的第二横河(F),城内又以此河北岸的东西
向大街为界分为南北两半。也就是说,苏州城以乐桥为中心纵横四分,由此形
成乐桥西北隅、乐桥西南隅、乐桥东北隅、乐桥东南隅这四部分。城中河道交
错,呈现"水城"景观。城中运河按《吴地记》载"三横四直"——即东西向三条、
南北向四条主干河道,东西向分别称为第一(e)、第二(f)、第三(g)横河,南北
向分别称为第一(a)、第二(b)、第三(c)、第四(d)直河。

　　唐宋之际这些河道与街路,在原先发展相对迟滞的城北区域得到了很好
的整顿,上述白居易诗中所见到正是这样的景观。而在南宋《平江图》中,除去
局部街区,从城市全体来看还是较好地留存了唐城的面影。下面再来仔细查

---

[1] 虽然没有当时吴、长二县在城内分界的直接记录,不过以贯通城内的主要道路作为附郭县分界是
　　比较常见的,而且综合各种地物记录来看,唐代苏州很可能就以贯穿乐桥的南北大街作为吴、长
　　洲两县分界线。

找唐宋间发生变化的地物，由此了解这一时期的城市变迁。

那么，究竟是城市的那个部位发生了变化？笔者先揭示这一查找的结果，如前所述，唐末苏州城扩张，形状由方形变为亚字形，而其扩张的部分，推测大致当在第一直河（a）以西、第一横河（e）以北的区域，只是还不能确定当时的城墙（或"城栅"）具体位于这两条河道之外何处。这两条河道均有沿河街路，是否此前存在沿街的城栅、甚或街路本身就是城栅所在位置？由于没有相关史料所以未能明确。不过，这两条河道是唐末之际新、旧城区界线这一点是可考的。下面提出笔者的依据。

首先看图1所示城内建筑的建造年代。在第一直河（a）以西，由北向南分别有至德庙（M）、贡院（N）、官署群（O，包括都税务、抽解场、官仓厅）、姑苏馆（P）；在至德庙前道路对面还有土地庙和望云馆。土地庙、望云馆建造年代不明，而关于至德庙（即泰伯庙），《吴郡图经续记》卷中《祠庙》云：

> 泰伯庙在阊门外，旧在门外，汉桓帝时太守糜豹所建，钱氏移之于内，盖以避兵乱也。

由此推测，当是五代吴越钱氏在扩城后，将此庙由城外移入原属城外的空地。再看贡院（N），据《吴郡志》卷四《学校》载：

> 贡院在西河西，明泽桥北，旧西比较酒务基，乾道四年，郡守姚宪建，范成大书额。

可见系南宋所建，而酒务也是宋代建置。[1] 所以这些都是宋以后建筑。而文中提及"西河"正是第一直河旧称。[2] 至于官署群（O），《吴郡图经续记》卷

---

[1] 《宋史》卷一八五《食货十七酒》："诸州城内皆置务酿酒。"

[2] 《吴地记》中"三横四直"的城内河道格局由来甚久，但尚不能判断白居易诗中"七堰八门六十坊"的"七堰"是否与"三横四直"这样的河道总数有关。《吴郡志》卷一九引北宋郏亶《治田利害七》注："昔有七堰，今复五堰者，今止为五门故也。苏州设堰固亦旧矣，刘著作尝引唐白居易《九日苏州登高》诗云'酒酣凭槛起四顾，七堰八门六十坊'，是唐之世已有堰矣。至端拱二年，转运使乔惟岳方使废之，盖隄防既坏，水得潴容于民田之间，水势稍低，故可废其堰也。"此处虽不能遽断，但唐代的人工河道多有设堰之举应无疑问，因此白居易所说"七堰"也有可能就是借指"三横四直"这七条城内主要水路。

上《仓务》云"税务旧在驿前,范文正公迁于西河上,官私舟楫往来甚以为便",可知也是北宋以后修建的。抽解场、官仓厅的年代文献不载,但作为范仲淹的税务迁移行动的附属设施,其建立也很可能在北宋。姑苏馆(P)则"在盘门里河西城下,绍兴十四年郡守王晚建"(《吴郡志》卷七),是南宋建筑。由此可知,《平江图》上的第一直河以西地带,没有可以溯及唐代的地物。

那么,第一横河以北区域呢?与第一直河以西一带多为公有建筑不同的是,该区域几乎都是寺观。除了上面考证的至德庙之外,第一横河以北还有北禅院、北观音院等许多寺观。不过,笔者下面集中讨论可以明确反映城市扩张、同时又是城内非常重要的报恩寺。该寺是城内颇具纪念意义的地标性建筑,日本入宋僧圆通、成寻曾访问此寺,而圆通在报恩寺分院入寂也是很有名的事件,因此一般都会以为该寺自古以来就在城中,其实不然。《吴地记》"支硎山"条提到"支硎山,在吴县西十五里,……山中有寺,号曰报恩,梁武帝置",可知该寺起初在郊外支硎山中。报恩寺移入城内的记载见于《吴郡图经续记》卷中《寺院》:

> 报恩寺,在长洲县西北一里半,在古为通玄寺。……唐天后遣使致珊瑚鉴一、钵一供于像前。……开元中诏天下置开元寺,遂改名开元。……大顺二年为淮西贼孙儒焚毁,其地遂墟。……周显德中钱氏于故开元寺基建寺,移唐报恩寺名于此为额,即今寺也。唐之报恩寺,在吴县之报恩山,即支硎山也。

而关于通玄寺,《吴地记》有载:

> 通玄寺,吴大帝孙权夫人舍宅置。晋建兴二年,郡东南二百六十里有沪渎,渔人夜见海上光明照水彻天,明日睹二石神像浮水上。……载入郡城,像至通玄寺前。……载初九年,则天皇后遣使送珊瑚镜一面、钵一副,宣赐供养,兼改通元寺为重云寺。开元五年,改开元寺兼赐金鱼字额,旧通元寺移盐官县东四十里鲍郎市。

由此可知,通玄(元)寺系孙吴以来郡城名刹,武则天时曾改名重云寺,开元五年(717)又改称开元寺,且将旧通玄(元)寺迁至海盐县。《吴地记》与《吴

郡图经续记》的记述有微妙差别。而关于重云寺,《吴地记》载:

> 重玄寺,梁卫尉卿陆僧瓒,天监二年旦暮见住宅有瑞云重重覆之,遂奏请舍宅为重云寺。台省误写为重玄。

此处重云(玄)寺与通玄(元)寺所传由来并不完全一致,重云寺又有称为重玄寺的,而《吴郡志》又将重玄寺称为能仁寺(S),"能仁禅寺,在长洲县西北二里,即梁重元寺"。不过,在通玄、重云、开元等寺名交错变化的时代,白居易曾留下《苏州重玄寺法华院石壁经碑文》,其中写道"院在重玄寺西若干步,寺在苏州城北若干里"(《白氏长庆集》卷六〇),而且白居易文中的"重玄寺"因版本不同也有作"通玄寺"的。[①] 从《平江图》上可见能仁寺与报恩寺对面而立,中间仅隔第一横河,或许经年日久多少会出现一些记载的混淆。虽然根据上述史料不能明断,但若以通玄寺=重云寺=重玄寺观之,那么以白居易所言,唐代通玄寺或该寺遗迹位于苏州城北郊,而该处的寺迹后为报恩寺继承。这是因为,以记述习惯而言,城内寺庙的位置一般均以该寺与城内县衙的距离来描述,而白居易文中明确使用了"城北"一词,当可认定该寺其时处于城外。上述分析还有一个依据是,在白文中有一处显示重玄寺(重云寺)与报恩寺关系的场所——即可称之为寺庙"别院"的法华院。《平江图》中,在报恩寺内确有泗州、水陆等禅院以及作为教院的法华等别院,这些也为日本入宋僧圆通或成寻的传记《参天台五台山记》以及《吴郡图经续记》所记录,而白文所题法华院在当时应为重玄寺所属,由此可证重玄寺与报恩寺之深刻关联,亦可证实《吴地记》之"就开元寺即古通玄寺之地而设报恩寺"所言不虚。也就是说,寺院之名虽历有更改迁移,但寺内别院却未发生大的变化。

根据以上分析,在《平江图》中第一直河与第一横河之外的区域,唐末以前并无建筑,尤其通过报恩寺的考证可知,古通玄寺在唐末之前当在城外。不过与上述分析结论相对照的,在第一直河以东的区域,尚无像报恩寺那样可确定建造年代的地物。[②] 需要通过下文对坊表和城市结构的分析来加以论证。需

---

① 在明人钱谷《吴郡文粹续集》卷二九中"重玄寺"作"通玄寺"。

② 确定建筑物创建年代有时是很困难的。像报恩寺、通玄寺这样还算是特例。还有许多诸如原在城外因城市扩张而并入城内、或者不在记载地点的情况。沈括《梦溪笔谈》卷一三"权智"条就曾讲述了一则北宋时雄州州守李允则用计将原在城外的东岳行宫区域圈建形成"北关城"(转下页)

要指出的是,《平江图》上的地物,其建筑年代可考者大多是五代以后的,由此可以推测苏州城的整饬是经吴越钱氏之手得以完善的,而城市布局也受到五代时期的强烈影响。从《平江图》上,可以读取苏州城自唐末经过五代钱氏的营造过程,同时亦可了解该城与开封、临安一样,接受了唐宋变革的洗礼。

以上分析了城市格局、罗城里数、栅、唐末的城市营建、从地物年代推断城市扩张等情况,下面再对苏州的城市结构稍作论述。从报恩寺(Q)的位置来看,该寺位于以乐桥(K)为中心的南北向大街北端顶点,并横跨西北隅、东北隅这两个区划。而一般认为唐代在城市施行相对整然的坊制,苏州的唐代记载也可说明此点。不过,位于第一直河与第一横河之外、唐末五代以来形成的新建成区,则可见到许多直面大街而建的建筑,报恩寺就是一个极端的个案,该寺立地于主街顶端的状况,在唐代除宫城、子城外是很特殊的。与之相对的,在第一直河、第一横河以内的城内旧建成区,重要的建筑大多位于大街划定的街区之中,此种现象也可支持新街区是在唐末五代城墙外扩后形成的这一观点。[1]

循此思路,笔者留意到新、旧建成区在运河、道路、建筑等城市结构上的差异。前述白居易所言城内如棋盘般地整然有序,但这些河道与街路在新旧街区之间未必能够自然通连。此外,第一直河与第一横河在乐桥西北隅并未形成交叉水道、沿西北隅城墙多为湖沼所占这些特色引人注目。[2] 这些景观特色也与苏州城市扩张相符。

至此,利用《平江图》对唐宋苏州城市变迁做了一系列分析,但要把握城市变化的规模与程度,则需深入解读城内坊制的具体变化。顺便提及,在第一直河与第一横河以内的旧城区,其周长利用《苏州新地图》换算约为 16,750 米,而前述三十里按唐制换算约 15,870 米。[3] 此外,《平江图》给人的另一印象似

（接上页）的逸话。再举与文献相异案例一则,如南宋陆游《渭南文集》卷四四《入蜀记二》提及“初问王守仪真观去城远近,云在城南里许。方怪与国史异,既归,亟往游,则信城南也。有老道士出迎,……能述仪真本末。云旧观实在城西北数里小土山之麓”。不过,一些始建年代不明的官署祠庙,修筑在新拓城区也是有可能的。

① 现以城门为例来说明,城郭扩展后城门必然发生移动,那么搬移后的城门名称是否也会改动呢?若以《东京梦华录》卷一所记东都外城的案例来看,旧城门称为“旧宋门”、新城门称为“新宋门”来命名区分,按此方式,阊门、齐门也是可以保留名称移动位置的。

② 这个湖沼直至明代还可见到,即洪武《苏州府志》所载地图中名为“夏驾湖”者。

③ 三十里若按宋制换算约为 16,800 米,这与通过《苏州新地图》量算约 16,750 米更接近。虽然都是概算,但第一横河、第一直河的宽度与形状并无大变化,这可能是上述 2 个数据误差极小的原因。需要指出的是,唐罗城三十里与扩张后的宋罗城四十二里,两者比例为 1 比 1.4,（转下页）

乎城东也略有扩展，但没有相关史料可供验证。而对于唐末五代苏州的扩张是短期内完成、还是逐渐推展这一点，目前也难以明确。

2. 坊表的解读

《平江图》上描绘了 65 个坊表。这些应该都是坊表而非街区，对于坊表由来的探讨，历来是唐宋城市变革的标志性研究之一，当然也成为考察苏州城内坊制变迁的重要材料。

笔者多次提及，唐代的苏州城整然有序，当时城内有 60 个坊，对这些唐代坊的分布与名称尚不明了，但《吴地记》所载唐末之坊如下：

> 右坊三十六所
>
> 坊六十所
>
> 通波、三让、水浮、阊阖、坤维、馆娃、调啁、平权、金凤、南宫、通关、盉簪、吴越、白贲、南祀、长干、望馆、曳练、苌楚、处暑、棠棣、白华、即次、甘节、吴渝、涝雷、义和、噬嗑、嘉鱼、陋烛
>
> 已上三十坊在吴县
>
> 迁善、旌孝、儒教、绣衣、太元、黄鹂、玉铉、布德、立义、孙君、青阳、建善、从义、迎春、载耜、开冰、丽泽、释菜、和令、夷则、南政、仲吕、必大、豸冠、八貂、同仁、天宫、布农、富春、循陔
>
> 已上三十坊在长洲县

前引《吴地记》之"罗城"条，亦有"吴长二县古坊六十"之语。

经过三个世纪，到了南宋中叶的《吴郡志》时代，该志卷六《坊市》详载坊名，这些坊名与《平江图》均可一一对照。本文图 2 所示数字代表这些坊表所在位置，数字的方位即原图坊表所示朝向。

根据图 2 统计各区域的坊表数量，苏城西部的乐桥西南隅为 17 座、西北隅 15 座，合计为 32 座，东部的乐桥东南隅 17 座、乐桥东部隅 16 座，合计 33 座；又以南北两半城来看，北部 31 座、南部稍多为 34 座。总数是 65 座，较唐

(接上页)即使采用宋罗城四十里这个数据，比例也有 1 比 1.3，这与《苏州新地图》上测算的两者 1 比 1.2 存在较大差距，这个差异究竟是唐、宋的里数测量形成的、还是换算中的某种原因造成的还不得而知，只有期待今后的考古发掘来做更多证明了。

代多 5 座。由于这些坊表在《平江图》上均已绘出,所以可根据分布特征来进行类型分析。那么,这些坊表与唐代坊制究竟有何关系?目前的研究尚未明确唐代坊制具体是如何崩溃的。即便如此,《平江图》中仍有不少坊名与唐代坊名一脉相承,在形态上应该也会有所继承。唐制之坊,坊门应该不止一座,《平江图》中的坊表如果曾经用作唐制的坊门,应该不会都是北门或其他某一特定之门。在坊制演变过程中,坊门的留存应该不限于东南西北或者前后这样的方位,而是更多地保留经常使用的坊门而成为后世的坊表。并且,《平江图》中的坊表都是绘于使用该坊名的街区的一端,而没有表现该坊所示街区的全体区划。另外,从上文论证的唐末五代扩张区域来看,《平江图》中的坊表坐落在新建成区之内的共有 5 座,其中立义坊(61)、至德坊(64)这两座坊表的起源是不能溯及唐代的,剩下的 3 座坊表之中,宾兴坊(42)可能与宾兴馆有关,存在问题的是《吴地记》就已见载的迎春坊(33)和吴趋坊(65,可能对应于《吴地记》的吴越坊)。两者的变化大概具有相同的经历,所以下面集中以迎春坊为例加以分析。

迎春坊位于乐桥东北隅,在《平江图》上,这是一座横跨娄门(C)正西向、沿第一横河北侧大街的一座坊表,它与娄门之间仅有狭小的距离和空间。该坊之名在唐《吴地记》既已存在,因此可以把它作为考察由唐入宋坊制崩溃论的案例。有关该坊的基本问题有二:一是唐迎春坊与宋迎春坊是同一地物、还是彼此相关的两个城市空间体甚或建筑体?二是《平江图》上的坊表,是否还有分划街区的功能,抑或仅仅是竖立着的单体坊门?

在《平江图》上,距离迎春坊最近是天宫坊(32),该坊出现在唐代坊名之列,但此天宫坊与唐天宫坊的关系也不清楚。需要注意到《平江图》上的天宫坊旁绘有一座天宫寺、以及《吴郡志》记载了天宫坊在迎春巷这两点。虽然唐天宫坊与《平江图》的南宋同名坊表不能简单地等同处理,但也不能否定两者存在密切联系。《平江图》上坊表所在位置也值得留意——这些坊表所建之处,是在大街上、还是在小巷中?或者说唐以来的坊表都是处于大街之上、还是树立在通向坊内的小巷之中?目前对此亦无定论。[①]在《平江图》上,天宫坊所跨街路是直通第二直河(b)的大街,此街之上还建有乘鲤坊(27)、文正范

---

① 侵街是大街(主要道路)发生变化的重要原因。一般情况下,侵街是坊制崩溃的动因,它使路幅变窄,也可能会引起道路走向的变化,由于建筑物的不规则侵蚀,道路将变得扭曲,这样的情况大概也会发生。

公之坊(56)。此类树立在大街上的坊表,应该有不少都是自唐坊继承而来的,如果它们都有类似的排列方式甚至相同数量坊门的话,那么即使在小巷中也应同样具有接近直线状排布的坊表,这一推定仅凭《平江图》似乎还难以判别。不过在天宫坊附近,与大街交叉的直线状街巷只有该坊表北面的一条,此现象又似乎说明坊表(即坊门)原先就是树立在大街上(而非小巷之中)这种可能性。由此推测,天宫坊虽然与唐代同名之坊有着密切关联,但这座树立在大街上的坊表可能与唐代同名坊的位置并不一致,它可能已经发生了偏移。"迎春"这个坊名当源于"迎接春天",其位置在城东门的娄门附近街区倒也合适,而如《吴郡志》所言天宫坊在迎春巷,则在唐代,迎春与天宫坊很可能是邻近的两个坊。若如此,则唐迎春的坊表(坊门)应该位于第四直河(d)沿河路与第一横河(e)沿河大街交叉点附近,而这个位置应是该坊北门所在。可是,由于城域扩大与坊制崩溃,迎春坊的区域向北扩展,其坊表也移至娄门附近、即《平江图》所示位置上了。同时,天宫坊也发生很大变化——该坊原先应在由迎春坊名称而来的迎春巷附近,这也是《吴郡志》记载天宫坊在迎春巷的原因所在。所以,《平江图》上的迎春坊应该不是唐坊之残存,而是宋代指示娄门方位的标示性牌坊。《平江图》上的吴趋坊,也同样经历了由《吴地记》所载唐吴越坊到新建成区中的吴趋坊那样的变化,由此,从坊表的变化亦可印证第一直河、第一横河之外为新建成区这一论断。

关于《平江图》上的坊表,还有一点需要说明。以前一直认为这些坊表是无秩序分布,但笔者对此颇感疑惑。虽然城内四隅坊数各异,粗看并无规律可言。例如贯穿乐桥的龙街两侧,西侧从甘节坊(59)始,依次为58、57、56、55、54、53、51、34、35、36、49,至南宫坊(50)共13座,东侧自阎丘坊(28)始,依次为27、26、25、24、18、1、2、5,至于孝友坊(6)共10座,龙街两侧合计23座坊表,其数量接近唐以来旧城区内的坊数之半,而以乐桥为中心朝东西向大街两侧看,则北侧自太平坊(52)始,有51、18、10、20,至布德坊(22)共6座,南侧有迁善坊(21)1座,连同横跨大街之中的豸冠坊(23),也是呈沿街一线排列。再看其他坊表,南北向的如乐桥西侧自仁风坊(63)至坤维坊(48),包括62、60、52、43、39、40、45、47共10座坊表,也是一线排列,而乐桥东侧从大云坊(29)到儒学坊(8),包括10、9共4座坊表,跨子城南北呈一线排列,再者,自天宫坊(32)经31、22、14,至孔圣坊(15)为止,同样也是跨子城南北一线排列。同时,在东西方向上,除了前述天宫坊至乘鲤坊等之外,从乐圃坊(60)经25至大云坊(29);

还有子城南面自孙君坊(41)经 39、40、38、37、3、4、17、16、11、12、13、14,至于孔圣坊(15)亦是沿街一线排列;而灵芝坊(45)经 44、50、5、6、9,到儒学坊(8);还有 56、27、32;43、35、1;47、46、7 那样 3 座坊表一线排列的情况。[①] 从上述整理来说,看似无秩序的坊表分布,实际上有其自身的分布韵律。坊表的朝向与位置、以及这些坊表是否就是唐代坊制崩溃后残留之坊门等问题虽然都还要深究,但在南北十二里、东西九里的广大城区之内,可以看到的是如《平江图》所描绘的很有规律的分布,所以,可以认为它们与唐代坊制之间应该存在着某种联系。

那么,可否利用《平江图》来对唐代苏州城的形态做出进一步的复原呢?前述白居易的"七堰八门六十坊,……里闾棋布城册方"等描绘显示当时城内规整的格局。这些描述既是解读唐代坊制的线索,也是分析城内格局的重要依据。尤其是"里闾棋布城册方"这句显示当时城内为纵横排列的街衢所分划,不过从《平江图》上看街道并非都是直线状的,且横向街道数量较纵向要多。另外,子城的里数记录也是各不相同,显示子城可能发生过移动或扩大等变化,而因为"侵街"等行为造成街道改变也是有可能的。以上原因造成复原唐代城市形态的困难,因此下面仅做示意性的复原。

从上述的坊表分布规律来看,坊应该不是以河道而是以街路作为分界的。《平江图》上的街道,在乐桥西侧为纵向 2 或 3 列、东侧为纵向 3 至 4 列的配置,但这一配置因子城南、北略有差别,如在西侧的子城北区域是纵向 2 列,而子城南区域以坊表的分布来看自西向东应该有纵向 3 列。乐桥东侧也同样的,因子城南、北而略有差别。这就影响了子城两侧坊的分布复原难以简单确定。不过整体上看,纵向街道应该是 5 或 6 列,横向街道如果是 12 条的话,那么南北将被分割为 13 区块,另外横向 12 大街之外还有一些小路也会影响到具体复原方案,但全体的街区配置大致就是如上的街道组合。从实测图或航片观察,乐桥东侧的旧城区面积较西侧为大,如果纵向街道为 5 条的话,各坊面积相差不大,但乐桥东侧的坊数就会较多,与乐桥东西各 30 坊的记述不合。又以《平江图》上乐桥南北的街路和河道观之,则北部较为齐整,而南部则有较多错位现象,并且四隅内部的格局、面积都相差不少。所以,就《平江图》所作上述唐代坊的复原分析而言,虽然坊的分布呈现出围绕子城的形式,但面积大

---

① 再举一个反映坊表分布规律的现象,即《平江图》上,多数坊表都是朝向道路通往大街路口地点而树立的,这既表现了唐宋间城市发展潮流,也可能是旧坊制下的坊表(坊门)排布与残存的一种演变倾向。

小等都有较大差异,而没有形成像长安那样面积相等、十分整齐的坊的分布格局,笔者考虑苏州这类具有悠久历史的古城,其城内坊制的实施大概是尽可能地调整旧有街区格局而来的,所以也有观点认为此类城市的坊,最初就是大小不一的①,以《平江图》观之此种可能性较高,完全等面积、同形态的坊区应该是不现实的。正因如此,新的坊表以及新坊名的设置、侵街所造成坊区的改变、城域的扩展等种种变化才有可能发生。而这些变化的结果,形成了《平江图》所见坊表位置的移动、街道的错位等现象。当然,这些变化与现代城市改造的大拆大建是不同的,其主流还是旧街区的细分化或者合并等自然过程,而坊表的位移应该也是在此过程中发生的。所以,《平江图》上的坊表与唐代的同名坊即使有位移也不至于跳脱太远,而且也有不少坊表应该还在唐坊原来的位置。上述论证展现了唐以来地方城市坊制及城市制度变迁实态研究的可能性。

　　那么唐代的苏州城究竟是何种面貌呢?以上虽是假定分析,但也可推论该城在唐代是纵向5或6列、横向11或13排,合计可形成65或66个街区,而其中可能有5到6个左右的街区为不计入坊之列的子城所占据,这样算来,子城的规模(即里数)也与记述相近。当然,这只是理想状态下苏州城的基本型,现实中坊的大小和分布都会多少有些差异。② 总而言之,要做出完全的复原分布图尚需时日。

　　最后补充一点,在《平江图》上,东北隅与南部有些地方的坊表较少,东北隅在明代是机户集中之地,但在宋代是城内相对欠发达地带③,而城南一带,正如洪武《苏州府志》卷四所言"开禧中半已坟圮,而池隍亦多为菱荡稻田所侵",该地在宋代仍较荒疏。这一情况一直延续到近代,从航片和实测图上看,上述地带与作为运河出入口的盘门、阊门等繁华地带完全不同。④ 所以在宋

---

① 梅原郁:《宋代の开封と都市制度》,《鹰陵史学》(京都)第3・4号,1977年,第63页。
② 此处估算的关键是对子城和乐桥的考量。如果南北6列,则东西半城各3列,合计为66,这其中的6个若算为子城,那么在数量上正好是60个坊,与《吴地记》等文献记载相合。不过,作为枢纽的乐桥,其位置却在城内偏西,所以坊的纵向排列就可能呈现为西侧即吴县侧2列、东侧即长洲县侧4列这种格局,这与文献中每县各30坊的记载不合。如果纵向是5列,则横向需要达到12或13列,那样的话,坊的分布格局、大小差异就更大了。此外,唐子城的定位也尚难确定。所以笔者综合上述考量提出的复原案,应是尽可能将图、文加以协调的结果。
③ 前揭加藤繁《苏州今昔》,第43页。
④ 大体苏州城内西部较为繁华,从游记与诗文来看,城内旅行路线以盘门至阊门一线为多见,歌咏阊门地带繁华的诗文也较多。如成寻的《参天台五台山记》、陆游的《入蜀记》、范成大的诗文等。

代号称十万户的苏州城,也不是全城民居密集的状态。①

3. 坊制的推移

以上解读了《平江图》所反映唐宋间苏州城的变化,那么这些变化与现实的中古城市史研究有何关系? 前面已讨论筑城的问题,下面再对坊制做一补充。

众所周知,作为唐宋变革的标志之一就是城市坊制的变迁。加藤繁曾以坊制变化求证城市的变化、又以街鼓的探查来求证坊制的变化,自此以后,坊制变迁就成为学界一个引人瞩目的话题。②

加藤氏特别引用了北宋宋敏求《春明退朝录》如下记载:

> 京师街衢,置鼓于小楼之上,以警昏晓。太宗时,命张公洎制坊名,列牌于楼上。按唐马周始建议置鼚鼚鼓,惟两京有之。后北都亦有鼚鼚鼓,是则京都之制也。二纪以来,不闻街鼓之声,金吾之职废矣。

该史料显示宋代街鼓与坊门启闭相关,且在宋敏求撰写《春明退朝录》之前的北宋仁宗庆历、皇祐年间仍有街鼓与坊制之实施。而关于平江府,加藤氏留意到了《吴郡图经续记》卷上《坊市》的如下记录:

> 《图经》:坊市之名,各三十,……近者坊市之名多失标榜,民不复称。

同时,他也援引《吴郡志》卷六《坊市》中的如下记载,来说明《平江图》上的坊表仅是指示位置的单体建筑而已:

> 右六十五坊,绍定二年春郡守李寿朋并新作之,壮观视昔有加。

加藤氏以上述记载推论其他同时代方志记录的坊,也与苏州的情况类

---

① 关于苏州城市人口,北宋仁宗时许应龙的《东涧集》卷六所收《李大同除宝谟阁直学士知平江府制》说是"十万户";范仲淹的《范文正公集》卷四《苏州十咏》之《虎丘山》有"昔见虎眈眈,……吴郡十万户,练瓦亘西南"之语;洪武《苏州府志》卷五十"吴中三大老诗"所收南宋赵师孟《次韵元厚之少保留题朱伯原秘校园亭三首》提到"碧瓦春城十万家"。这些"十万家"的描述虽然不一定是当时的即时数据,但日比野丈夫《唐代邸店的研究》所考证的,宋代苏州应是位居十万户口城市之列的。

② 梅原郁在前揭《宋代の开封と都市制度》中就曾对加藤繁的研究思路提出质疑。

似。① 而仓持德一郎则进一步考证了平江府坊制是在北宋神宗末年的元丰年间崩溃的,但文中未列出明确论据。②

　　基于以上先期研究,笔者在检讨《平江图》之后,发现除了本文上述结论之外,苏州城还有两、三点具有特色之处——南宋苏州的坊表多位于繁华街上,新建成区仅有 5 座坊表,且这 5 座坊表都在具有纪念意义的场所,因此可认为均为南宋以后树立的。如前所述有关唐末五代之际城市扩张与建设的记录是可以追溯的,但即使苏州、临安这些史料相对较多的城市,也缺乏该时期城内坊的新设、整理等相关记述,所以对于该时期城市扩张区域为何设立坊表这一点就成为疑问。加藤繁曾指出坊表丧失了指示街名的机能,而成为旌表当地名士、增加街路美观的设施③,宫崎市定也曾提到坊制崩溃后,坊成为街区内的道路名,坊门成为街路入口之门以及说明街区内住址的指标。④笔者在此还留意到苏州昆山的南宋《淳祐玉峰志》卷上《坊陌桥梁》有如下记载:

　　　　里有坊,坊有扁所,以识道里示观瞻也。邑旧有四坊,曰光化、平乐、招贤、永昌;有二市,曰都场、永安,皆旧经所载,今莫详其所。淳熙甲辰,文节卫公魁天下,始建坊石浦,令尹项公泽下车以来百废俱举,捐金劝民为坊,凡三十有二扁,皆前簿吴坚所书,遂为邑之壮观。

　　南宋淳熙甲辰(十一年,即公元 1184 年),昆山石浦人卫泾科举及第,在其出身地施行坊制。可是,《咸淳玉峰续志》"坊市"条却说"前志所载三十二坊,仅踰二年而废者大半"。

　　现在学界通论是坊制废于北宋中叶,但却有上述的昆山案例。虽说坊制存续直至南宋是不太可能的,苏州新城区的坊表也难以直接与唐代的坊制相关联,而且南宋昆山的坊制实践也是失败的。不过我们仍然要看到此类实践

① 前揭加藤繁:《宋代の都市とその発達について》,第 316—319 页。
② 前揭仓持德一郎:《宋代の都市平江の一瞥》,第 238 页。
③ 加藤繁:宋代の都市とその発達について,第 320 页。
④ 详见宫崎市定:《汉代の里制と唐代の坊制》,《东洋史研究》21—3,1962 年。对于上述意见,本文分析的《平江图》却显示出了沿大街整然排列的南宋坊表、还有新城区的坊表建设等活跃现象,提供了有关坊制变迁研究的生动实例。

的历史背景。这一时期浙西地方不靖,如包恢《敝帚稿略》卷十《奏平获浦寇劄子》提及太湖贼巢恶逆无道,贼首率数百人,驾数十艘船往来镇市之间(原文较长此处不赘述)。所以,城市防御上也有维持坊制或开展防备的需求。《水浒传》第五十六回讲到时迁盗走开封徐宁家藏甲胄之时,提及徐宁所属金枪班居于某一固定之所,且有当值之人启闭门户,虽是小说,但也反映城市防御管理的一些实况。至于宋代苏州与昆山的坊制,是否如唐制那样严密,还是仅仅管理门户的程度尚有待检讨。[①]　不过,关于南宋平江城,在《夷坚志》支景卷第六有一则关于"孝义坊土地"的有趣故事:

> 庆元元年正月,平江市人周翁疟疾不止。尝闻人说疟有鬼,可以出他处闪避,乃以昏时潜入城隍庙中,伏卧神座下,祝史皆莫知也。夜且半,见灯烛陈列,兵卫拱侍,城隍王临轩坐,黄衣卒从外领七八人至廷下,衣冠拱侍。王问曰:"吾被上帝勅,令此邦行疫,尔辈各为一坊土地神,那得稽缓。"皆顿首愿听命。其中一神独前白曰:"某所主孝义坊,诚见本坊居民家家良善无过恶,恐难用病苦以困之。"王怒曰:"此是天旨,汝小小职掌,只合奉行。"神复白曰:"既不可免,欲以小儿充数如何?"王沉思良久曰:"若此亦免得。"遂各诺而退。周翁明旦还舍,具以告人,皆哂为狂谵,无一信者。至二月,城中疫疠大作,惟孝义一坊但童稚抱疾,始验周语不诬。迨病者安痊,坊众相率敛钱建大庙,以报土地之德。

从《平江图》上看,孝义坊(1)就在乐桥(K)近旁,是面朝护龙街、背靠子城的一个小区划,而城隍庙(T)恰在子城(L)西南角。这则故事虽然讲述的是晚上偷偷潜入城隍庙的周翁的传奇遭遇,但却包含了有关当时坊制实态的非常有趣的史实。首先是城内有"各坊土地神",像孝义坊土地神更是明确出现了"本坊"这样表示空间区域的用语;其次,疫病流行时孝义坊作为一个完整区域最终得以幸免,该坊居民奉神之际用到了"坊众"这样明确表现该坊所属居民的用语。虽然这还不能论证南宋苏州坊制的完整保留,但至少可以看出坊与当时现实政治、社会的关系[②],总之,就目前所见史料来看,唐宋之际的坊制之

---

① 夫马进曾在《明末の都市改革と杭州民变》(《东方学报(京都)》49,1977 年)指出明末苏州城内设置栅门的史实。

② 前揭梅原郁《宋代の开封と都市制度》讨论了对该时期的坊正。

于城市变迁，今后还需进一步的慎重研究。

同样的问题还有街鼓，学界一般认为街鼓废弃是坊制崩溃的一个重要表象，可是即使是《春明退朝录》，在"不闻街鼓之声"的记载之后，却又不时看到有关城中鼓的记录。当然这些记录中提到的鼓未必就是街鼓，不过，皇祐、宣和年间隐居苏州的贺铸，在《鹤冲天》（《全宋词》中华书局版 538 页）一词里可见"鼕鼕鼓动，花外沈残漏，华月万枝灯，还清昼"，明确使用了"鼕鼕鼓"一词。元祐、绍兴间莆田人蒋伸在《生查子》（《全宋词》中华书局版 1013 页）也提到：

> 霜寒月满窗，夜永人无寐。绛蜡有余情，偏照鸳鸯被。看尽旧时书，洒尽今生泪。衙鼓已三更，还是和衣睡。

词中的"鼕鼕鼓""衙鼓"都是坊制相关的设施[1]，更为直接的表达是"街鼓"，自东武（今山东诸城）南渡的词人侯真在《玉楼春》（《全宋词》中华书局版 1430 页）中写道：

> 市桥灯火春星碎，街鼓催归人未醉。半嗔还笑眼回波，欲去更留眉敛翠。归来短烛余红泪，月淡天高梅影细。北风休遣雁南来，断送不成今夜睡。

这首词的创作年代与地点均不明确，但以侯真卒年约在乾道、淳熙间推算，他应是生于北宋，而从"北风休遣雁南来"这句推测此诗可能作于开封，但无论开封还是临安，词中反映街鼓的机能尚存，所以对于宋敏求"不闻街鼓之声"的记载还需采取慎重态度，还有，街鼓与坊制、夜禁究竟多大程度的关联，还是仅仅起到报时作用，这些都有必要深入研究。[2]

---

① "衙鼓"一词在《全唐诗》卷四四七所收白居易《晚起》一诗中可见"卧听鼕鼕衙鼓声"，《全宋词》中则以"鼕鼕鼓"为多见。

② 加藤繁的前揭《宋代における都市の発達について》（《支那経済史考証》上册，第 320—321 页）、浅海正三的《元代都市の夜卫について》（《史潮》4—2，第 120—141 页，1934 年）专门讨论了街鼓的机能、宵禁。宋代文献中有关城市设置街鼓的描绘较为常见，在张择端的《清明上河图》上也有表现。

一般认为,街鼓与坊制、宵禁这三者存在着密切联系。侵街、夜市的出现促使坊制崩溃,而这又使宵禁丧失意义,同时也将街鼓去功能化,但这样的判断是否真的无懈可击了?浅海氏曾考证街鼓、鼕鼕鼓之用例一直在南宋还可见到,而宵禁在元代仍然相当严厉,其存在一直持续到明清。

以上虽是断片史料,但也可推知北宋后期直到南宋,街鼓、坊制都还有存在。整体上看,城市中坊制崩溃并向着厢制、隅制演变应该是个趋势[①],不过,正如上面的史料分析,坊制是彻底的崩溃、抑或仅仅是城市管理区划的消失,另外,作为一个城市内部管理单元或者说共同体,其功能是否完全丧失,像这样的问题还有进一步推敲的余地。

浅海氏曾论及元代城市宵禁的严密,那么介于北宋与元代之间的南宋城市是什么状况?孟元老所感怀的开封胜景在南宋的杭州也可见到,马可波罗讲述了元代都市的繁荣。即便如此,元代杭州的夜间巡逻也是十分严格。北宋以来此类城市是进一步的发展、还是反而退步了?南宋的江南地区,接近国境而且一度湖贼猖獗,针对这一时期的城市形态许多问题尚不可擅断,不过笔者以为城市制度的研究是不可一概而论的,街鼓与坊制、宵禁这三者即使存在密切关联,但也不至于同时废绝。随着制度的弛缓,这三者沿着各自的演化道路行进,也许这就是城市变化的实态,总之对这三者还需深入研究。

结语

古地图蕴涵丰富的历史信息,并以图像形式展现出来,是一种极有价值的史料,而城市地图更能体现上述的优点。不过,古地图的表达高度浓缩,如何有效利用此类史料成为一大难题。本文也是基于这一认识,在汇集唐宋浙西城市相关史料开展考察的同时,也具体展示了对基础史料——《平江图》的解读与分析方法。建立准确的地图解析法,将方志地图等古地图与近代实测地图相互比对,不仅可能探明城市的发展历程与早期的历史形态,而且也将为城市历史的可视化研究创造机会。

[①] 曾我部静雄:《中国及び古代日本における乡村形态の变迁》第五章,东京:吉川弘文馆,1963 年。

the Urban Changes in Western Zhe-jiang region: An Analysis of *the Ping-jiang City Map* surveyed in Song dynasty

Abstract: *The Ping-jiang City Map*（平江图）surveyed in Song dynasty demonstrates substantial content and strong historical connotations of Soochow city in the 13th century. Based on this map and *the New Map of Soochow* issued inmodern times, this paper provides an examination of the historical variation of geometry and the circumference of this walled city, and a chronological survey of the urban growth of the city. The historical urban morphology of Soochow, the change of the Fang system（坊制）in Western Zhe-jiang region between the Tang dynasty and Song dynasty, the techniques of fortification in Middle Ages are also discussed in the paper.

Key words: *the Ping-jiang City Map* surveyed in Song dynasty; *the New Map of Soochow*; historical urban morphology; the Western Zhe-jiang Region; Tang and Song Dynasty

作者简介：伊原弘，日本城西国际大学国际人文学部讲师，主要从事中国城市史与社会史研究；译者钟翀，上海师范大学人文学院教授。

20世纪前欧美所绘广州城市
地图演化脉络的初探①

孙昌麒麟

　　摘　要　欧美所绘广州地图的演化过程可分为"意象绘图""写实绘图""局部区域实测""全城实测"和"大量补充地名信息编绘"五阶段。其中,前四个阶段是向"近代化"意义实测地图发展的进程,第五阶段发生于20世纪初,是这一过程的成熟阶段。今日所见属于前四阶段的欧美所绘广州地图约有二十余幅,讨论它们的绘制过程、图文内容和图式特点,可总结出其发展历程与规律,并从中了解欧美对广州城市地理认知的演变经过。早期欧美所绘地图都是意象式绘图,不注重客观地理表达,有较强的随意性;进入"写实阶段"的地图利用翻印中国传统舆图而提高了地图准确性,并在自绘地图中引入了比例尺等"近代化"符号。两次鸦片战争对欧美所绘广州城市地图有深远影响,推动其进入"实测"时代。以十三行等地"局部区域实测"为先机,进而推展至"全城实测"。"第二次鸦片战争军事用图"和"富文广州地图"两套系列地图是"全城实测"阶段的成果,也为最终的近代实测地图的出现奠定基础。分析各阶段之间的发展过程,可知欧美地图使用者的需求是影响地图演化的重要因素。

　　关键词　近代城市地图　欧美所绘地图　地图演化脉络　广州

① 本文为国家社科基金重大项目"外国所绘近代中国城市地图集成与研究"(15ZDB039),国家社科基金项目"日军测制中国城镇聚落地图整理与研究"(19BZS152)研究成果。

引言

广州作为岭南首城,素有中国"南大门"之称,是中外交流的重要节点城市。随着新航路开辟,欧洲来穗人士逐渐增多,对广州城市的地理认知亦日趋精准。地图作为"理解空间现象的必要工具",①具有形象直观的特点,其漫长且复杂的制作传承过程又与地理探索相始终,因而成为地理成果展示的重要形式。近代西方人也常以绘制出一区地图,视作对该处"地理大发现"的成功。广州城市地图的绘制同样如此,欧美早期所绘广州城市地图存在着由随意性向精准性逐渐靠拢的现象,这一演进过程,形象直观地反映了他们对广州城市地理认知的进步,两者关系相随相生。

广州的城市地图源远流长,自《永乐大典》中三幅广州舆图以来,②有众多中国传统舆图和近代地图传世。《广州历史地图精粹》《图说城市文脉:广州古今地图集》《广州城旧地图解读》等书对该城地图做了细致整理。③上述三套图书主要是立足国人所绘广州地图,虽有收录外国人绘制的广州地图,但零散不成体系。学界对广州城市地图的研究也是聚焦于国内地图。例如,曾新《明清广州城及方志城图研究》一书就对明清广州城市舆图做了全面梳理和研究。④反观国外所绘广州地图的研究还没有系统性成果,所见篇章只有麦志强《〈广州城和郊区全图,1860〉及其绘制者美国传教士富文》⑤等少数论文。有赖于《外国所绘近代中国城市地图总目提要》一书出版,⑥笔者得以接触相对齐全的外国所绘广州城市地图,从而可以对这一类地图进行深入研究,分析归纳其演化的脉络,了解早期欧美人对广州城市的地理认知过程。

---

① [美]诺曼·思罗尔:《地图的文明史》,陈丹阳、张佳静译,商务印书馆 2017 年版,第 7 页。
② 三幅舆图分别是"广州府境之图""广州府南海县之图"和"广州府番禺县之图",明代初期绘制,是今存最早的广州城市地图。见(明)解缙:《永乐大典》卷 11905,中华书局 1960 年版。
③ 这三套图书都是广州城市古地图的图录。中国第一历史档案馆等:《广州历史地图精粹》,中国大百科全书出版社 2003 年。广州市规划局等:《图说城市文脉:广州古今地图集》,广东省地图出版社 2010 年。广州市档案局等:《广州城旧地图解读》,广州出版社 2014 年版。
④ 曾新:《明清广州城及方志城图研究》,广东人民出版社 2013 年版。
⑤ 麦志强:《〈广州城和郊区全图,1860〉及其绘制者美国传教士富文》,《广州文博》2010 年第 1 期。
⑥ 李孝聪、钟翀:《外国所绘近代中国城市地图总目提要》,上海辞书出版社 2020 年版。

本文立足于讨论在具有西方"近代化"①意义的广州城市地图出现之前，欧美人所绘广州城市地图的演化脉络。这里的"近代化"定义，是以 20 世纪初具备丰富地名信息功能的精准实测广州地图问世作为标志。《外国所绘近代中国城市地图总目提要》共收录了三十余幅广州城市地图，其中有近二十幅图适合于本文的讨论范围，加之它处几幅地图，可以揭示欧美所绘近代广州城市地图的演化脉络。这一脉络分为"意象绘图""写实绘图""局部区域实测""全城实测"和"大量补充地名信息编绘"五大阶段。其中第五阶段标志着欧美所绘广州城市地图"近代化"进程的最终完成，是 20 世纪后地图的主流模式，因而本文不再作重点讨论。

需特别指出的是，这五阶段是指近代早期欧美人对广州城市地图绘制的演化进程，是以图中内容与现实地貌对应情况的精确性作为划分标准，而非按时间线作简单划分。虽然这一演化进程是随时间推移而发生变化，但并非完全严格按照时间区分，不同阶段的地图形式在时间线上有交错存在的现象。

一、意象绘图的阶段

意象绘图是指，在只掌握少量信息的情况下，绘图者以自身目视甚或传闻加主观补充想象而绘出的地图。这类地图在收集信息的步骤中，不仅没有实施过实地测量，甚至没有进行现场访查，信息来源于简单目视、他人记录，甚或是传闻等，导致所获取的信息准确性低，精确性更无从谈起，而且一般情况下信息量较少。如此绘出的地图，必然与实际地形地貌存在较大差异和变形，失真度高，难以具备地图本该具有的地理导向功能。

此类地图出现的原因是绘图者对绘图地点认知程度低。在早期西方人来穗时代，人员交流较少，入城不便，缺乏专业绘图人士等因素都是导致他们对广州城市细部地理认知不清的原因。所以，现今所见最早期的一批地图都是"意象式地图"，比较具有代表性的是 1665 年《荷使初访中国记》中的《广州城市地图》（*Kantonis Plana Effigies*）和 1735 年《中华帝国全志》中的《广州府平面图》（*Plan de Quang-Tcheou-Fou*）两幅地图。

---

① 中国地图学的"近代化"是指近代以来引入欧洲测绘技术绘制的地图，本文对这一术语有更细化的定义。相关讨论可参见［美］余定国：《中国地图学史》第 5 章，姜道章译，北京大学出版社 2006 年版；成一农：《"科学主义"背景下的"被科学化"：浅析近代中国城市地图绘制的"科学化"转型》，《陕西师范大学学报（哲学社会科学版）》2017 年第 4 期。

1. 1665 年《广州城市地图》(*Kantonis Plana Effigies*)

《广州城市地图》是一幅绘图式城市图,出自 1665 年的《荷使初访中国记》,长宽尺寸 27.4×30.2 厘米。图中以细腻的笔触由南向北依次描绘了珠江、江岸、城墙和山地等地物,涵盖了广州城及城南的珠江江面等区域,另还有 15 条地名注记。

本图的出处《荷使初访中国记》的成书过程略显复杂,其编定本的初版是 1665 年荷兰文版,之后又有多个语种版本问世,版本众多,且互有异同,较为混乱。该书底稿系约翰·尼霍夫(Johan Nieuhof,1618—1672)1658 年执笔的荷兰东印度公司第一次访华使团报告。1665 年,哥哥亨利·尼霍夫(Hendrik Nieuhof)在弟弟带回的报告和材料基础上,增添大量内容和插图后编定出版,而约翰·尼霍夫全程没有参与这个过程。所以,之后很长一段时间内流传的《荷使初访中国记》与约翰·尼霍夫撰写的报告有较大差异。1984 年,包乐史(Leonard Blussé)发现了约翰·尼霍夫的手稿,该份文本中并未见到这幅"广州城市地图"。[①]

因此说明本图并非源自 1658 年的约翰·尼霍夫报告,而是其兄亨利·尼霍夫根据他所提供的材料,再配以其它资料及想象后加工而成,失真成为其必然状况,这也是意象式地图普遍存在的缺陷。

不过,使团前后在广州盘桓数月之久,又负有考察之责,所以对广州城也积累了一定的认识。本图采取由南向北逐渐粗略的鸟瞰视角,说明当时荷兰人对广州的了解是从珠江向北渐趋模糊。造成这种认知状态的原因,是由于荷兰使团由珠江水路至穗的缘故,城南滨江处是他们的主要活动区域。图上描绘最为精致的部分是珠江中两座堡垒,其次是江岸至南门地块的建筑,而城内只绘出几幢重要建筑、失真的街区和城北目视所及的越秀山上建筑。

江中两座堡垒(地名注记 p),应是海珠石和海印石,明清两代在岛上建有建筑、炮台等设施。江面上商船如织、江岸至南门地块人头攒动,甚至有跑马

---

① 《荷使初访中国记》(*Het Gezandtschap der Neêrlandtsche Oost-Indische Compagnie,aan den Grooten Tartarischen Cham,den Tegenwoordigen Keizer van China*)的相关研究可参见[荷]包乐史:《〈荷使初访中国记〉在欧洲的地位》,《〈荷使初访中国记〉研究》,厦门大学出版社 1989 年版;Jing Sun,*The Illusion of Verisimilitude Johan Nieuhof's Images of China*,Universiteit Leiden,2013. 约翰·尼霍夫报告的中文本已被收录在《〈荷使初访中国记〉研究》一书中,此外 *Grote Atlas van de Verenigde Oost-Indische Compagnie Vol. 7 Oost-Azië,Birma tot Japan* (Aisa Maior,Voorburg,2010)一书中也有部分收录。

的热闹景象,充分显示了荷兰人对这块区域的熟稔。全图 15 条地名注记,南门外江岸地块占了 5 条,其中 2 条是城门(k、l),另有 2 条与荷兰使团直接相关(m、o):m 为荷兰使团住处,o 为"宴会广场"。"宴会广场"源于荷兰使团初到之时,当时执掌广州的尚可喜和耿继茂在城外宴请使团。由此可见,这幅地图注重于对活动事件记录,而非科学地反映地理实况。更有意思的是,这一区域的精致描绘中,江上如鲫的船只之中有两艘船型迥异的帆船停泊在 m(荷兰使团住处)正前方。正符合了报告中,此次来访的高德克号(*Koudekerke*)和贝鲁道尔号(*Bloemendaal*)两船泊位,再次说明该图注重于活动事件的记录。[①]

图 1　《广州城市地图》城南部分中的荷兰人活动痕迹

城内只绘出屈指可数的几幢建筑,城北则绘出了镇海楼(a)、堡垒(b,应是四方炮台)和大北门(c)等 3 处地物。城内几幢建筑可辨认出的为六榕寺塔(g)、尚可喜王府(h,今址在人民公园)、耿继茂王府(i)和光塔(无地名注记)等。使团曾被邀请入城前往两座王府及广东巡抚衙门,[②]所以了解这几幢建筑位置,图中所绘位置也相对准确。约翰·尼霍夫对广州城的描述:

　　城区有围墙,沿墙步行约三小时,郊区有几个地方风景秀丽。河中心

---

① 荷兰使团住在城外江岸、尚可喜和耿继茂于城外宴请使团,使团船只停泊位置三件事项,均可见于约翰·尼霍夫报告。参见[荷]包乐史等:《〈荷使初访中国记〉研究》,第 48 页,第 50—51 页。

② 庄国土在正文中据原文译作"钦差大人",而在"校注"第 18 条中说明其"可能是广东巡抚李棲凤"。正文见《〈荷使初访中国记〉研究》,第 53 页;校注见第 101 页。

建有两个堡垒,只有经水路才能进堡。堡的南面有两座高墙,都建有防守用的堡垒。该城的陆道方面还建有五座堡垒,都建在陡峭的山坡上,有的在城墙内,有的在城墙外。这些堡垒几乎能控制全城,看来坚固异常,难以攻克。城里的房屋与宝塔都很漂亮壮观,较中国大部分城市更胜一筹。当我们经水门去两位藩王的府第时,穿过了十三道石砌的牌坊,这些牌坊上雕刻的人像、花卉都栩栩如生。[①]

这是荷兰人对广州城的认识,几乎都反映在这幅地图上。图上的城墙有老城和新城两道,缺顺治四年(1647 年)建的鸡翼城。[②] 老城小北门位置偏差较大,三座南城门只绘出两座。[③] 新城共八座城门,也只绘出两座。城门的信息缺失较多,不过老城西北(光孝寺)段两道近 90 度折角被准确地绘出。此外,报告中所述的"十三道石砌的牌坊"绘在了贯通南北门的大街上,显示该图是依从报告文本绘制。

综上所述,《广州城市地图》所反映出的广州城市地理情况正误相杂,虚实相间,这是由于作为绘图信息来源的约翰·尼霍夫报告本身内容偏少的缘故。荷兰使团主要活动范围在城南江岸区域,城内活动不多,所获地理信息多以目视为限,因而绘图者采取由南向北逐渐模糊的鸟瞰视觉来绘画此图。作为意象式地图,不以提供准确的交通导向功能为首要目标,而是注重对于信息来源报告中所记述的事件记录。

2. 1735 年《广州府平面图》(*Plan de Quang-Tcheou-Fou*)

《广州府平面图》是《广州海路图》(*Carte Particuliere de L'entrée de Canton*)的附图,出自 1735 年《中华帝国全志》,长宽尺寸 10.7×10.8 厘米。本图只是一幅示意图,信息不多,全图简单粗略,变形巨大。

《中华帝国全志》由法国耶稣会士杜赫德(Jean-Baptiste Du Halde,1674—1743)根据东方传教士们发回欧洲的书信编纂而成,1735 年法文初版

---

① 前揭《〈荷使初访中国记〉研究》,第 54 页。
② (清)戴肇辰:光绪《广州府志》卷 64《城池》,《中国地方志集成·广州府县志辑》,上海书店出版社 2013 年版,第 83 页。
③ 广州老城南城门原共有 4 座,但顺治七年(1650 年)至康熙八年(1669 年)文明门被封闭,所以此时只有 3 座南门。参见前揭光绪《广州府志》卷 64《城池》,第 83 页。

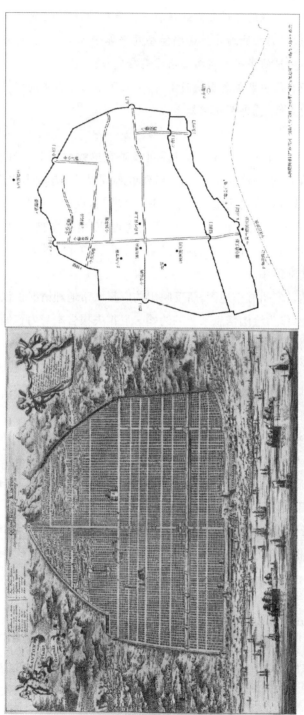

图 2 《广州城市地图》中地物位置与今日实测图中位置对比

问世后，即被翻译成多种文字重版，因而版本甚多。①

本图中表现珠江口水道的主图《广州海路图》制作精良，但作为附图的《广州府平面图》仅具有示意作用，不是实测绘图。因此，两图是否同时所绘，本图在《中华帝国全志》中是否是首次现身，都尚存疑问。澳门海事署《历代澳门航海图》收录了一幅由《广州图》(Canton)、《上川岛图》(Shang Chwen Shan, or Sançian Isle) 和《澳门及附近岛屿图》(Ma-Kao & the Adigcent Isles) 三图组成的地图，其中《广州图》即是本图，书中不能确定绘制时间，只是简单估测为16世纪中叶末期②。郭声波考证该图成图时间为18世纪中叶，晚于本图出现。③

本图只绘出了城市街区范围，不见街巷。用双线表示城墙，以及西关、河南和东山的范围，体现了当时广州城市街区界线，但整体失真程度高。例如，城墙缺鸡翼城，老城南门只绘出两座，新城不绘城门。地名标示方面，老城被记作"鞑靼城"，新城为"中国城"，老城和西关两处还被注记为"繁华城区"。此外，老城内画了三座宝塔，从北向南推测依次是镇海楼、六榕寺塔和光塔，另还画出城外周边的几座堡垒。新城东北角特意标出法国耶稣会，显示本图绘制者的渊源。以上是从图中可知的信息，所能反应广州城市地理的效用极低，只有简单示意功能。

上述两幅地图诞生的背景，表明了早期来穗的欧洲人员身份——商人和传教士，而且人员数量有限，尚不能深入了解广州城市内部地理，只是建立了对城市外部的总体印象，例如城中镇海楼、六榕寺塔和光塔三座高耸建筑成为后来地图的必绘图像。如此以目视印象和主观意象绘出的地图，只具备粗略的展示或示意功能，无法提供地图最基础的交通导向功能，所以不能作为实用性地图使用。

---

① 《中华帝国全志》(Description Géographique, Historique, Chronologique, Politique et Physique de L'empire de la Chine et de la Tartarie Chinoise) 的相关研究可参见阎宗临，Essaisur le P. DuHalde et sa Description de la Chine, Friguière frères, 1937；Isabeele Landry-Deron(蓝莉)，La Prevue par la Chine, La" Description" de J.-B. Du Halde, Jésuite, 1735, Édition de l'École des hautesétudes en sciences sociales, Paris, 2002。

② 澳门海事署：《历代澳门航海图》，澳门，1986年第2期。

③ 郭声波等：《1560：让世界知道澳门——澳门始见于西方地图年代考》，澳门《文化杂志》2008年第68期。

二、写实绘图的阶段

写实绘图仍然是非实测地图,而是如图画一样绘画而成。与意象绘图的不同点在于,写实绘图已能较准确地表达地物之间相互的位置关系,具备了交通导向功能,只是因缺乏大地经纬坐标系而不能达到精确性要求。写实式地图在地理信息反映方面更趋丰富,一般可绘出如主要街道一级的中尺度重要地物,甚至部分可细化至支巷一类的小尺度地物。这说明在为绘图准备的地理信息采集流程能够较好的完成,其前提条件则是对所要绘图地区的熟稔。欧美所绘广州城市地图进入这一阶段,表明他们对广州认知程度加深,以及对相关中国资料取得了一定了解。这一阶段的广州地图中,有一类是专门翻印中国传统舆图而成,就充分的说明了这点。下文将欧美所绘写实式广州地图分为"翻印中国传统舆图"与"欧美自绘地图"两类,进行讨论。

1. 翻印中国传统舆图

现今所发现的欧美早期所绘广州写实式地图中,翻印中国传统舆图出现的时间较早,而欧美自绘的地图则在此后才陆续有所见闻。欧美人所翻印的中国传统舆图中,有两幅具有代表性。一幅是 1833 年《中国丛报. 第 2 卷》中的《广州城及城郊图》(*City and Suburbs of Canton*),一幅是 1840 年《广州城及城郊平面图》(*A Plan of the City of Canton and its Suburbs*)。

1833 年《广州城及城郊图》①被收在裨治文(Eligah Coleman Bridgman,1801—1861)的《广州介绍》一文中,刊于《中国丛报》第 2 卷第 4 期。裨治文是美国来华的第一位传教士,负有收集中国风土信息之责,他创办的《中国丛报》是第一份在中国出版的英文期刊,内容包罗万象,以介绍中国情况为主。②

本图所涉地域为珠江北岸的广州城及西关、东山等地,图中有 a 至 o(欠 j)共 16 条地名标注,《广州介绍》文内有标注的详细注记。地名注记除珠江(a)、十三行(b),及显眼地物光塔(c)、六榕寺塔(d)、镇海楼(e)之外,基本都是政府衙门。

据裨治文在文中所说,此图是当地人所绘,他只是删去中文,换上罗马字

---

① 这款地图还有法文版 *Plan de la Ville et des Faubourgs de Canton*,Paul Dupont,Paris,1846。
② 罗伟虹:《中国基督教(新教)史》,上海人民出版社 2014 年版,第 66 页。

母，①所以该图是翻印中国传统舆图而来。查阅道光《广东通志》卷83《广东省城图》(1822)与道光《南海县志》卷3《县治附省全图》(1835)等图，皆与该图十分相似，图中水系走向和曲度等绘法都与本图极度吻合。道光《县治附省全图》是翻刻道光《广东省城图》，所以本图的底图当是1822年刻印的道光《广东省城图》。道光《广东省城图》绘者是李明澈，番禺（今广州）人，祖籍江苏松江（今属上海），对西方天文、地理等近代科学有所涉猎，著有《圜天图说》。

李明澈绘制的舆图是当时最详实的广州地图，图中地名共504个。② 这个数字远远高于裨治文图中的地名数，裨治文本人学习过中文，他删去图上繁杂的中文地名只能解释为替刊物的西方受众考虑。考虑他们接受中文的观感和能力，即是说当时欧美人对广州地理信息的需求，还没有细化到需要了解大量地名的阶段。地图作为成本不低的地理产品，需求和应用一直对地图内容有直接影响，而标注大量地名的阶段还没有到来，这与欧美人对广州认知需求息息相关。本图信息的简单化，及其发布的刊物平台，说明本图是欧美所绘最早一批具有实用功能的广州城市地图之一。

1840年《广州城及城郊平面图》，是由英国人威廉·布拉斯顿（William Bramston）绘制，知名地理学者和地图出版商詹姆斯·维尔德（James Wyld，1812—1887）在伦敦印制出版。全图分为上下两部分，上半部是广州城图，下半部分是地名注记和附图，附图为实测的《十三行地图》(Foreign Factories)。全图长宽尺寸62.5×41.0厘米，主图47.0×41.0厘米。

主图所绘区域涵盖广州全城及城外西关、东山等地，并标示出珠江南岸"河南"(Honan，今海珠西北部)的地名，图中主要街道也标记名称。从绘出河南地块和标记主街名称两点看，本图比1833年《广州城及城郊图》有所进步。不过图名之下有"Shewing the principal Streets and some of the conspicuous Buildings from a Chinese survey"字样，从而判断主图与中国传统舆图有所渊源。

主图地名注记分为拉丁字母和阿拉伯数字两类。拉丁字母注记共19条（欠j），除a-c和最后一条t外，顺序与1833年《广州城及城郊图》完全一致。

---

① ［美］裨治文(Eligah Coleman Bridgman)：《广州介绍》(Description of the City of Canton)，《中国丛报. 第2卷》(The Chinese Repository Vol. 2)，广西师范大学出版社2008年版，第167页。

② 前揭《明清广州城及方志城图研究》，第139页。

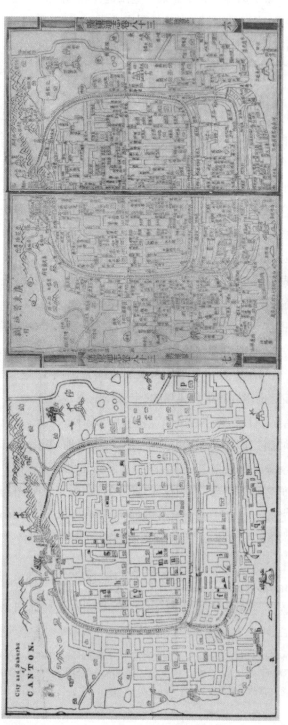

图 3 《广州城及城郊图》(左)与道光《广东省城图》(右)

《广州城及城郊图》地名注记 a 的内容为"……距城东南角不远的江中有一座小炮台,名为法国炮台;另一座更上游点的炮台名为荷兰炮台;再上游一点有些礁石,低潮时会露出江面……"①本图 a-c 的注记分别为:礁石(a)、法国炮台(b,即东炮台)和荷兰炮台(c,即海珠炮台),因此这三条注记都是从《广州城及城郊图》的 a 中分化出来。数字注记共 16 条,全部为城门,顺序为从大北门起,逆时针沿新老城墙外围至小北门的 12 座城门;再是老城墙南墙(位于新老城墙中间)从西至东的 4 座城门。这一顺序与《广州介绍》中罗列的城门顺序一致。② 因此,本图的主图是根据 1833 年《广州城及城郊图》改绘增添而来,图源是道光《广东省城图》。

从上可知,欧美翻印中国传统舆图而产生的地图,本源多为道光《广东省城图》,以 1833 年《广州城及城郊图》为中国传统舆图转向欧美翻印地图的媒介,其它欧美所翻印的中国传统舆图,多数是源于此图。

2. 欧美自绘地图

这一阶段的欧美人自绘写实地图主要是作为其它地图的附图存在,尤其是珠江水道图的附图。珠江水道图所附广州图是欧美所绘广州城市地图的一大系统,贯穿他们所绘广州图的各个阶段,如上文提及的 1735 年《广州府平面图》。目前自绘地图阶段所能见到的有 1853 年《广州图》(*Canton*)和 1858 年《广州平面图》(*Plan of Canton*)等。

1853 年《广州图》是《广州及其邻近地区、澳门和香港图》(*Canton and its Approaches, Macao and Hong Kong*)③的附图,乔治·考克斯(George Cox)在伦敦出版。全图是由四幅地图拼接而成,《广州图》占据了约三分之一面积,是主要部分。另三幅分别是《从澳门至广州的珠江草图》(*Sketch of the River from Macao to Canton*)、《澳门图》(*Macao*)和《香港图》(*Hong Kong*),其中只有《香港图》标注了绘制信息。所以 1853 年《广州图》未必是初版,如《俯瞰大地:中国·澳门地图集》书内所收 1844 年《珠江三角洲详细军事图》(*Carte de*

---

① 前揭《广州介绍》(*Description of the City of Canton*),第 167 页。

② 前揭《广州介绍》(*Description of the City of Canton*),第 165 页。

③ 《广州及其邻近地区、澳门和香港图》(*Canton and its Approaches, Macao and Hong Kong*)的版本非常多,如还有 Thomas Letts. London. E. C. 版(前揭《当代澳门航海图》,第 11 图)和 London, Edward Stanford 6 Charing Cross. 版(此版年代据闻为 1852 年)等。

la Rivière de Canton）就附有相同版式的广州地图。① 本图有直线缩尺,单位英寻(fathom),这一单位多用作水深测量,显示了本图与水道图航运功能的关系。图内地名略微丰富,特别是十三行地区内的"洋行"(Factories)有详细标注。

1858年《广州平面图》②是《伦敦新闻画报》所刊地图的附图。图中有16条数字注记,除最后一条外,其它与1833年《广州城及城郊图》2—16条和1840年《广州城及城郊平面图》4—18条地名注记完全一致,据此判断本图地名标注与上述两图有承袭关系。

欧美自绘的这类写实地图,范围一般限制在广州城区,及城内、西关和东山等地,偶及河南。作为珠江水道图的附图,它的作用显而易见是为溯游而上的航船登陆他们碰到的第一座大城市做准备。事关航运安全的水道图,其精准性要求远高于城市地图,从而反过来影响附图的准确性。例如,自绘地图中不少已开始采用比例尺,虽然图中地物依然变形严重,过于失真,比例尺的精确性并不可靠,但是其仍然努力反映实际地形,尽可能地做到表达准确。以城墙为例,尽管整体轮廓失实,但在具体区段中仍力求表现出墙体大致走向和曲度,如西北(光孝寺)段城墙两个近乎直角的弯折都被明确绘出。这里需补充一句,虽然两个折角的绘法并不统一,可谓千姿百态,但从1665年《广州城市地图》以来,这一特征一直存在于欧美自绘的广州地图中,所以这也成为区分一幅地图是否是翻印自中国舆图的一大依据。

欧美自绘广州地图中还有一类简图,常见于第一次鸦片战争的专题地图。这类图里的广州城市形态仅具示意功能,多只是将城墙作符号化处理,绘出轮廓,图中要素极为简单而且失真。只有詹姆斯·维尔德出版的1846年《广州战役图》(Attack of Canton)略显丰富,但也仅仅是多绘了数条街道而已。詹姆斯·维尔德作为英国知名地理学者和地图出版商,不仅出版过1840年《广州城及城郊平面图》,还出版过两次鸦片战争的示意图等多种广州地图。1846年《广州战役图》就是他所出版的第一次鸦片战争示意图《中国战争示意图》(A Mapto Illustrate of the War in China)的附图。图中所绘街道尚不能辨

---

① 临时澳门市政局文化暨康体部:《俯瞰大地:中国·澳门地图集》,2001年,第22图。
② 本图另有德国地理学者奥古斯都·海因里希·彼得曼(August Heinrich Petermann, 1822—1878)同年翻印的德文版 Plan von Canton,版式略有微变,比例尺1：60,000,是《广州水道图》(Der Canton-Strom)的附图,Justus Perthes, Gotha 出版。

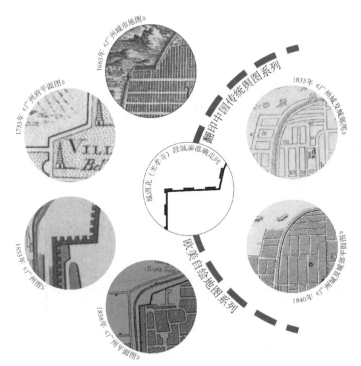

图 4　"意象绘图""写实绘图"两阶段中各图城西北(光孝寺)段城墙绘法

识出究竟对应广州城内哪条街道,但该图源头可追溯至战时英国军队所使用的军用图。英国海军中尉伯德伍德(Birdwood)绘制的《1841 年 5 月 25 日广州附近堡垒与高地攻占图》中,[1]虽然只绘出广州城北部,但图上所绘部分与本图中广州城主体部分基本一致,因此可以确定本图是在这幅军用图基础上添绘而来。相较于詹姆斯·维尔德出版的第二次鸦片战争示意图 1858 年《广州战役示意图》(*Plan of the Attack & Bombardment of Canton*),[2]本图的广州城市轮廓尚显粗糙,两者差异明显。这说明在两图绘制时,欧美对广州城市理解认知程度的差异。

　　写实绘图的出现,意味着欧美人士对广州城了解的需求从满足最初的好奇想象转为实用功能,地图的实用性增加,从而提高了对绘图准确性的要求。

---

① 《1841 年 5 月 25 日广州附近堡垒与高地攻占图》现藏于英国海军部图书馆手稿收藏室,转引自张岩鑫:《晚清海战岸防图解析及其军事败因探讨》,吉林大学博士学位论文,2019 年。
② 前揭《图说城市文脉:广州古今地图集》译为"英法进攻广州示意图",第 57 页。

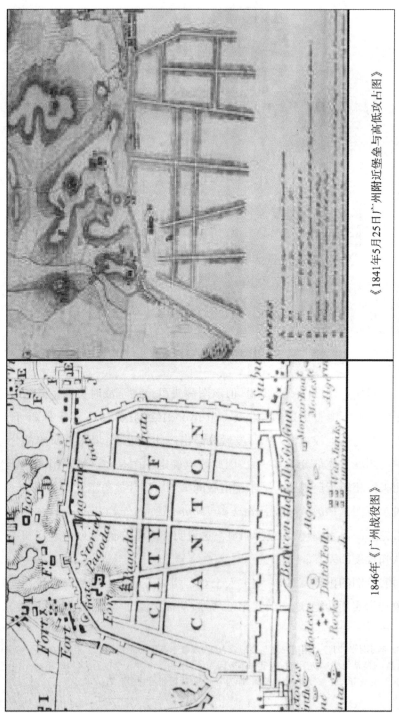

《1841年5月25日广州附近堡垒与高地攻占图》

1846年《广州战役图》

图 5   《广州战役图》与《1841 年 5 月 25 日广州附近堡垒与高地攻占图》中广州城绘法比较

翻印中国传统舆图说明他们已能理解并运用中国文献,是对广州认知深化的表现。从部分欧美自绘地图直接使用翻印中国传统舆图中的地名注记可以判断这两类地图出现的先后顺序。珠江水道航运需求触发了欧美自绘地图,将广州地图带向了近代测量技术绘图阶段。

三、局部区域实测的阶段

局部实测图的出现预示着欧美人对特定地块关注度的提升,并对此区域已有深度了解,可以在区域内开展充分活动,有足够时间和精力进行测绘工作。这是"近代化"意义层面上的广州城市地图发端,代表西方近代绘图技术开始应用于广州城市地图。

欧美对于特定区域的关切,源于切身利益。如因新建英国商行选址而编制的1858年《广州拟建商行规划图》(*Plan of Proposed Factories in Canton*),就绘有城西南、荔湾和花地三处地图以供选择。① 局部实测图的特色是范围小,比例尺大,有地籍图性质。早期广州局部实测图的范围多在十三行地区,这也是鸦片战争之前外国人少数可自由行动的区域,各国在此建屋经商,有理清地籍的需求。

早在1840年《广州城及城郊平面图》中就附有实测的《十三行地图》(*Foreign Factories*),长宽尺寸12.5×16.5厘米,有直线缩尺,折算约1:1,860。本图与摹绘自中国传统舆图的主图风格完全不同,线条平直整齐,显然是经过测量,用以划分地块,明确地权。图中以斜线阴影表示建筑设施,各国领馆房屋以罗马数字从南向北编号,具体到栋,突显本图的精确性。而到了1847年《广州新英国商行和十三行平面图》(*Plan of the New English and Foreign Factories Canton*)②其精确性又更进一步。这个阶段地图精确性的细化,是欧美人对地权权益的切实需求,从而推动了广州地图功能扩大,在基本的地理导向功能外,增加了地权确认功能。

此外,还有一些其它功能用途的局部区域实测图问世,如针对"广州反入

---

① 1858年《广州拟建商行规划图》(*Plan of Proposed Factories in Canton*)藏于英国国家档案馆,目前只见绘有全广州街区范围的索引图一张,并说明有以上三处小区域的分图,但分图目前还未能得见。从索引图风格判断,三张分图应是实测图。
② 1847年《广州新英国商行和十三行平面图》(*Plan of the New English and Foreign Factories Canton*)藏于英国国家档案馆。

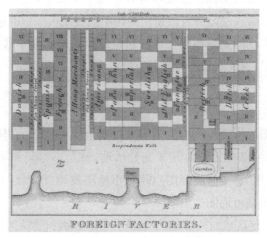

图 6 《十三行地图》

城斗争"[1]的专题图。该图名为《虎门至广州珠江水道草图》(*Sketch of the River Chou-Kiang from the Bocca Tigris to Canton*),[2]有两幅附图,分别是《广州东炮台平面图》(*Plan Elevation and Section of the French-Folly Fort in the Canton Rvier*)和《广州城和市郊局部草图》(*Sketch of Part of the Suburbs and City of Canton*)。这套图为时政图,背景是 1847 年 4 月英国借口商民在佛山被殴打,派遣船只占领虎门炮台和十三行等地,逼迫清政府开放广州城。

《广州东炮台平面图》的比例尺为 1∶240,这个尺度范围已属于建筑图,图分为 1847 年 4 月 5 日被毁前和被毁后两部分,不仅有平面图,还有立面图。

《广州城和市郊局部草图》由十三行、新城西部和老城西南部三处地块组成,有直线缩尺并绘出了停靠在十三行的英国舰船。精确度从城外十三行到城内,从城南到城北,逐渐降低。城墙绘法过于失真,以理想化的平直线条"安排"了城墙的轮廓和走向,西门位置也比真实地点更加靠南。由于"反入城斗争",当时的英国人几无可能进入广州城内,所以造成他们对城内有如此认知。

① 指 1842—1849 年广州人民反对外国人进入广州城的运动。
② 此图属于珠江水道图系统,长宽尺寸 55.3×44.8 厘米,Day & Son 印制。出自[英]George M. Martin, *Operations in the Canton River in April*, *1847*, Henry Graves, London, 1848。

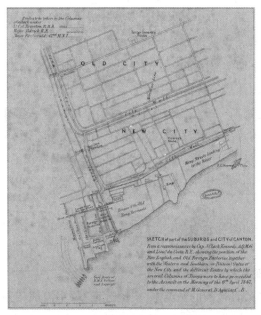

图7　《广州城和市郊局部草图》

　　局部实测地图的对象，主要还是欧美人利益相关以及活动相对自由的地块。尤其是城西南十三行地区，这一区域的实测图最为常见，并且精确度高。从已见地图的质量来看，欧美在广州所进行的测量活动，其技术也在不断的进步。清代的闭关政策，限制外国人活动范围，使他们不易采见广州城市形态，更不能肆意展开测绘，直接阻碍了欧美人绘制广州城市地图。因此，两次鸦片战争之间诞生的此类局部实测地图揭开了欧美以近代测绘技术绘制广州城市地图的序幕。

四、全城实测的阶段

　　全城实测阶段，即欧美人对广州全城完成实地测量，并据此绘制出高精确度的城市地图。回顾本文所提出的"西方近代化地图"，是指欧美所绘具备丰富地名信息的精准实测地图。本阶段即是完成了精准实测的步骤，但囿于中文译制、印制成本等原因，尚未在图内填入大量地名。满足于地名信息不完善的实测地图所提供的地理信息，说明在穗欧美人对现实的广州城市认知还保持一段距离，并没有深入了解城内街区细部的需求。

经历上述三个阶段的地图绘制,欧美人逐步深化对广州城市地理的认知,然而仍然如隔着一层面纱,不能全窥其景。鸦片战争的结果带来翻天覆地的变化,打破了欧美人观察广州的这种局面,使其可以更近距离地认知广州城市,因此才能有全城实测的机会。战争是欧美人所绘广州城市地图演化的推进器,比较两次鸦片战争各类地图中的广州城市形态,即可发现两者之间存在代际的差异。詹姆斯·维尔德出版的第一次鸦片战争示意图 1846 年《广州战役图》和第二次鸦片战争示意图 1858 年《广州战役示意图》两图中,广州城市的轮廓形态差异极大,《广州战役示意图》已基本准确展现了城市形态,说明在两次鸦片战争之间的时代中,欧美人对广州城市地理认知的方法和手段都产生了质的飞跃。

这一阶段的地图可分为"第二次鸦片战争军事用图"和"富文广州地图"两大系列。

1. 第二次鸦片战争军事用图

这套系列图最具代表的是英国"中国远征军"军需部(The QuarterMaster General's Departement, Chinese Expeditionary Force)绘制的 1858 年《广州城及城郊平面图》(*Plan of the City and Suburbs of Canton*),长宽尺寸 65×93 厘米,比例尺 1∶12000,是英军第二次鸦片战争广州战役的军用地图。另附有《海珠炮台布防图》(*Plan of the Battery for Two 13 Inch and Two 10 Inch Mortars, and Two 24 Pounder Rockets on the Dutch Folly*),由"远征军"军官朗利(G. Longley. Lieut. R. E.)绘制,长宽尺寸 9×17 厘米,比例尺 1∶1,080。此图对当时广州城内外的街巷和重要建筑描绘得十分细密,并以晕滃法表示地形。区域涵盖广州城与东西关近郊,并包含珠江南岸河南、西南岸花地(Flower Gardens)及城北山地。

作为军事用图,本图呈现了极强的时效性。根据图中所标时间,主图完成于 1857 年 10 月 31 日,次月 27 日转交上级,而附图《海珠炮台布防图》是 12 月 26 日补充。两天后,即 28 日清晨,广州战役正式打响,可见此图在英军行动中的作用。

本图还具备战时军事的实用性,体现英军战前侦查工作。图中对军事区域和设施标注尤为详细,将满城等军队驻防区域分色表示,其中满洲八旗地块为黄色,汉军八旗地块为绿色。广州城周边炮台也一一标出,以红色记注,重要炮台还使用同心圈层表示射程范围。《海珠炮台布防图》则详细记录了海珠

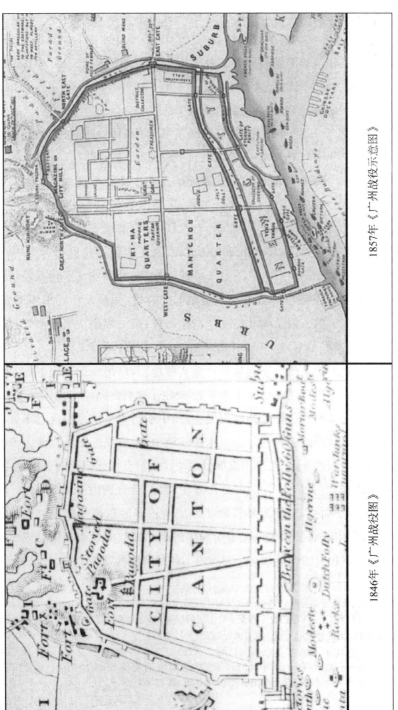

图 8　詹姆斯·维尔德版两次鸦片战争示意图中广州城绘法对比

炮台情况，标明了炮台内大炮的具体布置，并绘有两幅炮台南北向剖面图。图左侧有大段文字记述广州情形，题为《广州城及城郊备忘录》(*Memoranda of Canton and Suburbs*)，内容侧重于城墙、城门、环濠、饮用水源、兵力，以及具有军事价值的高层建筑和围墙坚固建筑等军用信息。文下附有三幅"中国防御工事示意图"与一幅"中式坟墓(可用作防御工事)示意图"，文中另提及两幅素描图(*Sketch No. 1* 和 *Sketch No. 2*)在图中未见。

英国陆军部于 1858 年 2 月将《广州城及城郊平面图》印制出版，同月英国海军航道局(The Hydrographic Office of the Admiralty)即翻印该图(以下称《航道局图》)。两图同源，但分别制版印刷，出版者不同，版式也不尽相同。

《航道局图》长宽尺寸 38×74 厘米，有直线缩尺，是减省军事要素后的民用地图。内容略有差异，图北部山地有所收缩，河南地区街巷也相对稀疏，西侧则标出坦尾岛(Tan I^d.)，比上图更注重珠江水道。图中的《广州城及城郊备忘录》内容一致，^①不见"中式坟墓示意图"，但有《广州城及城郊平面图》所缺的两幅素描图。第一幅从大北门外望向镇海楼；第二幅是从城西南竹栏门望向城内，两幅素描图下方均有文字介绍，内容偏重于军事意义。

这一系列地图是广州出现的最早一批实测地图，广州城市地理形态第一次被以"近代化"手段描述并呈现在文本上，奠定了之后广州城市地图的基础。战争的实用需求加速了这一系列地图诞生，图中所示军事信息也反过来证明了英国军队备战侦查的工作效果。以八旗驻地为例，清代广州八旗除大部驻扎在南北门大街西侧外，东侧也占据部分地块，"省垣自大北门至归德门止，直街以西概为旗境，自九眼井街以东至长泰里，复西至直街以东则属民居"。^②《广州城及城郊平面图》中清晰地反映了八旗所占据的东侧小幅地块的范围(略有出入)，但内部满汉旗人以光塔街为界的南北分驻的界线却错绘成西门大街。这类错误也可印证英军对广州城内了解到何种程度。

---

① 两图的《广州城及城郊备忘录》(*Memoranda of Canton and Suburbs*)只在文本上有所差异，如部分字母的缩写和大小写，阿拉伯数字和英文数字间的切换，部分无关文意的连接词的省略，以及段落的标点和分段等处有所不同。校对两版《备忘录》，本版在第 9 行将"thick"误拼为"tkick"，第 47 行将"governor"误拼为"governor"，第 51 行遗漏"1200"，第 62 行遗漏"with 14 Guns directed to support Fort Gough."等。上版《备忘录》在第 29 行遗漏"house"，第 42 行遗漏"3"。

② (清)长善：《驻粤八旗志》，辽宁大学出版社 1992 年版，第 75 页。

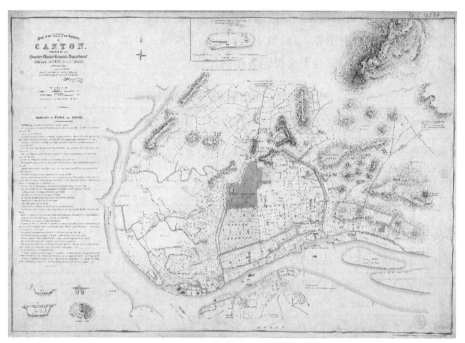

图 9　《第二次鸦片战争军事用图》之 1858 年《广州城及城郊平面图》

2. 富文广州地图

富文广州系列地图由美国传教士富文（Rev. Daniel Vrooman, 1818—1895）创制，是广州早期实测地图中最重要的一种图，流传广泛，衍生出众多版本。曾有传说英军地图来自于富文之妻所献地图，①这个说法已被麦志强考证为伪说，②不足为信。尽管尚没有足够材料能证明英军所用地图是否与富文地图有关，不过"富文广州地图"是早期广州实测地图中最具影响力这一事实毋庸置疑。

现今所知富文地图就已不下 10 种，延续时间甚为绵长。从最早的 1855 年《广州城及全城郊地图》（*Map of the City and Entire Suburbs of Canton*）出现起，一直到 1904 年仍有修订版《广州城及城郊地图》（*Map of Canton and Suburbs*）问世。其中以 1860 年《广州城及全城郊地图》（*Map of the City and Entire Suburbs of Canton*）最为细致，甚至已补入了大量中文地名，成为"近代

① 此说见于光绪《广东省城图》（*Map of Canton*）邹诚所题图说，前揭《广州历史地图精粹》，第 88—89 页。

② 前揭《广州城和郊区全图，1860》及其绘制者美国传教士富文》，第 69 页。

化"的广州地图,属于欧美所绘广州城市地图演化进程的最后一阶段。其它还有法文版、各书中引用版本,以及中国人摹绘各版等。目前已知的富文系列地图可见下表(表中简称为下文提到各图时使用)。

表1　富文广州地图系列及简称对照表

图名	简称
1855 年《广州城及全城郊地图》(*Map of the City and Entire Suburbs of Canton*)	1855 年初版
1855 年《广州城图》(*Canton City*)*	1885 年李文焕版
1860 年《广州城及全城郊地图》(*Map of the City and Entire Suburbs of Canton*)	1860 年版
1861 年《广州城图》(*Canton City*)*	1861 年李文焕版
1861 年《广州城及城郊平面图》(*Plan de la Ville et Faubourgs de Canton*)	1861 年法文版
1867 年《广州城市平面图》(*Plan of the City of Canton*)	1867 年《中日商埠志》版
1880 年《广东省城图》(*Map of Canton*)	1880 年《广州指南》版
1880 年《广东省城图》(*Map of Canton*)	1880 年彩色版
光绪《广东省城图》(*Map of Canton*)*	光绪邹诚题字版
光绪《广州省城图》单色版(*Map of Canton*)*/**	光绪邹诚题字单色版
1888 年《广州城市平面图》(*Plan of the City of Canton*)**	1888 年版
1904 年《广州城及城郊地图》(*Map of Canton and Suburbs*)	1904 年修订版

*中国人摹绘地图
**出自麦志强《〈广州城和郊区全图,1860〉及其绘制者美国传教士富文》

　　富文地图的范围涵盖广州城内、西关、东山和河南 4 块区域,囊括了当时广州所有可以称之为"城市"的街区,尤其是对河南地区的详细描绘,在之前地图中都未有见到。图中的街道等地物要素细密,在地形展现、地物位置、地名标注等各方面都详实可靠,与实际的地理状况极为吻合,是早期外国人所绘广州地图中最为精确的一种。

　　创制者富文是美国传教士,出生于纽约州阿勒格尼县(Allegany County, New York)。据在华美国基督教刊物《教务杂志》记载,他是在 1852 年抵达广州,并绘制了"1860 年版",而"1855 年初版"则不见记载。① 卫三畏(Samuel Wells Williams, 1812—1884)记录说,由于清政府禁止外国人进城,富文先是在城外最高点记录了城内显眼建筑的位置,然后培训一名当地人步幅测距技术和指南针使用方法,并派他进入城里,按事先确认好的几座城门位置作为参考,去测量街道路径和距离。卫三畏还特意提道,英国人在 4 年之后得以进入广州城,发现不需要对这份地图做太多修改。② 说明这份地图绘制方法运用了近代实地测量技术,从英国人广州战役后的入城时间反推,也可以证明没有直接资料记载的"1855 年初版"确实是富文所绘的第一幅广州城市地图。

富文系列地图版本众多,所以版式各不相同,内容繁简不一,有些图上没有注明图版信息,不题绘制者姓名,因此对认定是否属于富文系列地图产生了影响。考察各版地图,大部分在图中右下"河南东部"有一直线缩尺,即使部分图版在翻印过程中,或省略缩尺数值,或只画一条直线,但都留有该缩尺的痕迹,因此可以凭借这一点判断是否属于富文系列地图。另外,还有山体、特定地物设施等笔触绘法可作为认定标准的辅助。

"1855 年初版"绘制了大量街巷、建筑、炮台等地物,城外尤其是西关已细化至小巷一级,较城内更细密。相对而言,因无法入城,城内地物在数量和质量上都不如城外,如八旗满汉驻地以西门大街划分,南北门大街东侧地块远扩至卫边街等错误。从总体观察,本图精准度高,地物内容丰富,地名则较少,绘制技法上所采用的线条笔触以简单流畅风格为主。

"1855 年李文焕版"则对"1855 年初版"做了修正补充,使此图更加准确。图中全为英文,地名不多。右下有"for sale by Lee Mun Une painter"字样,Lee Mun Une 为何人,目前尚无材料说明,但以发音来看应是中国人,故从麦志强起将其音译为"李文焕"。李文焕熟知广州城,补绘了城内支巷,修正了八旗内外界线,并且将建筑、牌坊、山体等地物重新绘画,使之具象化,赋予艺术感。李文焕还绘有"1861 年李文焕版",两图最大差别是沙面岛的绘法,沙面岛在 1859 年形成今日形状。此图不具时间,从图中"两广部堂"由中式建筑图标变为空地判断,应是指 1861 年法国人强行要改建圣心大教堂事件,所以此

---

① 富文(Rev. Daniel Vrooman)抵达广州时间见《教务杂志》(*The Chinese Recorder and Missionary Journal*)1876 年第 7 卷,第 183 页;地图绘制见同卷第 202 页。

② [美]卫三畏(Samuel Wells Williams),*The MiddleKingdom Vol. 1*, W. H. Allen & Co., London, 1883, p. 169。

图年份定于 1861 年。

"1861 年李文焕版"的山体画法承袭"1855 年李文焕版"的山水画风格,而略有细微差异,这个山体绘法被后来众多版本继承。从版本学角度来说,这幅图的流传比 1855 年的两版图更为广泛,多数图是继承此图而来。"1861 年法文版"就应是从这版而来,"1867 年《中日商埠志》版"是这版的简化版。

"1904 年修订版"没有题绘制者姓名,也没有使用李文焕的山体绘法,但从"小北校场"等地物的画法来看是直接承袭了"1880 年《广州指南》版",而这一版应也是从"1861 年李文焕版"而来。"1880 年《广州指南》版"四边略有收缩,导致"小北校场"北部已超出图框范围;而且此图还截去了"1861 年李文焕版"超出图框的部分,并简化了图框内城北的山地部分,这都是判断图源的新依据。"光绪邹诚题字版"也是出自"1880 年《广州指南》版"。

"1860 年版"是富文图的定版,采用了"1855 年李文焕版"补充信息,但线条笔触仍延续"1855 年初版"的简单流畅风格。图中补充了大量地名,以中文为主,甚至绘出番禺、南海两县的县界。该图是 20 世纪前,广州最为精湛的城市地图,不过本图复杂的地名标注基本没有被之后的版本继承。广州城市地图再次出现具有完善地名标注的"近代化"实测图需待至 1907 年的德国人舒乐(F. Schnock)的《广东省城内外全图附河南》(*Canton with Suburbs and Honam*),到那时欧美所绘广州城市地图才算完成近代化的演化进程。

综上所述,富文广州地图系列肇始于 1855 年艰难的测量工作,同年经由李文焕补充和艺术修饰,形成两个版本。1860 年,富文采用李文焕的补充内容和原图的简单笔法并填入大量地名之后,完成了富文地图的定本。然而这份定本复杂的地名注记流传不广,之后系列地图多以 1861 年李文焕再绘的地图为母本,并经 1880 年版图框缩减后又形成一个母本。

全城实测阶段的地图是在近代测量技术支持下已完成图中地物测绘的城市地图,仅仅欠缺相应的地名系统。欧美所绘广州城市地图曾在这一阶段出现过拥有庞大地名注记的 1860 年广州城及全城郊地图,但并没有流传开来,其背后的原因还是体现了使用者的需求。战争因素对广州地图影响甚大,本阶段有一系列图即是直接服务于第二次鸦片战争。而且,战争对欧美关于广州城的认识也有直接影响,战前富文根本无法进入广州城,说明了他们对于这个城市认知来源的局限性。

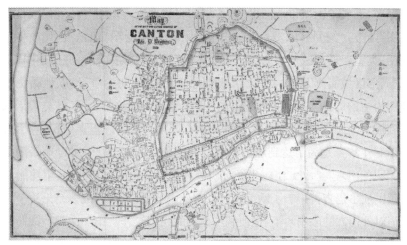

图 10 "富文广州地图"之 1860 年《广州城及全城郊地图》

余论

欧美所绘广州城市地图从诞生到步入具有丰富地名信息的"近代化"实测地图时代，期间经历了"意象绘图""写实绘图""局部区域实测""全城实测"和"大量补充地名信息编绘"五个演化阶段。以"大量补充地名信息"为标志，约在 20 世纪初完成了向"近代化"地图演化的过程。1860 年虽已出现带有大量地名信息的实测图，但并未被之后出现的地图采用，可见社会需求尚未进化至此。进入 20 世纪，才广泛出现近代意义上的地图，是源于社会实用的需求。

在之前的四个阶段中，"意象绘图"和"写实绘图"是欧美所绘广州地图的初步演化阶段。地图内容从不准确向准确演进，信息来源由目视、记录、传闻等途径向利用中国当地资料转变，地图所表达的功用也由表述事件向展示地理信息变化。明清之交，外国人尚可相对自由地出入广州城内，但当时缺乏绘图需求和技术人员，使欧美所绘地图处在"意象绘图"阶段，广州城市地图错过近代测量科学的洗礼。而后的"写实绘图"提高了地图的准确性，将欧美所绘广州地图带入了地理实用范畴。欧美人早期绘制的一批准确性广州地图都是利用中国传统舆图翻印而成，减省了制图成本，并且对之后一批欧美自绘地图产生了影响，图中使用的地名注记就被数种欧美自绘地图继承。

欧美自绘地图作为珠江水道图等近代实测地图的附图，已有向"近代化"演化的趋势，如注重比例尺等测量要素。钟翀认为以近代实测技术运用与否作为标准,近代中国城市地图可分为"早期实测型城市地图"与"近代改良型城市地图"两类。[①] 包括"欧美自绘地图"在内的"写实绘图"即是"近代改良型城市地图"类型,"局部区域实测"和"全城实测"属于"早期实测型城市地图"。

"局部区域实测"是欧美所绘广州地图近代化的初始阶段,以地籍图等类型地图为主的局部实测地图出现,是由于在清代闭关政策之下,欧美人活动范围受到极大限制,其所能进行测量的地块有限而造成的。但在殖民主义之下,地籍图制作本身是为了达到经济和政治目的的一种工具。[②] 所以地籍图等局部实测图的出现,是欧美在广州经济政治利益的体现,有极强的实用功能。

殖民战争也直接影响了欧美所绘广州地图的发展历程,战争结果迫使清政府取消对外国人的限制政策,也便利了他们的绘图工作。第一次鸦片战争中的广州地图仅具示意作用,而且战后出现的部分地图与战时军队所用军事地图息息相关。两次鸦片战争之间的地图质量则得到飞速提高,局部实测的十三行地图在这期间继续精确细化。"全城实测"阶段也在这一时期发生,富文在1855年艰难地进行测量绘图,创制了第一幅高精确性的广州全城地图,第二次鸦片战争使用的军用地图更是前所未见的精细,两套地图奠定了日后广州城市地图的基本形制,甚至对中国人和日本人所绘制的广州城市地图也产生了巨大影响。

"富文广州地图"是近代广州最具影响力的一系列地图,它的完成肇始于富文,但中国人李文焕是完善地图的重要角色,以至于他所绘制的"1861年李文焕版"演化出的版本远多于之前问世的几个版本。"1860年版"境遇也充分说明了,地图的流传与使用者的需求有紧密联系。19世纪中叶的在穗欧美人对城内大量地名信息的使用需求远少于20世纪,因而真正有影响力的"近代化"地图在1900年代之后才被使用者接受。因此欧美所绘的广州城市地图所完成的"近代化"进程是在20世纪初。

清代闭关之前的西方人对广州城内地理信息没有了解的需求,因而使广州错过了最初的近代测量技术。及至欧美打开全球市场需求遽升,通过殖民战争一次又一次地试图打开广州城门,才使得他们笔下的广州地图逐步变为以近代实测技术绘制的地图。从而说明,欧美地图使用者对广州城市地理了解的需求是他们所绘广州城市地图的演化脉络发展的根本原因。

---

① 钟翀:《中国近代城市地图的新旧交替与进化系谱》,《人文杂志》2013年第5期。
② 前揭《地图的文明史》,第116页。

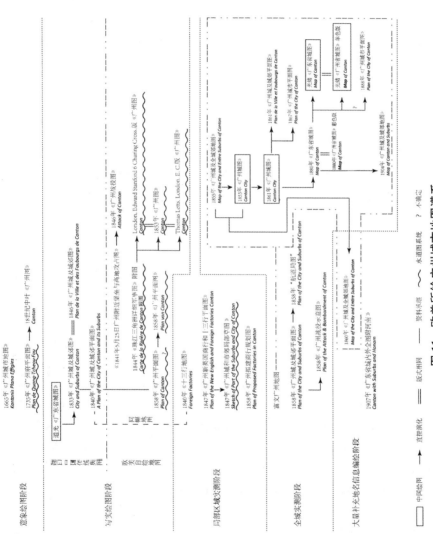

图 11 欧美所绘广州城市地图谱系

Tentative Discussion on the Evolution of Canton CityMap Drew by Europeansand Americans before 20th Century

Abstract: The evolution process of Canton city map drew by Europeans and Americans can consist of five phases, "imagery mapping" "realistic mapping" "mapping of local regions" "mapping of the whole city" and "muchplace information supplement". The first four phases belong to the development of realistic mapping with "modernized" significance and the fifth occurring in the beginning of 20th century is a mature phase in the whole process. Currently, around more than 20 maps of Canton city mapped by Europeans and Americans belong to the first four phases. This essay will discuss the mapping process, graphic contents and graphic features to conclude its development history and regulation and to understand Europeans and Americans with their evolution process of Canton's geographic recognition. In the early phase, the maps drew by Europeans and Americans were all imagery maps which failed to express the objective geographic information with obvious randomness. The maps in the "realistic mapping phase" were reproduced from traditional Chinese map to improve their accuracy and were incorporated with "modernized" symbols such as scales. The First Opium War and the Second Opium War have an in-depth influence on Canton city maps drew by Europeans and Americans which were pushed into the "realistic mapping" phase, from "mapping of local regions" implemented as an opportunity in the places like thirteen hongs of Canton to "mapping of the whole city". The two sets of series maps, *Military Map of the Second Opium War* and *Map of Canton Prepared by Vrooman*, were the achievements reached in the phase of "mapping of the whole city", laying the foundation of modernrealistic mapping. This essay will analyze the development of different phases to learn that the demands of those Europeans and Americans who use the maps, as an important factor, influence the evolution of maps.

Key words: Modern city maps; maps drew by Europeans and Americans; evolution of maps; Canton

作者简介：孙昌麒麟，上海师范大学人文学院博士生。

古代希腊文明"突破"中的
特殊地理因素①

吾　淳

摘　要：本文是对古代希腊文明"突破"中的特殊地理因素加以考察，或者说是对地理因素在古代希腊"突破"中的特殊作用即意义加以考察。全文包括以下六个部分：一、古代文明普遍必然的自然地理环境；二、与其他早期文明相比，古代希腊地理环境的两个深刻或根本变化；三、迁徙或移民对希腊社会的深刻影响；四、城邦小国、人口寡民，利于制度变革；五、地域狭小、岛屿众多，导致多元格局；六、交汇地理位置的优越性。结论：如果希腊像其他古老文明一样具备大河流域和广幅平原，如果希腊不位于大海边上，如果希腊有足够的生存空间而不导致迁徙或移民，如果希腊不是小国寡民的生存环境，如果希腊不存在分散、分裂即多元的环境特征，特别是如果希腊没有位于文明辐射的交汇点，假设这些条件都不具备，甚至缺失部分，那么我们所看到的就一定不是历史上的希腊文明！不是西方学者所津津乐道的希腊文明！总之，通过考察，我们可以知道，古代希腊文明所发生的"突破"首先并非是因为什么希腊人的优秀种族或特殊禀赋，而是由地理环境所规制或确定的，这是一个前提条件，没有这个特殊的先决条件，希腊文明就不可能产生！

关键词：古代希腊　轴心突破　特殊地理因素

不少西方学者认为希腊文明得益于其优秀的种族和特殊的禀赋。例如依

---

① 本文为上海高校高峰高原学科建设项目成果。

迪丝·汉密尔顿在《希腊精神》中说："希腊人身上没有任何他们所处的那个时代的标志。""在埃及,在克里特,在美索不达米亚,只要我们能读到些史料,我们都会发现同样的情况:每个国家都由一个专制的君主所统治,他的一时兴致和感情好恶决定了国家的命运;一群悲惨的、慑服的民众;教士或僧侣组织控制着国家的知识领域。""这种状况和这种精神却与希腊人格格不入。希腊人既没有去仿效他们之前的文明,也没有去仿效他们同时代的文明。他们给这个世界带来了一些全新的东西。他们是最早的西方人;西方精神,也就是现代精神,是希腊人的创建,希腊人是属于现代社会的。"①这段话对希腊与东方作了比较,看似不错,却实则"空洞",因为它根本没有注意导致所谓"希腊精神"产生的前提条件或物质条件,"希腊精神"纯粹是一种"精神"的选择,如凌波仙子,飘然而至。于是,希腊或西方文明的出现被归诸某种"精神",其实就是人种的优越性。本文试图通过地理环境这样一个视角,来考察特殊地理因素在古代希腊文明"突破"过程中所发挥的重要作用,或所扮演的重要角色。

一、古代文明普遍必然的自然地理环境

在论述古代希腊文明"突破"的特殊地理因素之前,我们有必要先对古代文明普遍必然的地理环境作一番简略的考察,以作为本文论述主题的基础并有助于比较。

关于古代也即早期文明的地理环境,世界历史学界几乎有相当一致的共识。其大致主要包括以下两个方面的基本条件:

第一,适于农耕活动的气候条件。黑格尔在其《历史哲学》一书中谈到历史的地理基础时说过,温带是"历史的真正舞台"。黑格尔说,有些自然环境是必须要排斥在世界历史运动之外的,如寒带和热带,因为在那里"找不到世界历史民族的地盘"。② 后面接着的解释是典型的"黑格尔"式:"因为人类觉醒的意识,是完全在自然界影响的包围中诞生的,而且它的每一度发展都是'精神'回到自身的反省,而同自然界直接的、未反省的性质相反对。"③说实在的,这很好笑,我想大概在一位实证科学学者的眼里,这也很无聊。布鲁斯·G.崔格尔的《理解早期文明比较研究》对埃及、美索不达米亚、中国以及玛雅、阿

---

① 依迪丝·汉密尔顿:《希腊精神》,华夏出版社 2014 年版,第 5、6 页。
② 黑格尔:《历史哲学》,上海书店出版社 1999 年版,第 85、86 页。
③ 同上,第 86 页。

兹特克、印加和约鲁巴等早期文明(遗漏了印度)加以比较研究,指出这些早期文明基本是在北南回归线之间及两侧。① 但在我看来,玛雅等文明的列入在很大程度上或许是基于布鲁斯·G.崔格尔这样一些美洲学者的知识训练(张光直也是如此),但严格地说,这些文明通常不会作为早期文明历史的范例。伊恩·莫里斯在其《文明的度量》一书中也指出,"在最近一次冰期的末期,大约公元前13700年时,'幸运纬度带'(大致为北纬 20°—35° 的旧世界和南纬 15°—20° 的新世界)的地区中的一小部分社会发展开始加速,超越了世界上所有其他地区"。② 这里同样可以将有着滞后性与孤立性的所谓新世界先排除在外。事实上,按照通常的说法,早期文明就是指古代美索不达米亚、埃及、印度和中国,其大致位于北纬 25°—40° 之间,即主要位于亚热带和温带地区,这是农作物生长和原始或早期农业生产最有利的气候区。然而,并非所有北纬 25°—40° 之间的地区都产生了早期文明,因此,这就又涉及下一个基本条件。

第二,大河流域或冲积平原也即有利于农作物灌溉的自然条件。这方面的认识可以说更为普遍。确切地说,它就是指两河流域的美索不达米亚,尼罗河流域的埃及,印度河流域的印度,黄河与长江流域的中国。几乎所有的历史学家或文明史学家都注意到了这一"有趣"的现象。如黑格尔说过:"这些是被长江大河所灌溉的流域;形成这些流域的河流,又造成了它们土地的肥沃。属于这种平原流域的有中国、印度河和恒河所流过的印度、幼发拉底河和底格里斯河所流过的巴比伦、尼罗河所灌溉的埃及。在这些区域里发生了伟大的王国,并且开始筑起了大国的基础。"③ 其他如科学史家丹皮尔说:"在历史的黎明期,文明首先在中国以及幼发拉底河、底格里斯河、印度河和尼罗河几条大河的流域中,从蒙昧中诞生出来。"④ 历史学家布罗代尔说:"在历史的黎明时期,古代世界繁荣着许多大河文明:黄河流域的中国文明,印度河沿岸的前印度文明,幼发拉底河和底格里斯河沿岸的苏美尔、巴比伦和亚述文明,尼罗河沿岸的埃及文明。"⑤ 科学史家贝尔纳在其《历史上的科学》一书的"文明"一节

---

① 布鲁斯·G.崔格尔:《理解早期文明比较研究》,北京大学出版社 2014 年版,第 24 页。

② 伊恩·莫里斯:《文明的度量》,中信出版社 2014 年版,第 31 页。

③ 黑格尔:《历史哲学》,第 95 页。

④ W.C.丹皮尔:《科学史——及其与哲学和宗教的关系》,商务印书馆 1983 年版,第 30 页。

⑤ 费尔南·布罗代尔:《文明史纲》,广西师范大学出版社 2003 年版,第 30 页。

中直接以"河流文化"开头。① 爱德华·麦克诺尔·伯恩斯和菲利普·李·拉尔夫的《世界文明史》在谈及"为什么最早的文明恰在那里出现"时也强调：文明最早之所以出现于尼罗河流域和底格里斯河—幼发拉底河流域，"地理因素恐怕是最重要的因素。两个地区都有一个明显的优势，即有一片面积有限的极其肥沃的土地"。② 可以这样说，大河流域或冲积平原这一自然条件在以农耕文化为基础的早期文明中起着关键的作用。说到底，就是灌溉条件，它其实是由新石器时代延续而来，但早期文明国家对于灌溉提出了更高的要求。绝对地说，有大河则有早期文明，无大河则无早期文明。当然同样，也并非所有大河都会导致早期文明，例如北欧，因此这又必须再回到上述第一个基本条件。

总之可以这样说，适宜的气候与肥沃并利于灌溉的大河冲积平原是古代也即早期文明的两个必备自然地理或环境条件，它具有近乎"苛刻"的普遍必然性，缺一不可。而这样一种自然地理环境便导致了大的王朝，也即早期国家。这些大的王朝的普遍特征是：幅员广阔，普遍依赖农耕经济及相应的贡赋制度，在相当地域范围内保持统一，这包括国家政治与意识形态，权力高度集中也即集权，极端形态体现为专制，官僚机构庞大且冗余，管理井然有序，同时实行政教合一的王权政制与君权神授的信仰传统。总之，这是一种单一中心的国家模式或文明类型。

可以说，如果这样的条件不变，或者说没有新的特殊的甚或偶然的地理条件加入，那么希腊也只不过是再增加一个同质的古老文明而已，就不会有突破即革命。但显然，这样一种对早期文明来说是普遍必然的地理条件并不适用于古代希腊的解释。那么，新的、特殊的，甚或偶然的地理条件究竟是什么呢？这就需要与其他诸早期文明普遍必然的地理环境加以比较，希腊失去了什么？又得到了什么？

二、与其他早期文明相比，古代希腊地理环境的两个深刻或根本变化

斯塔夫里阿诺斯的《全球通史》讲到：希腊地区的地理特点是促成其发展的一个基本因素。"希腊地区没有丰富的自然资源——没有肥沃的大河流域

---

① J.D.贝尔纳：《历史上的科学》，科学出版社1983年版，第55页。

② 爱德华·麦克诺尔·伯恩斯、菲利普·李·拉尔夫：《世界文明史》第1卷，商务印书馆1990年版，第30页。

和广阔的平原,而具备这些天然条件并合理地开发和利用,是供养如中东、印度和中国所建立的那种复杂的帝国组织所必需的。在希腊和小亚细亚沿海地区,只有连绵不绝的山脉,这不仅限制了农业生产率的提高,而且还把农村地区隔成了互不相连的小块。因而,那种可作为地区合并基础的天然地理政治中心,希腊人是没有的。"①而具体研究表明:古代希腊的地理环境首先是在两个方面发生了深刻的或根本性的变化。

第一,与以上所有早期文明也即美索不达米亚、埃及、印度和中国不同,希腊文明不是建立在河流自然条件基础上的,而是建立在海洋自然条件基础上的。希腊面临着浩瀚的地中海。布罗代尔说:"地中海人的命运决定着地中海的命运,扩大或缩小地中海的范围。"②又说,"有海生的文明,即大海的女儿",这包括"腓尼基、希腊、罗马"。③ 其实黑格尔对地中海之于文明的意义早就有过类似的积极评价。按照黑格尔的欧洲中心视野,在旧世界,"地中海是地球上四分之三面积结合的因素,也是世界历史的中心。号称历史上光芒的焦点的希腊便是在这里。在叙利亚则有耶路撒冷——犹太教和基督教的中心点。它的东南部则有麦加和麦地那,乃是回教徒信仰的摇篮地。以西则有特尔斐和雅典,更西则有罗马还有亚历山大里亚和迦太基也在地中海上。所以地中海是旧世界的心脏,因为它是旧世界成立的条件和赋予旧世界以生命的东西。没有地中海,'世界历史'便无从设想了"。④

第二,与其他诸早期文明相比,沿海岸线发展起来的希腊文明根本没有良好的即支撑众多人口的土地与农作条件。莫里斯与鲍威尔的《希腊人:历史、文化和社会》一书说,"不论居于雅典、西西里还是西班牙,几乎所有希腊人都面对着同样的气候、地理状况",今天它们被称作"地中海"环境,"以爱琴海为中心,希腊人的故乡是一个由小型海岸平原组成的世界,这些平原为重山所分割,并常常背靠险峻的山脉。平原得到了深度开发,山岭上却遍布矮树、灌木丛",许多山岭"寸草不生,人畜难存"。在其他古老文明地区,耕作依赖引水灌溉,但在地中海北部地区,农民只得依赖雨水来灌溉庄稼。因此,对于希腊人

---

① 斯塔夫里阿诺斯:《全球通史——从史前史到21世纪》(上),北京大学出版社2006年版,第102页。
② 费尔南·布罗代尔:《菲利普二世时代的地中海和地中海世界》第一卷,商务印书馆1996年版,第246页。
③ 费尔南·布罗代尔:《文明史纲》,第30页。
④ 黑格尔:《历史哲学》,第93页。

来说,"再没有比降雨更重要的事物了"。① 对此,约生活在公元前 700 年前后的诗人赫西俄德就已经在其《工作与时日》中有过充分地描述。莫里斯与鲍威尔继续道,"一般而言,雅典每年的降雨量只有 8 到 24 英寸",阿卡迪亚山区稍好,但总体来说,"平原地区的降雨量不只少,而且还难以预料"。②

由此可见,土壤贫瘠、土地有限、农耕条件不佳,这是希腊地理条件的基本缺陷,即希腊与其余诸文明相比之所失;但希腊又有海,其东抵叙利亚和巴勒斯坦,西达大西洋,北至黑海,南往埃及,正所谓处在地中海的中心位置,这是希腊地理条件得天独厚的优势,即希腊与其余诸文明相比之所得。而由于缺乏农作物即食物资源,却有天然的航海条件,所以希腊便自然而然发展起了海外贸易,发展起了商业,这与传统文明类型相比,不啻发生了翻天覆地的变化。其他古代文明是依赖农业,而古代希腊则是依赖商业,这简直就是天壤之别。学者一般认为,农业社会是静止的,稳定的,缺乏信息相互交流或交换的,因此是相对沉寂的;而商业社会是运动的,变化的,富于信息相互交流或交换的,因此是相对活跃的。而更重要的区别还在于,商贸交流不仅仅是一种经济行为或方式,它还会导致文化交流。关于这一点,将会在后面论述。

三、迁徙或移民对希腊社会的深刻影响

希腊社会大规模的迁移或移民也与特殊地理状况密切相关,就是生存空间的有限,这是深刻影响希腊社会的又一个重要环境因素。

一般认为,希腊社会最早的大规模迁徙或移民是由多立斯人(Doris,亦称多里安人或多利亚人 Dorians)的入侵所造成的,其时间约为公元前十二世纪至十一世纪,这导致了迈锡尼时代希腊的第一次大规模海外殖民,也导致了希腊文明的东移,其包括雅典所在的阿提卡地区及小亚细亚西部沿岸。但阿提卡整个地区才 2,500 平方公里,且土地中只有很小一部分适于耕种,同样无法承受太多的人口压力,于是又导致了公元前八世纪到公元前六世纪的第二次大规模海外殖民。

关于迁徙或移民对希腊社会的深刻影响,汤因比曾有生动的论述。汤因

---

① 伊恩·莫里斯、巴里·鲍威尔:《希腊人:历史、文化和社会》,格致出版社、上海人民出版社 2014 年版,第 15—17 页。
② 同上,第 17、18 页。

比指出："跨海的刺激作用如果发生在民族大迁移期间也许表现得更为突出。这种事是不平常的。"一次大规模的海上民族大迁移，其挑战是严峻的，刺激是剧烈的，因为接受"这个挑战的社会并不是一个已经在社会上进步的社会，而是处于原始人最后一个阶段的静止状态中。在一次民族大迁移里，从这种静止状态里突然出现了一个风暴般的大变动对于任何社会生活都自然会产生一种爆炸性的影响"。① 汤因比说："跨海迁移的一个显著特点是不同种族体系的大混合，因为必须抛弃的第一个社会组织是原始社会里的血族关系。一只船只能装一船人，而为了安全的缘故，如果有许多船同时出发到异乡去建立新的家乡，很可能包括许多不同地方的人——这一点同陆地上的迁移不一样，在陆地上可能是整个的血族男女老幼家居杂物全装在牛车上一块出发。"也因此，"跨海迁移的另一个显著特点是原始社会制度的萎缩"。② 汤因比说："在民族大迁移的过程中，跨海迁移的苦难所产生的另一个成果不是在文学方面而是在政治方面。这种新的政治不是以血族为基础，而是以契约为基础的。""根据法律和地区的组织原则而不根据习惯和血统的组织原则，最早是出现在希腊的这些海外殖民地上。""在这样建立的海外城邦里，新的政治组织'细胞'应该是船队，而不是血族。"③可以这样说，海外迁移是对血族传统的第一波有效冲击，或者说，是导致氏族共同体解体的第一个因素。顾准认为，汤因比所用"萎缩"一词"是恰当的"。因为城邦并非没有"氏族"或"族盟"一类组织，"但是稍稍考究它的内容，就知道相同的不过是名称，内容已经完全变了"。④ 今非昔比，貌合神离，顾准的提炼很正确。

布克哈特也谈到迁徙。"对希腊人来说，被迫离开他们埋葬祖先的地方，这本身就是一种不幸；他们被迫放弃了对死者的崇拜，或者发现很难继续下去；不论在什么情况下，他们都会对他们的家族坟墓的样子充满思念。在整个历史中，几乎再也找不出另外一次像希腊城邦中所发生的这种充满悲伤的人口集中，在那里，人们对原来的居所充满深厚的情感和敬意。"⑤布克哈特没有进一步说明其中的意义，但我以为这其中就包含了母邦与子邦的"亲情"联结。

---

① 汤因比：《历史研究》上，上海人民出版社 1986 年版，第 128、129 页。
② 同上，第 130 页。
③ 同上，第 132 页。
④ 顾准：《希腊城邦制度》，中国社会科学出版社 1982 年版，第 61 页。
⑤ 雅各布·布克哈特：《希腊人和希腊文明》，世纪出版集团、上海人民出版社 2012 年版，第 95 页。

这种联结在平日或许看不出,但遇到战争时就会凸显出来。布克哈特特别谈到移民对于城邦样式的意义。"城邦的建立是出于某种外在的压力是毋庸置疑的",而它"在很多情况下都是由于所谓多利亚人的移民运动"。布克哈特说:"不论是迁移者本身,还是那些成功地抵御了他们的部族,都试图建立起一种制度,能够在防御和进攻上具有更强大的力量,成为其自身存在的理由。"进一步,"每个城邦都要面对其他城邦,相互竞争以获取生存权和政治权力"。再进一步,当"这个过程成为一种常态,而且长期如此;当政治权力集中起来的时候,这种把人口集中在一起组成一个公民团体的做法就出现了"。总之,"这是每个地方都普遍想得到的一种安排,向最终的城邦体制的发展是整个希腊的一种内在的趋向。没有它,整个希腊文化的发展是不可想象的"。[①]

总之,迁徙或移民导致了氏族的解体,导致了城邦的建立,而这些都最终归因于生存空间的有限或不足。

四、城邦小国、人口寡民,利于制度变革

由此说到城邦。如前所见,城邦是因防卫需要而出现的,即因防卫需要"筑城而居",也即卫城(希腊人叫做"Polis"),其最终发展为城邦,也即城市国家。在此过程中,城邦又不断分裂扩张,这包括"自立门户"的需求。不过我们要看到的是,在其发展中同样包含着地理因素。

布克哈特说:"城邦是希腊最终的国家模式;它是一个独立的小国家,掌握着一块土地。"[②]按布克哈特的说法:"在希腊人的想像中充满了这种瞬间建立起的城市,就好像从一开始它自身没有做任何事情,城邦的整个生活都是服从于必然性的安排。"什么是"必然性的安排"? 布克哈特没有解释,但我认为这其中很重要的一点就是因沿海岸线而建,因此普遍是范围逼仄、人口有限,总之,规模偏小,按中国思想家老子的说法,就是典型或标准的"小国寡民"。有意思的是,老子的理想在远隔万里的希腊得到实现。布克哈特认为,"这种小国的模式从未改变。即使在所有的希腊人从他们的家乡被赶出来的时候,在四处漂泊的过程中,他们始终拥有一种基本的观念,那就是他们是分别来自不

---

① 雅各布·布克哈特:《希腊人和希腊文明》,世纪出版集团、上海人民出版社 2012 年版,第 94、95 页。
② 同上,第 93 页。

同的独立小国的居民"。① 布克哈特举例到，爱奥尼亚人曾经过着一种由 12 个地区所组成的乡村生活，当他们在雅典领导下迁徙到小亚细亚西岸后，理所当然地又建立起与从前数量相同的 12 个城邦。布克哈特接着说道："拥有一个设防的城镇的小国充分意识到，它需要在规模上加以限制以易于管理。""通过联合而形成更大的集团的尝试只是在战争时期偶然奏效，但从长期上讲却从未成功。"斯巴达和雅典就是突出的例子。事实上，这样一种控制城邦规模的意识在很大程度上就是源自环境逼仄、资源有限的现实条件，或者说也是现实困境。有限的土地、有限的空间、有限的资源只能供养有限的城邦。布克哈特指出，很容易让希腊人理解"自给自足"这个词语。"一个城邦应该拥有一块能够生产出足够给养的土地，能够适当地满足其他所有的需求的商业和手工业，一支至少与通常充满敌意的邻邦一样强大的重装军队"，这些就是"自足"的基本要素。②

　　进而，有限的城邦又必然导致有限的人口，并且导致有限人口的观念。布克哈特提到亚里士多德的想法就已经十分明确，其在《政治学》中说，一个人口过剩的城邦不能真正依据法律而生存下去。"是那些全权公民的数量使一座城邦变得伟大。""在这里就像其他地方一样，美的事物在于适中与和谐。"举个例子，一条手掌那么大的船不是船，长达两弗隆的船也不是船。"一个人数太少的城邦不能自足；一个有着过多人口的城邦当然能够满足其自身的需求，但是它却成为一群乌合之众，而不再是一个城市，因为它没有真正的政体（Politeia）。"而"一个拥有 1 万成年男性公民的城市似乎可以被看作是接近理想的规模"。如"在阿卡狄亚就拥有一个由 1 万公民组成的公民大会"。布克哈特说，"即使哲学家们的那些乌托邦理想也会折射出希腊国家和希腊习俗的一些现实情况"，可以提到的是，"根据米利都的希波达穆斯（Hippodamus）的说法，理想的国家正是应该拥有这个数量的公民人口"。③ 事实上，有限的城邦和有限的人口，都有利于导致对新的管理形式的摸索，这其中就包括最初的民主制度的实验。在"鸡犬之声相闻"的城邦中，选举毫无疑问相对容易。

　　但我们务必应当清楚，无论是逐渐形成的"小国寡民"的观念，还是后来在

---

① 雅各布·布克哈特：《希腊人和希腊文明》，世纪出版集团、上海人民出版社 2012 年版，第 93 页。

② 同上，第 93、94、105 页。

③ 同上，第 105、106 页。

此基础上所出现的一系列制度性的"突破",究其根源,其实都是客观环境所造成的,即有限的土地与有限的资源所造成的。没有这样一种客观的物质条件的限制,就不会有后续相应的观念和相应的制度。

五、地域狭小、岛屿众多,导致多元格局

古代希腊地理的另一个重要特点是地域狭小、岛屿众多,而这便直接造就或导致了多元即多中心的格局。

黑格尔《历史哲学》第二部"希腊世界"之第一篇以"希腊精神的元素"为题,其将希腊精神与希腊地理联系在一起,确切地说,是将希腊分裂精神与希腊分散的岛屿地理联系在一起。黑格尔说,希腊"是以各种形式展开在海上的一片土地上———一群岛屿和一个显出海岛特征的大陆上"。希腊全境满是千形万态的海湾,"这地方普遍的特质便是划分为许多小的区域,同时各区域间的关系和联系又靠大海来沟通。我们在这个地方碰见的是山岭、狭窄的平原、小小的山谷和河流;这里并没有大江巨川,没有简单的'平原流域';这里山岭纵横,河流交错,结果没有一个伟大的整块"。[①] 接着黑格尔对东方精神与希腊精神加以了比较。"这里看不到东方所表现的物质的权力———没有恒河、印度河等等江流,在这些大江河流上的种族,因为它的天边永远显出一个不变的形态,因此习于单调,激不起什么变化;相反地,希腊到处都是错综分裂的性质,正同希腊各民族多方面的生活和希腊'精神'善变化的特征相吻合。"[②]黑格尔说,"这就是希腊'精神'基本的性格"。"这种性格使文化起源于各独立的个体———在这一种情形之下,各个人都保持他自己的地位,并不从开始就依靠家长制那样……"黑格尔认为,在一切民族中,只有希腊民族获得了这一形式,因此讲希腊民族,首先必须考虑的主要因素,"便是一般分立的性格———本身性格的不同"。[③] 黑格尔还说道,只有克服这种分立的第一阶段才会形成希腊文化的第一个时期,即只有通过这种不同和对这种不同的克服,才会产生美

---

① 黑格尔:《历史哲学》,第233页。

② 同上。

③ 同上。黑格尔在后面还说道,追溯希腊文化的开始,"我们首先注意到的就是,希腊地理的物质状态并不表现为一种特殊性的统一,或者什么整齐划一的形体,对于居民发生一种强有力的影响。相反地,它的地形是驳杂的""这里也没有一种家庭,或者民族组织的庞大的统一性"。同上,第241页。

丽、自由的希腊精神。应当说，除却一些黑格尔特有的思维及"独立的个体"这样一类抽象的表述，黑格尔将希腊文明特征与其地理条件相结合的考虑总体是正确的。

黑格尔的这一思想也影响了其他历史学家和思想史家。如布克哈特说："各古老民族曾在亚洲建立更庞大和强力的帝国，诸如伊朗和亚述，一个接一个"，但这些东方帝国都一样，"只拥有一种力量、精神和风格。它们也不得不作为特定文明的土壤而存在"。然而"或许是一种懵懂的冲动驱使印欧语系种族的一些分支走向落日、来到西方，因为此处等待他们的是一片不同的土地和一种不同的气候（自由的和多样的），一个满是岬角岛屿的崎岖世界"。① 雅斯贝斯说："同中国和印度封闭的大陆疆土相比，西方因其地理环境的极其多样化而形成特点。"这包括半岛、岛屿、地中海气候地区、北部高山区和漫长的海岸线。而与此相关的是"民族和语言的多样性"。于是，"每个民族和每种语言轮流地接替充当行动和创造的主要角色。通过这些，它们创造了历史。西方的各个国家和各个民族描绘了独一无二的画面"。②

应当说，在这方面，顾准的概括尤为出色。顾准的《希腊城邦制度》以"多中心的希腊史"作为代序。在序中，顾准引用了梅根的观点："从亚该亚人的来到直到薛西斯的进犯（希波战争）为止，在希腊历史和希腊文明领域内，并不存在什么能够有权要求管辖全希腊的，或甚至某个地区的最高政治权力。"然后顾准以雅典和斯巴达作为线索分析指出：虽然"古典时代的希腊史基本上是以希腊本土的这两个强大国家为中心的历史。然而，一方面，这两个国家甚至谁也没有完全掌握过希腊本土及其密迩诸岛屿诸城邦的最高政治主权；另一方面，还有许多'边远'的即黑海、意大利南部和西西里、利比亚、远西希腊诸城邦，根本从未处于这两个中心国家的支配之下，它们各自独立发展，虽然它们本身也不同程度地集团化了。甚至亚历山大征服以后，希腊化王国也还有好几个。希腊史，从头到尾是多中心的"。③ 顾准可谓精准地概括了希腊文明的基本特征，这就是其政治格局"天生"就不是单一中心的，而是多中心的，并且只能是多中心的。而结合黑格尔，这一格局最初的根源就在于地理环境中的地域狭小、岛屿众多、城邦林立，即它是地缘分散及广布所致。学者普遍指出，

---

① 雅各布·布克哈特：《历史讲稿》，生活·读书·新知三联书店 2014 年版，第 179、180 页。
② 卡尔·雅斯贝斯：《历史的起源与目标》，华夏出版社 1989 年版，第 74 页。
③ 顾准：《希腊城邦制度》，第 3、4 页。

至公元前 6 世纪初，希腊世界幅员辽阔，其以第一代殖民城市作为母邦，而后分裂出无数子邦，势力范围所及：东至小亚细亚南岸和叙利亚滨海；北至黑海沿岸；西部包括亚得里亚海沿岸、意大利南部与西西里岛东部，甚至一直延伸到远西地区的巴塞罗那，并与地中海西南部强国迦太基相对峙。也就是说，地中海的大部分都处于希腊人的控制之下，到处可见希腊人的城邦。而城邦的建立正是古代文明世界社会组织与政治管理中所出现的一个全新的因素，它已经根本改变了各大古老文明那种统一的集权国家或王朝模式。

六、交汇地理位置的优越性

由商贸交流，必然会进一步导致或促进包括技术、知识、信仰、思想在内的文化交流。这又涉及古代希腊的另一个特殊地理因素，即其与各大文明的位置关系。通过地图，我们可以看到，希腊的门户是朝东方诸文明包括巴比伦、亚述、赫梯、波斯、埃及呈扇状打开的，它与东方各大文明之间存在着一种辐辏关系，它处于交汇点上。这样一个位置无疑十分有利于希腊吸收接纳各古老文明的成果或先进文化。

希腊接受东方的恩惠其实很早就开始了，并且是持续不断的。例如青铜，其可能首先在叙利亚或小亚细亚得到普遍的使用和发展。希腊大约从基克拉泽斯文明即公元前 3000 年之后就开始缓慢地进入青铜时代，克里特岛生产铸剑可以追溯到公元前 2000 年。冶铁技术也是如此，其最早出现于公元前 1400 年左右，一般认为由小亚细亚东部的赫梯人所发明。公元前 13 世纪，伴随着赫梯的灭亡，铁器制作遂向周边文明传播，与赫梯临近的叙利亚和希腊成为第一批受惠者，至公元前 10 世纪，这两个地区的铁器使用已十分普遍。而按照柴尔德的说法，"冶炼和制造业可能是由埃及或近东移民来的专业人士开创的，不过他们很可能培训当地的学徒。在铜匠的产品中，有些按埃及的式样复制，比如钳子，它们与苏美尔式样迥异，这点很有趣；而另外一些如斧子，则与西亚而非埃及的式样相似。因此，爱琴海的冶金业从诞生伊始就由于这两种不同传统的混合而丰富多彩"。[①] 柴尔德还说："正是因为爱琴海地区的社会能获取东方积累的剩余财产并从冶金业中获利，这样他们便无须自己积累大量的剩余财产来催生冶金产业，所以他们不必历经阶级分化就得以迈入青铜

---

① 戈登·柴尔德：《青铜时代》，见《考古学导论》，上海三联书店 2008 年版，第 111 页。

时代。""希腊古典时代的技术和艺术创造，绝不是天生'希腊天才'的结果，而是由早期青铜时代的蒙昧社会到铁器时代的阶级社会继承下来的一种传统。"①公元前 9 世纪，腓尼基字母传入希腊，根据哈蒙德的论述，"可能是在公元前 825 年左右"。② 公元前 8 世纪，希腊人又"从近东学会了用'失蜡法'制作青铜像"。③ 研究还表明，公元前 8 世纪以后，随着希腊人向东方的迁徙和殖民，其也开启了一个"东方化"的时代，艺术、技术以及更广泛的文化都无不受到东方的影响。按照奥斯温·默里的说法，在此期间，希腊人从东方文明那里汲取了难以计数的养分，事实上，连"希腊人自己几乎都没有意识到，他们到底从东方借鉴了多少"。④ 为数众多的一般史家和科学史家都对此类借鉴有过叙述，如伯恩斯与拉尔夫就说过："希腊人不是无基而始的。应该谨记，他们成就的许多基本工作早已有某些东方民族着手进行过了。"⑤又如丹皮尔也说过："古代世界的各条知识之流都在希腊汇合起来。""他们的天文学是从巴比伦尼亚得来的，他们的医学和几何学是从埃及得来的。"⑥此外，如果了解西方早期雕塑史和建筑史，我们也知道古代希腊的雕塑以及神庙的柱式同样深受埃及的影响，柏拉图也曾论述过古代埃及建筑中的恒久风格。

威尔·杜兰也对"希腊地理位置的情势和汲取东方文明成果"做过专门叙述，其中提到了埃及、腓尼基、美索不达米亚以及波斯等对于希腊的深刻影响。例如其提到泰勒斯、毕达哥拉斯、梭伦、柏拉图及德谟克利特等都访问过埃及，泰勒斯的数学知识就是得自于埃及，埃及人还教会了希腊人陶瓷、纺织、金属铸造等技术。⑦ 又提到腓尼基，其教会了希腊人造船及字母文化。再向东方，巴比伦将其度量衡制、水钟、日规、天文学原理、仪器、记录、计算、六十分年制、圆周四象限等传授给希腊。⑧ 其他还包括希腊人从亚述那里习得动物塑像及浮雕技术，从吕底亚那里习得币制和贸易方式，还有色雷斯也曾在知识与音乐

---

① 戈登·柴尔德：《青铜时代》，见《考古学导论》，上海三联书店 2008 年版，第 113 页。
② N. G. L. 哈蒙德：《希腊史》，商务印书馆 2016 年版，第 139 页。
③ 罗宾·奥斯本：《古风与古典时期的希腊艺术》，上海人民出版社 2015 年版，第 193 页。
④ 奥斯温·默里：《早期希腊》，上海人民出版社 2008 年版，第 74—93 页。
⑤ 爱德华·麦克诺尔·伯恩斯、菲利普·李·拉尔夫：《世界文明史》第 1 卷，第 208 页。
⑥ W·C·丹皮尔：《科学史——及其与哲学和宗教的关系》，第 40、47 页。
⑦ 威尔·杜兰：《世界文明史：希腊的生活》(上)，东方出版社 1999 年版，第 89 页。
⑧ 同上，第 90 页。

方面对希腊产生过重要影响,等等等等。①

可以这样说,希腊的迅速发展在很大程度上是有效利用了文明辐辏或地理交汇点的便利,从而充分吮吸了亚洲或东方诸多文明所提供的"母乳"。对此,黑格尔倒也说过一句公道话:"前亚细亚最为特异的,便是它没有闭关自守过,将一切都送到了欧罗巴。"②不过,黑格尔这里的"没有闭关自守过"似改成"没有自私自利过"更妥。

除此之外,汤因比还提出希腊人的另外两个地理优势。第一,在争夺西地中海与黑海的过程中,"同伊特拉斯坎人和腓尼基人在地中海极东边的根据地比较起来,希腊人在爱琴海的活动基地离西地中海就要近些,离黑海更要近些"。第二,"当地中海争夺战在这三个对手之间展开的时候,也正是黩武的亚述人开始他们的最后的也是最猛烈的一次攻势的时候,在亚洲大陆上的腓尼基人和伊特拉斯坎人都遭到了灾害,但是希腊人很幸运地远处西方而免于遭难"。③ 以上这两个地理优势中,第一个与希腊"突破"并无明显关系,但第二个则有关系,其实后来希波战争薛西斯未能征服希腊在一定程度上说也与距离相关。另一个可资对照的例子,就是犹太民族由于距离各大国都太近,因此便会被反复征服。柴尔德也曾经指出,"他们(指希腊)的受惠还不止如此:爱琴海太遥远而不会成为东方帝国主义的牺牲品。"柴尔德对比道:到公元前2000年,那些近东小国都是极权的君主政体,"统治者要么是埃及或巴比伦君主的附庸,要么是他们的对手,两者都凌驾于整个社会之上"。而"这正是欧洲人得以幸免的情况"。④

就此而言,希腊与诸大文明的距离可以说既不远也不近,它显得如此"中庸",刚刚好。

最后我们来做一点总结。

莫里斯和鲍威尔在《希腊人:历史、文化和社会》中说道:"地中海的环境

---

① 威尔·杜兰:《世界文明史:希腊的生活》(上),东方出版社1999年版,第91页。
② 黑格尔:《历史哲学》,第108页。
③ 汤因比:《历史研究》(下),第248、249页。说明一点,伊特拉斯坎人(Etruscan)亦作埃特鲁斯坎人,一般认为生存于意大利半岛的西北部,因此不知汤因比是否有误。
④ 戈登·柴尔德:《青铜时代》,见《考古学导论》,第112、113页。

让希腊文明成为可能。"①其实这也是历史学家的普遍共识。我们就以此作为基础,再来对古代希腊文明"突破"的特殊地理环境因素作一番归纳。如果希腊像其他古老文明一样具备大河流域和广幅平原,如果希腊不位于或不处在大海边上,如果希腊有足够的生存空间而不导致迁徙或移民,如果希腊不是小国寡民的生存环境,如果希腊不存在分散、分裂即多元的地理特征,特别是如果希腊没有位于文明辐射的交汇点,假设这些条件都不具备,甚至缺失部分,那么我们所看到的就一定不是历史上的希腊文明! 不是西方学者所津津乐道的希腊文明! 总之,通过考察,我们可以给出结论,古代希腊文明所发生的"突破"首先并非是因为希腊人的优秀种族或特殊禀赋,而是由地理环境所制约或决定的,这是一个前提条件,没有这个特殊的先决条件,希腊文明就不可能产生! 当然,按布罗代尔的说法,海的女儿不仅有希腊,也有腓尼基,然而并非所有海的女儿都发生了文明形态或类型的"突破"。而这就是人的因素,主体的因素,或按照黑格尔的说法,就是"精神"的因素,但这并不是什么"客观精神",而是人的"主观精神"。对此,地理环境无能为力,这也正是希腊文明"突破"的另一个重要原因。

The Special Geographical Factors in the "Breakthrough" of Ancient Greek Civilization

Abstract：This paper is aimed at examining the special geographical factors in the "breakthrough" of ancient Greek civilization, or in another word, the special role or significance of geographical factors in the ancient Greek "breakthrough". This paper is divided into six parts：（1）the general and necessary natural and geographical environment for ancient civilizations；（2）two profound or fundamental changes in the ancient Greek geography compared to other early civilizations；（3）the profound impact of migration or immigration on Greek society；（4）the city-states and small populations that is conducive to institutional change；（5）the narrow area and archipelagic condition that leads to a diversified pattern；（6）the advantages of interchange geography. My conclusion is that if Greece has large river basins and wide plains like other ancient civilizations, if Greece is

---

① 伊恩·莫里斯、巴里·鲍威尔:《希腊人:历史、文化和社会》,第19页。

not on the seashore, if Greece has sufficient living space without causing migration or immigration, if Greece is not a living environment for small city-states, if there are no scattered, divided, or diversified environmental features in Greece, and especially, if Greece is not located at the intersection of civilization radiation, assuming all these conditions are not met, or even missing some parts, then what we see must not be historical Greek civilization! And it's definitively not the Greek civilization that western scholars like to talk about! In short, through inspection, we can know that the "breakthrough" that occurred in ancient Greek civilization is not at the first place due to the excellent race or special endowment of the Greeks, but is governed or determined by the geographical environment. This is a prerequisite, without which Greek civilization would not have been possible!

Keywords: ancient Greece; breakthrough of Axis; special geographical factors

作者简介: 吾淳, 又名吾敬东, 上海师范大学法学院哲学系教授。

莫斯科市市徽的文化内涵、历史变化及影响初探①

那传林

摘　要: 城市市徽起源于图腾崇拜。莫斯科市市徽最早出现在彼得一世时期,由意大利设计师桑蒂伯爵设计,有特定文化内涵,内容是莫斯科城市的保护者、胜利者圣乔治穿着银色盔甲、身穿蓝色披风、骑着银色马匹、用金色长矛刺杀黑色巨蛇。莫斯科市市徽的相关颜色也有特定文化内涵。莫斯科市市徽内容在 1730 年正式立法通过。伴随着历史进程,莫斯科市市徽的内容在 1781 年、1883 年、1924 年以及苏联解体后的 1993 年先后几次发生了重大变化。

莫斯科市市徽的内容也影响了包括俄罗斯国徽、莫斯科州的州徽和格鲁吉亚国徽的内容。不同的城市市徽仍在今天继续存在和使用,城市市徽研究需要进一步深化。

关键词: 莫斯科市市徽　圣乔治刺蛇　桑蒂伯爵　市徽文化

莫斯科市市徽是俄罗斯首都莫斯科市的名片和正式标志。几个世纪以来,这个市徽经历了许多变化,最终有了今天的内容甚至自己的节日。2005 年以来,莫斯科人都会在每年的 5 月 6 日庆祝"国旗日和莫斯科市市徽日",也在这一天纪念莫斯科的城市守护神圣乔治获得胜利。

---

① 本文为江苏师范大学引进人才 A 类博士科研启动基金项目"南亚政党制度研究"(18XWRX015)的阶段性成果。

一、莫斯科市市徽的内容和文化内涵

莫斯科是一座历史悠久的城市,作为居民点最早见诸史册是在公元 1147 年。[①] 1156 年,尤里·多尔戈鲁基大公在莫斯科修筑了泥木结构的克里姆林城堡。[②] 后来在克里姆林城堡及其周围逐渐形成若干商业、手工业和农业村落。13 世纪初莫斯科成为莫斯科大公国的都城。14 世纪俄国人以莫斯科为中心,集合周围力量进行反抗蒙古金帐汗国统治的斗争,最终统一了俄国,建立了一个中央集权的国家。

莫斯科市的市徽是这座城市的名片和主要标志。1993 年 11 月 23 日,莫斯科市政府宣布重新以沙皇时期的莫斯科市市徽为今日的莫斯科市市徽。今日的莫斯科市市徽的绘图者是艺术家康斯坦丁·康斯坦丁诺维奇·伊万诺夫(K. K. Иванов)。在 1993 年,莫斯科市杜马通过法律规定了市徽的内容。1995 年 2 月 1 日实施的《莫斯科市市徽和市旗法》第三条确定:莫斯科市市徽的宽高之比为 8∶9。[③]

当今俄罗斯的首都莫斯科市市徽上刻画的是一位白马骑士手持长矛刺蛇的形象。白马骑士名为乔治,出生在公元 260 年,后来成为一名罗马骑兵军官,他骁勇善战,屡战屡胜,公元 303 年在一次阻止基督徒受迫害时被杀。后来乔治被罗马教会封圣,成为胜利者的象征。公元 988 年,发生了基辅罗斯弗拉基米尔大公受洗,其后俄罗斯也沿袭了拜占庭帝国对圣乔治(胜利者)的崇拜。在 11 世纪智者雅罗斯拉夫执政时,圣乔治的形象开始在俄出现。

莫斯科市市徽的相关颜色也有特定的斯拉夫三原色文化(红、蓝、白)内涵。斯拉夫三原色中的红色意味着勇气以及爱。在俄罗斯,红色还意味着祖国的保卫者流血牺牲,以及战胜敌人。斯拉夫三原色中的白色是纯净、纯真和高贵的颜色。在基督教的颜色符号系统中,白色也表示圣洁、灵性,并且还与永恒联系在一起。基督教中的黑色与邪恶、罪恶相关联,因此莫斯科市市徽上的蛇(有人说这个动物是龙是不对的,《莫斯科市徽法》中对图像描述用俄语写的就是 Змея,汉语中蛇的意思。)被涂上了黑色,圣乔治(作为善的人格化)穿

① [美]尼古拉·梁赞诺夫斯基、马克·斯坦伯格:《俄罗斯史》(第七版),杨烨等译,上海人民出版社 2007 年版,第 86 页。

② 同上,第 87 页。

③ Закон города Москвы《О гербе и флаге города Москвы》(от 01. 02. 1995)https://base. garant. ru/ 309629/.

着白色战衣。圣乔治的披风是蓝色的。斯拉夫三原色中的蓝色不仅是天空的色彩,而且还是美丽、宏伟、温柔的象征,在基督教中,它代表着信仰、虔诚、永生与和谐。莫斯科市市徽上的金色是长矛的颜色,金色与正义、信仰等概念相关联,在这里是战胜邪恶的标志。

图 1　现在的莫斯科市市徽(来源于互联网)

留里克时期的莫斯科市市徽的形象,也就是圣乔治刺蛇的图案在 1464 年 7 月 15 日第一次出现在莫斯科。当时在克里姆林宫的救主塔的大门上方,安放了胜利者圣乔治刺杀了一条蛇的形象,由艺术家瓦西里·埃尔莫林(Ермолин Василий)用白色石头雕刻而成。[①] 其后的 1491 年与克里姆林宫的改建相关,一位用白石雕刻的骑手被安置在当时以圣乔治命名的教堂中,该教堂专门建在克里姆林宫的救主塔对面。这位骑手用长矛刺中了蛇,这使他更接近胜利者圣乔治的形象。然而,这个雕像缺乏圣人的光环,这表示此雕像是世俗的骑士而不是圣乔治。

二、莫斯科市市徽的历史变化

伴随着历史进程,莫斯科市市徽的内容在 1730 年第一次详细出现后又在 1781 年、1883 年、1924 年先后几次发生了变化。

(一) 1730 年的莫斯科市市徽

徽章最早起源于图腾崇拜,并在西欧发展为徽章学。各种符号的发明和

---

① Яхонт О. В. О мастерах древней скульптуры《Святой Георгий змееборец》(1464) с главной башни Московского Кремля. http://ru. wikipedia. org/wiki/Ермолин,_Василий_Дмитриевич.

使用是人类进入文明社会的特征之一。特定的标志和符号称为图腾，他们是徽章最近的文化亲属。图腾的习俗是选择特定动物或植物作为部落祖先和保护者，部落的所有成员都可以获得部落图腾的保护。古代的斯拉夫人也有图腾——神圣的动物、树木、植物等，这从一些现代俄罗斯姓氏的名字起源可以看出。例如，俄罗斯前总统梅德韦杰夫的姓的俄语本意就是"熊"。

俄罗斯彼得一世改革时向西欧学习，也包括普及使用按照欧洲徽章学规则设计的徽章。1722 年根据彼得大帝的法令设立了宣令局，负责设计徽章，包括各城市市徽。来自意大利但却在法国受设计教育的弗朗西斯科·桑蒂（Франциско Санти）伯爵受邀担任宣令局创意总监。宣令局的官员用十年时间设计出了很多个俄罗斯城市徽章，其中大部分出自凭空想象，因为宣令局的官员缺乏对各个城市历史的了解。

但是桑蒂伯爵设计的莫斯科城市市徽却非常成功，他准确把握了莫斯科的历史，按照欧洲徽章学"人物形象和肖像"的规则设计。他把莫斯科和圣乔治联系在一起，因为圣乔治是创建莫斯科的俄罗斯大公的保护神。俄罗斯智者雅罗斯拉夫（死于 1054 年）是第一个把圣乔治作为个人保护神的俄罗斯统治者。圣乔治也是雅罗斯拉夫的曾孙尤里·多尔戈鲁基（莫斯科创建者）个人的保护神。桑蒂借鉴了西方徽章学的传统，设计了历史上第一个莫斯科的徽章标志，把骑手命名为圣乔治。在桑蒂版的徽章中，在红色的田野上，一个骑着银马的白衣骑士拿着长矛向右下方刺向一条黑蛇。但是圣乔治没有光环，是一个战士，而不是圣人。

图 2　1730 年的莫斯科市市徽（来源于互联网）

　　随着俄罗斯徽章的发展,城市市徽的设计和发展,彼得大帝时代出现了以省城的城市名称来命名军团并把城市徽章描绘在军团旗帜上的现象。从1712年起,莫斯科军团开始在军团旗帜上描绘着一只戴着三个王冠的双头鹰,鹰胸上的盾牌上面则是一名骑兵用长矛刺中了一条蛇的形象。而在1729年至1730年间,只有身着冠冕的骑兵和一条蛇的形象留在莫斯科军团的旗帜上。

　　也就是说,直到彼得大帝时期,在莫斯科城市的市徽上描绘的战士才最终被确定为圣乔治。该徽章与其他城市的徽章一起,在彼得一世逝世后的1730年得到俄罗斯参议院的批准。桑蒂伯爵设计的莫斯科城市市徽的原件(彩色和黑白图纸)及其说明至今被保存在莫斯科市历史博物馆中,供所有感兴趣的人士参观。

（二）1781 年的莫斯科市市徽

　　俄罗斯再一次出现城市市徽热潮是在叶卡捷琳娜二世女皇统治时期。这与当时的俄罗斯政府的市政改革有关。1780 年,在莫斯科军团横幅上,圣乔治被描绘成现代版的市徽形象:他的头上是金色的王冠(皇冠),背后的斗篷是蓝色的,手里拿的长矛有一个十字架,蛇脚下的田野是红色,其余的背景是鲜红色的。

　　在叶卡捷琳娜二世的市政改革过程中,经过几次小的修改,圣乔治刺蛇的内容在1781 年 12 月 20 日正式被法律确认,最终成为莫斯科市的市徽图案的核心:"马背上的圣乔治在红色的田野中,用长矛刺杀黑蛇。"[①]

　　胜利者乔治的形象也再次被绘入军团的旗帜,只有田野的背景完全是红色。骑士的王冠被去掉了,穿着骑士装甲,手持的长矛没有了十字架,但是配色方案以及马匹向徽章右侧运动的方式均保持不变。在彼得一世改革近五十年后,莫斯科城市市徽的勇士圣乔治刺蛇的形象最终通过立法的形式正式公开出现了。

（三）1883 年的莫斯科市市徽

　　1883 年沙皇亚历山大三世在位期间,根据徽章学对莫斯科市市徽进行了内容更改,圣乔治开始看起来与众不同:骑士的方向向左(不是右边,如果您

---

① Анна Маркова《 Святой великомученик Георгий Победоносец 》https://iknigi. net/avtor-anna-markova/92088-svyatoy-velikomuchenik-georgiy-pobedonosec-anna-markova/read/page-12. html.

图 3　1781 年的莫斯科市市徽（来源于互联网）

看盾牌上的图像），他双手握住长矛刺杀黑蛇。长矛上出现了一个十字架；骑士的盔甲被半盔甲代替，半盔甲和头盔一起变成黄色，斗篷变成蓝色；这匹马失去了白色，变成了银色。修改的莫斯科市市徽内容于 1883 年 3 月 16 日获得法律批准："在深红色的盾牌中，神圣的伟大战士和胜利者乔治身着天蓝色的披风，骑在银色的马匹上，上面覆盖着深红色的马鞍，有金色的边。金色长矛顶部有一个十字架。盾牌上镶有帝国皇冠，上面有十字架。两个交叉放置的金色权杖装饰着圣安德烈绶带。"①

图 4　1883 年的莫斯科市市徽（来源于互联网）

---

① Анна Маркова《Святой великомученик Георгий Победоносец》https://iknigi. net/avtor-anna-markova/92088-svyatoy-velikomuchenik-georgiy-pobedonosec-anna-markova/read/page-12. html.

俄罗斯政府于 1883 年决定将莫斯科市市徽的颜色与俄罗斯国旗的三种斯拉夫颜色红、蓝、白相统一。蛇的颜色由黑色变为白色,骑兵的斗篷颜色由金改为蔚蓝。这些颜色似乎与俄罗斯传统上用来描绘圣乔治和蛇的徽章中的配色方案不符。

1903 年画家维克多·瓦斯涅佐夫(Виктор Васнецов)重新设计了特里季亚科夫画廊的正面,这个画廊的入口处至今还陈列着圣乔治刺蛇的大型肖像。由于俄罗斯东正教不允许雕刻圣人,所以在十月革命之前,莫斯科市街道上没有竖立过圣乔治刺蛇的雕像。1993 年 11 月 23 日,在莫斯科的波克伦纳亚戈拉、茨维诺伊大道、马涅什广场等一些地方修复了市徽之后,莫斯科市市徽的雕像开始在街头竖立。这些雕塑大多由艺术家祖拉博·切列杰里(Зураб Церетели)雕塑,他还有其他版本的主题雕塑竖立在像纽约这样的城市。

(四)苏联时期的莫斯科市市徽

俄国 1917 年十月革命后,俄罗斯帝国的徽章图饰包括莫斯科市市徽被禁止使用。新成立的莫斯科市苏维埃采用了以五角星、镰刀、锤子符号和莫斯科革命纪念碑为特色的莫斯科市新市徽。带有苏联符号的莫斯科市新市徽由建筑师阿西波夫·季米特里(Осипов Дмитрий)设计,并于 1924 年 9 月 22 日获得莫斯科市苏维埃主席团的批准。然而,在莫斯科人的心目中,这个标志根本没有历史文化内涵。由于缺少历史文化内涵,苏联时的莫斯科市新市徽没有受到广大市民欢迎,很少被使用。

图 5　1924 年开始使用的苏联时期的莫斯科市市徽(来源于互联网)

它的颜色没有任何特别的地方,但是由于莫斯科是首都,新的莫斯科市市徽包含了许多象征符号：

在中心部分，椭圆形中刻有五角星。这是红军的胜利象征。

在星空下描绘了方尖碑，并且部分以星空为背景，这是纪念十月革命的俄罗斯苏维埃联邦社会主义共和国的第一个革命纪念碑（位于莫斯科市市议会大楼前）。这是苏维埃政权坚定的象征。

在方尖碑的底部，也是在星星的背景下，是镰刀和锤子。这是工人和农民政府的象征。

五角星外面上方的齿轮上刻有"РСФСР"字样（Российская Советская Федеративная Социалистическая Республика，俄罗斯苏维埃联邦社会主义共和国的俄文缩写），这是因为莫斯科即是苏联的首都，也是苏联十五个加盟共和国中的俄罗斯苏维埃联邦社会主义共和国的首都。相关的麦穗刻在椭圆形的盾牌上。这被认为是城市和乡村之间互相联系的象征，齿轮代表了工业，而麦穗则代表了农业。

徽章两侧的底部都有标志，代表莫斯科最发达的工业：左侧的砧座是金属加工生产的象征，右侧的梭子是纺织品生产的象征。

在绶带上描绘的题为"莫斯科工人、农民和红军代表苏维埃"的铭文下有一个发电机，这是电气化的标志。

该标志一直使用到 1993 年。今天苏联时期的莫斯科徽章仍然保留在莫斯科大剧院附近莫斯科河上的大桥和今天俄罗斯最高法院大楼的栏杆上。

苏联解体后的 1993 年 11 月 23 日，根据时任莫斯科市市长卢日科夫的一项法令——《关于恢复莫斯科的历史徽章》，将古老的莫斯科市市徽重新归还给俄罗斯的首都。[①] 恢复了 1883 年时的莫斯科市市徽的内容，并对局部进行了调整，去掉了周围的装饰物，特别是圣乔治刺蛇的方向发生了变化，原来的方向向左，现在朝右；颜色也有一些变化。

三、莫斯科市市徽对其他徽章的文化影响

1510 年普斯科夫修道院的神父费洛菲（Старец Филофей）的"第三罗马—莫斯科"理论使莫斯科在一定程度上成了俄罗斯的另一个代名词，莫斯科市

---

① 《О восстановлении историческогогерба города Москвы》от 23 ноября 1993 года N 674-PM http://docs.cntd.ru/document/3603573.

市徽的内容也一定程度上影响了俄罗斯的其他徽章，包括俄罗斯国徽的内容。

自 16 世纪以来，莫斯科市市徽的内容一直是俄罗斯国徽的组成部分。俄罗斯民众难以区分莫斯科市市徽和俄罗斯国徽中央的盾牌的图案这一事实不足为奇：因为这些徽章标志的情节和配色方案非常相似。当前的莫斯科市市徽与另一个俄罗斯联邦主体——莫斯科州的州徽以及俄罗斯国徽中央的盾牌上的圣乔治形象大同小异，具体的内容稍有不同，具体如下：

（一）莫斯科州的州徽和莫斯科市市徽的不同

图 6　现在的俄罗斯联邦主体之一莫斯科州的州徽（来源于互联网）

1. 莫斯科州的州徽上圣乔治的画像是一位骑手朝左刺蛇；莫斯科市市徽是一位骑手朝右刺蛇。也就是说，在两个莫斯科的徽章标志上，骑手刺蛇但却有着相反的方向。

2. 莫斯科市市徽的圣乔治的长矛没有十字架；莫斯科州州徽的圣乔治的长矛有十字架。

3. 莫斯科市市徽的蛇是四脚朝下；莫斯科州的州徽的蛇是三脚朝下，一脚抬起。

（二）莫斯科市市徽与俄罗斯国徽的不同

在今日俄罗斯国徽的中央有一个类似于莫斯科市市徽内容的盾牌，虽然在官方文件中都没有具体的规定，但有许多细节使其与莫斯科市市徽区分开来。差异仅在图像的某些细节上，只有细心的人才能注意到，具体如下：

1. 在莫斯科市市徽上，马靠两条后腿受力，马的两条前腿跃起；在俄罗斯

图7　今日俄罗斯国徽（来源于互联网）

的国徽上，马匹停留在三条腿上，只有左前腿抬起。

2. 在莫斯科市市徽上，骑士戴着头盔；在俄罗斯的国徽上，骑士戴着帽子。

3. 在莫斯科市市徽上，蛇的四个爪子着地，将头朝着骑手；在俄罗斯国徽上蛇转过头来同时蛇背着地，并被长矛刺穿。

以上谈到的这些徽章图像的细微差别不会影响任何人，并且几乎不会被任何人注意到。过去几年中，莫斯科市市徽已成为俄罗斯首都生活的熟悉标志，因为其形象可在莫斯科随处可见：在莫斯科政府的建筑物上，俄罗斯联邦国家杜马，莫斯科市政厅上，在莫斯科公务部门的印章上，甚至在首都入口处的标志上。凡是了解胜利者乔治是基督教圣人的外国游客都会在莫斯科市市徽上认出他，这也表明了外国游客的宗教文化背景。

图8　今日格鲁吉亚的国徽（来源于互联网）

（三）莫斯科市市徽的其他影响

莫斯科市市徽的内容也影响了今日格鲁吉亚的国徽。格鲁吉亚的国徽也描绘了伟大的骑士圣乔治刺蛇的内容，只不过图像的方向刚好相反而已。格鲁吉亚国徽从 2004 年 10 月 1 日开始使用，为盾形、红地，中间的核心部分绘有圣乔治刺蛇的内容，上饰有十字架的王冠，下饰以耶路撒冷十字的绶带并以格鲁吉亚文写道，"团结就是力量"，外由两只狮子扶持。①

结论

对城市市徽的文化内涵、历史演变及影响进行研究是都市文化研究的重要组成部分。本文以莫斯科市市徽为例，对莫斯科市市徽的文化内涵和历史演变及影响进行了初步探讨，希望能够抛砖引玉，能够有更多的道友来进行更多的不同的城市市徽、都市文化的探讨和研究。这个领域的研究包括历史在内的多个学科。

徽章本身作为一种特殊的艺术和象征形式出现在西欧封建制度的发展过程中。明亮多彩的徽章是在文化和经济衰退的中世纪黑暗时期发展起来的，随着封建主义的形成和世袭贵族制度的形成，流行到欧洲和俄罗斯。尽管欧洲的封建社会早已成为过去，但是徽章特别是城市市徽至今仍继续存在并被使用，而且城市市徽本身的文化内涵需要继续深入研究。

今天，包括城市市徽研究在内的都市文化研究，不再仅是历史的片段，更是传统文化的现代性改造和传承的过程，并将成为都市文化研究重要的组成部分。

A Preliminary Study of the Cultural Connotation, Historical Change and Influence of the Moscow City Emblem

Abstract: The city emblem originated from totem worship. The Moscow city emblem first appeared in the period of Peter I. It was designed by the Italian designer Earl Santi and has a specific cultural connotation. The content is the protector of the Moscow

---

① Герб Грузии: история и современность https://fb. ru/article/195683/gerb-gruzii-istoriya-i-sovremennosth.

city, the winner St. George wearing silver armor and blue cape, riding a silver horse and assassinating a black giant snake with a golden spear. The relevant colors of the Moscow city emblem also have specific cultural connotations. This content was formally passed in 1730. With the historical development, the content of the Moscow city emblem had undergone changes in 1781, 1883, 1924, and in 1993 after the collapse of the Soviet Union.

The content of the Moscow City Emblem also influenced the content of other emblems including the Russian National Emblem, the Oblasti Emblem of Moscow and the Georgia National Emblem. Different city emblems continue to exist and be used today, and the study of city emblems needs to be further deepened.

Keywords: Moscow City Emblem; St. George assassinated the snake; Earl Santi; City Emblem Culture

作者简介：那传林，江苏师范大学巴基斯坦研究中心副教授。

论近代早期欧洲城市在知识交流中的作用

陶万勇

摘　要： 近代早期欧洲社会发生了新航路开辟、文艺复兴、宗教改革、科学革命、启蒙运动等重大事件，知识在其中发挥了重大的作用，而城市作为中心领地，为知识交流提供了广阔的舞台。在近代早期，欧洲城市开始复兴，机构设施渐渐增多，财富和人口进一步向城市集中，为知识交流提供了多元的载体。鉴于此，本文拟从三个层面讨论近代早期欧洲城市在知识交流中的作用。第一，城市是各类中心地，如商业中心城市、新教改革城市、国家首都等，它们吸引了不同身份的人士，而这些人为城市带去大量的信息；第二，城市是各种学术机构的驻扎地，汇聚着当时最负盛名的文人学者，是知识的生产地；第三，城市是出版社和图书馆的所在地，可以将知识以书面的形式传播出去，是知识的传播。了解并关注近代早期欧洲城市的知识功能对我国当前的城市化建设有一定的启发意义。

关键词： 近代早期　欧洲　城市　知识交流

欧洲在近代早期经历了一段特殊的时光，在科技、天文、地理、文学、法律、航海等方面获得了长足的发展，开始全面领先世界，一改之前人们对其野蛮、愚昧、黑暗的带有偏见的认知，知识在其中扮演了关键的角色。在近代早期，正当东方衰弱的趋势不断显现时，在欧洲的城市中，先是在意大利，后来在葡萄牙、西班牙、荷兰、不列颠、法兰西、德意志等国，新的资本主义精神兴起,城市走上全面复兴的道路。① 当时的城市地位比较特殊,它既保留了中世纪城市的机构设施,如大学、教会、法庭、官僚机构,又成立很多新机构,如学会、出版社、图书馆、博物馆、职业学校等。② 城市为人们提供居住地,成为这些人实现理想的起点,当时有大量人口涌入城市,或解决生计、或追求名利。16 世纪意大利人文主义者乔万尼·博泰罗(Giovanni Botero)在描述他那个时代欧洲城市的重要性和功能时指出:"城市据说是人民汇集之地,人们为了更轻松地获得大量财富并改善自己的生活而汇集到那里。"③ 在众人涌向城市的过程中,城市得以接触到大量信息,待在城里的学者们也获得了创作的素材,通过构思联想和创作润色,信息变成他们手里的一摞摞手稿,这些手稿反复经过印刷机,就变成了人们手里的读本。至此,完整的知识交流过程在城市中实现了。彼得·伯克(Peter Burke)认为,城市的公共空间方便了政客与学者、绅士与工匠、田野与研究室之间的交流互动,有利于不同知识间的碰撞。

一、城市收集信息

在 1653 年,莱顿大学阿拉伯语教授雅各布·哥利乌斯(Jacob us Golius)与意大利耶稣会传教士卫匡国(Martino Martini)在安特卫普见面,商讨有关比较年代学的知识,这说明城市提供给人们见面交流的机会。彼得·伯克认为,城市有充当十字路口和邂逅场所的功能。近代早期欧洲城市建有大学、教堂、咖啡馆、交易所、工场、商行等单位,既可以给人提供工作机会,也可以提供人们生活上的便利,许多人士因而涌入城市,给城市带来了丰富的信息。在当时,类似哥利乌斯这样的人有很多,他们长期住在城里,搜寻着各自所需的信息,如住在巴黎的人可以知道君士坦丁堡的信息,住在里斯本的人可以知道美洲的信息,住在阿姆斯特丹的人可以知道印度的信息。彼得·伯克认为,一个人的知识与他生活的地方密切相关。④ 不同城市流通的信息是有区别的,这取决于它们的位置、产业和宗教政策等因素,如阿姆斯特丹是商业城市,商业

---

① 乔尔·科特金:《全球城市史》,王旭等译,社会科学文献出版社 2014 年版,第 102 页。

② 彼得·伯克:《知识社会史:从古登堡到狄德罗》(上),陈志宏、王婉旎译,浙江大学出版社 2016 年版,第 58 页。

③ 林正琴:《近代欧洲城市网络的经济、文化功能探析》,《黑龙江史志》2012 年第 15 期,第 79 页。

④ 彼得·伯克:《知识社会史:从古登堡到狄德罗》(上),第 56—63 页。

信息比较发达;里斯本是葡萄牙帝国的首都,在这容易获得殖民地的信息;罗马是典型的宗教城市,宗教信息非常丰富。本章简单地将城市分为三类:商业城市、宗教宽容城市和首都,它们是不同的信息城市。

第一,港口城市地处沿海、位置优越,商业贸易发达,是商品的集散地和商人的聚集地,在这里商业信息和海外信息俯拾皆是,如塞维利亚、安特卫普、里斯本。塞维利亚是西班牙美洲殖民地货物进入欧洲的唯一官方入口,①来自欧洲和其他贸易中心的商人必须前往塞维利亚,②才能获取美洲的商品。对美洲贸易的垄断导致塞维利亚在收集殖民地信息方面占有巨大的优势,它被誉为近代早期欧洲了解美洲信息的一扇著名的窗口,很多学者常驻于此以获取所需的信息,如医生尼古拉斯·蒙纳德斯(Nicolás Monardes)常驻此城,写出了有关美洲药物的名著;③作家米尔格·德·塞万提斯(Miguel de Cervantes)在1596至1600年间住在塞维利亚,收集到塞维利亚与美洲贸易的大量信息。安特卫普是近代早期西班牙和葡萄牙对外贸易的商品集散地之一,每天会有数百艘船只通过港口;它也是当时欧洲糖、④胡椒和香料的交换中心(这三样在当时都是奢侈品),⑤来此贸易的商人络绎不绝,每周会有2000辆马车驶进城内。前来贸易的商船携带了不计其数的航行和海外地理信息,安特卫普由此成为地图师收集地理信息的首选之地,这里的制图业非常发达,获得"商业地图绘制中心"的称号,⑥如地理学家亚伯拉罕·奥特柳斯(Abraham Ortelius)驻扎安特卫普长达51年,接触到美洲、非洲、亚洲以及各大洋的地理知识,绘制出世界上第一本现代地图集,⑦并首次提出大陆漂移假说。里斯本是近代早期葡萄牙帝国的主要城市、重要港口和管理中心,能对世

---

① Henry Kamen, *Spain*, 1469 – 1714, *A Society of Conflict*. Pearson Longman, 2005, p. 107.

② Denys Hay (ed), *The New Cambridge Modern History Volume I*. Cambridge University Press, 2008, p. 318.

③ 彼得·伯克:《知识社会史:从古登堡到狄德罗》(上),第64页。

④ Donald J. Harreld, "Atlantic Sugar and Antwerp's Trade with Germany in the Sixteenth Century", *Journal of Early Modern History*, Vol. 7, Issue 1/2 (Jan., 2003), pp. 148 – 163.

⑤ Fernand Braudel, *Civilization and Capitalism*, $15^{th} – 18^{th}$ *Century* Volume I, trans. by Siân Reynolds, William Collins Sons & Co Ltd, 1985, p. 222.

⑥ David Woodward (ed), *The History of Cartography*, *Volume Three*: *Cartography in the European Renaissance* Part III. The University of Chicago Press, 2007, p. 1296.

⑦ Anita Wolff (ed), *Britannica Concise Encyclopedia*, Encyclopædia Britannica, Inc., 2006, p. 126.

界范围的事件产生影响,①它控制的"印度商行""几内亚商行"分布在西非、南美和亚洲等地,公司雇员可以收集这些地方的信息并及时发回国内,许多学者因此常驻里斯本,以了解更多的海外信息,如历史学家乔奥·德·巴罗斯(João de Barros)曾担任过"印度之家"(House of India)②的商业代理人,任职期间收集到有关葡萄牙在亚洲、非洲和印度的殖民统治的信息,③写成了著名的历史学著作《印度旬志》(*Decades of Asia*)。

第二,宗教宽容的城市不但经济发达,而且对移民友好,成为当时欧洲移民理想的迁入地,他们给城市带去了各种各样的信息,威尼斯、阿姆斯特丹、伦敦就属于这样的城市。威尼斯是一座宽容的城市,提倡兼容并蓄的城市精神,平等对待前来避难、谋生、经商的人士,被称为"相对安全的天堂",德国的商人、黎凡特的犹太人、希腊教徒以及其他外来者都曾云集在此,把他们的商品、理念和技术也带到了这座城市。④ 利昂摩德纳(Leon Modena)是一位定居在威尼斯的犹太学者,写过《攻击卡巴拉》(*Attack on the Kabbala*)、《犹大的生活》(*The Life of Judah*)等著作,⑤并写过两篇关于音乐的文章。阿姆斯特丹是一座宗教多元化的城市,在 1571 年将归正会列为主要宗教,同时对天主教、路德教、胡格诺派(又称加尔文教)、犹太教等持宽容态度,持不同信仰的外国人都可来此定居、传教,犹太人称它为"西部的耶路撒冷"。⑥ 在 17 世纪下半叶,大批德裔犹太人从中欧和东欧涌入阿姆斯特丹;在 17 世纪末,受《枫丹白露敕令》(*Edict of Fontainebleau*)⑦的影响,许多法国胡格诺教徒出逃到这

---

① 乔尔·科特金:《全球城市史》,第 121 页。

② "印度之家"是一个葡萄牙国有商业组织,由葡萄牙国王曼努埃尔一世(Manuel I)建于 1500 年,任务是控制葡萄牙的国际贸易、管理葡萄牙帝国的殖民领土,主要目的是保护葡萄牙帝国在大西洋、印度洋、阿拉伯海和印度的利益。——笔者注

③ 彼得·伯克:《知识社会史:从古登堡到狄德罗》(上),第 64 页。

④ 乔尔·科特金:《全球城市史》,第 114 页。

⑤ Brian Pullan, "Reviewed Work(s): The Autobiography of a Seventeenth-Century Venetian Rabbi. Leon Modena's Life of Judah. by Leon Modena", *Renaissance Quarterly*, Vol. 43, No. 1 (Spr., 1990), pp. 171 – 173.

⑥ Geert Mak, *Amsterdam*, *A Brief Life of the City*. Random House, 2010, p. 108.

⑦ 《枫丹白露敕令》又称《撤销南特敕令》,由路易十四(Louis XIV)颁布于 1685 年 10 月,这使得1681 年以来实施的宗教迫害政策《龙骑德斯》(*Dragonnades*)正式生效,敕令主要目的是废除宽容的南特敕令,摧毁胡格诺派教堂,关闭新教学校,迫使新教人士或改宗,或离开法国。这条敕令给法国造成巨大的人才流失,数十万胡格诺派教徒迁到荷兰、英格兰、北美等地,他们带走了很多技术和知识。——笔者注

里。移民给阿姆斯特丹带来丰富的信息,如有关丝绸、制表、平板玻璃等技术的信息。地理学家约道库斯·洪第乌斯(Jodocus Hondius)为躲避佛兰德斯宗教迫害逃到阿姆斯特丹,助它建立起 17 世纪欧洲制图中心的地位。伦敦是一座独立于天主教权威而存在的城市,主要宗教是英国国教(Anglicanism),①这是一种介于天主教和新教之间的温和宗教。伦敦包容持有不同宗教信仰的人士,吸引到很多欧洲移民,他们为伦敦的发展做出了贡献,并且在城市收集信息方面也发挥了关键的作用,如皇家学会前秘书长亨利·奥尔登堡(Henry Oldenburg)来自德国不莱梅,他拥有广泛的通信网络,②负责收集当时整个欧洲的科学信息。历史学家托马斯·斯普莱特(Thomas Sprat)评价伦敦为"最适合由世界各国的报告与情报组成的知识的归宿地"。

第三,首都收集信息的能力也很强,可利用外交之便控制分布广泛的信息收集网络,从首都出发的外交人员和传教士被派驻到其他各地,执行任务并收集情报;首都也是外国使馆的驻扎之地,各种使团和朝拜者会带来丰富的信息,罗马、巴黎和圣彼得堡都是当时重要的首都。罗马是教皇国的首都,是基督教世界的中心,当时的天主教、多明我会、方济各会、耶稣会的总部都坐落于此,这里是外国传教士和欧洲一些国家大使前来拜访的中心。耶稣会是其中最为活跃的一个修会,耶稣会士怀着救世主般的激情奔赴世界各地,传教并负责收集各地的信息,来自世界各地的耶稣会分部和大学要定期向罗马的修道会长汇报或寄送年鉴。巴黎是近代早期法国的首都,有发达的外交关系网络,当时的欧洲各国及土耳其、波斯、埃及、摩洛哥、突尼斯、暹罗等都在巴黎设有大使馆,源源不断的政治信息得以传入巴黎;③法国也会主动派遣使者或船队前往东方,发展贸易并收集信息,如弗朗索瓦·萨瓦里·德·布雷夫斯(Francois Savary de Brèves)在 1591 年至 1605 年间担任法国驻君士坦丁堡大使,任职期间搜寻到大量东方文稿并送回巴黎。④ 圣彼得堡从 18 世纪初开始成为俄国的首都,在此之前彼得大帝就以该城为基地开启了俄国向西方学习

---

① Jonathon Green, *Chasing the Sun*:*Dictionary-Makers and the Dictionaries They Made*,. Henry Holt, 1996, pp. 58 - 59.

② R. K. Bluhm, "Henry Oldenburg, F. R. S.", *Notes and Records of the Royal Society* of the History of Scionce, Vol. 15, Issue 1 (July, 1960), pp. 183 - 197.

③ 彼得·伯克:《知识社会史:从古登堡到狄德罗》(上),第 66—70 页。

④ G. J. Toomer, *Eastern Wisedome And Learning*:*The Study of Arabic in Seventeenth-Century England*, Clarendon Press 1996, p. 30.

的新征程,西欧先进国家的信息得以源源不断地流入圣彼得堡。彼得在 1698 年向西欧派出一个包括他自己在内的 250 多名俄国人的庞大使节团,前往荷兰、英国、法国等地进行考察,收集到有关英国的建城、造炮技术,荷兰的造船技术、船厂操作系统、绘画技术等信息。[①] 同年,彼得又派出一个使团前往马耳他,收集与马耳他骑士团(Knights of Malta)[②]和其舰队的训练技术有关的信息;彼得也会主动聘请外国学者到圣彼得堡指导工作,普鲁士数学家克里斯蒂安·哥德巴赫(Christian Goldbach)、德国博物学家约翰·乔治·格梅林(Johann Georg Gmelin)、法国天文学家约瑟夫尼古拉斯·德里希尔(Joseph-Nicholas Delishe)等都曾接受过他的邀请,这些学者为圣彼得堡带去无数科学信息。

二、城市生产知识

在近代早期,欧洲城市的书店里会出现各种非欧语言词典,编纂词典是城市生产知识的一则典型案例。生产知识是学者、官员、艺术家和印刷商共同参与的一种集体行为,只有达到可以提供多种多样专业的城市才有这种协同合作的可能性。[③] 生产知识终究要归功于人,尤其是那些受过系统教育的人,近代早期欧洲城市拥有教会、大学、学会等机构,为这些人提供了理想的创作之地。教会是城市文化的推动者,基督教僧侣们保留了书写语言、古代文本和欧洲城市复兴所需的那份知识分子的严谨,[④]也是近代早期欧洲更容易接触到知识的那批人,因而教堂、修道院、宗教学校等是生产知识的重要场所,如莫尔会修士在圣日耳曼·德佩的本笃会修道院接触了大量信息,编纂了宏伟的历史著作;博兰德会成员在安特卫普的耶稣会信徒之家将传教士旅行日记编成了圣徒行记。大学在近代早期会主动聘请不同专业的人才,开设人文课程,资助科学实验,包容新思想、新科学和新理论,是城市生产知识的另一处重要的

---

① Robert K. Massie, *Peter the Great : His Life and World*, Alfred A. Knopf, 1980, 2012, p. 168.
② “马耳他骑士团”是一种中世纪和近代早期天主教军事修士会,起源于杰拉德·汤姆(Gerard Thom)于 1099 年建造的医院骑士团(Hospitallers),最初建造目的是给去耶路撒冷的朝圣者提供医疗护理,第一次十字军占领耶路撒冷后,这个组织逐渐演变成一个以保护圣地为名的军事集团,伊斯兰军队于 1187 年占领耶路撒冷后,该组织下海从事海盗勾当。根据教皇克莱蒙七世(Clement VII)与西班牙查尔斯五世的条约,该组织于 16 世纪 30 年代获得了马耳他岛作为永久根据地,故得此名。——笔者注
③ 彼得·伯克:《知识社会史:从古登堡到狄德罗》(上),第 80、81 页。
④ 乔尔·科特金:《全球城市史》,第 107 页。

场所。① 学会、实验室、天文台、植物园等是近代早期欧洲新出现的学术机构，它们创建的目的就是容纳博学之士和培养学问，近代早期欧洲大多数人文学者都曾在这些机构里供过职，他们对信息表现出异乎寻常的敏感和高超的处理能力，因而这些机构也是城市著名的"知识加工厂"。彼得·伯克认为，支持改革自然哲学运动的新机构、新网络、小团体或"认识论共同体"在知识历史上扮演过重要的角色，如罗马林西学院、佛罗伦萨西芒托学会、伦敦皇家学会、巴黎天文台、维也纳宫廷、莱顿大学的解剖室等。②

　　在近代早期欧洲城市，教会不仅仅是人们的精神寄托之所，而且是重要的创作中心，主教和修士们会保持一定的识字、阅读和写作水平，在教堂、修道院、宗教学校等地完成学术创作。罗马、维滕贝格、苏黎世等是近代早期欧洲著名的圣城，也是教士们主要的活动地。罗马在近代早期拥有拉特兰大教堂、圣玛丽·梅杰大教堂、圣彼得大教堂、罗马学院等宗教机构，它们是教士们主要的创作场地，如罗马学院是耶稣会士的活动中心，它与世界各地的耶稣会士都保持联系，③耶稣会士罗伯特·贝拉米诺（Robert Bellarmino）在此完成《圣咏集》（*De Scriptoribus Ecclesiasticis*）、《基督教信仰的争议》（*Controversiae*）；④克里斯托弗·克拉维乌斯（Christopher Clavius）写成大量天文学著作，并提出影响至今的《格里高利历法改革法案》，⑤他也是第一位在计算中使用小数点的学者。维滕贝格是路德教和再洗礼派的发源地，在 15 世纪末建成城堡教堂、维滕贝格大学等宗教场所，吸引了马丁·路德（Martin Luther）、菲利普·梅兰希通（Philip Melanchthon）、卢卡斯·克拉纳赫（Lucas Cranach）等学者。马丁·路德在维滕贝格大学任教时完成直接引发宗教改革的《九十五条论纲》（*Ninety-five Theses*）和其他神学著作，并成立了路德教；菲利普·梅兰希通在此创作了

① Walter Ruegg and Hilde. De Ridder-Symoens (eds), *A History of The University in Europe Volume II: Universities in Early Modern Europe* (1500 – 1800). Cambridge University Press, 1996, p. xxi,8,47.

② 彼得·伯克：《知识社会史：从古登堡到狄德罗》（上），第 44 页。

③ Mordechai Feingold (ed), *Jesuit Science and the Republic of Letters*. The MIT Press, 2003, pp. 228 – 230.

④ Herbert Thurston, S. J. and Donald Attwater (eds), *Butler's Lives of The Saints Volume II: April · May · June*, P. J. Kenedy & Sons, 1962, pp. 292 – 296.

⑤ Gerald L. Alexanderson, "About The Cover: Christopher Clavius, Astronomer and Mathematician", *Bulletin of The American Mathematical Society*, Vol. 46, No. 4 (Oct., 2009), pp. 669 – 670.

《教义手册》（*Loci Communes*），并提出重组德国教育系统的方案。[①] 苏黎世是近代早期瑞士的神学中心和加尔文教的圣地，拥有格罗斯大教堂、苏黎世预言学校、弗拉芒斯特神学院等宗教机构，曾有多位学者供职于此。乌利希·慈运理（Huldrych Zwingli）以格罗斯大教堂为基地宣传他的新教改革思想，在此完成《六十七条》（*Sixty-Seven Articles*）、《宗教真伪评析》（*Commentary on True and False Religion*）、《上帝话语的明确性和确定性》（*The Clarity and Certainty of the Word of God*）等神学名著；[②] 康拉德·格斯纳（Conrad Gessner）曾在苏黎世预言学校执教 13 年，完成《世界书目》（*Bibliotheca universalis*）、《动物史》（*Historia animalium*）、《植物史》（*Historia plantarum*）等科学著作，他被认为是现代科学目录学、动物学和植物学之父。[③]

　　大学在中世纪时就已出现，但到了近代早期，表现出与之前明显不同的特点，如人文主义学者增多、自然课程增多，专业与社会生产融合度变高；此外，大学拥有法律特权，能给师生提供安全稳定的环境，是学者们创作的"乐园"，柏林、莱顿、维也纳等都是当时拥有好大学的城市。柏林从 17 世纪下半叶开始建有艺术学院、普鲁士皇家科学院、普鲁士医学院、柏林骑士学院等大学，产生众多学术成果。数学家莱昂哈德·欧拉（Leonhard Euler）为躲避战乱在普鲁士皇家科学院任职 25 年，发表 380 多篇文章和数本著作，如《无穷小分析引论》（*Introduction to Analysis of the Infinite*）、《微积分基础》（*Foundations of differential calculus*）；历史学家雅各布·保罗·冯·冈德林（Jacob Paul von Gundling）在 1724 年至 1731 年间担任普鲁士皇家科学院院长，完成《波美拉尼亚和勃兰登堡地图集》（*Pomerania and Brandenburg Atlas*）、《弗里德里希和其他人的生平事迹》（*Life and Deeds of Friedrich and Others*）等著作。[④] 莱顿在近代早期建成欧洲最著名的大学之一——莱顿大学，宽容的学术氛围和安全的工作环境为莱顿大学吸引了许多著名的学者。人文主义生理学家赫尔曼·布尔哈夫（Herman Boerhaave）在此任教二十多年，完成了《医

① Anita Wolf（ed），*Britannica Concise Encyclopedia*，pp. 1151,1231.

② Oskar Farner，*Zwingli The Reformer：His Life and Work*，trans. by D. G. Sear，Archon Books，1968，pp. 17,46 – 49.

③ Hans Wellisch，"Conrad Gessner：a bio-bibliography"，*Journal of the Society for the Bibliography of Natural History*，Vol. 7，Issue 2（June，1975），pp. 151 – 247.

④ Hans Aarsleff，"The Berlin Academy under Frederick the Great"，*History of The Human Sciences*，Vol. 2，No. 2（June，1989），pp. 193 – 206.

学基本原理》(*Institutes of Medicine*)、《化学元素》(*Elementa Chemiae*)等著作；[1]人文主义哲学家尤斯图斯·利普修斯(Justus Lipsius)创作了《政治六书》(*Politicorum Libri Sex*)、《论恒常》(*On Constancy*)等著作。维也纳在近代早期建有维也纳大学、美术学院、东方学院等知名大学，不少学者在这些大学里任过职。人文主义历史学家康拉德·策尔蒂斯(Conrad Celtes)在维也纳大学执教长达 11 年，整理了大量古希腊、拉丁文原始手稿，他也是第一位讲授世界史的学者；[2]语言学家亚当·弗朗齐歇克·科拉尔(Adam František Follár)从 1744 年起就一直在维也纳大学和皇家图书馆任职，完成数十本著作，并编辑、校订大量中东古代文献，他是第一个提出"民族学"概念的学者；画家保罗·特罗格(Paul Troger)在 1754 至 1762 年间担任维也纳美术学院的教授，完成数十幅画作，他是第一位在维也纳引入新洛可可(New Rococo)绘画风格的学者。

学会、天文台、讨论班、实验室等学术小团体在当时的知识界占据重要的地位，它们为新科学、新思想、新理论提供发展空间，同时将具有相同研究志趣的学者紧紧联系在一起，为他们营造出浓厚的研究氛围。近代早期欧洲城市掀起了建造学会的浪潮，如巴黎、佛罗伦萨、马德里。巴黎在近代早期先后成立法兰西文学会、法国科学院、巴黎天文台等。[3] 天文学家乔凡尼·多美尼科·卡西尼(Giovanni Domenico Cassini)曾担任巴黎天文台主任长达 41 年，揭开了月球、火星和土星的许多秘密，绘制了法国地图，并完成有关洪水治理方法的回忆录，他也是第一位将印度天文学知识引入欧洲的学者；博物学家布丰伯爵(Comte de Buffon)曾担任法国科学院财务官长达 54 年，完成博物学巨著《自然史》(*Histoire Naturelle*)。[4] 佛罗伦萨是近代早期欧洲创建学会最多的城市之一，这里先后出现过鲁切拉伊花园会、秕糠学会、艺术学会、西芒托学会等。外交家尼可罗·马基雅维利(Niccolò Machiavelli)是花园会的成员之一，撰写了《君主论》(*The Prince*)、《论李维》(*Discourses of Livy*)等著作；秕

① Rina Knoeff，*Herman Boerhaave*(1668—1738)：*Calvinise chemist and physician* Koninkijke Nederlandse Akademie Van Wetenschappen，2002，pp. 22,107,108.

② Christopher S. wood，*Forgery，Replica，Fict：on：Temporalities of Germam Rena：ssance Art*，The：University of Ch：cago Press，2008，pp. 7 - 8.

③ 彼得·伯克：《知识社会史：从古登堡到狄德罗》(上)，第 42—44 页。

④ Paul Lawrence Farber，*Finding Order in Nature：The Naturalist Tradition from Linnaeus to E.O. Wilson*，The Johns Hopkins University Press，2000，pp. 6 - 22.

糠学会以净化托斯卡纳方言为己任,编纂了历史上第一部意大利语言词典——《秕糠学会词典》;乔尔乔·瓦萨里(Giorgio Vasari)是艺术学会的灵魂人物,撰写了艺术史名著《意大利艺苑名人传》(*Lives of the Most Excellent Painters*,*Sculptors*,*and Architects*),他也是第一位提出"文艺复兴"(Renaissance)术语的学者。[①] 马德里在近代早期经历了文艺复兴、黄金时代、新科学运动、查理三世改革等历史过程,先后成立了皇家西班牙学会、历史学会、植物园等学术小团体。[②] 历史学家圣·费利佩第一代侯爵(1st Marquess of San Felipe)是皇家西班牙学会的创始人之一,曾参与编辑学会的第一部字典,并完成了《撒丁岛王国的地理、历史和政治描述》(*Geographical*,*historical and political description of the Kingdom of Sardinia*)等历史著作;植物学家卡西米罗·戈麦斯·德·奥尔特加(Casimiro Gómez de Ortega)是皇家植物园的第一位教授,发表过众多关于植物学知识的文章,并首次描述了麻花属、毛兰属等植物。[③]

三、城市传播知识

在 1722 年,法国当局拒绝出版伏尔泰撰写的有关亨利四世的史诗,他不得不北上寻找法国以外的出版商,最终海牙的一家出版公司同意出版他的书。[④] 出版书籍、传播知识在近代早期欧洲城市中早已司空见惯,知识在城市中经过处理之后,会通过出版社、图书馆等媒介传播出去。15 世纪上半叶,德国人约翰内斯·古登堡(Johannes Gutenberg)发明了活字印刷术,出版社随之如雨后春笋般在各城市出现,[⑤]它弱化了地理上的障碍,使知识能够脱离其原始环境,传到需要它们的读者手上,这对教会和世俗社会来说都是福音,因而出版社受到教会、皇室、大学、行会等各种团体的支持。教会可以利用出版社传播上帝的"恩译",以吸引更多的人皈依基督教,如红衣主教托克马达

① 王挺之、刘耀春:《欧洲文艺复兴史·城市与社会生活卷》,人民出版社 2008 年版,第 202—205 页。

② Henry Kamen, *Spain*,1469-1714,*A Society of Conflict*. Third Editim, p. 288.

③ John H. Harvey, "Casimiro Gómez de Ortega, F. R. S. (1740-1818):A Link between Spain and Britain",*Garden History*,Vol. 2, No. 3 (Sum. , 1974), pp. 22-26.

④ Roger Pearson, *Voltaire Almighty*:*a Life in Pursuit of Freedom*. Bloomsbury Publishing, 2005, p. 57.

⑤ 王挺之、刘耀春:《欧洲文艺复兴史·城市与社会生活卷》,第 292 页。

(Cardinal Torquemada)曾邀请约翰·纽美斯特(Johann Neumeister)到罗马创建出版社;[1]学者们可以借此发表著作,实现学术理想,提高社会名望,如鹿特丹的伊拉斯谟(Erasmus of Rotterdam)曾与多个出版商保持着良好的关系,凭借印刷媒介和其本人的才能,成为当时首席人文主义者;[2]商人们可以抓住商机,对准社会的需求,大力发展出版业,赚取更多的利润。图书馆随印刷技术的改进而逐步发展起来,当时社会藏书风气日益兴盛,私人图书馆的数量迅猛增长,城市当局也比之前更加重视图书馆的价值,会主动赞助图书馆的建设或接受私人图书馆的捐赠而替之管理,更为关键的是当时的图书馆逐步由封闭转向半开放式,图书资源从贵族独享品渐变为公共消费品,平民获得了阅览书籍、搜索资料的宝贵机会,因而图书馆也成为城市传播知识的重要场所。[3] 彼得·伯克认为,大型图书馆的地理分布与欧洲城市在知识界的优势密切相关。[4]

出版社首先在南德意志出现,因对传播知识有很大帮助,便很快传播到欧洲其他城市。到 1480 年,西欧已有超过 110 个城镇建立起出版社。出版社在那些大学资源丰富、宗教气息浓厚的城市发展得尤为迅速,这是因为大学和教会的耗书量都很大,可为出版社提供广阔的市场空间。美因茨是欧洲最早成立出版社的城市,第一家出版社由约翰内斯·古登堡建立于 1450 年,在 1450年至 1460 年的十年间,美因茨已建有数十个出版社,[5]印刷了上百种书籍,其中大部分与宗教有关,如古登堡于 1455 年印刷的精美对开本《圣经》(Bible)。科隆是 16 世纪德国最大的印刷中心之一,很多著名的出版商都在此建有出版社,浓厚的宗教氛围和丰富的高等教育资源是促成科隆出版业走向繁荣的两个重要因素,欧洲最古老的大学之一——科隆大学就建于此,在 16 世纪上半叶有数以千计的学生来此求学,巨大的用书需求推动了当地出版业的发展。

---

① Lucien Febvre, Henri-Jean Martin, *The Coming of the Book*, *The Impact of Printing 1450 – 1800*, trans. by David Wootton, NLB, 1976, p. 168.

② 张炜:《新文化史视阈中的印刷术——以彼得·伯克相关研究为中心的考察》,《山西师范大学(社会科学版)》2011 年 6 期,第 104 页。

③ Elmer D. Johnson, *Histories of Libraries in the Western World*. Seconel Ed: t: on, The Scarecrow Press, Inc., 1970, p. 163.

④ 彼得·伯克:《知识社会史:从古登堡到狄德罗》(上),第 71 页。

⑤ Lucien Febvre, Henri-Jean Martin, Henri-Jean, *The Coming of the Book*, *The Impact of Printing 1450 – 1800*, p. 181.

海因里希·奎恩泰尔(Heinrich Quentell)是科隆著名的出版商,在 16 世纪初出版了大量的神学著作;希托普(Hittorp)是当地另一位重要的出版商,接手了学校的大部分订单,订单多到他不得不委托外地的出版商协助代工。[①] 威尼斯是意大利文艺复兴中心地之一,学术氛围非常浓厚,这为出版业的发展提供了巨大的市场空间。到 15 世纪末,威尼斯拥有欧洲最繁忙的书籍生产市场,在 1495 年至 1497 年的三年间共出版 447 种出版物,接近欧洲所有出版物的三分之一,当时的许多人文主义作家前往那里,出版自己的作品;到 16 世纪中叶,威尼斯共有 113 家出版公司,出的书籍约为米兰、佛罗伦萨、罗马总和的三倍,[②]亨利—简·马丁(Henri-Jean Martin)评价其为"16 世纪欧洲的出版中心"。[③] 阿尔丁出版社(Aldine Press)是当时威尼斯著名的出版社之一,致力于出版拉丁和希腊文古典名著,因出版物精美而受到欧洲其他出版商追随甚至仿冒。

巴塞尔在 1529 年成为新教城市,对新教改革主义者和人文主义者持包容态度,这使得它的出版业迅速发展,出版物以宗教和人文主义著作为主,它被誉为 16 世纪上半叶欧洲著名的"学者之城""书籍之城"。巴塞尔拥有施瓦贝出版社、弗罗本印刷厂等著名出版社,出版过伊拉斯谟的《新约》(*New Testament*)、加尔文的《基督教要义》(*Christianae religionis institutio*)、[④]维萨里的《人体的构造》(*De humani corporis fabrica*)等著作。巴黎是当时欧洲著名的知识中心,也是欧洲印刷行业最多产的城市之一,从 15 世纪下半叶起它的出版行业表现出强劲的发展势头,16 世纪共新增 79 家出版社,出版近二万五千种书,同时期的里昂出版约一万五千种书,因而巴黎被称为当时法国北部的印刷中心,南部中心是里昂。[⑤] 阿姆斯特丹一向实行宗教宽容政策,这给出版行业留足了成长空间,到 17 世纪下半叶,阿姆斯特丹取代威尼斯,成为全欧洲最重要的书籍生产中心,从 1675 年到 1699 年,就有超过 270 位书商和印

① Lucien Febvre, Henri-Jean Martin, *The Coming of the Book*, *The Impact of Printing 1450 - 1800*, p. 189.

② Frederic Chapin Lane, *Venice*, *A Maritime Republic* The Johns ltopk: ns Vniversity Press, 1973, pp. 219,311.

③ Henri-Jean Martin, *The French Book*: *Religion*, *Absolutism*, *And Readership*, *1585 - 1715*, trans. by Paul Saenger and Nadine Saenger, The Johns Hopkins University Press, 1996, p. 6.

④ Geoffrey Rudolph Elton (ed), *The Cambridge Modern History Volume II*, *The Reformation 1520 - 59*. Cambridge University Press, 2008, p. 113.

⑤ Lucien Febvre, Henri-Jean Martin, *The Coming of the Book*, *The Impact of Printing 1450 - 1800*, p. 189.

刷业者活跃于此,地图和航行记录是它的产品中非常重要的一部分,著名的布劳(Blaeu)制图出版社就建于此。安特卫普是一座著名的商业城市,经济发达、文化昌盛,出版业是当地重要的产业,它从 15 世纪末就开始成为欧洲著名的印刷中心,在 1500 年至 1540 年间低地国家(Low countries)①133 个出版社中,超过一半在安特卫普,在这 40 年中它出版超过 2,254 种书。塞维利亚也是近代早期欧洲著名的印刷中心,尤其以出版反映海外信息的读物而著称,在1500 年至 1520 年间至少出版了 300 种书籍,这里的出版物可以作为西班牙乃至欧洲人民认识新世界的权威教材。莱顿在 1576 年建成莱顿大学后,出版业迎来了新的发展机遇,著名的爱思唯尔(Elzevir)出版社就坐落于此,它出版过欧洲大部分古典学者的作品。② 伦敦虽然在 1476 年就引进活字印刷术,但出版业的发展一直很缓慢,原因是当局害怕出版太多的煽动性小册子,在 1615年仅仅有 22 个出版商,但从 18 世纪中叶开始它的出版业便加速发展,到 1777年已有 72 家出版社,超过了同一时期欧洲其他城市。

在近代早期欧洲,私人藏书的风气日益兴盛,城市中的图书馆数量增长明显,处于文化边缘的欧洲城市也认识到图书馆的重要性,开始重视图书馆的建设。巴黎从皇室到民间都有浓厚的藏书风气,这导致它的图书馆数量发展迅速,到 17 世纪末巴黎至少有 32 个图书馆,数量超过当时的罗马,其中三个是公共图书馆。③ 圣维克托图书馆建于 12 世纪,在 17 世纪对公众开放;马扎然(Mazarin)图书馆建于 1643 年,并于当年向公众开放,④每周大约有 80 至 100人来做研究;国家图书馆是 17 世纪初世界上藏书最多、最丰富的图书馆,1692 年对公众开放。罗马拥有很多著名的图书馆,如梵蒂冈图书馆、安杰丽卡图书馆、卡萨纳特图书馆。建于 1475 年的梵蒂冈图书馆是一个公共图书馆,建造目的是使罗马重新成为学术研究中心;⑤建于 1701 年的卡萨纳特图书

① 低地国家(Low countries)又可称低地(Low lands),通常指欧洲西北部沿海地区的莱茵河—默兹河—斯海尔德河三角洲(Rhine-Meuse-Scheldt delta),包括今天的比利时、荷兰、卢森堡、法属佛德兰斯和德属东弗里西亚和克利夫斯。——笔者注

② Lucien Febvre, Henri-Jean Martin, *The Coming of the Book*, *The Impact of Printing*, 1450 - 1800, pp. 187,189 - 190,195.

③ 彼得·伯克:《知识社会史:从古登堡到狄德罗》(上),第 64、72、181、183 页。

④ Stuart A. P. Murray, *The Library: An Illustrated History*. Skyhorse Publishing, 2009, p. 122.

⑤ John P. O'Neill, John Daley (eds), *The Vatican: Spirit and Art of Christian Rome*, Harry N. Abrams, Inc., 1982, p. 281.

馆也是一个公共图书馆,每天开放 6 个小时(节假日除外)。威尼斯的圣马可图书馆在当时闻名欧洲,这座图书馆建于 1560 年,①是一个付费的公共图书馆,每周一、三、五开放,威廉·坎特(Willem Canter)、亨利·萨维尔(Henry Savile)等学者都曾来此看过书。近代早期的伦敦建有多个重要的图书馆,比如科顿图书馆、哈利图书馆、国王图书馆等。建于 1622 年的科顿图书馆是一个公共图书馆,弗朗西斯·培根(Francis Bacon)、詹姆斯·乌雪(James Ussher)等著名学者都曾来此查过资料;②建于 1762 年的国王图书馆也是一个公共图书馆,约翰·亚当斯(John Adams)、约瑟夫·普里斯特利(Joseph Priestley)都曾到此看过书。国家图书馆由大英博物馆、皇家图书馆和一些私人图书馆在 1753 年合建而成,于 1759 年向公众开放。德国的腓特烈·威廉(Frederick William)于 17 世纪中叶在柏林建了一个图书馆,并于 1661 年向公众开放。塞维利亚有一个著名的公共图书馆,由费尔南德·哥伦布(Fernando Colon)捐资建造,馆藏两万多册图书。布鲁塞尔国家图书馆建于 1559 年,在 1772 年向公众开放。③ 欧洲其他重要的城市也陆续建立公共图书馆,如莫斯科国家图书馆(18 世纪初开放)、马德里宫廷图书馆(1712 年开放)、佛罗伦萨里卡迪图书馆(1715 年开放)、哥本哈根皇家图书馆(1793 年开放)、华沙国家图书馆(1795 年开放)。

四、结论

通过以上讨论,本文可以得出以下结论,即近代早期欧洲城市在知识交流中的作用是收集信息,生产知识,保存并传播知识。城市能发挥这些作用,与时代背景有莫大的联系。一方面,当时的欧洲社会出现两大变化:其一是资本至上观变成主流思想,为了取得名利,人们会去城市打工、寻找商机、投靠大贵族,城市由此成为知识交流的大舞台;其二是教会的权威削弱了,人们敢于挑战教会的权威,探索教会禁止的领域,学术由此变得繁荣。另一方面,城市出现三个大的变化:首先是活字印刷术的发明,这项技术可以说是划时代的,它推动了启蒙运动、科学革命等大事件提前发生;其次是图书馆制度的变化,

---

① 王挺之、刘耀春:《欧洲文艺复兴史·城市与社会生活卷》,第 222 页。
② 这段描述参考的是英国图书馆在线版中有关"科顿分馆"的描述,参考 https://www.bl.uk/collection-guides/cotton-manuscripts.
③ Elmer D. Johnson, *History of Libraries in the Western World*, pp. 168,173,180.

从封闭式向半开式转变,这种变化等于把平民也纳入到知识交流的队伍中;再就是学术团体的建立,这些机构使教会、大学垄断知识成为"过去式",为自然科学的发展提供了平台。总之,近代早期欧洲城市处于历史进程的"十字路口",地位过于特殊,它既保存有中世纪欧洲社会的传统,使守陈护旧之人进入新时代不至于失魂落魄;又首先跨出了欧洲走向现代化的第一步,给锐意革新之士提供施展才华的空间。简言之,近代早期欧洲城市保护旧知识、欢迎新知识,是知识交流的大舞台,开创了欧洲发展的新局面,对欧洲的现代化产生积极的影响。

Demonstrate the role of European cities of early modern period in the exchange of knowledge

Abstract: In early modern Europe, there happened many major events such as Age of Exploration, Renaissance, Protestant Reformation, the First Industrial Revolution and the Enlightenment, in which knowledge played an important role, and the city, as the central territory, provided a broad stage for the exchange of knowledge. In the early modern period, European cities began to revive, institutions gradually increased, wealth and population were further concentrated in cities, providing multiple carriers for the exchange of knowledge. In view of this, this paper intends to discuss the role of European cities in knowledge exchange in early modern times from three aspects. Firstly, cities became the areas of centers of all kinds, such as commercial cities, protestant reformation cities and capitals. They attracted people of different identities, who brought a lot of information there. Secondly, cities were home to a variety of academic institutions, gathering the most famous scholars of the early modern period and producing knowledge. Thirdly, cities were places where publishing houses and libraries were located, which could spread knowledge in written forms and were places where knowledge was spread. It will be enlightening for the urbanization construction of China to understand and pay attention to the knowledge functions of European cities of early modern period.

Keywords: Early modern; Europe; Cities; Exchange of knowledge

作者简介:陶万勇,上海师范大学人文学院世界史专业研究生。

近代思想呈现与殖民景观构建：
大连星浦公园研究①

王　梅　柴红梅

摘　要： 近代民族国家兴起与资本主义城市工业化共同造就了新兴公共空间——近代公园的出现。租界地、殖民地公园作为西方文明思想与帝国主义侵略相混合的特殊空间，具有叠影错综的政治文化意义。"南满"铁路公司花费巨资修建的大连星浦公园(今星海公园)兼有海滨浴场与城市公园两种空间形态，这赋予了星浦公园的历史复杂性和学术研究意义。星浦公园的修建前史可以回溯至沙俄对大连的公园城市这一规划定位，公园正是资本主义提供给劳动者最有效的合理娱乐空间。公园的最初形态——星浦避暑地体现了日本殖民者对西方避暑卫生思想的接受和继承，有轨电车的开通则实现了星浦公园的大众娱乐化。归根结底，星浦公园的空间生产是帝国主义与殖民主义的风景文化实践，它压抑了中国人的娱乐情感，营造出日本殖民者"帝国"风景的乌托邦幻想。

关键词： 星浦公园　合理娱乐思想　避暑思想　大众娱乐思想　殖民风景

英国左派历史学家艾瑞克·霍布斯鲍姆将1875—1914年这段期间称为"帝国的年代"，地球上大约有四分之一的陆地，是在六七个国家之间被分配或再分

---

① 本文为2019年度辽宁省科学研究经费项目"近代辽宁日本侵占地城市公园的风景政治研究"(2019JYT08)，2019年度大连市社科院智库重大调研课题项目(dlsky064)研究成果，获得大连外国语大学学术骨干教师经费资助。

配的殖民地。① 大连这座城市正是在列强瓜分世界的硝烟与战火中诞生的。1898 年沙皇俄国通过与清政府签订《中俄会订条约》，强行租借旅顺和大连湾，在辽东半岛南部建立海军基地。1904 年日俄战争后，日本从沙俄手里获得辽东半岛的租借权，继续在大连的"城市身体"上刻下"帝国的记忆"。② 作为"摩登大连"的符号与装置，首推"南满"铁路公司(以下简称"满铁")花费重金于 1909 年开始动工的电气游园与星浦避暑地。特别是后者，历经为期 20 年的 5 次地域扩张和 4 期建设逐渐发展成为集避暑观光、运动休闲为一体的"满洲第一海滨胜地"。

上世纪 90 年代以来，我国学者在以公园为代表的近代公共空间研究方面取得了诸多成果。租界地、殖民地公园作为西方文明思想与帝国主义侵略相混合的特殊空间，具有叠影错综的政治文化意义。陈蕴茜运用空间殖民主义理论，从上海、天津等中国各地的租界公园的空间布局、园内建筑样式等显示的象征意义，揭示出租界公园的文化殖民主义色彩。③ 在日中国学者高媛梳理了丹东"镇江山公园"(今锦江山公园)的诞生过程，阐明了隐藏在"帝国"风景背后错综复杂的各种制度和社会关系。④ 张丹则立足于近代避暑思想，详细分析了构成大连星浦公园各种景观的结构和特点。⑤

综上所述，学者们在租界地、殖民地公园研究方面使用的空间殖民主义、帝国主义权力都为本研究提供了基本思路。然而，大连的城市规划与建设涉及两个"帝国"列强。因此，需要对两者之间的影响关系进行细致考察。此外，大连星浦公园兼有城市公园与海滨浴场两种空间形态，这使得星浦公园具有了不同于其他殖民地公园的复杂性。本文在梳理日本殖民时期大连星浦公园的诞生始末与历史变迁的基础之上，以公园为特定窗口，探讨这一历史过程中蕴含其中的各种近代思想和文化思潮。同时，关注公园的多重空间生产和殖民景观生成，揭示日本殖民者的"帝国"风景的乌托邦幻想。

---

① 艾瑞克·霍布斯鲍姆：《帝国的年代》，贾士蘅译，江苏人民出版社 1999 年版，第 63 页。
② 秦源治、刘建辉、仲万美子：《大連とろどてろ——画像で乙ど子帝国のヘロンテイア伊》，京都：晃洋書房，2018 年，第 13 页。
③ 陈蕴茜：《日常生活中殖民主义与民族主义的冲突：以中国近代公园为中心的考察》，《南京大学学报》2005 年第 5 期，第 84—86 页。
④ 高媛：《帝国の風景：満州における桜の名所「鎮江山公園」の誕生》，《*Journal of Global Media Studies*》第 11 号，2012 年，第 3 页。
⑤ 张丹：《自然共生型都市的历史根基：1898—2012 年大连的公园绿地》，中国建筑工业出版社 2013 年版，第 38—48 页。

一、星浦公园诞生前史：公园城市"达里尼"与近代合理娱乐思想

1899 年 11 月，沙俄通过了"大连湾南部大连商港和新城市的建设方案"，明确了将"大连建成一流的东方自由港城市，长期霸占旅大地区、争霸于世界"的规划目标。[①] 从设想建设远东港口城市之时，沙俄殖民当局就将大连纳入全球视野，急切希望将城市打造成为全球一流的繁华都市。沙俄为这座城市命名为"达里尼"（意为"远方"），先后派遣两位经验丰富的工程师负责"达里尼"的规划。第一位规划师萨哈洛夫采取种族隔离的原则，将西青泥洼村一带约 5,400 亩土地划分为行政区、欧洲人区和中国人市区。

萨哈洛夫高度重视公园绿地的规划建设，设计了西公园（今劳动公园）、东花园（今大连植物园）、北公园、松公园等七块形状各异的绿地花园或公园。继任者斯科里莫夫斯基延续了环境至上的理念，基本保留城市公园和花园设置，使得绿地面积占到欧洲人区和行政区的一半以上。之所以如此重视公园与绿地，其原因之一是出于殖民城市的分隔规划考虑。如西公园就是为了分隔中国人街区与欧洲街区，在达里尼河（又名西青泥洼河）的小流域规划建设基础之上建成的。[②] 除此以外，最根本的原因是将绿地与公园纳入城市发展这一规划理念的先进性和前沿性。这一理念兴起于 19 世纪 70 年代，代表工业革命后近代欧洲城市规划的发展趋势。

18 世纪 60 年代欧洲开始工业革命，发明家、工业家和企业家将历史推向了动力机械和工厂的时代。蒸汽驱动的工厂、作坊和车间拔地而起，雇佣了成千上万的工人，生产了人类所需的无数产品。从农村来到城市的劳动者极其不适应面对机器时的高强度和长时间的体力劳动，初期还曾出现过毁坏机器和组织暴动的情况。[③] 为了有效解决问题，工厂经营者开始采用近代闲暇制度，即将工人的闲暇时间与工作时间区分开。给予工人必要的闲暇时间是为了提高工作时间的劳动效率。可以说，近代意义的公园（public park）正是在资本主义城

---

① 李金林：《中国大连近代（1898—1945）城市形态与建筑》，《城市档案》2004 年第 1 期，第 40—42 页。

② 张丹：《自然共生型都市的历史根基：1898—2012 年大连的公园绿地》，中国建筑工业出版社 2013 年版，第 8 页。

③ 罗杰·奥斯本：《钢铁、蒸汽与资本：工业革命的起源》，曹磊译，电子工业出版社 2016 年版，第 305 页。

市工业化的社会背景下应运而生的新型城市空间。公园并非皇家猎苑或贵族私人庭园，而是城市提供给劳动者度过闲暇时间的公共园林。公园最本质的特点就是其"公共性、平民性"，是城市"从保守到开明的重要标志之一"。①

1785 年德国哲学教授希尔施菲尔德在其著作《造园理论》中提出了"民众园"的思想，不仅首次描绘出了公园的具体意象，而且提出了公园的教化功能。"民众园将居民都吸引到自然这个舞台上，在这个过程中，都市居民无意识地从庸俗、奢侈的浪费时间的消遣中脱离出来，他们渐渐适应不用花费很多也能得到的快乐、温和的社交。"②英国兴建公园的高潮出现于 1830 年以后，其背景是资产阶级倡导的"合理娱乐"这一社会改革风潮，③即采用健全的娱乐方式取代酗酒、虐待动物等当时盛行于体力劳动者之间的消遣活动。

法国思想家德波认为资本主义对景观统治的实现最擅长的恰恰是对劳动时间以外的闲暇时间的支配和控制。④ 作为城市的新型公共空间，公园从诞生之日起，就具有规训民众身体、教导民众合理娱乐的政治属性。资本主义制度下的民众身体在公园、工厂、学校等空间与场域受到权力的控制与调教，"规训既增加了身体的力量，又控制了这些力量"。⑤ 其结果是将身体驯化成为服务于资本主义体制高效运转的"齿轮"。因此，19 世纪 70 年代将公园绿地作为一种城市规划来思考的潮流已经蔚然成风，欧洲各国都将绿地建设和公园看作一项有益且至关重要的市政措施。

在"达里尼"的规划上，两位俄国工程师虽然有着不同的意见，但在公园建设方面却保持着相同的理念，充分借鉴 19 世纪欧洲关于公园城市的先进规划经验，并结合"达里尼"的城市地形。如两条道路的交叉处常常被顺势设计为街头花园或公园。特别是斯科里莫夫斯基在行政区规划了两处大型花园。这两处花园能够使每天上下班的东清铁路职员和附近工厂、电厂、铁路环绕的行政区居民享受到优美的环境。⑥ 城市公园绿地在保健卫生和道德教育方面，为城市居民提供了优良的合理娱乐空间。同时，公园又以一种温和而有效的

① 李德英：《城市公共空间与社会生活：以近代城市公园为例》，《城市史研究》2000 年，第 129 页。
② 白幡洋一郎：《近代都市公园史：欧化的源流》，李伟译，新星出版社 2014 年版，第 24 页。
③ 小野良平：《公園の誕生》，東京：吉川弘文館，2003 年，第 40 页。
④ 居伊·德波：《景观社会》，张新木译，南京大学出版社 2019 年版，第 38 页。
⑤ 张金凤：《外国文学研究核心话题系列丛书·身体》，外语教学与研究出版社 2019 年版，第 76 页。
⑥ 蒋耀辉：《大连开埠建市》，大连出版社 2013 年版，第 185 页。

方式规训居民的身体,以实现新兴近代城市"达里尼"对劳动者的闲暇时间的支配和控制。

二、星浦避暑地规划:近代避暑思想与海水浴

1905 年,日本将俄国名称"达里尼"改为"大连",将大连地区统称为"关东州"。1907 年,半官半民的殖民机构"满铁"从东京迁至大连,开始在铁路附属地的范围内以铁路铺设为中心,经营城市建设、矿山开采等殖民活动。在关东都督府顾问、"满铁"首任总裁后藤新平的操纵下,关东都督府土木课建筑技师松室重光和"满铁"地方部建筑课长小野木孝治共同将大连市的建设规划进行了修订和完善。沙俄运用 19 世纪世界先进规划理念设计的城市蓝图正满足了日本向西方学习的欲望,代替沙俄接手大连的日本为了夸耀其"帝国"实力,在公园和广场的改造和再建设方面投入了巨额资金。1909 年,"满铁"相继在大连"伏见台"建成大连电气游园、在大连西部的海滩开辟星浦避暑地,"大连不经意间成为了日本近代国内和殖民地城市规划和建设的试验场"。[①]

如果说沙俄对"达里尼"城市公园的定位与近代闲暇制度和资本主义合理娱乐思想密切相关,那么日本对星浦避暑地的规划和建设则体现了近代避暑卫生思想。"避暑地"与租界、租借地等概念一样,是欧美国家在近代亚洲各国殖民活动的产物。[②] 19 世纪,英国和荷兰殖民者在亚洲建立各自殖民地的同时,创建了避暑地,以期在夏季获得舒适逗留的区域。从英属的西印度一直到远离热带的日本北部的广大亚洲地区,都存在西方人创立的避暑地。19 世纪末,西方传教士在中日两国致力开辟山岳避暑地,如日本的富士山、日光,中国的庐山、莫干山几乎在相同时期成立。

而在日本国内,海滨避暑地(summer resort)比山岳避暑地更加受民众欢迎,这是因为海水浴的传入与兴起。法国历史学家阿兰柯宾在其专著《海的诱惑:发现海滨》中指出,无论是《圣经》里关于大洪水和各种海兽的记录,还是大航海时代船舶航行的不适感,自古以来人们对大海怀有神秘、惊恐、无法亲近的感受。17 世纪近代医学的发展拉近了西方人与大海的距离,海边的新鲜空气和海水本身有利于治疗疾病和加速血液循环。[③] 在日本普及海水浴的正

---

① 蒋耀辉:《大连开埠建市》,大连出版社 2013 年版,第 232 页。

② 李南:《莫干山——一个近代避暑地的兴起》,同济大学出版社 2011 年版,第 21 页。

③ 李政亮:《海滨旅行的诞生》,《历史月刊》第 238 期,第 12 页。

是日本内务省首任卫生局局长长与专斋与由他提拔的后藤新平。长与跟随荷兰医生学习，1880 年出版《海水浴说》，提倡"经由西方医学证明的海水浴疗法"治疗霍乱病和结核病。后藤新平留学德国，1882 年推出的《海水效用论》一般被认为是日本海水浴的启蒙书籍。加之日本自古就有泡温泉和将海水烧热泡澡的习惯（「塩湯治」），因此，西方避暑养生的卫生思想经由政府精英著书推广，在明治 20 年代迅速风靡日本。1885 年，近代日本第一个海水浴场在神奈川县大矶诞生。

大连避暑地的直接修建原因是时任"满铁"副总裁国泽新兵卫的命令。1909 年 5 月的一天，"满铁"在大连台山的山脚举办狩兔大赛。中午，在面朝大海的小山坡上吃午饭时，国泽向包括小野木孝治在内的"满铁"人士说道"听说这里是一片不错的海滨，建成一个海边浴场怎么样？"① 值得注意的是，早在 1878 年德国医生贝尔茨也以相同的目光审视日本的海边。贝尔茨作为明治政府聘请的外国专家，一边在东京医学校任教，一边从事医学临床治疗。他认为"江之岛岩石多，不适合做浴场。而七里滨非常适合开发浴场，海底平坦，岸上没有障碍物"。② 这些建议直接促成了政府精英对海滨浴场的开发与建设。从海滨避暑在日本兴起，到"满铁"决定在大连开发海水浴场，以后藤新平为代表的政府精英已经完全接受西方卫生保健的避暑思想。他们不仅在日本国内大力兴建海滨浴场，而且还在海外殖民地进行推广。

关于浴场的命名，"满铁"地质调查所所长木户忠太郎回忆道"满铁"高层将命名的工作交给了自己，经过长时间的冥思苦想，最终在不经意中想到了「星ヶ浦」这个日语名字。令木户感到困惑的是如何为中国的土地空间取一个符合日本人审美的名字。木户列举了大量例子来说明中国的空间命名往往能够显示其地域特征。特别是"小平岛""沙河""黑石礁""老虎滩"等"即巧妙又合适的地名"已经构成了海岸线，要为这条海岸线中的一段命名实属不易。最终，木户从"黑石礁"的传说中获得灵感，将坠落的星星与大海结合，得到了「星ヶ浦」（星之海）这一日语名字。③

值得注意的是，此时"满铁"决定修建浴场的目的并非服务在连日本人，而是想以大和旅馆吸引西方游客。从 1909 年至 1930 年，"满铁"曾对星浦公园

---

① 小野木孝治：《星ヶ浦追憶》，《満州建築協会雑誌》1932 年第 10 期，第 1 页。

② 中川浩一：《観光の文化史》，東京：筑摩书房，1985 年，第 144 页。

③ 木户忠太郎：《星ヶ浦命名の由来と満州地名考》，《地球》1925 年第 3 期，第 201—205 页。

进行过 5 次地域扩张和 4 次建设,而 1909 年至 1910 年的初期建设目的是"在海滨浴场上建造花园式的海边旅馆以吸引外国避暑游客"。1909 年末,八栋西式和日式木质别墅拔地而起开始营业,1910 年建成了拥有大厅、食堂和客房的大和旅馆并投入使用。并以旅馆为中心进行了草坪、步道铺设,游园和浴场设施布置。① 将服务对象限定于西方避暑游客的星浦避暑地建设体现了后藤新平"文装武备"论式的殖民地侵略政策,即通过"发展经济、学术、教育、卫生等",达到"建设一个广义的文明社会"。对此,后藤解释说"如果是为日本人,则不需要如此设备""要动员欧美人来到满洲与我们携手开发这片新天地"。② 在东北各地修建大和旅馆、招揽西方游客是此殖民政策的重要组成部分。在这前后,"满铁"先后在旅顺、长春、奉天(今沈阳)和大连"大广场"(今中山广场)建起大和旅馆,唯有星浦公园的大和旅馆是以避暑娱乐为目的而建造。

正如大卫·哈维指出,西方列强通过"征服、帝国主义扩张或新殖民支配",将符合资本主义"社会再生产的物质实践"的时间与空间概念强加于殖民地和被支配地区。如欧洲向北美移民,把陌生的时空概念加诸平原印第安人。③ 同样,沙俄殖民者以侵略者的姿态设计并规划了公园城市"达里尼",正是以符合资本主义社会再生产的理性空间秩序和近代思想将中国的渔村青泥洼强行带入"资本主义驯顺体制"。即以优美的环境、合理的闲暇娱乐吸引并规训不同国籍的众多劳动者,使劳动者的身体转化成为服务于殖民统治的宝贵资源。依靠对外战争迅速崛起的日本继续将西方避暑养生的卫生思想输入进来,体现在对星浦避暑地的开发和建设上。

从这个意义上说,空间绝非是一个单纯、静止的名词和容器,而是地缘政治、意识形态、思想权力等多种意义生产的过程。星浦避暑地的开发不仅体现了日本殖民者不愿逊于前任统治者的政治"抱负",而且暗含与日本国内本土"抗争"的意图。同时,这一过程也清晰地勾勒出星浦公园诞生的历史脉络,在公园城市"达里尼"的整体城市氛围与基调之中,经由为迎合西方游客而建构的避暑空间的基础之上发展而来。

---

① 编集部:《星ヶ浦遊園の沿革と其の施設》,《满州建築協会雜誌》1932 年第 10 期,第 9 页。

② 鶴見祐補:《後藤新平伝》,東京:太平洋協会出版部,1943 年,第 143 页。

③ 大卫·哈维:《时空之间——关于地理学想象的反思》,包亚明编:《现代性与空间的生产》,上海教育出版社 2003 年版,第 377 页。

三、大众娱乐思想与星浦公园

星浦避暑地初期的建设目的是为了招引西方游客，但随着 1911 年有轨电车星浦线的开通，"前来游园的一般市民陡然增加"。"满铁"敏锐地预测到了海滨产业所带来的商业利益，及时调整规划，开始后续地域扩张和建设，使得以大和旅馆为中心的避暑地变成了"居住在大连日本人的慰劳场所"和"所有阶级共享的高级娱乐新天地"。① 星浦避暑地的后续开发使得避暑空间与大连市内的电气游园、西公园（后改为中央公园）构成特点鲜明的大众娱乐空间体系，从而使星浦避暑地转变成为真正意义上的星浦公园（或者星浦游园）。

毋庸置疑，促使避暑地向公园转型的重要因素是城市公共交通的整备。日本明治维新的目标是"文明开化"，铁路交通正是西方文明的重要载体。1872 年近代日本第一条铁路线诞生，1900 年铁路网几乎已经遍布整个日本列岛。1895 年京都电气铁路伏见线开通，从而揭开了日本有轨电车运行的序幕。铁路交通的完备直接促成海滨浴场的大众娱乐化，日本的大矶海水浴场的兴盛景象正是得益于东海道铁路的开通。大连有轨电车的运营隶属"满铁电气作业所"，1909 年铺设了由码头至青泥洼间的 2.45 公里长的第一条电车线路。1911 年开通星浦线，1918 年将星浦线延伸至公园西门。依据 1925 年《大连电铁运行系统图》，完成二期建设的星浦公园达到了 4 站，分别是"星浦""星浦大和旅馆""星浦中门""星浦西门"。1928 年大和旅馆分馆建成后，电车路线又增加一站，达到 5 站之多。

进入 30 年代，历经 5 次地域扩张和 4 次扩建的星浦公园已经今非昔比，占地面积从最初 82 万平方米扩大至 478 万平方米左右，公园也从海边住宿避暑变为集游园漫步、游泳运动、高尔夫休闲于一体的多功能大众娱乐空间。1932 年 10 月，满洲建筑协会在其机关杂志隆重推出了《星浦游园特辑》，回顾公园的建设过程，并配有照片详细介绍了公园的空间布局和功能。特辑将星浦公园的景观分为"A 大众地带（东门）""B 大和旅馆及别墅漫步地带（正门）""C（后藤新平）铜像地带及西门""D 海水浴场地带"与"E 高尔

---

① 编集部：《星ヶ浦遊園の沿革と其の施設》，《满州建築協会雑誌》1932 年第 10 期，第 13 页。

夫地带"。① 其中，"B 大和旅馆及别墅漫步地带"是公园的"中枢地带"，包括大和旅馆（新旧三栋）、"满铁"总裁官邸和东西两处别墅群。这一地带正是初期避暑地的规划范围，原本是为满足西方游客避暑需求而建造。这一地带的正门虽然出入自由，但一般是"满铁"宾客的专属通道。"E 高尔夫地带"也主要为西方游客和日本精英阶层服务。日本最早的高尔夫球场是由英国商人1901 年在神户六甲山上修建。20 世纪初，神户六甲山上西方人别墅林立，私人高尔夫球场也成为私人聚会和社交的场所。"满铁"不惜财力通过 3 次地域扩张修建、整备高尔夫球场，开设高尔夫俱乐部，可以说都是为迎合全球的高尔夫热潮的体现。

与此相比，"A 大众地带"是三期建设的重要内容，即将中心地带向东延伸，增建东门，使东门成为游客进入公园的首个门户。修建大和旅馆分馆与11 栋适合一般民众入住的别墅，开辟出民众运动场并在周围设置凉亭、大型钟表，将乱林地带修整为适合民众集会的草坪。距东门不远的地方修建观赏壁泉，以壁泉为起点铺设"山手道"与"海岸道"，这两条主干道分别从东至西横穿公园，最终汇合于西门。最能够显著体现公园的大众娱乐性要数"D 海水浴场地带"。大连星浦公园的特征是拥有两个半岛——探出海面约一公里的巨大礁石"霞半岛"和稍小礁石"国泽半岛"，这两个半岛也成为眺望大海的最佳地点。"霞半岛"将海滨分为东西两个部分，东边的"黎明之滨"和西边的"黄昏之滨"共同构成海水浴场地带。从命名可以看出公园设计者对浴场的空间规划里包含时间运行的意图。② 东西两个海滨浴场共设置 15 个服务休息间、4个淋浴间、5 个卫生间、16 个小卖部、16 个各种运动器械。

作为公园建设者，小野木孝治对公园的定位是"为居住在大连的日本人、中国人、外国人提供以夏季避暑、游泳为主，并兼顾其他季节消遣娱乐"，同时"也供内陆居住者保健、休闲、娱乐""将来成为全满蒙地区、全中国"屈指可数

---

① 编集部：《星ヶ浦遊園の沿革と其の施設》，《満州建築協会雑誌》1932 年第 10 期，第 14—18 页（括号内容为笔者增加）。在此基础上，张丹从景观学角度根据地貌地形将星浦公园的景观进行了重新划分。将 A 与 B 合并成为"平地区住宅景观"，对 C 的命名改为"平地区广场景观"，D 改为"海滨景观"，E 改为"山麓景观"，同时增加了"半岛景观"。即形成大海→半岛→海滨→陆地平地区→山麓→山上的景观体系。

② 张丹：《自然共生型都市的历史根基：1898—2012 年大连的公园绿地》，中国建筑工业出版社2013 年版，第 45 页。

的避暑胜地。① 在大连度过青春岁月的日本女作家松原一枝曾著书回忆小学五年级暑假前夕,在老师的带领下前往海水浴场游泳戏水的欢愉时光。② 20世纪 30 年代大连旅游的黄金时期,包括文人、学生、实业家在内的不同身份与阶层的日本旅行者大都将星浦公园的"白沙长汀""黎明、黄昏之滨"记录在旅行游记中。③ 在连日本人或来连日本人能够在公园里欣赏优美风景,运动休闲,缓解不良情绪,获得健康快乐。

然而,中国人眼中的星浦公园绝非简单的大众娱乐空间。1929 年夏天,南京政府边疆问题研究专家马鹤天作为中央军校政治研究班"党义教授"获得与学员共同前往东北三省考察的机会,并于 1933 开始在月刊《新亚细亚》上陆续发表旅行见闻游记。其目的是在"国人痛心失地之际","引起国人兴奋之念与恢复失地之决心"。④ 这次考察的起点是沈阳,终点是大连。在对大连的介绍中,马鹤天特意以"海滨之风景与水族馆"为标题对星浦公园进行了详细描述。"其地有公园,足供步座,游焉休焉,各随所适。海滨有浴场,可以游泳,水中浴者,沙中卧者,男女老幼俱备,国籍则中日英美均有,在各国侨民,固无不欢欣鼓舞,日人尤甚。"⑤这段文字描述可以说淋漓尽致地描绘了公园游客的众生相。游客不分国籍、性别、年龄,"游焉休焉,各随所适"突出了公园的公共性和娱乐性。以至于"吾国人至者,亦忘其失地之忧哀",公园的娱乐性甚至令国人忘记了割地耻辱。置身于"风景幽胜""游人如蚁"的海滨公园,"余等欣赏之余,不禁悲从中来也"。正如陈蕴茜所言,外国列强在中国所开辟的游乐场所会使"中国人的游乐情趣荡然无存,甚至由此感到屈辱"。⑥

马鹤天还提到了星浦公园的水族馆里"陈列各种奇鱼"和数十种珊瑚,虽然规模较小,但也"颇费意匠"。园内的水族馆是 1925 年 8 月至 9 月殖民当局在西公园举办"大连劝业博览会"时为了增加大众娱乐性而设置的。博览会结束后,水族馆从西公园被转移到星浦公园,由私人承包经营。当时,像水族馆这样集博物学与大众娱乐于一体的新型娱乐项目在"吾国沿海岸尚未设立",

① 小野木孝治:《星ヶ浦追憶》,《満州建築協会雑誌》1932 年第 10 期,第 6 页。
② 松原一枝:《幻の大連》,東京:新潮社,2008 年,第 58 页。
③ 例如 1937 年出版的中岛正则《満鮮雑記》,第 77 页。
④ 马鹤天:《东北考察记》,《新亚细亚》1933 年第 6 期,第 105 页。
⑤ 马鹤天:《东北考察记八 大连一览》,《新亚细亚》1934 年第 1 期,第 135 页。
⑥ 陈蕴茜:《论清末民国旅游娱乐空间的变化》,《史林》2004 年第 5 期,第 97 页。

自然充满了吸引力。而在"割让之地大连有日人设立之一所,又不能不自愧矣"。可以说,置身于日本人修建的星浦公园,马鹤天一行人不仅备受精神上的压抑,而且内心充满国力式微所带来的无力感。殖民地公园只有对于殖民者而言才是娱乐新天地,对于被殖民者而言只是痛感民族耻辱、精神备受戕害的空间。

四、星浦公园殖民景观构建

在西方的近代公园思想中,培养爱国心是公园的重要功能之一。如前所述,德国民众园的设计者希尔施菲尔德在《造园理论》里阐述在公共场所设置塑雕和纪念碑的重要性,"建筑物中装饰一些以国家的历史为题材的绘画作品,设置已经去世的、对国家有贡献的人物雕像,还有记载着重要事件及其教训的纪念碑",其目的是对市民进行国民教育。希尔施菲尔德之后整个 19 世纪,公共绿地一直被看做对民众进行启蒙的场所,认为其具有教育以及培养民众爱国心的意义。[1] 关于纪念碑和雕像的建筑位置,19 世纪的德国造园家理想的公园中"纪念碑和雕像被认为是不可欠缺的,它们一定被建造在人们视线聚集、笔直的林荫道的终点处,或是园路交界的广场中心"。[2]

大连星浦公园的"C(后藤新平)铜像地带及西门"是以"满铁"首任总裁后藤新平的全身铜像为中心而建设的广场,正是日本殖民当局按照理想都市公园的标准而设计。星浦公园除了具有大众娱乐的功能以外,"培养乡土之情和爱市之心"也是"满铁"赋予公园的重要使命。后藤新平作为"大连中心主义"和"文装武备"论式的殖民地侵略政策的倡导者,对大连的发展和建设起到了举足轻重的作用。因此,对于日本殖民当局而言,在公园里"人们视线聚集"的地带设置后藤新平的雕像,非常有助于强化日本"帝国"的认同感和对殖民地"文治武功"的炫耀。1929 年 4 月,后藤在京都病逝后,1930 年 11 月,时任"满铁"总裁山本条太郎等人直接促成了后藤新平铜像揭幕典礼。铜像由著名雕刻家朝仓文夫设计完成,大连各界名流约 800 人参加了揭幕典礼。

广场依据丘陵地势而建造,丘陵中心修建巨大圆盘,圆盘中心竖立起以花岗石为底座的后藤新平全身铜像。底座脚部雕刻异常复杂,四面各配有铜铸

---

① 白幡洋一郎:《近代都市公园史:欧化的源流》,李伟译,新星出版社 2014 年版,第 29 页。
② 同上,第 42 页。

蝙蝠，从蝙蝠口中向外喷水。底座与铜像高达 13 米，周围没有其他建筑，配有樱花树。① 铜像中的后藤新平佩戴眼镜，身着礼服，背北面南，凝视大海。身后的台山在殖民时期被称为"大连富士"。早在 1894 年中日甲午战争期间出版的《日本风景论》中，志贺重昂就认为台湾的最高峰玉山外形颇似富士山，可以将其改名为"台湾富士"；山东的泰山可以改为"山东富士"。② 因此，以"富士"来命名大连的台山无疑是源自《日本风景论》式的风景民族主义和风景殖民主义思想。背靠"大连富士"，后藤新平视线尽头是黄海对面的日本，从殖民地遥望宗主国，流露出浓厚的帝国主义乡愁。居高临下的殖民者铜像直接传达了殖民当局的政治理念，即透过这一空间"炫耀其武力、种族及文明的优越性"。③

从铜像所在丘陵顶部沿铺设道路顺势南下是一个直径为 16 米的巨大喷水池，水池中摆设大小不同的喷水石。道路两边铺设草坪，种植数百株樱花。作为星浦公园三期建设的重点，铜像和喷水池从 1928 年开始计划，1930 年 5 月结束。铜像地带的樱花林不仅成为 30 年代"满铁"组织赏樱游园会的地点，樱花衬托的铜像也成为大连明信片的新增景点。1935 年，殖民政府为纪念大连市政 10 周年特意组织了大连市民创作市歌的活动。大连市歌被录制在唱片的 A 面，而 B 面录制了一首涵盖大连各处地标风景的《大连行进曲》。行进曲第三段"大连富士山脚下，春意盎然星之浦。开车兜风赏樱花，落英缤纷散满车"所描绘的正是星浦公园的樱花盛开的情景。

风景并非自然，而是经视觉装置渗透后的自然。风景政治学的主要倡导者美国学者米切尔指出"风景不仅仅表示或象征权力关系；它是文化权力的工具，甚至是权力的手段""风景的再现与帝国主义的话语密切相关"。④ 风景政治学视阈下的风景是地缘记忆和表征符号，其可视性背后隐含权力与意识形态的交织运作。殖民者在星浦公园里建起"满铁"初代总裁铜像，种植象征日本的植物，将中国自然景物赋予日本名字，以帝国主义权力与暴力建构出充满殖民主义意识形态的风景。殖民风景借助 30 年代兴盛发达的明信片、唱片等

① 编集部：《星ヶ浦遊園の沿革と其の施設》，《満州建築協会雑誌》1932 年第 10 期，第 16 页。
② 志贺重昂：《新装版日本風景論》，东京：講談社，2014 年，第 336 页。
③ 陈蕴茜：《日常生活中殖民主义与民族主义的冲突：以中国近代公园为中心的考察》，《南京大学学报》2005 年第 5 期，第 85 页。
④ W. J. T. 米切尔：《风景与权力》，杨丽译，译林出版社 2014 年版，第 2、10 页。

传媒工具广为流通,营造出"完美帝国前景的乌托邦幻想",①并将其植入在连日本人乃至本土日本人的思想中。其结果是创造出对于殖民风景的认同,形成所谓"风景共同体"。

结语

从公园城市"达里尼"到摩登都市"大连",沙俄与日本这两个侵略者之间的统治权继承关系决不是单纯地缔结外交条约,而是以公园街道、建筑形态等空间节点为载体塑造了城市历史。作为近代公共空间出现的公园、避暑地既是侵略者出于殖民目的塑造的物理空间,也是合理娱乐、避暑养生、大众娱乐等近代思想的呈现空间。归根结底,星浦公园的空间生产正是帝国主义与殖民主义的风景文化实践,它压抑了中国人的娱乐情感,是日本殖民者"帝国"风景的乌托邦幻想。星浦公园出现的原因直指近代中国挥之不去的屈辱历史,但公园本身也成为思想内涵丰富、东西方文化融合的场域载体。"大连星浦公园"的存在对于日本本土而言,具有展示其"膨胀中的日本帝国的前沿性"的作用,②同时直接塑造了殖民地都市大连复杂且特殊的城市肌理。

解放后,星浦公园改名为星海公园,历经七十余年风雨洗礼和改造历程,面貌已经今非昔比。现在的星海公园只保留了"霞半岛""铜像地带"和西面海水浴场地带"黄昏之滨",其余地带已经变成高级住宅区、医院、研究所和军事管理区。即便如此,星海公园仍是大连人民重要的休闲娱乐场所,且作为东北乃至全国著名的海滨公园,吸引大批外地游客。2008 年,大连市城市规划局出台了以扩大公园面积和改善公园环境为目标的《星海公园改造控制性详细规划》,③可以说今天的星海公园作为体现大连城市面貌和时代精神的重要媒介,正在发挥日益重要的作用。正因如此,时至今日,置身公园的国人不应忘记曾被殖民规划的星浦避暑地、星浦公园的历史,而应在传统和现代双重语境下思考城市公园的规划和建设。

---

① W. J. T. 米切尔:《风景与权力》,杨丽译,译林出版社 2014 年版,第 10 页。

② 刘建辉、王梅:《反转的现代主义——租借地大连的都市空间和文化生产》,《东北亚外语研究》2020 年第 2 期,第 19 页。

③ 张丹:《自然共生型都市的历史根基:1898—2012 年大连的公园绿地》,中国建筑工业出版社 2013 年版,第 103 页。

The presentation of modern thought and the construction of colonial landscape: Study on "Hoshigaura Park" in Dalian

Abstract: The rise of the modern nation-state and the industrialization of capitalist cities jointly created a new public space —— The emergence of the Modern Park. As a special space mixed with Western civilization and imperialist aggression, concession and colonial parks have the political and cultural significance of overlapping. The Dalian Hoshigaura Park built by the "South Manchurian Railway" company has two kinds of space forms: Bathing Beach and city park, which Endows Hoshigaura Park with historical complexity and academic research significance. The history of Hoshigaura Park can be traced back to Russian Empire's positioning of Dalian as a park city, which was the most efficient and reasonable place of entertainment that capitalism offered to its workers. The original form of the park —— Hoshigaura summer resort embodies the acceptance and inheritance of the western ideas of summer health by the Japanese colonist. The opening of trams realized the mass entertainment of Hoshigaura Park. In the final analysis, the space production of Hoshigaura Park is just the practice of imperialist and colonialist landscape culture. It suppresses the Chinese People's entertainment emotion, is the Japanese colonist "the empire" scenery utopia fantasy.

Key words: Hoshigaura Park; idea of reasonable entertainment; idea of summer vacation; idea of mass entertainment; Colonial landscape

作者简介：王梅，大连外国语大学比较文化研究基地研究员、日本语学院副教授；柴红梅，大连外国语大学比较文化研究基地主任、日本语学院教授。

消费主义文化视域下美国
劳工消费研究(1923—1929)[①]

周余祥

摘　要：基于 1923—1929 年美国劳工档案数据的分析,我们发现这一时期美国劳工消费水平与劳资关系是否缓和直接相关。具体来说,在这一时期,资方缩短劳工工时和提高劳工工资,而商品价格相对比较平稳和消费主义文化的商品化,使得劳工有能力进行基本消费和符号消费,改善了劳工的生存状况,其富裕的欲望得到极大的满足,劳工处于相对"富裕"的状态。这不仅提高了劳工的生存舒适度,而且提升了劳工的生活幸福感,最终促进了劳工由生产性劳工向消费性劳工的转变,引导了美国劳资关系走向相对和谐稳定。这在一定程度上说明劳工的消费状况直接影响着劳资关系的发展状态,是构建缓和劳资关系机制的重要因素之一。

关键词：消费主义文化　工资　工时　价格　劳工消费

美国劳工是美国劳资关系的直接相对方。一般来说,美国劳工力图通过各种方式来使得自身利益最大化。美国劳方与资方之间的利益博弈,可以通过集体谈判方式或者罢工方式来进行。劳工的生存状况直接影响着劳工维护自身权益的斗争方式和方法,而劳工的基本消费和符号消费状况直接关乎劳工的生存状况。目前国内外学界对 1923—1929 年柯立芝繁荣时期美国劳工

① 本文为 2020 年山东省社会科学规划研究项目"美国残疾人职业教育的联邦保障机制研究"(20CLSJ10)阶段性成果。感谢华东师范大学历史学系孟钟捷教授给予本文的指导。

消费问题尚未有专门的系统论述。因此,笔者拟在借鉴国内外相关研究成果的基础上,以 1923—1929 年柯立芝繁荣时期美国劳工工资、工时和商品价格的档案数据为基石,通过消费主义文化作为研究切入点,充分分析劳工的基本消费和符号消费情况,以期更加全面地认知劳工共享经济繁荣成果的程度,明晰这一时期美国建构的劳资关系机制。

一、工资增加和工时减少:劳工基本消费和符号消费的基础

柯立芝繁荣时期许多企业主认识到:工资和工时是影响企业劳资关系和谐稳定的重要因素。资方随之改变了传统的低工资和延长工时的策略,而代之以高工资和低工时,从而奠定了劳工消费的基础。这种企业经营理念的转变与资方转变的劳资观密切相关。资方的新观点是:"巨大生产的要素是高工资和低成本,因为它依靠扩大的消费,而只有劳工获得真正的高工资的权利和提高生活标准才能达到……"[1]这种新观点在企业中的运用并扩展立刻带来了这一时期劳工工资和工时的变化。

汽车工业作为柯立芝繁荣时期美国的支柱产业之一,工资和工时的变化具有代表性。汽车企业劳工每天的工作制"刚开始是 10 小时,1915 年被每天9 小时工作制取代"。大多数的汽车企业劳工仍然是"每天 9 小时工作制",然而亨利·福特却在 1914 年实现了劳工"每天 8 小时的三班换班制度"。1925年"48% 的汽车企业劳工每周平均工作 54 小时,然而 23.7% 的汽车企业劳工每周平均工作 58 小时"。[2] 1926 年 10 月,亨利·福特宣布在福特公司实行劳工每周工作 5 天的工作制度。[3] 实际上,福特汽车公司在 1914 年 1 月 12 日宣布:"劳工每天的工作时间从 9 小时减至 8 小时,劳工工资每天从 2.5 美元增加到 5 美元。"[4]这些无疑是工业社会的巨大进步,不仅增加了劳工的休息时间,而且解放了劳工,使得劳工获得了巨大的自由,在一定程度上刺激了劳工

---

① Herbert Hoover, *The Memoirs of Herbert Hoover*, *The Cabinet and Presidency*, *1920 - 1933*, New York: the Macmillan Company, 1952, p. 108.

② Joyce Shaw Peterson, *American Automobile Workers*, *1900 - 1933*, Albany: State University of New York Press, 1987, p. 50.

③ David Brian Robertson, *Capital*, *Labor*, *and State*: *the Battle for American Labor Markets from the Civil War to the New Deal*, Lanham: Rowman & Littlefield Publishers, Inc., 2000, p. 168.

④ Stephen Meyer, *The Five Dollar Day*, Albany: State University of New York Press, 1981, p. 109.

的消费。钢铁企业由于其特殊的性质,实行换班制度,这有利于劳工的自由生活。"在实行 7 天工作制的企业实行换班的规定开始于 1910 年,但截至到 1920 年仅有 54% 的高温锅炉劳工实行换班制度。"截至到 1922 年,"换班系统制度变得更加普遍,仍有 29% 的高温锅炉劳工和 27% 的平炉劳工每周工作 7 天"。在 1923 年,"8 小时工作制也在每周 7 天工作制的劳工中实行"。①

美国资方实行积极的工资和工时政策此时已见成效。根据美国劳工部的档案显示:1923—1929 年美国所有行业工会的工资率和劳工工资指数,以 1913 年是 100 为基数,从总体上看:劳工工资持续地增长,从 1923 年 198.6 增加到 1929 年 240.7,增幅指数是 51.5%;全职劳工每周的工作时间则从 1923 年 94.3 降至 1929 年 91.5,降幅指数是 2.8%;全职劳工每周的工资率最高是 1927 年 240.8,虽然在 1928 年出现拐点是 240.6,但 1929 年又增长到 240.7,与 1923 年 210.6 相比,工资率还是增长了 42.1。②

随着科学技术的运用,劳工工作效率猛增,工资率与其对比略逊一筹,"1923—1929 年,制造业中每小时产量提高了 32%,劳工每小时工资提高了 8% 之多"。③ 这简直是社会的一个巨大进步。根据经济学家保罗·道格拉斯(Paul Douglas)的研究计算得出:"1926 年年平均实际工资是 1,473 美元,和 1914 年年平均实际工资 68.2 美元相比,增加了将近 40%。"④ 赫伯特·胡佛在回忆录中也说:"当我成为商务部部长时,27% 的美国企业工作时间每周是 60 小时或者更多,将近 75% 的美国企业每周工作时间是 54 小时或者更多。当我离开白宫的时候,仅有 4.6% 的美国企业工作时间是 60 小时或者更多,仅有 13.5% 的美国企业工作时间是 54 小时或者更多。"⑤因此,在柯立芝繁荣时期,

---

① U. S. Department of Labor, Bureau of Labor Statistics, No. 513, *Wages and Hours of Labor in the Iron and Steel Industry*, *1929*, April, 1930, Washington: United States Government Printing Office, 1930, pp. 10 - 11.

② U. S. Department of Labor, Bureau of Labor Statistics, No. 566, *Union Scales of Wages and Hours of Labor*, *May 15*, *1931*, Washington: United States Government Printing Office, 1932, p. 15.

③ Thomas R. Brooks, *Toil and Trouble: a History of American Labor*, New York: Dell Publishing Co. , 1964, p. 155.

④ Robert H. Zieger & Gilbert J. Gall, *American Workers*, *American Unions: the Twentieth Century*, Baltimore: the Johns Hopkins University Press, 2002, p. 45.

⑤ Herbert Hoover, *The Memoirs of Herbert Hoover*, *The Cabinet and Presidency*, *1920 - 1933*, New York: the Macmillan Company, 1952, pp. 102 - 103.

企业劳工的工作状态是良好的，其休息时间得到了保证，其工资的增长是具有诱惑力和兴奋性的。

根据美国商务部的档案显示：1923—1929 年美国劳工的工资率和工作时间，以 1913 年的工资率和时间是 100 为基准，劳工每小时的工资率自 1923 年 210.6 增至 1929 年 262.1，涨幅达到 51.5％；而全职劳工每周的工作时间则由 1923 年 94.3 减少至 1929 年 91.5，减少幅度达到 2.8％；全职劳工每周的工资率更是迅速提升，从 1923 年 214.3 增至 1929 年 240.7，增幅高达 26.4％。[①] 这些都形成了鲜明对比，进一步表明柯立芝繁荣时期全职劳工不仅提高了工资率，而且缩短了工作时间。

具体到工会劳工的工资，根据美国劳工部的档案显示：1923—1929 年美国工会劳工工资率和工作时间，以 1913 年是 100 为基准，工会每小时工资率持续地提高，每周的工作时间持续地减少，每周的工资率持续地提高。具体来说，1929 年每小时工资率 262.1 是 1923 年 210.6 的 1.2 倍之多；1929 年每周的工作时间 91.5 比 1923 年 94.3 减少了 3％；1929 年每周的工资率 240.7 是 1923 年 198.6 的 1.2 倍之多。[②]

具体到企业的劳工工资，根据美国劳工部的档案显示：1923—1929 年钢铁公司全职劳工平均工时和工资，以 1913 年工时和工资指数是 100 为基准，总体来看，钢铁公司劳工每周平均工时呈现持续下降态势。具体来说，全职劳工每周平均工时 1923 年 63.2 与 1929 年 54.6 相差 8.6；工资持续地增高，全职劳工每周平均工资 1923 年 31.67 与 1929 年 36.48 相差 4.81 美元。[③]

总体来看，劳工工资的增长和劳动时间的缩短在柯立芝繁荣时期表现得极其明显。以 1914 年为基线，"劳工的工资在 1921 年增长了 8％，在 1922 年增长了 13％，在 1923 年增长了 19％。在以后的两年时间里，工资水平继续保

① U. S. Department of Commerce, Bureau of Foreign and Domestic Commerce, *Statistical Abstract of the United States*, *1930*, Fifty-Second Number, Washington: United States Government Printing Office, 1930, p. 348.

② United States Department of Labor, Bureau of Labor Statistics, No. 515, *Union Scales of Wages and Hours of Labor*, *May 15*, *1929*, Washington: United States Government Printing Office, 1930, p. 13.

③ United States Department of Labor, Bureau of Labor Statistics, No. 567, *Wages and Hours of Labor in the Iron and Steel Industry*, *1931*, Washington: United States Government Printing Office, 1932, p. 3.

持,然后又增长了,在 1928 年增长了 32%。每周的工作时间从 1920 年的
47.4 小时下降到 1929 年的 44.2 小时。……失业率在 1923—1929 年一直保
持在低于 3.7% 的水平。相对于 1911—1917 年 6.1% 的失业率来说,对于劳
工确实是一个相对繁荣的时期"。① 这一时期劳工工资的增长意味着劳工收
入的增加和富裕水平的提高,这成为这一时期劳资关系和谐的催化剂;相反,
劳工工资的减少是劳资关系冲突的助推器,正如约翰·肯尼思·加尔布雷斯
(John Kenneth Galbraith)认为:"在贫穷的国家,由于微薄的收入,劳资关系
一般来说是紧张的。"②

　　劳工在其工资持续增长的情况下,其工时却持续地减少,这无疑使得劳工
有更多的自由支配时间,提升了劳工的幸福指数,这实际上是解放了劳工,使
得劳工获得了更大的人身自由。虽然资方获取利润的幅度与劳工工作效率的
增幅相对应,同时更与劳工的工作时间密切相关,但是随着劳工工作效率的提
高,资方在增加利润的同时却减少了劳工的工作时间,这达到了资方调整企业
劳动力结构和吸引人才的效果,实际上缓和了劳资关系。笔者认为:劳工工
时的缩短、劳工工资的提高和劳工休闲时间的增加都是现代文明社会的进步,
这实质上是资方对劳工人身自由和权利的重视,是资方实行福利资本主义的
具体成效之一。

二、生存舒适度提高:劳工基本消费和符号消费的状况

　　美国工业现代化的迅猛发展使得劳工有机会以更廉价的价格购买商品,
而福特制生产方式的流行以及高工资和低工时政策起到了推波助澜的作用。
例如,技术变革(Technological Change)带来了生产效率的巨大变化。技术变
革是指:"在生产和分配过程之中引入新的安排,使新的或者改进的产品或服
务成为可能。"这些巨大变化具体是:"对于定量的产出,需要较少的资本、劳动
力和物质投入;或者相同数量的资源,可以产生更大的产出。"③根据美国劳工

① Robert H. Ferrell, *The Presidency of Calvin Coolidge*, Lawrence: University Press of Kansas, 1998, p. 73.

② John Kenneth Galbraith, *The Essential Galbraith*, *Selected and Edited by Andrea D. Williams*, Boston: Houghton Mifflin Company, 2001, p. 87.

③ United States Department of Labor, Bureau of Labor Statistics, Bulletin No. 1474, *Technological Trends in Major American Industries*, Washington: United States Government Printing Office, 1966, p. 1.

部的档案显示：1923—1925年工薪阶层和较低薪水的劳工基本的生活花费，衣服占14.1％，食品占31.6％，房租占19.8％，燃料、电力和冰块占6％，房屋用品占4.8％，其他物品23.7％。[①] 这说明此时期劳工已经从基本的温饱生活需求层次向更高需求层次迈进。

根据美国商务部的档案显示：1923—1929年美国整体消费的价格指数，以1926年是100为基准，整体消费价格指数最高是集中在1925年。其中，布拉德斯特里特价格指数（96种日用品每磅的价格）最高是1925年108，比最低1929年97.3高10.7。邓恩指数（每一个居民的消费指数）最高是1925年104.6，最低是1927年99.4，相差指数是5.2。所有日用品指数最高是1925年103.5，最低是1927年95.4，相差指数是8.1。生食品指数最高是1925年106.7，是1927年96.5的1.1倍还多，相差指数是10.2。半成品指数最高是1923年118.6，最低是1929年96.5，相差指数是22.1。熟食指数最高是1925年110.6，最低是1927年94.5，相差指数是6.1。[②] 这说明，柯立芝繁荣时期美国整体消费价格总体来说是持续地下降的，而在此时期劳工工资是持续地上涨的，这说明此时的物价水平也是易于被劳工承受的，一定程度上说明劳工生活状况明显改善。

根据美国劳工部的档案显示：美国1923—1929年51个城市食品零售价格指数，以1923—1925年是100为基准，干类水果和蔬菜价格指数总体呈现下降趋势。糖果和甜类食品价格指数最低是1929年74.6，最高是1923年114.4，两者相差价格指数是39.8，这一类食品价格也是呈现下降趋势。水果和蔬菜的总价格指数最低是1924年，最高是1926年，两者相差价格指数是29.9；1923年价格指数与最高1926年相差是24.1；而到1929年价格指数又降至98.4。相对而言，肉类、饮料和巧克力类食品价格是一路上扬。肉类食品价格指数最高是1929年，最低是1923年，相差是24.8。饮料和巧克力食品价格指数最高是1926年113.8，最低是1923年87.8，两者相差价格指数是

① U. S. Department of Labor, Bureau of Labor Statistics, Bullentin No. 699, *Changes in Cost of Living in Large Cities in the United States*, *1913 - 41*, Washington: United States Government Printing Office, 1941, p. 25.

② U. S. Department of Commerce, Bureau of Foreign and Domestic Commerce, *Statistical Abstract of the United States*, *1931*, Fifty-Third Number, Washington: United States Government Printing Office, 1931, p. 339.

26。蛋类产品比较特殊,蛋类价格指数最高是 1925 年 106.4,最低是 1927 年 93.5,两者相差价格指数是 12.9。食品价格总指数最低是 1924 年 97,最高是 1926 年 108.5,两者相差价格指数是 11.5;到 1929 年又回落到 104.7,与 1924 年相差是 7.7。[1] 这说明,1923—1929 年柯立芝繁荣时期美国食品价格水平还是比较平稳的,这方便了劳工的生活,提高了劳工的幸福指数。

根据美国劳工部的档案显示:1913 年美国农产品、非农产品和所有商品的价格指数,以 1926 年是 100 为基准,1913—1922 年农产品价格涨幅巨大,最低是 1913 年 71.5,最高是 1919 年 157.6,涨幅相差 86.1。但 1923—1929 年期间,农产品的价格相对而言是上涨趋势,最低是 1923 年 98.6,最高是 1925 年 109.8,上涨幅度相差 11.2,波动比较小;非农产品最高是 1925 年 101.4,最低是 1929 年 94.4,波动幅度指数是 7。1923—1929 年期间所有产品的价格都比较平稳,最高是 1925 年 103.5,最低是 1927 年 95.4,波动幅度指数是 8.1,没有出现大的波动。[2] 这说明,这时期劳工生活所必需的商品价格涨幅也是在美国社会可控范围之内,其没有出现大起大落,从而有利于美国社会的稳定和发展。

美国劳工的生活水准相对而言是初步提升的,尤其是与美国商品批发价格相比,美国劳工的生存状态是良好的,消费能力逐步地提高了。根据 1921—1925 年美国劳工工资和商品批发价格指数的对比,以 1913 年是 100 为基准,[3]我们可以清楚地看到:美国工会劳工的工资持续地增加,尤其是柯立芝繁荣时期,1925 年工会工资是 238,相对 1921 年增加 33;而 1925 年商品批发价格是 159,相对于 1921 年减少了 12。从这里进一步得到的工资率和商品批发价格指数的增减比值:美国是 33:-12。

我们还关注到关于劳工家庭中孩子抚养的消费问题。在 1924 年,纽约城市中"医生参与了 80% 的婴儿出生,50% 的婴儿在医院出生"。据统计,婴儿出生的平均花费是"200—300 美元"。对于一个 5 口人之家,父母双方和 3 个

---

① United States Department of Labor, Bureau of Labor Statistics, Bulletin No. 635, *Retail Prices of Food*, *1923 - 36*, Washington: United States Government Printing Office, 1938, pp. 12 - 13.

② United States Department of Labor, Bureau of Labor Statistics, No. 521, *Wholesale Prices*, *1929*, Washington: United States Government Printing Office, 1930, p. 10.

③ Herbert Hoover, *The Memoirs of Herbert Hoover*, *The Cabinet and Presidency*, *1920 - 1933*, New York: the Macmillan Company, 1952, p. 78.

孩子，"一年的消费大约是 2,500 美元"。对于一个收入 2,500 美元的家庭来说，从婴儿出生到抚养到 18 周岁，花费如下："出生费用 250 美元，食物费用 2,500 美元，衣服和住宿费用 3,400 美元，未成年的教育费用 50 美元（不包括社区提供的成年教育费用 1,100 美元），健康费用 284 美元，消遣娱乐费用 130 美元，保险费用 54 美元，各式各样的消费 570 美元，共计是 7,238 美元。"①这在一定程度上说明美国劳工消费的多样性。

随着劳工工作时间的减少和劳工工资水平的提高，商品的价格指数相对而言是比较平稳的，这充分说明劳工的消费能力相对而言也提高了。而消费主义文化的盛行引导了劳工的消费倾向，劳工的生活方式随之也渐渐地发生了变化。劳工尤其是青年劳工"去看无声电影，跟着爵士乐跳舞，相互拥吻并且寻求不同的、远离其父母的、自身喜欢的自由的地方"。甚至是"繁荣的异国风味的会堂、犹太人剧院和哈莱姆的文艺复兴改变了人们对于路易斯·法里纳（Louis Fraina）的关注"。② 迅速崛起的广告业极大地引导和刺激了劳工的消费，劳工的消费观也逐渐地发生变化，"从衣服转变为喜欢更新的休闲物品和大规模消费，包括收音机和汽车"。③ 正如美国学者丹尼尔·贝尔（Daniel Bell）所说："妇女杂志、家庭指南以及类似《纽约客》这种世故刊物上的广告，便开始教人们如何穿着打扮，如何装潢家庭，如何购买对路的名酒———一句话，教会人们适应新地位的生活方式。"④制造商、广告客户和零售商同意"在显要位置放置图像、增加图片图像，以劝说消费者购买商品和服务"。企业家和广告专家逐渐地依靠"新的专业团队的商业图片产生了可以直观表示的现代商业文化"。⑤ 这无疑刺激了消费者的消费欲望，拉动了经济增长，使得企业有条件实施高工资。例如，家庭经济学家和广告专家克里斯廷·弗雷德里

① U. S. Department of Labor, Bureau of Labor Statistics, No. 439, *Handbook of Labor Statistics, 1924 - 1926*, Washington: United States Government Printing Office, 1927, pp. 120 - 122.

② Paul Buhle, *Taking Care of Business: Samuel Gompers, George Meany, Lane Kirkland, and the Tragedy of American Labor*, New York: Monthly Review Press, 1999, p. 89.

③ Steven Fraser, *Labor Will Rule: Sidney Hillman and the Rise of American Labor*, New York: The Free Press, 1991, p. 206.

④ ［美］丹尼尔·贝尔：《资本主义文化矛盾》，赵一凡等译，生活·读书·新知三联书店 1989 年版，第 116 页。

⑤ Elspeth H. Brown, *The Corporate Eye: Photography and the Rationalization of American Commercial Culture, 1884 - 1929*, Baltimore: The Johns Hopkins University Press, 2005, pp. 4 - 5.

克(Christine Frederick)1920 年的表述:"妇女购买了 48％的药品,96％的布匹,87％的原材料和市场食品,48.5％的五金器具和家具。"①1914 年,广告业的收入估计是 6.82 亿美元,而到 1929 年广告业的收入增长到 29.87 亿美元。② 20 世纪 20 年代,美国的平均收入增加了 20％。这使得人们"有资金购买了 2,700 万辆汽车,以及 350 万套新住宅"。其他现代化商品的销售也非常好。"900 万套住宅架设了电线,600 万部电话被安装,700 万台收音机被售出。"以收音机为例,1920 年出现第一台收音机,1922 年,"销售总额达到 6,000 万美元"。在两年之后,销售总额超过原来的两倍之多。1929 年,美国人"在收音机方面的消费是 34 亿美元"。③

　　这些无疑是促进了美国消费社会的发展,更是劳工消费水平提高和生活水平改善的结果。因此柯立芝繁荣时期美国虽然延续了沃伦·哈定政府的"回归常态"政策,但是这一时期劳工的生存舒适度实际上是层次更高、水平也更高,正如当时商务部部长赫伯特·胡佛在 1923 年所说:"回归常态是比 1913年更高和更舒服的标准水平。"④劳工的消费水平一方面影响着劳工的幸福指数,另一方面影响着企业的扩大再生产。因此,资方鼓励和刺激消费,尤其是企业劳工等大众消费,这样各式各样的商品才会被销售,企业才会迅速获得发展生产所需的资金,加快了资金回流的速度;同时企业的扩大再生产可以增加劳工的雇佣率,这促进了劳资关系的相对和谐发展。

　　虽然欧洲尤其是英国学者,例如皮古(A. C. Pigou)、阿瑟·鲍利(Arthur Bowley)、艾伦(R. G. D. Allen)、亚历山大(Alexander Konüs)、戈特弗里德·哈伯勒(Gottfried Haberler)、汉斯·斯蒂尔(Hans Staehle),认为:"生活费用指数应该衡量变化的费用,通过获得的固定的'效用''满意'或者'福利'水平。"但制度经济学家认为:"生活费用指数能够成功地衡量零售价格的平均变

---

① Elspeth H. Brown, *The Corporate Eye: Photography and the Rationalization of American Commercial Culture, 1884-1929*, Baltimore: The Johns Hopkins University Press, 2005, p. 162.

② Lynn Dumenil, "Re-Shifting Perspectives on the 1920s: Recent Trends in Social and Cultural History", in John Earl Haynes, *Calvin Coolidge and the Coolidge Era*, Washington: the Library of Congress, 1998, p. 67.

③ Thomas J. Ladenburg & Samuel Hugh Brockunier, *The Prosperity and Depression Decades*, New York: Hayden Book Company, Inc. , 1971, p. 19.

④ Thomas A. Stapleford. *The Cost of Living in America: a Political History of Economic Statistics*, 1880-2000, New York: Cambridge University Press, 2009, p. 96.

化,不要模糊的方法,而满意这种主观的概念。"①笔者认为劳工的消费水平一方面反映了劳工生活舒适度的情况,另一方面影响了劳资关系发展的状况。

三、生活幸福感提升:消费主义文化的商品化

消费是社会再生产的最终环节,是生产的目的和动力。此时消费尤其是世俗消费成为劳工日常生活的一部分,被美国大众所接受。从社会学的角度看,消费"是一个系统,它维护着符号秩序和组织完整:因此它既是一种道德(一种理想价值体系),也是一种沟通体系、一种交换结构"。②此时汽车消费成为劳工展示其自身经济实力和身份地位的象征,在一定程度上提升了劳工的生活幸福感。正如亨利·列斐弗尔所说:"汽车是一种地位的象征,它代表着舒适、权力、威信和速度;除了其实际用途之外,它主要是作为一种符号被消费的;由于它是消费和消费者的象征,它象征着快乐并以象征物来刺激快乐,所以汽车的各种内涵互相交错、互相强化又互相抵消。"③从此方面来说,消费随之带来了劳工的攀比心理,甚至与资方消费水平的攀比心理,这也存在有益的一面,它可以激发劳工的工作热情和上进的动力。同时,这一时期分期付款方式的消费使得劳工可以购买相对理想的物品,这也弥合了劳资双方消费心理的差距。因此,笔者认为消费能够引导劳工的生活状态,激发劳工的工作热情,促进社会的再生产,引导劳工由生产性劳工向消费性劳工转变,最终促进了劳资关系的和谐发展。

在这一时期,伴随着生产效率的极大提高,美国社会逐步进入到了消费社会,消费主义文化也逐渐地商品化。20世纪,在文化企业发展之际,"大量产品的扩展导致文化的商品化"。消费是"制造商寻求更大利润的结果,市民成了广告者的被动牺牲者"。④在1919—1929年,美国劳工"新组成了350万个家庭,900万户住宅使用了电气化设备,他们安装了600万台电话,使用了700万多台收音机"。⑤同时,消费的盛行也带来了巨大的社会效益,一方面,劳工

---

① Thomas A. Stapleford, *The Cost of Living in America: A Political History of Economic Statistics, 1880-2000*, New York: Cambridge University Press, 2009, p. 99.

② [法]让·波德里亚:《消费社会》,刘成富、全志钢译,南京大学出版社2000年版,第68页。

③ [美]约翰·奥尼尔:《身体形态》,张旭春译,春风文艺出版社1999年版,第96页。

④ Conrad Lodziak, *The Myth of Consumerism*, London: Pluto Press, 2002, p. 11.

⑤ Robert H. Zieger, *American Workers, American Unions, 1920-1985*, Baltimore: Johns Hopkins University Press, 1986, p. 4.

内心的理想和渴望可以通过消费的方式获得各方面的满足,享受空闲时的幸福感,这不仅提高了劳工自身的价值,而且增加了劳工努力工作的欲望。另一方面,消费可以增加资方,回笼资金,增加资方的利润。正如马丁·李(Martyn J. Lee)所说:"消费是资本以货币形式存在于经济活动链条中的最后一环,是通过物质生产过程转化成的商品资本额。商品的交换和消费将获得利润的实现,当它回到资金形式的时候,就可以再次投入到进一步生产,再次开始资本的流通。"①这进一步说明消费会反作用于生产,从而进一步刺激了资方扩大再生产,引进先进的生产技术以提高生产效率,努力创造先进的科学管理方法以促进劳资关系的相对和谐。某种程度上,消费主义文化成为改善劳资关系的"润滑剂",支撑着美国社会的持续发展。

消费主义文化也影响着资方对劳工工资的看法,一个制造厂商说:"我们在关注财富生产和分配过程之中劳工的经济因素,我们希望劳工发挥公平的作用,因为雇员也是我们的顾客。"②资方经营理念的变化推动了劳资关系走向缓和,进一步促进了经济社会的持续发展。这一时期消费主义文化鼓励高消费,主张享乐主义,甚至造成了资源浪费,从而引起了传统清教主义者的反抗和批判,却仍然无法阻止这股强劲的风潮。因为这是迅速发展的工业化和城市化之后,资本主义社会伴随而来的新价值观念,"消费主义被编织成现代人的灵魂,这种动力促使人们超越了生存需求——空气、水、食物和住房——并且通过各种理由来获得"。③ 因此,劳工追求富裕的愿望是不可磨灭的,正如戴维·兰德斯(David S. Landes)所说:"富裕是不可阻挡的磁铁。"④

虽然学者劳伦斯·布莱克(Lawrence Black)和休·彭博顿(Hugh Pemberton)认为:"富裕社会的出现与工业革命引发的巨大社会变革密切

① Martyn J. Lee, *Consumer Culture Reborn: the Cultural Politics of Consumption*, London: Routledge, 1993, p. 17.

② Colin Gordon, *New Deals: Business, Labor, and Politics in America, 1920-1935*, New York: Cambridge University Press, 1994, p. 95.

③ Robert B. Vineyard, *Encyclopedia for the New American Century: Understanding Verbalizations in This New Age of Empire, Mythology and Consumerism*, Lincoln: iUniversie, 2006, p. 33.

④ David S. Landes, *The Wealth and Poverty of Nations*, New York: W. W. Norton & Company, Inc., 1998. p. xx.

相关,在 20 世纪 50 年代和 60 年代扩展到大多数民众。"①但是一个人在不同的阶段其满足度要求也不同,美国学者马歇尔·萨林斯(Marshall Sahlins)认为富裕社会是:"在这个社会所有人的物质欲望都很容易被满足。"②然而,一个人的满意度是随着时间的推移而不断地变化的,正如约翰·肯尼思·加尔布雷斯(John Kenneth Galbrain)所说:"一个人不能够确保满意的持续时间从个人储存货物的突然增加到逐渐减少。"③安东尼·坎帕尼亚(Anthony Campagna)也认为:20 世纪 20 年代的三位共和党籍总统都信奉"自由经营、资本主义经济是站在美国消除贫困的边缘"。这一时期劳工失业率从 1921 年 11% 多下降到 1929 年 3% 多。④ 这一时期的劳工的罢工率也持续地降低。虽然 1923 年的罢工次数是 1,553 次,比 1922 年增加了 441 次,但是 1923 年罢工的劳工人数 756,584 名比 1922 年减少了 50% 多。自 1924 年开始,罢工次数持续地下降。1928 年罢工次数减少至 604 次。1929 年劳工罢工次数虽然略微增加至 921 次,但仅仅是因小的劳资纠纷,劳工罢工人数却持续减少至 288,572 名。⑤

因此,笔者认为在这一时期美国劳工达到了相对富裕状态,劳工的生活幸福感因消费而获得了极大提升,劳工逐步地成为稳定社会的力量,这一时期美国社会的发展进入到了一个相对稳定发展的新时代。

但我们不能忽视影响劳工消费的福利保障因素。一方面是资方提供给劳工的相关福利。首先是关于养老金福利。铁路行业在 1874 年建立了第一个正式的养老金计划。截止到 1927 年,超过 80% 的铁路劳工加入到了雇主提供的养老金计划。⑥ 虽然此时不同的雇主提供的养老金计划的资金有所不同,

---

① Lawrence Black and Hugh Pemberton. *An Affluent Society*?: *Britain's Post-War' Golden Age' Revisited*, Aldershot Hampshire: Ashgate Publishing, Ltd., 2004, p. 16.

② Marshall Sahlins, *Stone Age Economics*, Chicago: Aldine·Atherton, Inc., 1972, p. 1.

③ John Kenneth Galbraith. *The Affluent Society*, Fortieth Anniversary Edition, New York: Houghton Mifflin Company, 1998, p. 121.

④ Katherine A. S. Sibley, *A Companion to Warren G. Harding*, *Calvin Coolidge*, *and Herbert Hoover*, Oxford: John Wiley & Sons, Inc., 2014, pp. 213 – 214.

⑤ United States Department of Labor, Bureau of Labor Statistics, Bulletin No. 651, *Strikes in the United States*, *1880 – 1936*, Washington: United States Government Printing Office, 1938, pp. 21 – 26.

⑥ U. S. Department of Labor, Bureau of Labor Statistics, Bulletin 2041, *Wage Chronology*: *Railroads-Nonoperating Employees*, *1920 – 77*, Washington: United States Government Printing Office, 1980, p. 24.

但这为铁路劳工的消费提供了一定的物质基础。其次是关于集体保险福利。该福利自 1911 年兴起以来,在 1916 年之后迅速的发展。在 1926 年,超过 75 家的公司实行了集体保险计划,资金高达 56 亿美元。[①] 这实际上是公司为了提高员工的工作效率而采取的福利待遇。再次是关于失业保险福利。例如,美国丹尼森制造公司(Dennison Manufacturing Co.)在 1916 年开始实施劳工失业福利计划,在 1920 年 3 月开始支付劳工的福利。1924 年,美国铸铁管公司(American Cast Iron Pipe Co.)启动了劳工失业福利计划。[②] 另一方面是劳工工会提供给劳工的相关福利。绝大多数的劳工工会都"有规定以帮助他们的会员应对死亡、疾病和事故的灾难"。例如,在提供福利待遇的众多工会中,"有 63 个是关于死亡问题,有 14 个是关于残疾问题,有 12 个是关于疾病问题,有 13 个是关于老年人问题,有 20 个是关于保险问题"。具体来说,制靴和制鞋劳工工会成员只有因疾病或残疾丧失工作能力两年才可获得相关福利。在这两年中该类劳工获得的疾病津贴是:"持续 13 周,每周是 5 美元。"[③]此时不同的劳工工会关于劳工的相关福利不尽相同,但是这些福利待遇有助于消除劳工的后顾之忧,使得劳工可轻松地进行消费。再者,我们也应该注意到美国劳工赔偿的联邦机制。自 1916 年以来,美国联邦政府逐步地建立了应对企业事故的劳工赔偿机制,在柯立芝繁荣时期其逐步地走上了比较规范的法制化轨道,有效地保障了劳工的权益。[④] 这进一步刺激了劳工的消费需求。

四、思考:消费性劳工的幸福感

劳工追求超越基本生活的消费尤其是符号消费的过程中虽然也会怀有攀比的心理状态,投入一种自认为有意义但艰辛的工作,但这确实是劳工追求自

---

① U. S. Department of Labor, Bureau of Labor Statistics, No. 458, *Health and Recreation Activities in Industrial Establishments*, *1926*, Washington: United States Government Printing Office, 1928, p. 66.

② United States Department of Labor, Bureau of Labor Statistics, No. 544, *Unemployment-Benefit Plans in the United States and Unemployment Insurance in Foreign Countries*, Washington: United States Government Printing Office, 1931, p. 7.

③ U. S. Department of Labor, Bureau of Labor Statistics, No. 465, *Beneficial Activities of American Trade-Unions*, Washington: United States Government Printing Office, 1928, p. 2, pp. 12 - 19.

④ 周余祥:《美国劳工赔偿的联邦机制发展研究(1916—2000)》,《劳动经济评论》2017 年第 2 辑,第 176—186 页。

身幸福生活的经历。正如亚伯拉罕·马斯洛所说:"幸福重新定义为接受挑战、克服困难时所经历的真实的情感体验。"① 柯立芝繁荣时期美国消费主义文化的意义扩大了,它引起了共鸣,代表着"快乐、享受和自由",它"不仅是一种生活方式,而且实际上越来越成为现代生活主要目的的代名词,体现社会存在的价值"。② 这也说明这一时期美国劳工实现了从生产性劳工到消费性劳工的转变。

消费主义文化成为美国经济持续发展的推动力。正如罗伯特·温亚德(Robert B. Vineyard)所说:"消费主义是世界发达国家的经济引擎。"③此时消费信贷(Consumer Credit)是"大众消费有力的燃料",但也有助于"灌输不合理的预期回报和持续地消费增长"。截止到 1925 年,用信用卡通过购买大件物品的购买率显著提高,76%的新型汽车,75%的收音机,90%的洗衣机都是通过分期付款的方式购买。④ 这种消费方式的流行又进一步刺激了人们的消费欲望,使得大众为了追求物质享受而进行超前消费,甚至过度消费。如学者罗莎琳·巴克森德尔(Rosalyn Baxandall)等人所说:"20 世纪 20 年代,2/3 的国家收入花费在零售店。"⑤信用合作社(Credit Union)运动是其中消费信贷的代表之一。信用合作社虽规定仅向其会员贷款,但实际上加入会员非常容易。该合作社还规定所有成员的权利和待遇是一致的,主要是"提供给最需要小额贷款的劳工",并且是"低利率"。这种借款方式,让作为信用合作社的贷款劳工感受到:"既不是被剥削的受害者,也不是慈善的对象。"⑥这无疑一方面解决了劳工的消费需求,另一方面维护了劳工的尊严,最终提升了劳工的幸福

---

① [美]爱德华·霍夫曼:《洞察未来:A. H. 马斯洛未发表过的文章》,许金生译,改革出版社 1999 年版,第 6 页。

② Barry Smart, *Consumer Society: Critical Issues and Environmental Consequences*, London: SAGE, 2010, p. 7.

③ Robert B. Vineyard, *Encyclopedia for the New American Century: Understanding Verbalizations in This New Age of Empire, Mythology and Consumerism*, Lincoln: iUniverse, 2006, p. 33.

④ Katherine A. S. Sibley, *A Companion to Warren G. Harding, Calvin Coolidge, and Herbert Hoover*, Oxford: John Wiley & Sons, Inc., 2014, p. 183.

⑤ James R. Green, *The World of the Worker: Labor in the Twentieth-century America*, New York: Hill and Wang, 1980, p. 112.

⑥ United States Department of Labor, Bureau of Labor Statistics, Bulletin No. 531, *Consumers', Credit, and Productive Cooperative Societies, 1929*, Washington: United States Government Printing Office, 1931, p. 54.

感。

这一时期的广告业起到了推波助澜的作用,进一步刺激了美国劳工的消费。现代广告"集中在个人和社会交集的地方,并宣称有办法使个人成为更加成功的社会人士"。这无疑创造了劳工消费的欲望并改变了劳工的生活习惯。① 美国全国消费者联盟(National Consumer' League)也促进了美国社会对消费者的认知。它在 1926 年推出了联盟历史上所有阶层的男性或女性消费者在 20 世纪第一季度的愿景:"在我们国家工作条件的责任源于每一位男工和女工的购买。每一名购买者,包括从购买一个小圆面包到一艘游艇都是一名消费者。"这种宣传和呼吁使得道德消费成为一种战略。该联盟甚至认为:"为了提高'群众'的购买力需要改变消费者的形象。"②

这一时期美国劳工工会的罢工减少不仅与消费主义文化的诱导密切相关,而且与劳工工会对资方企业的看法密切相关。例如,1923 年,铁路工会针对衰落铁路系统的国有化而提出了普拉姆计划(Plumb Plan),这被印证为"劳资合作是可行的和互惠互利的"。③ 柯立芝繁荣时期劳工消费的心理满足和物质提升,使得劳工比较充分地分享了经济繁荣的成果,劳工生存舒适度提高,生活幸福感提升,社会存在感指数明显增加,这在一定程度上促进了美国劳资关系走向缓和并维持相对和谐稳定。而根据社会安全阀理论,劳工只有具有了表达自身利益的渠道,劳资关系才会趋于稳定。从这里我们进一步体会到:社会富裕程度与劳资关系的态势密切相关,劳工的富裕水平直接影响着劳资关系的发展状态,而消费成为满足劳工富裕心理要求的最直接的表现形式。因此,一国缓和劳资关系的构建需要关注以下两方面的因素:一是企业需要持续不断发展,尤其是国家经济社会的持续进步和繁荣,二是劳工消费水平的持续提高,国家需正确处理消费文化对劳工合理消费的诱导作用,特别是要引导劳工对富裕的美好生活的向往。

---

① Peter Corrigan, *The Sociology of Consumption*: *An Introduction*, London: SAGE, 1997, pp. 67 - 68.

② Landon R. Y. Storrs, *Civilizing Capitalism*, Chapel Hill: The University of North Carolina Press, 2000, pp. 19 - 22.

③ U. S. Department of Labor, Bureau of Labor Statistics, BLS Bulletin 2153, *Labor-Management Cooperation*: *Recent Efforts and Results*, Washington: United States Government Printing Office, 1982, p. 31.

Analysis of American Labor's Consumption from the Perspective of Consumerism Culture(1923—1929)

Abstract: Analysis of American labor archive data from 1923 to 1929, we find that the level of the labor's consumption is directly related to the mitigated labor relations in the United States. Specifically, the employers provided shorter working hours and higher wages, the prices of commodity are relatively stable and commodification of consumerism culture, therefore, labors have the ability to purchase basic consumption and symbol consumption, which have improved the living conditions and met their affluent desires, therefore labors are in a relatively "affluent" state. These consumerism not only improve labors' survival comfort, but also enhance labors' life happiness, and ultimately promote the transformation of labor from the productive labor to the consumptive labor, which guide American labor relations to follow the relatively harmonious and stability road. To some extent, labors' consumption directly affects the development of labor relations, which is one of the important factors to build the mitigated mechanism of labor relations.

Keywords: Consumerism Culture; Wages of Labor; Working Hours of Labor; Prices of Wholesale; Labor's Consumption

作者简介：周余祥，华东师范大学历史学系在站博士后，鲁东大学历史文化学院讲师，硕士生导师。

考察日本的社会资本：以佐贺县为例

张 舒

摘 要：自 20 世纪 80 年代以来，日本社会出现了一系列病理现象：地缘血缘的消失、家庭的空洞化、青少年的冷漠以及社会规范的衰退等。加之近年来少子老龄化的加剧，使得日本开始重视社会资本的培育。本文根据日本的全国性调查数据分析了日本社会资本的历年变化，并以佐贺县为案例进行了访谈调查。可以发现，近二十多年来，日本民众正在渐渐失去社会参与的积极性和行动力。而通过对佐贺县的考察，发现政府的政策措施对社会资本的形成能产生积极影响，说明政府的引导和服务职能的完善有助于社会资本的培育，同时社会资本的丰富也能提高政府绩效。

关键词：社会资本　社会网络　公众参与

自 20 世纪 70 年代的低增长时代以来，由于财政赤字的增加、出生率降低、人口老龄化以及经济全球化带来的社会需求多样化等社会环境的剧变，日本政府的治理能力受到普遍质疑。当代日本社会已经进入超老龄化社会，面对这一社会难题，民众意识到仅仅依靠政府减少或大规模地压缩社会保障支出是远远不够的，更重要的是要以自身努力创造一个幸福的社会。[①] 因此，为了克服政府主宰的统治僵局，提供高效的公共服务、解决公共问题，社会的自治能力引起了广泛的关注。换句话说，不是由政府垄断公共领域，其他社会角色——企业、社会组织和公民个人，都应当与政府一样成为公共领域的主体。

---

① 三好禎之：《住民参加型健康地域づくりとソーシャル・キャピタルの醸成に関する研究》，《名古屋経営短期大学紀要》2017 年第 3 期，第 83—103 页。

据日本内阁府公布的"公众社会意识问卷调查"数据显示,自 20 世纪 90 年代以来,由于共同体崩坏和社会病态的增加而引起的社会焦虑和不安在不断增强。这样的社会背景也使社会资本的理论被广泛接受。①

近几年少子老龄化的不断发展、家庭的瓦解、人情淡漠、"蛰居"(ひきこもり)、"孤独死"(こどくし)、"无缘死"(むえんし)等社会问题都一一浮现。实际上,日本正逐渐成为世界首屈一指的"孤独大国",日本政府和普通市民都面临着"孤独"的危机。② 在这样的社会背景下,社会资本的培育在日本开始受到重视并成为研究热点。本文旨在考察日本的社会资本现状,除了从时间序列分析日本社会资本的变化之外,还结合佐贺县的案例进行具体的分析和阐述。

一

"社会资本"一词初次登上历史舞台要追溯到 19 世纪。美国哲学家和教育家约翰·杜威(John Dewey)在他的多个论述中都使用了"社会资本"一词,在他的《学校与社会》一书中,除了提出学校对形成社区群体性及社区归属感的重要性,更提出通过教育手段,学校可以成为社区以及社群生活的中心。③

将社会资本概念化的第一人是法国社会学家皮埃尔·布迪厄(Pierre Bourdieu),他认为社会资本是社会网络关系的总和,且影响个人的各种回报。④ 而美国社会学家詹姆斯·科尔曼(James Coleman)认为,社会资本发源于紧密联系的社会网络,是人力资本创造、传递和获得的积极社会条件,科尔曼从功能主义的角度对社会资本进行定义,排除了松散社会网络产生社会资本的可能性,也否定了社会资本可能产生的负作用。⑤

---

① 坂本治也:《日本のソーシャル・キャピタルの现状と理論的背景》,《ソーシャル・キャピタルと市民参加》2010 年第 3 期,第 15—22 页。

② 据日本厚生劳动省的国民生活基础调查数据显示,从 1980 年代开始单身的老年人人数在不断增加。从 1980 年的 88 万人上升到 2010 年的 480 万人,2016 年约 655 万人,增加了 7 倍以上;据国立社会保障人口问题研究所最新的推算,单身家庭的比例在 2040 年将达到 39.3%。

③ 约翰·杜威:《学校与社会:明日之学校》,赵祥麟、任钟印、吴志宏译,人民教育出版社 2004 年版,第 25—38 页。

④ Pierre Bourdieu, Loic Wacquant, *An Invitation to Reflexive Sociology*, Chicago: University of Chicago Press, 1992.

⑤ James S. Coleman, *Foundations of social theory*, Cambridge, MA: Belknap Press of Harvard University Press, 1998.

另一个经典定义来自罗伯特·帕特南(Robert Putnam),他强调紧密的网络结构,是公民对社区公共活动的积极参与,从而达到人与人之间的高度信任。他指出:"与物质资本和人力资本相比,社会资本指的是社会组织的特性,如信任、规范和网络,这些特性通过促进合作行为,能够提高社会的效能。"[①]福山则将社会资本等同于信任程度,他认为,高信任的民族更容易发展合作关系和规模经济,因此有助于发展市场资本主义,反之则有碍。美国社会学家林南(Nan Lin)从社会学的立场出发,认为社会资本是内嵌于社会网络中的资源,行为人在采取行动时能够获取和使用这些资源。[②]

不同学者站在不同视角对社会资本都有不同的解读。从社会资本的主体来看,总的可以将社会资本概括为个人层面(微观)和社会层面(宏观)。帕特南主张把注意力放在社群发展上面,为各种社会组织留下存在空间,而日本关于社会资本培育的政策及实施也正沿用了此思路。从性质上可以把社会资本分为粘合型社会资本(Bonding Social Capital)和桥接型社会资本(Bridging Social Capital)。粘合型社会资本产生于组织内部,由于人们的同质性而产生的联结,在组织内部生出信任和协作。相对而言的桥接型社会资本则是在不同组织之间,将异质的人和组织联结起来的社会网络。由于在考察日本的社会资本时,获取的政府调查数据等皆采用了帕特南的定义,因此本文使用的"社会资本"也仅限于宏观概念。

二

(一) 日本的社会资本现状

多数研究指出,第二次世界大战后的 50 年间日本的社会资本是增加的。其关注点主要在于战后社会团体井喷式地出现、非营利组织的增加,以及通过"社会生活基本调查""日本人国民性调查"等各种调查结果指出,战后 50 年间日本的社会资本一直在稳步增加。

但是自 90 年代以来,日本出现了重大的政治、经济和社会变化,这些都可能影响社会资本,例如各种行政改革、地方分权改革、经济衰退、社会不平等、

① 罗伯特 D·帕特南:《使民主运转起来》,王列、赖海榕译,江西人民出版社 2001 年版,第 190—217 页。

② 林南:《社会资本—关于社会结构与行动的理论》,张磊译,上海人民出版社 2005 年版,第 18—27 页。

信息技术的发展、NPO 法的施行等等，因此我们需要了解自 90 年代以来日本的社会资本发生了怎样的变化。

自 20 世纪 90 年代以来，日本社会团体和组织的加入率迅速下降。在 80 年代，最受欢迎的组织——自治会、邻里协会（町内会）和村庄协会（部落会）的加入率维持在 65%—70% 左右，但 2000 年降至不足 50%，2007 年降至约 40%。同样，妇女协会和青年团的加入率在也由 1972 年的 17.1%，降至 1990 年的 13.1%，甚至于 2007 年降至 6.6%。除了地缘组织外，家校联合会（PTA）、农林渔业组织、工会等也自 90 年代末以来呈现加入率的下降。可以说，从 90 年代后半期开始，为社会资本的形成提供基础的邻里社团和社区协会的加入情况逐渐恶化。[1]

另，据"日本国民性调查"显示（图 1），回答"大多数人是可信赖"的比例自 90 年代以来呈下降趋势，但于 2013 年有所上升。而与信任度相关的题项还有"大多数人想尽力帮助他人""他人会伺机利用你"等。回答"大多数人想尽力帮助他人"的比例 20 年来一直在增长，回答"他人会伺机利用你"的比例亦基本持平。因此，从民众的意识和态度来看，虽然日本人普遍信任感自 20 世纪 90 年代以来一直处于低谷，但近年来有变好的趋势，并且与信任度相关的另一些数据表明，在过去 20 年中，这种信任一直在改善。

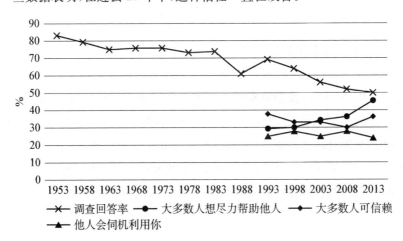

图 1　信任、舆论调查回答率的变化

资料来源：笔者依据统计数理研究所"日本国民性调查"（日本人の国民性调查）数据制作。

---

[1] 坂本治也：《日本のソーシャル・キャピタルの現状と理論的背景》，第 10 页。

图 1 中还有一个值得关注的数据,即调查回答率的历年变化,这反映了民众的实际行动(而不是意识和态度)。帕特南指出,如果公众拒绝接受舆论调查的行为加剧,那么很可能预示着社会普遍信任和互惠性规范的下降。[①] 可以发现,"日本国民性调查"的调查回答率从 1953 年的超过 80%,在 1988 年下降到 60%左右,如今这一比例下降到 50%。因此,从公民的实际行动方面来看,普遍信任和互惠性的规范在 90 年代之后仍持续下降。

再有,NHK 放送文化研究所每五年进行一次的"日本人意识调查"(日本人の意識調査)显示了 1973 年至 2013 年间人际关系意识的变化。日本人开始更强烈地倾向于"形式上的交往"(形式の付き合い:即问候程度的交往)与"部分交往"(部分の付き合い:即随意聊天程度的交往),而不是"全面交往"(全面の付き合い:即互相咨询与帮助的交往)。这种变化几乎是线性的,并且希望"全面交往"的倾向一直在下降。这表明,日本社会互相帮助的精神和浓厚的人际关系倾向正在随着时间的推移而减弱。[②]

总之,自 20 世纪 90 年代以来,日本的社会资本开始下降,且这种下降趋势一直持续到今天;日本社会资本的减少主要体现在社交网络与社会参与的减弱。换言之,近 20 多年来,日本民众正在渐渐失去社会参与的积极性和行动力。正因为如此,日本政府开始重视社会资本的培育,并施行了一系列措施。

(二) 社会资本相关政策

从二十一世纪初期开始,日本政府就将培育社会资本存量纳入国家政策当中。2005 年 4 月,社会资本的培育被列入国家级别的"地区振兴"基本方针。方针提出,为了促进地区振兴的人才培养,扩大人才社会网络,要注重灵活利用地区固有的社会资本。[③] 经济产业省和文部科学省[④]也在政策中倡导了社会资本的培育。其中,经济产业省在提出建设 21 世纪新型经济社会系统时,指出有必要注重培育企业之间通过信赖而形成的社会网络,即社会资

---

① Robert Putnam, *Bowling Alone:The Collapse and Revival of American Community*, New York:Simon & Schuster, 2000, p. 142.
② 参《第 10 回「日本人の意識」調查(2018)》,NHK 放送文化研究所报告,2018 年。
③ 参《地域再生基本方針〈平成 18 年 2 月閣議決定(変更)〉》,日本内阁官房报告,2005 年。
④ 经济产业省和文部科学省分别相当于中国的商务部和教育部。

本。① 文部科学省也在 2005 年的调查报告中提到生涯学习的必要性及其对社会资本培育产生的积极影响。②

　　在此方针指导下,政府各部门的研究所也积极响应,开展了社会资本的有关研究。其中,内阁府国民生活局和内阁府经济社会综合研究所分别于 2003 年、2004 年和 2005 年,在全国范围内进行了社会资本的测定。使用帕特南的定义,从信任、规范、网络三大方面测定了日本社会的社会资本,计算出了各都道府县的社会资本指数,并分析了其与各地区出生率、自杀率、犯罪率、失业率、公民参与、经济发展等指标之间的关系,也指出市民活动和社会资本的培育之间有着相辅相成的关系。此外,经济社会综合研究所还于 2013 至 2016 年期间,与滋贺大学共同研究了地区振兴对培育社会资本的影响,其通过大量的实地调查,证实了地区振兴的各个领域都对社会资本的构建产生了不同程度的影响。③

　　国土交通省④于 2004 年和 2005 年使用各都道府县的数据就社会资本与地区经济成长的关系进行了实证研究。2006 年 10 月,财务省⑤开办“关于人口减少,家庭/区域社会变化和就业等诸问题的研讨会”,旨在探讨完善区域社会传统机能的制度和政策。

　　2008 年,“社会资本政策展开研究会”在报告书中阐述了政策开展对社会资本培育的重要性,并具体提出各领域如何开展社会资本的有关政策和方向。厚生劳动省⑥于 2014 年向各地方政府的保健卫生主管部门发放了促进社会资本养成及活用的指导书和讲座要义,告知相关部门应重视社会资本与公民健康的关系,并提倡开展学习如何构建社会资本的研修培训,呼吁公民多参与社区活动。

　　从中央到地方,从政策的制定到专业研究的开展,都显示了日本社会对社

---

① 参《ものづくり国家戦略ビジョン》,日本经济产业省报告,2004 年。
② 参《ポスト2005における文部科学省のIT戦略のあり方に関する調査研究会報告書》,日本文部科学省报告,2005 年。
③ 小泉求,富山栄子,沼田秀穂:《地域の賑わいを創出する力とソーシャル・キャピタルとの関連性についての研究》,《事業創造大学院大学紀要》2015 年第 6 期(1),第 53—69 页。
④ 国土交通省:日本主管国土资源的系统综合的利用、开发和保护,以及社会资本的整顿,交通政策的推进等事物的中央行政机构。
⑤ 财务省:相当于中国的财政部。
⑥ 厚生劳动省:相当于中国的劳动和社会保障部、卫生部。

会资本培育的重视和实践。许多自治体在地区政策里体现了"社会资本"这一关键词。然而在笔者生活的佐贺县,有关社会资本相关的政策却很少听到。但在当地生活多年的笔者切身感受到佐贺县民风纯正,地区居民之间的联络和交往也很频繁。到底佐贺县的社会资本形成情况如何,抱着这样的疑问,笔者对佐贺县的社会资本进行了考察。

三

(一) 佐贺县的社会资本

日本内阁府于 2003 年开始面向全国进行了一系列有关社会资本的问卷调查。内阁府根据调查结果对各都道府县的社会资本指数(以下简称"SC 指数")进行了计算。从表 1 可以发现,全国范围内,东京和大阪等大城市的 SC 指数相对较低,地方城市的 SC 指数相对较高。其中,佐贺县的 SC 指数处于全国第 8 位的较高水平。

表 1　佐贺县的 SC 指数在全国的位置

SC 指数排名前 10 都道府县		SC 指数排名后 10 都道府县	
① 岛根县	1.79	① 奈良县	▲1.03
② 鸟取县	1.31	② 东京都	▲1.00
③ 宫崎县	1.17	③ 大阪府	▲0.93
④ 山梨县	0.61	④ 神奈川县	▲0.87
⑤ 岐阜县	0.61	⑤ 高知县	▲0.80
⑥ 长野县	0.60	⑥ 群马县	▲0.73
⑦ 宫城县	0.55	⑦ 爱知县	▲0.65
⑧ 秋田县	0.53	⑧ 千叶县	▲0.65
⑨ 佐贺县	0.53	⑨ 埼玉县	▲0.62
⑩ 香川县	0.43	⑩ 北海道	▲0.62

资料来源:《ソーシャル・キャピタル:豊かな人間関係と市民活動の好循環を求めて》,日本内阁府国民生活局报告,2003 年。

此外,日本综合研究所和经济社会综合研究所等机构也对日本社会的社会资本进行了调查。本文主要使用全国范围的调查数据:内阁府 2003 年的调查、日本综合研究所 2007 年的调查和经济社会综合研究所 2016 年的调查数据。计算出的 SC 指数的构成如表 2 所示。其中,2007 年和 2016 年的调查在内阁府 2003 年调查的基础上增加了粘合(bonding)指数和桥接(bridging)

指数,以此来反应粘合型社会资本和桥接型社会资本的形成情况。

表 2 社会资本指数的构成要素

SC 指数	构成要素	问卷调查项目
① 信任指数	一般信任	一般信任
	相互信任/相互扶助	对近邻的信任
		对友人/认识的人的信任
		对亲戚的信任
② 交往/交流指数	近邻的交往	近邻交往的程度
		近邻交往的人数
	社会交往	与同事朋友职场外的交往频度
		与亲戚的交往频度
		运动/兴趣/娱乐活动的参与情况
③ 社会参与指数	社会参与	地区活动的参与情况
		志愿者/NPO/市民活动的参与情况
④ 粘合指数	近邻的交往	近邻交往的程度
	社会参与	地区活动的参与情况
⑤ 桥接指数	社会交往	与同事朋友职场外的交往频度
	社会参与	志愿者/NPO/市民活动的参与情况

从图 2 可以看出,在 3 次不同年份的调查结果中,佐贺县的 SC 指数所体现出的特征是交往指数特别突出。此外,从 2007 年和 2016 年增加的粘合指数和桥接指数的结果来看,粘合指数都相对较高。也就是说,佐贺县所拥有社会资本的特征是近邻交往和地区性活动参与的频繁。

另外,据日本 2016 年社会生活基本调查(《平成 28 年社会生活基本调查》)显示,佐贺县的志愿者活动行动率以 32.6% 位列全国第 5 位,即有三分之

（1）内阁府（2003）的调查结果

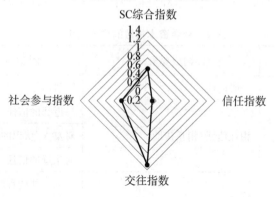

（2）日本综合研究所（2007）的调查结果

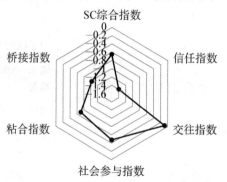

（3）经济社会综合研究所（2016）的调查结果

图 2　佐贺县社会资本的特征

资料来源：笔者依据各项调查的结果制作。

一市民皆有志愿者经历或正在持续志愿者活动。此外,野村综合研究所以日本国内 100 个城市为对象,对其成长可能性进行了排名,结果显示,代表佐贺县参加排名的佐贺市,"宜居城市"排名位列第一,特别是在"地域的共助精神·地方自治团体的成熟"等调查子项目中显示了佐贺市的优势。①

由于志愿者活动的行动率和地域的共助精神、社区成熟等是构成社会资本的重要因素,可以认为佐贺县的社会资本的积累是丰富的。为了进一步证实此结论,笔者从政策引导和市民实感两方面出发,以佐贺县公务员、佐贺市公务员和一般市民为对象进行了访谈调查。

(二) 访谈调查

本小节将对访谈调查的实施情况进行介绍和分析。访谈始于 2018 年 5 月 18 日,于 6 月 6 日结束。笔者走访了佐贺县厅、佐贺市政府等地,对有关部门的 4 名公务员和住在佐贺市的 6 名市民进行了访谈。访谈调查的实施情况如下。(由于篇幅关系,访谈的详细对话内容略。)

表 3 访谈调查概要 1 —县/市政府公务员

编号	访谈日期及时间	实施地点	访谈对象	工龄
①	2018 年 5 月 18 日 14 时—15 时	佐贺县厅农林水产部会议室	佐贺县中层领导 N 氏(男性)	32 年
②	2018 年 5 月 18 日 16 时—17 时	佐贺县厅农林水产部会议室	佐贺县普通公务员 S 氏(女性)	4 年
③	2018 年 5 月 20 日 16 时—17 时	佐贺县佐贺市ガスト本庄店	佐贺市中层领导 Y 氏(男性)	30 年
④	2018 年 5 月 21 日 13 时—14 时	佐贺县厅县民协动科会议室	佐贺县科级公务员 F 氏(男性)	33 年

针对政府部门公务员的访谈主要项目包括:对社会资本这一概念的认识;佐贺县(佐贺市)有关社会关系资本的政策方针;认为佐贺县(佐贺市)社会资本形成的优势/劣势;对佐贺县(佐贺市)近年社会资本的变化的感受及其理

---

① 野村综合研究所在综合考量城市地区的人口规模等条件下,选定了国内 100 个城市为对象,从"接受多样性的社会风土""创业、创新的促进""多种产业扎根基础""人才的充实、多样性""宜居城市""城市的魅力"等 6 个视角,以 131 个指标来综合分析。参《国内 100 都市を対象に成长可能性のランキング》,野村综合研究所,2017 年。

由；市町村的模范事例的介绍等内容。表 4 为访谈主要内容的归纳总结。其中，"SC 认识"表示对社会资本概念的认识程度，圆形表示对此概念充分理解，三角形表示听过此概念但对具体定义不熟知，打叉则表示没听说过此概念。在访谈对象对社会资本概念不熟知的情况下，通过笔者的解释，访谈对象向笔者介绍了"增强 SC 的相关措施"。

表 4　访谈调查结果 1 ——县/市政府公务员

编号	SC 认识	增强 SC 的相关措施
①	△	➢ 佐贺县 CSO 提案型协作创建项目 ➢ 支援活用故乡纳税，自发筹措资金的 CSO ➢ 深入离岛·县境·中间山地的现场，行政和县民的协作
②	×	➢ Woman's Saga 促进女性活跃的佐贺县会议 ➢ 民间企业综合协定（灾害时的支援协定等）
③	○	➢ 佐贺市社区建设交流会 ➢ 佐贺市内的小学校区为单位设置"建设协议会" ➢ 佐贺市市民总参加儿童培养运动 ➢ "促进参与与协作的方针" ➢ 异文化交流咖啡屋
④	△	➢ 丰富佐贺县 NPO 法人的活动环境 ［成果：达到 10 万人的 NPO 法人数（45.15 人）居全国第 9 位］ ➢ 吸引县外 CSO（NPO、NGO）事业补助金：本地雇佣 1 人 50 万日元

作为政府部门，对于社会资本这个概念，除了佐贺市中层领导 Y 氏熟知之外，整体认识度低。但是，即使没有掌握社会资本这个概念，从实际情况来看，县里致力于各种促进地区的联系，促进社会网络等有助于培育社会资本的工作。譬如，佐贺县独特的 CSO 提案型协作创建项目，支援活用故乡纳税等。并且，据县民协动有关部门领导说，佐贺县 NPO 法人的活动非常丰富。根据采访调查得到的内部资料显示，佐贺县每 10 万人的 NPO 法人数为 45.15 人，居全国第 9 位。而佐贺市则注重以小学校区为单位的社区建设，开办社区咖啡屋等措施来促进社会资本培育。

笔者还从不同性别、不同职业、不同年龄层、不同居住年限甄选了 6 位佐贺市在住市民进行了访谈。针对普通市民的访谈主要项目包括：佐贺市的志愿者活动氛围；对佐贺市宜居程度的真实感受；对社会资本概念的认识；以及对佐贺县(佐贺市)近年社会资本的变化的感受及其理由等。主要信息详见表5。

表5 访谈调查概要2—佐贺市民

编号	访谈日期及时间	实施地点	调查对象	年龄	职业	佐贺居住时间
⑤	2018年6月6日 16时—17时	佐贺市白山ビル1层	佐贺市民 O氏(男性)	59岁	律师	21年
⑥	2018年6月3日 12时—13时	佐贺市大财町饭店 (グラッチェガーデンズ)	佐贺市民 J氏(女性)	50岁	主妇	13年
⑦	2018年6月3日 13时—14时	佐贺市大财町饭店 (グラッチェガーデンズ)	佐贺市民 L氏(女性)	33岁	司法书士	33年
⑧	2018年6月3日 14时—15时	佐贺市大财町饭店 (グラッチェガーデンズ)	佐贺市民 M氏(男性)	23岁	教师	23年
⑨	2018年6月1日 9时—9时30分	佐贺市饭店 (シャローム)	佐贺市民 T氏(男性)	48岁	厨师	6年
⑩	2018年6月1日 10时—11时	佐贺市饭店 (シャローム)	佐贺市民 I氏(男性)	27岁	留学生	3年

访谈结果详见表6。首先，6名市民中有5位都认为佐贺非常宜居，有很好的志愿者活动氛围，自身也都参与过志愿活动；1位认为佐贺的宜居程度一般，对志愿者活动氛围未做评价，自身也没有参加过志愿活动。其次，佐贺县是农业大县，至今还保留着传统的集体活动，像"三夜待"(さんやまち)之类的农业庆收活动在一些地区还存续着，地区居民的联络之强可以说是佐贺县的宝贵财产。但是，从⑤号市民和⑨号市民的访谈中也看出，对于不是佐贺本地出身的市民来说，参加地区的传统活动还是有一些障碍的。并且从⑨号T氏市民的访谈可以看出，非佐贺本地出身、无志愿者经历、近邻交往也不多，导致他认为佐贺的宜居程度一般。这也侧面印证了上述佐贺社会资本的特征，即粘合指数，交往指数高，而象征着开放的桥接指数低。因此，在佐贺传统偏封闭的地域联合中，由于即成的地域联合粘合度高，非本地出身的外地居民有难以融入的可能。

表 6　访谈调查结果 2 —佐贺市民

编号	是否宜居	志愿者活动氛围良好	是否有志愿者经历	佐贺的 SC 是否改善了	近邻交往
⑤	○	○	○	○	传统活动参与有阻碍
⑥	○	○	○	○	频繁
⑦	○	○	○	—	—
⑧	○	○	○	○	频繁
⑨	△	—	×	—	不太多
⑩	○	○	○	○	一般

　　另外,此次考察结果也验证了科尔曼有关社会资本的论述。科尔曼认为,社会结构的稳定性,社会网络的封闭性和政府政策会影响社会资本的积累。首先,社会原有结构的瓦解,使得人与人之间的各种社会经济关系中断,原本存在的社会资本也就失去了根基。从日本全国范围的社会资本调查可以看出,东京、大阪等大城市的社会资本存量要明显低于地方城市。也就是说,由于城市化的不断加快,大量人员从地方向大城市聚集,离开了原本稳定丰富的社会资本环境,需要在大城市进行重构。其次,现代社会中,封闭性的社会网络将降低社会资本积累的速度,也很难形成新型社会资本的投资。佐贺县的社会资本表现出明显的高粘合性也表明了此类社会网络存在一定封闭性,互动交往在网络内部进行,较难接纳外来者。最后,政府政策也会对社会资本积累产生影响。从日本政府出台的政策及佐贺县、佐贺市政府采取的措施,都说明政府的引导和服务职能的完善有助于社会资本的培育,同时地区社会资本的丰富也可以提高政府绩效。

The Status of Social Capital in Japan:
A case of Saga Prefecture

Abstract: Since 1980's, there have been a series of pathological phenomena in Japan: the disappearance of regional ties, the hollowing of family, the indifference of youth and the decline of social norms. With the declining birthrate and aging population in recent years, Japan began to attach great importance to the cultivation of social capital. This paper analyzes the changes of Japan's social capital through a national survey data, and conducts an interview survey in Saga Prefecture as a case study. It can be found that, for nearly 20 years, the enthusiasm and action of The Japanese people's social participation is gradually losing. Through the case study of Saga, it is found that the government's measures can have an impact on social capital, which shows that the government's guidance and the perfection of service functions can help the cultivation of social capital, and the enrichment of social capital can also improve the government's performance.

Keywords：Social Capital；Social Network；Civic Participation

作者简介：张舒，上海师范大学全球城市研究院，助理研究员。

论 20 世纪 70 年代
台湾地区的民谣演唱[①]

王　鞸

摘　要： 20 世纪 70 年代台湾地区兴起了民谣演唱。民谣演唱的兴起是由诸多社会文化动因造成的——台湾当局强力推行国语并颁令，台湾当局对现代民歌的默许，台湾当局抵制"三俗"流行歌曲的传播。民谣演唱突出自然、质朴的风格特征。台湾民谣原创音乐人激活了台湾流行乐坛，并对中国大陆的流行乐坛产生了重要影响。

关键词： 20 世纪 70 年代　台湾地区　民谣演唱　刘文正

20 世纪 70 年代台湾地区的民族意识和本土意识高涨，台湾人民深深想念着祖国大陆的同胞。很多音乐人开始利用音乐作品来表达此心声，顿时开始了一场声势浩大的"民歌运动"。"民歌运动"中诞生了一大批原创民谣歌曲，民谣歌曲与民谣演唱受到了人们的普遍喜爱，直接推动了台湾歌坛的发展。同时，这股流行音乐风潮对中国大陆也有着重要的影响。

一、民谣演唱兴起的社会文化动因

1970 年加拿大与台湾断交；1971 年 10 月 25 日联合国表决中华人民共和国为常任理事国，取消了台湾的不合法席位；1971 年日本与台湾断交；1979 年

① 本文为 2019 年中国传媒大学亚洲传媒研究中心科硕资助项目"韩国传媒音乐教育体系研究——以流行音乐教育体系为例"（AlNRC 2019—12）阶段性成果。

中美建交,美国与台湾断交,并且终止与台湾的《共同防御条约》。这些政治因素,使得台湾民众意识到此时的台湾当局已经处于政治上的孤立、落寞的地步,对台湾当局开始失去信心,他们对祖国大陆产生了无限的思念之情。于是,一种文化寻根、追求本土意识形态的演唱风格兴起。他们也是炎黄子孙。有资料指出,"(现代)民歌结合民族主义的热情,成为一个文化寻根的运动。这样的文化意涵,契合着20世纪70年代台湾因面临来自外交的挫折,引发的追寻自我、自我定位的民族情绪。民歌也成为台湾流行音乐,是对长期接受来自日本歌谣与美国流行音乐流行品位的一种反弹。在'政府'支持、民间热情响应的动力下,(现代)民歌在短短数年间,成为台湾流行音乐的主流,成为一种有别于国语流行音乐的音乐风格(民谣)"。[①]"民歌运动"是对本民族音乐文化进行保护、宣传、捍卫的艺术活动,是一种文化自觉、文化自信的表现。但这些民歌手"对于民族的根在哪?"这个问题,一时间产生了迷茫,他们试图通过音乐上的宣泄来向社会质问。有资料指出,"相对于台湾的微妙政治处境,20世纪70年代兴起的民歌意涵,不仅成为区别与'他国'的'异',也隐含着追索与母国的'同'。这样的内在意涵反映着20世纪70年代的台湾,在与中国大陆隔离二十多年后,对身在台湾、心怀祖国的大中国情结,所作的自我主体意识的探索。如何定位台湾?台湾的中国意象为何?台湾的国际位置为何?这样的问题,成为'民歌运动'在追寻属于自己的民族音乐背后所隐藏的问题"。[②]

(一) 台湾当局强力推行国语并颁令

从20世纪60年代初期开始,台湾当局在此时期颁布一系列的制度,以此大力推行国语。例如:《广播电视法实施细则》的颁布(1976年12月24日行政院台〈65〉闻字第10933号函核定,1976年12月30日行政院新闻局〈65〉局懋播1字12954号令颁布,此为1988年5月9日行政院新闻局〈77〉铭广1字第06670号令发布版),"电台对'国内'(台湾地区)广播应用国语音之比例,调幅广播电台不得少于五百之五十五,调频广播电台及电视电台不得少于百分之七十。使用方言播音应逐年减少,其所占比例由新闻局视实际需要而定"。[③]《广播电视法》颁布(1976年1月8日"总统"公布、1982年6月7日"总

---

① 曾慧佳:《从流行歌曲看台湾社会》,台湾桂冠图书股份有限公司1998年版,第143页。
② 同上。
③ 何贻谋:《广播与电视》,台湾三民书局股份有限公司1992年版,第205页。

统令"修正公布)，"第十九条：广播、电视节目中之'本国'自制节目，不得少于百分之七十。外国语言节目，应加映中文字幕或加播国语说明，必要时新闻局得指定改配国语发音。第二十条：电台对'国内'广播播音语言应以国语为主，方言应逐年减少；其所应占比例，由新闻局视实际需要定之"。[①] 另外，台湾地区最重要的三家电视台——台视、"中视"、华视主要使用国语来播出节目，使用语言的比例可见表1。那么，台湾地区国语的大力推广，无形之中促进了国语流行歌曲的发展与传播，推动台湾的音乐人可以更加专心地从事国语流行歌曲的创作。

表1　1962—1984 年间台湾地区三家电视台使用语言比例表(％)[②]

年份	台视国语	台视台语	"中视"国语	"中视"台语	华视国语	华视台语
1962	62.86	5.71	—	—	—	—
1963	64.26	6.64	—	—	—	—
1964	57.30	12.23	—	—	—	—
1965	52.29	11.64	—	—	—	—
1966	53.43	12.93	—	—	—	—
1967	52.54	14.18	—	—	—	—
1968	57.30	12.62	—	—	—	—
1969	58.00	12.00	53.96	9.86	—	—
1970	48.44	18.77	52.20	16.82	—	—
1971	62.53	15.22	59.95	21.30	—	—
1972	65.10	13.80	69.23	14.22	—	—
1973	73.35	9.60	67.33	9.99	—	—
1974	71.31	9.62	65.85	11.05	—	—
1975	66.83	13.03	70.36	10.56	—	—
1976	72.40	10.49	70.64	12.15	70.64	11.56

---

① 何贻谋：《广播与电视》，台湾三民书局股份有限公司 1992 年版，第 205 页。

② 此表根据台湾电视学会编写的《台湾电视年鉴(1950—1964)》《台湾电视年鉴(1965—1966)》《台湾电视年鉴(1967—1974)》《台湾电视年鉴(1975—1976)》《台湾电视年鉴(1977—1978)》《台湾电视年鉴(1979—1980)》《台湾电视年鉴(1981—1982)》《台湾电视年鉴(1983—1984)》中的相关资料整理而成。另外，由于"中视"与华视，分别是在 1969 年与 1971 年开播，同时，华视 1971 年至 1975 年没有数据记载，因此，缺少部分数据，表格中用"—"填充。

年份	台视国语	台视台语	"中视"国语	"中视"台语	华视国语	华视台语
1977	75.78	10.57	71.04	11.78	72.82	10.16
1978	77.29	9.79	71.39	11.67	73.38	11.00
1979	71.87	12.75	70.31	12.86	70.73	12.27
1980	75.42	11.71	72.03	12.92	75.66	12.59
1981	79.92	10.93	77.00	12.54	79.97	10.74
1982	79.66	10.91	78.83	11.72	81.14	12.00
1983	84.47	10.90	79.17	11.38	82.24	10.93
1984	85.82	10.31	83.52	11.01	87.61	6.21

（二）台湾当局对现代民歌的默许

"民歌运动"的歌曲（现代民歌）在内容和题材上体现了文化寻根的意识形态。这种由青年学子发起，波及整个台湾地区的"民歌运动"，并没有受到国民党政府的打压，反而是得到了当局的默许。这通过一系列的事件就可看出：1975 年现代民歌的首次发布会，是在台湾的重要政治场所——中山堂举行。另外，像歌曲《龙的传人》等，直接受到台湾当局的推崇。还有，1980 年台湾所谓的"救国会"在冬令自强活动中，增设了"金狮歌谣创作研习会"，对有作曲天赋的年轻人进行音乐创作培训与资助。台湾当局的默许态度，使流行歌曲有了更为广阔与自由的发展空间。

（三）台湾当局抵制"三俗"流行歌曲的传播，间接助力原创民谣的发展

此时的台湾流行歌坛出现了一部分内容低俗、题材媚俗、结构庸俗的"三俗"流行歌曲，在社会上产生了不良影响。台湾当局为了净化社会风气，保持文化生态的正常发展，防止文艺过度娱乐化、"三俗"化发展，开始对国语流行歌曲的内容、题材等方面进行一些传播上的管理。尤其针对当时的主流媒体——电视台、广播电台——制定了相关规章制度，对其进行有效的管理。此做法与大陆广电总局下发各种"限娱令"有一定相似性。根据资料记载，"为净化流行歌曲，于 1974 年 5 月成立'广播电视歌曲辅导专案小组'，汰芜存菁，编印《广播电视歌曲专辑》六册，分供广播电视电台参考应用。同年 8 月，又举办优良歌词歌曲甄选予以推广"。① "1973 年 11 月 13 日至 15 日，新闻局

---

① 杨弦：《歌》，台湾洪建全教育文化基金会，1977 年，第 34 页。

即邀文工会、警总及三台负责人举行座谈，会中作出决议，由新闻局邀请三台及有关单位共组'歌曲净化小组'，选定净化歌曲。1975 年限制唱片公司利用电视打歌。1976 年 1 月行政院电视研究小组公布改进计划书，要求三台执行，节目中演唱歌曲应有三分之二为'爱国'歌曲、艺术歌曲与徵选（征集）歌曲。1976 年 9 月'行政院长'蒋经国约见三台总经理，面论电视须重社教功能，三台分别规定艺人服装不得太豪华或奇装异服。同年 10 月演艺人员在实践堂举行自律公约大会。"①台湾当局的这些举措净化了社会文化空气，间接助力了民谣这种具有较强文化性、艺术性的流行音乐文化形态的发展与传播。

二、民谣演唱的产生、发展与其风格特征

（一）民谣演唱的产生与发展

1975 年 5 月歌手杨弦（见图 1）在台北中山堂举办了一场"现代民谣创作演唱会"（见图 2），在演唱会上其演唱了 8 首以诗人余光中的诗歌为词，自己作曲的歌曲。1977 年在主持人陶晓清的推动下，又开展了一系列"现代民歌"的创作、演唱及评奖活动，同时很多歌手推出了民谣合辑。1975 年至 1981 年，台湾地区出现的这一波现代流行民谣演唱热潮，被学者称为"写自己的歌，唱自己的歌"的时代。现代民谣风格的歌曲大多都是描写大自然的各种景象，以此来表达男女青年之间的纯真恋爱之情以及人们的思乡之情。歌曲的旋律往往质朴清新，线条优美且富有韵味，创作技法也比较简单。歌曲打破了台湾长期以来那种"风花雪月""蝴蝶鸳鸯"的音乐风格，以青年人、大学生为主的清纯风格此时开始突显出来。这种音乐风格独具中国特色，带有中国文化风情，体现人文精神与内涵。歌手杨弦是此演唱风格的代表，他的演唱大多采用合唱的形式，例如：《民歌手》《乡愁四韵》等歌曲。这种演唱风格追求唯美、协和的声音效果，不刻意使用任何的声音技巧，声态很像流行美声。从严格意义上来讲，杨弦的演唱不完全属于流行唱法。另外，台湾民谣的发展分为三种形态（见表 2）——第一，现代民谣，此风格偏向大陆的传统民歌。第二，淡江民谣，以台湾淡江地区的民歌为基础创作的现代民谣。第三，校园民谣。强调流行化曲风，以描写校园题材为中心的民谣。

---

① 曾慧佳：《从流行歌曲看台湾社会》，台湾桂冠图书股份有限公司 1998 年版，第 140 页。

图 1　歌手杨弦　　　　　　　　图 2　现代民谣创作演唱会海报

表 2　台湾民谣三种路线发展状况表①

三种路线	现代民谣	淡江民谣	校园民谣
活跃时段	1975—1979 年左右	1976—1979 年左右	1977—1981 年左右
运作基础	文学界、西洋现代民歌机制(广播、歌手、杂志等)	"夏潮"乐团	新兴唱片工业
传播方式	演唱会、广播、唱片(非营利性)、通俗音乐与严肃音乐杂志	演唱会、《夏潮》等文化性杂志	演唱会、广播、唱片、电视、通俗音乐杂志、报纸
正常性论述	知识分子的论述、代表现代中国人	民族的、现实的、民间的、非外国的	这一代年轻人的音乐、清纯自然
发言位置	主流知识分子	非主流、左翼的知识分子	新兴通俗文化
诉求对象	知识分子	大学生、工农、一般人民、知识分子	大学生、国语流行歌曲听众
歌词	上一代的乡愁(杨弦)	民族、土地、社会、青年等意念的再现	"不露骨"情歌、非现实取向、中华民族意识形态
主题	大学生生涯		
取向	个人生活感怀		

---

① 为了保持数据的真实性,表格没有做任何的改动,其中有些内容与大陆的表述方式有些差别。张钊维:《谁在那边唱自己的歌:台湾现代民歌运动史》,台湾滚石文化股份有限公司,2003 年,第22 页。——笔者注

(二) 民谣演唱风格分析——以刘文正的演唱为例

上文指出,台湾地区的民谣有三种形态。在这三种民谣中,校园民谣在当时的影响最大。而在演唱校园民谣中,歌手刘文正、潘安邦、叶佳修、齐豫、蔡琴、梁弘志等又最为出众。为此,笔者将选取刘文正的演唱为例,"以点带面"来阐述民谣演唱风格。需要指出的是,本文主要从实例歌曲的音乐形态、歌手的演唱形态、歌手的声音声学频谱形态这三个方面来综合阐述歌手的演唱风格。第一,对实例歌曲的音乐形态进行分析。因为"音乐形态是构成音乐风格的重要内容,音乐形态与音乐风格又对演唱风格有直接的影响。从一定程度上来讲,音乐形态与风格决定演唱风格"。[①] 第二,对歌手的演唱形态进行分析。"即对歌手演唱时的音色、音量、音高等自身生理特点,使用的各种技能、技巧等歌唱方法特点,以及各种方式、类型的舞台表演特点来进行论述。演唱形态是构成歌手演唱风格的核心部分。"[②]第三,对歌手的声音声学频谱形态进行分析。"因为声音特点是歌手形成演唱风格的重要物理因素。"[③]本文利用中国音乐学院音乐科技系韩宝强教授开发的声学测试软件——"通用音乐分析系统(GMAS 2.0B)"(软件标识见图3,测试歌手声音频谱见图5,测试歌手声音频谱分析数据见表3),将歌手的代表性声音片段进行声学频谱测试。这样使抽象的声音转换为直观可视的图像,有助于我们从客观的角度来观察且分析歌手的声音形态,使本文的研究更具科学性。

图3 "通用音乐分析系统(GMAS 2.0B)"软件标识

---

① 王韡:《中国首位流行歌手黎明晖演唱风格的音乐学分析》,《文化艺术研究》2017 年第 2 期,第43 页。

② 王韡:《论 20 世纪 80 年代中国大陆的民谣演唱风格》,《吉林艺术学院学报》2017 年第 6 期,第 10页。

③ 王韡:《民国时期电影歌曲的演唱风格分析》,《中央音乐学院学报》2016 年第 2 期,第 101 页。

刘文正演唱了《迟到》《三月里的小雨》《诺言》《小雨打在我身上》《兰花草》《一段情》《爱之旅》《热线你和他》等民谣歌曲,其中歌曲《迟到》是其重要代表作。

1. 音乐形态分析

引子	A（8–21）				B（22–29）		A（30–43）			
1–7	8–11	12–14	15–18	19–21	22–25	26–29	30–33	34–36	37–40	41–43

$^\flat$A ——————————————————————————————————————

图 4　歌曲《迟到》曲式分析图

歌曲《迟到》(见谱例 1)是由陈彼得作词、作曲,刘文正演唱的一首作品。四四拍,$^\flat$A 自然大调,速度较快,音域为八度($^\flat e^1 — ^\flat e^2$),再现单三部曲式(见图 4)。这首歌曲属于校园民谣的音乐风格,描写了男青年在已有女朋友的情况下,又受到了其他女孩的追求,其婉拒追求女孩时的心情。歌词运用白描的创作方式,非常直白且质朴。旋律以级进进行为主,时值也较为规整,以四分音符为主。歌曲中的节奏型重复较多。例如:A 段的第一句,是由两个完全相同的节奏型或者说节奏形态组成——第一、二小节与第三、四小节相同。还有,A 段的第八、九小节(全曲第十五、十六小节)是第一、二小节上行三度的完全模进。以上这些重复与模进的使用,目的都是为了起到强化音乐主题的效果。歌曲的音乐结构整体较为规整,但局部也有一些不规整的结构形态。例如:A 段第一、三句由四小节构成,第二、四句由三小节构成,不属于非常规整的 4＋4＋4＋4 的结构。B 段属于减缩型,只有八小节并由两句构成。采用这样的创作方式完全是由歌词导致的,依歌词的长短来进行乐句上的调整,这也使旋律与歌词能够更加紧密地结合在一起,体现音乐与语言的完美结合。该歌曲的配器彰显流行化特点,主要由流行音乐的四大件构成——吉他、贝司、架子鼓、键盘(电子合成器)。引子部分全部由吉他来演奏主旋律,采用失真音色。演唱部分,架子鼓与歌手的演唱形成一种紧打慢唱的效果。在长音处和高潮前架子鼓都使用滚奏来推动音乐,例如:A 段最后"哦,她比你先到"的"到"处,B 段的最后"她美丽又大方"的"方"处。再现段与原来的 A 段为了在编配上产生一些变化,其利用拍手击掌的方式来代替打击乐,使音乐充满了动感和活力。另外,演唱部分的节奏吉他采用民谣箱琴的音色,进行和弦的扫弦演奏,使整个音乐风格的民谣味道十足,给听众一种与欧美乡村音乐风格类似的听觉感受。

迟到

陈彼得词曲
刘文正唱

你到我身边，带着微——笑，

带来了我的烦——恼。我的心——中，

早已有——个——她，哦，——她比你先——到。

她——温柔又可——爱，她————

美丽又大——方。直到有一——天，你心中有—个

他，你会了解我的感——觉。爱要真—诚，

不能分——享，哦，——对你说声抱——歉。

谱例 1 歌曲《迟到》谱例

2. 演唱形态分析

刘文正的声音非常干净、清秀，声线柔和、偏细，属于平滑型的，其不像摇滚歌手那么苍劲，也没有抒情歌手那样大波纹的曲线。刘文正属于男高音声部，但是他的演唱大多只集中在人声的自然音域，很少涉及高音的演唱，属于男高音的音色但往往演绎中音的歌曲。从另一个层面上来讲，其演唱技术还有待提高，尤其是演唱高音的技术。例如：A 段"带来了我的烦恼"其中的"我的"是全曲的最高音处$^b e^2$。从中我们可以听出，演唱者在演唱此音时有些力

不从心,采用掐住喉咙、勒紧声带的方式较为勉强地把此音演唱出来。另外,其声音靠前,采用说话式的发声位置,软腭不刻意抬起,但声音较为集中。他的起音较轻,喉头位置适中,不像美声唱法那样的低喉位,也不像摇滚唱法那样的高喉位。还有,由于其演唱的歌曲往往音域都比较窄,大多都是八度左右,声道的调节相对不明显,也就不太涉及换声的问题。其声带闭合严密,没有沙哑声和虚声出现,同时在演唱中直线型的声音处理较多,不刻意使用颤音、真假声结合等声乐技巧。但在演唱中他使用了一些滑音处理方式,例如:B 段的"她美丽又大方"的"方"进行了下滑音的处理。歌曲中的四拍处(全音符)大多都唱到一拍至两拍的音值,突出了音乐的轻快风格,产生顿挫的效果。例如:"你到我身边,带着微笑"的"边"和"笑","带来了我的烦恼"的"恼","我的心中,早已有了她"的"中"和"她"等。刘文正在歌唱中的咬字比较放松,追求口语化的效果。刘文正演唱中的最大特点就是其声音有些女性化色彩,即柔性有余,但刚性不足。他的演唱常会给人一种"奶声奶气"的声音感受,例如:A 段"我的心中,早已有了她",其中的"中"和"她"字,咬字方式都比较嗲。这种演唱方式对流行歌坛有很大影响,就是当今的中国歌坛,整体上男歌手也是柔情有余但刚性普遍稍弱,这与欧美流行歌坛截然不同。例如:西班牙的抒情王子胡里奥·伊格莱西亚斯(Julio Iglesias)、美国歌手迈克尔·杰克逊(Michael Jackson)、美国乡村民谣歌手卡朋特乐队中的男声理查德·卡朋特(Richard Carpenter)等。这些男歌手的演唱非常抒情但是其中并不缺乏阳刚之气,也许这与中国人的审美观念有很大的关系。同时,"大上海时期"中国流行歌坛严华的"小妹妹腔"也对男歌手的声态审美观念有一定的影响,审美上先入为主的作用往往很大。另外,同时期的潘安邦等歌手的演唱风格与刘文正非常相似。

3. 声学频谱形态分析

从频谱图(见图 5)与数据表(见表 3)中的相关数据可知:歌手刘文正的声音采样音高应为 c^2,但是频谱上显示是 b+35。这说明:第一,该声音为男声,谱例是高八度记写,比实际谱例的音高低一个八度;第二,仪器的测试结果音高为 b+35,说明歌手在演唱中的音高偏低。第 1 至 5 泛音的声压高于基音,第 2 泛音高出较多,基音与前 14 个泛音(第一部分)的声压在 8 至 48 分贝之间,表明歌手演唱时的力度较大,能量较为集中。泛音分为两个部分,第

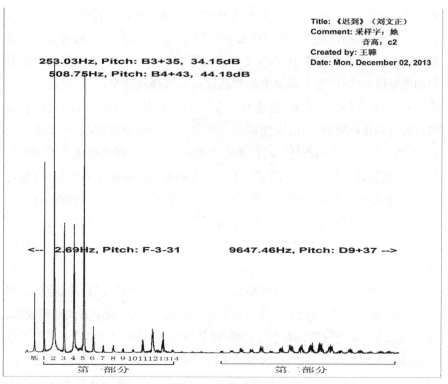

图 5　刘文正声音频谱图

表 3　刘文正声音频谱分析数据表①

谐音列	频率(Hz)	音高	声压(dB)
基音	253.03	b+35	34.15
第 1 泛音	508.75	b^1+43	44.18
第 2 泛音	761.78	$^\#f^2$+42	47.89
第 3 泛音	1,020.20	b^2+48	40.86
第 4 泛音	1,270.54	$^\#d^3$+27	40.76
第 5 泛音	1,528.95	$^\#f^3$+48	47.51

---

① 表 3 中音高的组别完全是按照基本乐理中的规定来记写。由于声学测试软件程序的缘故,频谱图(图 5)中音高的组别记写与基本乐理中音高组别的记写有一定差别,频谱图中音高的组别数减去 3 就是基本乐理中音高的组别。——笔者注

谐音列	频率(Hz)	音高	声压(dB)
第6泛音	1,781.98	a^3+13	26.98
第7泛音	2,037.70	b^3+45	16.13
第8泛音	2,290.73	$^\sharp c^4+48$	16.27
第9泛音	2,549.15	$^\sharp d^4+33$	12.23
第10泛音	2,810.25	f^4+2	9.66
第11泛音	3,047.13	$^\sharp f^4+42$	20.98
第12泛音	3,300.16	$^\sharp g^4-20$	26.18
第13泛音	3,574.73	a^4+18	24.82
第14泛音	3,811.61	$^\sharp a^4+29$	8.65

一部分是第1至14泛音,振动频率在250至3,900赫兹之间,第二部分有10余个泛音,振动频率在5,000至10,000赫兹之间。基音与第一部分泛音形成的谐音列频率之间基本是1∶2∶3∶4∶5∶6∶7∶8∶9∶10∶11∶12∶13∶14∶15的比例关系,度数之间也基本是上行纯八度、纯五度、纯四度、大三度、小三度、小三度、大二度、大二度、大二度、大二度、小二度、小二度、小二度、小二度、小二度的关系,属于较为标准的谐音列,这是音色丰满、声音清秀,具有乐音声音效果的体现。第8至12泛音处于歌手共振峰[①]的频率区间内,这5个峰在频谱中较为低矮,因此,歌手共振峰特征不明显。第二部分的十余个泛音是对第一部分的补充。其与歌手姚莉、吴莺音的声音频谱(由于篇幅所限,此处未列出)有一定相似性,这是由这三位歌手声音采样字的发音能量都比较大造成的。

三、民谣演唱的社会影响与呈现

此时台湾的流行音乐无论是在创作还是演唱风格方面,都对大陆产生了深远的影响。另外,音乐题材、创作手段、演唱风格等方面都体现出了深深的

---

① 歌手共振峰是指出现在2,200—3,200赫兹频率范围的一种共振波峰,它的存在可以增强歌唱者嗓音的明亮度和穿透力,不至于被乐队伴奏或其他音响所掩蔽。韩宝强:《音的历程:现代音乐声学导论》,中国文联出版社2003年版,第260页。

本土意识、寻根意识、校园情怀。民谣演唱的出现，使流行音乐的受众中心开始有所转变——大学生群体开始成为流行音乐的主要受众群。

（一）台湾歌手与音乐人对大陆流行歌坛产生重要影响

民谣的风靡成就了一大批台湾歌手和音乐人，他们对大陆流行歌坛产生了重要影响。其中，音乐人侯德健在大陆生活和工作时间较长，产生的影响也最大。20 世纪 70 年代，侯德健以创作歌曲《龙的传人》而在台湾歌坛声名鹊起。同时，他还先后创作了《酒干倘卖无》《捉泥鳅》《归去来兮》等经典流行歌曲，并经由苏芮等歌手的演唱在台湾地区及大陆广为流传。1982 年侯德健由于遭到台湾当局的封杀来到了大陆，加入东方歌舞团并担任艺术总监。其召集王彦军、郭峰、王路明、王笑然、臧云飞、张勇组建了"花果山"乐队。在乐队中侯德健通过创作、编配音乐作品等具体实践活动来指导乐队成员，这些成员后来都成为中国大陆流行音乐的中坚力量。例如：郭峰成为专业音乐人，创作了《让世界充满爱》《让我再看你一眼》《甘心情愿》等家喻户晓的作品，后来又以歌手身份出现，演唱了一大批歌曲。臧云飞成为北京战友文工团著名的作曲家，创作了《一二三四歌》《当兵的人》《珠穆朗玛》等歌曲。后来因种种原因，侯德健又去了广州，对广州的流行音乐发展做出了贡献。广东著名音乐人解承强、毕晓世、李海鹰、张全复等都在音乐上受到过他的帮助和指导。解承强曾经回忆说："侯德健对我们的影响极大，是他带回来一台合成器，让我们知道还有这么先进的设备，是他教会我们如何分轨录音。当然，最重要的是他的一套流行音乐观念。"①另有记载指出，"1985 年，侯德健在广州定居了一段时间"。他与当时在广东省歌舞剧院工作的解承强、广东省歌舞剧院下属轻音乐团当指挥的毕晓世、广州乐团拉中提琴的张全复三人有非常多的交往；可以说，侯德健把台湾当时先进的流行音乐创作理念、创作方法、演唱技巧、操作手法，都手把手教给了他们三人；当时与李海鹰合作写歌的广东著名音乐人陈洁明说，"侯德健是广东流行音乐的入门导师"，此话并不为过。他还开玩笑说过："解承强、毕晓世、张全复三人是侯德健的本科生，我和海鹰是旁听生。"②再后来到了 20 世纪 80 年代后期，侯德健还为歌手程琳创作了《新鞋子旧鞋子》《熊猫咪咪》等一批音乐作品。程琳通过演唱这些作品也拓宽了自己的演

---

① 重返 61 号公路：《遥远的乡愁：台湾现代民歌三十年》，新星出版社 2007 年版，第 161 页。
② 佚名：《一个最不应该忘记的名字：侯德健》，见"豆丁网"。http://www.docin.com/p-442792261.html.［2020－2－1］.

唱风格,提高了自己的演唱水平。所以,"台湾流行音乐人是大陆流行音乐发展非常重要的一个资源,有人甚至说侯德健来到大陆使大陆的流行音乐发展至少提前了 10 年"。① 侯德健的音乐作品带有很强的人文性。他创作的《归去来兮》《潮州人》《未来的主人翁》②《一样的》《永远永远》《高速公路》《三十岁以后才明白》等歌曲,有很多对社会、历史的反思与文化考量蕴含其中。

另外,台湾民谣歌曲对中国大陆的音乐创作者在创作技法与理念等方面有着深刻的影响。例如:改革开放后大陆的著名流行音乐人谷建芬、付林等创作的歌曲均不同程度的有台湾民谣音乐元素的影子。有记载指出,"1980年代初,台湾校园歌曲在台湾地区一度陷入低谷,但是由于其风格清新质朴,因此被内地传统人士作为抵制'靡靡之音'流行歌曲的解药,在内地得到了广泛的传播……这些歌曲在大陆的广泛流传对日后谷建芬'校园歌曲'创作产生了巨大的影响"。③

(二) 激活了台湾地区流行音乐的原创力量

受当时社会文化寻根、本土意识的影响,台湾音乐人开始进行大量本土化的流行音乐原创创作,民谣就是原创的成果。此时期民谣歌曲从歌词表面上看往往是在描写乡间小路、袅袅炊烟、潺潺溪水等景物,实际上是借物寓情,通过描写这些美好的景物来表达自己对故乡对祖国大陆的想念、眷恋之情。这与欧美乡村音乐单纯的描写乡村风情,在思想寓意、音乐创作手法上是有差别的。台湾现代"民歌运动"的代表人物杨弦曾说:"西洋现代民谣的传入已有多年了,年轻一代也大都喜爱这种节奏鲜明,旋律轻快的音乐。但由于文化和环境的差异,当一个中国青年在聆听、学唱,并咀嚼外国文字寻找共鸣之际,在感觉上总是会有一层隔阂。反过来回顾我们本国的歌谣,艺术歌曲的风格和演唱形式一直不易在大众之间普及,时下流行歌曲又多为有志之士所诟病……"④

(三) 导致受众人群的转变,青年人寻求被社会所关注

从中国流行音乐发展史来看,起初中国流行音乐的受众主要是社会中的

---

① 此言是在 2011 年 9 月 22 日于中国艺术研究院举办的"青年文艺论坛"第四期:《流行音乐:我们的体验中与反思》活动中,《文艺理论与批评》杂志社崔柯在会上发言所讲。见"新浪博客"之"青年文艺论坛"。http://blog. sina. com. cn/s/blog_9d6214190100y84o. html. [2020 - 2 - 1].

② 《未来的主人翁》,后来著名音乐人罗大佑也创作过同名的作品,这里是指侯德健创作的作品。

③ 王思琦:《中国当代城市流行音乐:音乐与社会文化环境互动研究》,上海教育出版社 2009 年版,第 8 页。

④ 杨弦:《歌》,台湾洪建全教育文化基金会,1977 年,第 65 页。

富有人群,例如“大上海时期”。因为他们有大量的金钱和相对充裕的时间用在娱乐上。但随着本土意识、寻根意识、校园情怀音乐题材的大量涌现,例如,此时期的校园民谣歌曲,大学生群体开始成为流行音乐的主要受众群体。这些歌曲唱出了他们的心声,唱响了他们的精神世界。自此开始,中国流行音乐的受众逐渐开始向青少年群体转移,流行歌曲的题材、音乐风格、演唱风格也开始向青年人的内心需求靠近,符合此类人群心理诉求的歌曲往往都会在社会上流行开来。另外,此时期出现的“民歌运动”呈现了所谓“唱自己的歌儿”的特征,从开始具有民族色彩的《龙的传人》《民歌》《乡愁四韵》《少年中国》,到校园民谣风格的《如果》《木棉道》《童年》等都展现了青年人需要个性解放,需要社会对其关注和重视的因素。可以说青年人开始逐渐寻求自己在社会中的地位,他们需要得到社会的关注,他们开始通过音乐的方式来表达自己、展现自己。

综上所述,20 世纪 70 年代台湾地区的民谣演唱独具特色,在中国流行音乐发展史上留下了浓墨重彩的一笔。

On the Folk Singing in Taiwan in the 1970s

Abstract: In the 1970s, folk songs were sung in Taiwan. The rise of folk singing is caused by many social and cultural reasons: the strong implementation of Mandarin and decrees by Taiwan authorities, acquiescence of Taiwan authorities to modern folk songs, Taiwan authorities boycotted the spread of “three vulgar” popular songs. Folk singing highlights the characteristics of natural and simple style. The original musicians of Taiwan folk songs have activated Taiwan's popular music circle and exerted an important influence on the popular music circle in mainland China.

Keywords: 1970s; Taiwan; Folk Singing; Liu Wenzheng

作者简介:王韡,中国传媒大学副教授,精英集团有限公司与河北大学联合招收在站博士后,河北传媒学院特聘教授。

民国中学生的群体认同与身份建构

——以民国上海普通中学校刊为例

贾铭宇

摘　要：以普通中学教育为主体的近代中等教育体制所催生出的中学生群体，是伴随着中国社会的转型而出现的新兴知识分子群类，他们人数众多、思维活跃、掌握大量的新知识与新观念，广泛借助校刊以互通有无，进行自我表达和身份建构。校刊受创办主体和传播范围的限制，具有内部性和底层性特点，是中学生群体应用最广、最直观的媒介。得益于民国上海普通中学教育和期刊出版业的资源优势，上海中学的校刊数量多、保存完整、类型多样、内容丰富，不仅深入到民国上海中学生的校园生活与学习中，为教学建设和人才培养起到了重要作用，亦为当时的中学生群体提供了身份建构的空间。

关键词：上海　中学生　校刊　群体认同　身份建构

"中学生"这个概念，在近代以前的中国社会是从未出现过的。但是，随着新式教育的兴起，现代学校教育制度逐渐完善，从清末的新式学堂开始，至维新运动时期萌生了小学、中学、大学的基本轮廓，并在民国时期得以全面发展，由此培养出的学生群体构成了中国现代社会知识阶层形成与发展的重要储备乃至精英力量。他们通过学校这个共同空间互相联结，以民主、科学等近代先进文化为思想指导，具备充分的爱国主义与民族精神，在解构由童生和士人组成的传统社会结构的同时，深入地参与近代中国民主化进程而走向群体性成熟，成为联结知识精英与普通民众的桥梁。[①] 其中以普通中学教育为核心,包含师范教育、职业教育的中等教育体系以培养具有初步知识体系、面向社会需求,同时具备继续研究高深学术的青年学生为宗旨,是社会文化传播通过近代学校人才培养体制进行承上启下的重要环节,中学生群体也因此成为具有代表性的社会知识群体。他们利用报刊这种新式媒介传播知识与信息,同时也发出自己的声音,在某种程度上形塑了民国中学生作为社会知识分子群体之一的文化的发展和自身群体特性。随着各行业、各社会组织内部也掀起了办刊风潮,由中学师生编撰并以本中学为出版单位的校刊作为一种最直接反映民国中等学生思想观念的媒介,是一批了解民国教育观念与制度的发展,以及社会风气与文化的转型如何体现在青少年层面方面的数量可观的史料,但一直以来,国内的相关学术界都忽略了这批史料,研究很少。本文将首先排摸留存下来的上海地区中学校刊文本情况,然后以民国上海地区的中学校刊为基础,通过分析校刊的运营和内容特点,探讨其在民国中学生群体认同和身份构建中的作用。

一、生于学生限于学生:中学校刊的类型与特点

校刊由校内师生编撰、校方负责出版与管理,它扎根于校园,是现代中学教育的产物。作为新式教育的发源地之一,民国上海地区的中学在数量和教

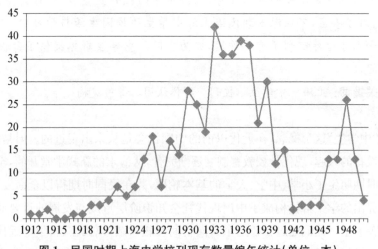

图1 民国时期上海中学校刊现存数量编年统计(单位:本)

---

① 桑兵:《晚清学堂与学生与社会变迁》,广西师范大学出版社2007年版,第11页。

学水平上都处于全国领先地位,各类校刊史料的保存情况也较好。笔者通过上海市档案馆、上海市图书馆、国家图书馆、全国报刊索引数据库所查,现存民国时期上海地区中学校刊共 186 种、525 本,涉及所属中学 112 家。

因每类刊物的重点内容不同,可将校刊分为综合性校刊、毕业纪念刊、团体刊物、特刊、章程名录 5 种类型:综合性校刊的内容范围最广;毕业纪念刊侧重于收录应届毕业生的讯息和个人作品;团体刊物包括各类社团刊物及校友会杂志;特刊以校庆、迁址、复校等大事记为主题单独成刊;章程名录则主要为学校章程概览、同学录、校友录。现存上海中学校刊以综合性校刊为主,共有 65 种,其次是毕业纪念刊。

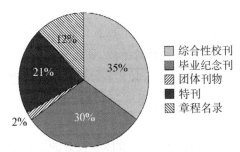

图 2　现存民国时期上海中学校刊类型比例分布图

通过对校刊样本的分类统计可以看出,校刊在编辑和传播过程中始终围绕着学生群体,具有典型的内部性和底层性,这与校刊的办刊主旨、编撰团队、内容特点有关。首先,校刊在成为学生群体的公共言论空间之前,最先是一种档案,同时作为一种教学材料和辅助手段以指导学生的学习和生活。上海粤东中学在 1936 年《粤中校刊》创刊号中就提出该刊内容"一为本校各部分最近状况;一为同人等对于教学上或者学术上之意见;一为学生之课艺成绩"。[①] 校刊中常见以新闻、公文报表、报告等方式记载学校建设和学生情况。上海光华大学附属中学的《光华附中半月刊》在每期"校闻""学校生活"等栏目刊登各类学生活动讯息及校园新闻。上海松江二中的前身,江苏省立松江女子中学的《松江女中校刊》每期皆记录"教务部消息""训导处消息""学科会议消息""本校大事记"等内容,还将第 19/20 期合刊(1931 年 6 月 15 日)和第 33/34 期合刊(1932 年 11 月 15 日)制作成专号,详尽收录校舍、教具、藏书等各类学校

① 《发刊词》,上海粤东中学,《粤中校刊》1936 年第 1 期。

建设的图文数据。毕业纪念刊如中西女中的《墨梯》和圣玛利亚女校的《凤藻》每期必要收录教职工、应届毕业生的名单。

为了培养中学生的身心全面发展，上海各中学组织了丰富的学生活动，广泛开展读书会、戏剧演出、体育竞赛、夜校教学等课外活动，同时上海也是最早引进道尔顿制、实验教学等新教学方法的地区，教育实践的升级转型也要求学生尽可能地参与自主学习，编辑出版刊物就成为重要的教学活动和学习实践。《光华附中半月刊》将1937年第5卷第1/2期编辑为课外作业特辑，展示了校内科学研究会、演说会、摄影会、音乐会、英文研究会等社团活动及成果。负责指导学生课外组织的老师廖世承、姚舜卿、潘子端等人也发表文章，阐述课外作业对中学教育的重要性，以鼓励全体学生共同参与校内生活。

校刊的编辑出版条件也限制了校刊的校外传播。既然创办校刊主要基于本校师生的发展需求，也是一种教育手段，那校刊的创办总是离不开师生配合，除了少量直接由教师负责的校刊，大多数刊物由教师把握编辑方向，学生参与编辑流程。像《光华附中半月刊》一直以师生合作的方式进行，在1932年的创刊号中刊出了《本刊职员》，其中19位特约撰稿人都是学校的教员。鉴于学生自治会在五四之后成为联结学生群体和校方的主要桥梁，大量校刊都是由学生自治会下设的出版委员会、编辑科、学术股等部门负责，自治会的学生成员也是校刊的内容创作骨干，在《松江女中半月刊》现存41本刊物中，能够确定为学生自治会成员的作者共有5名，她们的稿件量占文艺作品投稿的36%。校刊中少量的校外投稿也都以外校学生或校友为主。

得益于上海出版业的繁荣，校刊也和商业化学生期刊一样定价发行，类似国立暨南大学附中的《中学月刊》、上海中学的《翱翔》、肇和中学的《肇和》等刊物还通过在泰东书局、生活书店、南京书局、贝登堡公司等本外埠各大书店及出版机构代售得以面向全国，澄衷中学的《智识》甚至曾在商务印书馆、中华书局、世界书局等上海一流出版公司出售。但校刊在成本控制、刊期稳定性、内容丰富性上都不可与商业刊物比肩，校际间刊物交换依然是流通的主要方式。根据《光华附中半月刊》的记载，校图书馆从1933年—1937年间陆续收藏了来自上海、江苏、浙江、山西、海南、广东、福建、北平、山东等地四十多所中学的近五十种校刊。除了上海本地学校，光华附中与苏州中学、扬州中学、山西铭贤中学、海南琼海中学等外省市中学保持长期换刊互动。

如此，相较于市场上高度商业化、流水线产出的同类刊物，校刊的首要目标是服务于校园内部,尽可能为本校师生提供内容需求和发表的便利,这便决定了校刊在内容选择上无法具有高度的开放性,且在出版的人力、物力、财力上也无法和出版社、发行公司竞争,限制了校刊的内容水准和稳定性,使其生于学生而限于学生。但这并没有影响校刊在建构中学生身份认同和群体位置的过程中所发挥的作用,反而成为这一群体普及、传播新文化、新思想的利器,也是他们以自己的方式尽可能地参与社会互动、形成群体意识的专属平台。

二、小工作与大使命:学生群体的文化追求与自我定位

学者陈衡哲在《西洋史》中写道:"科学与文艺是文化的双翼,缺了一样,那个文化便成为畸形的了。"报刊杂志从进入近代中国伊始就成为承载新知的窗口,在新知识体系下培养起来的中学生,利用校刊推广文艺,引进西方科学知识,这在当时的学生意识中,是在中等学校程度下,用创办校刊这一小工作完成推广新知、开拓眼界、追求真理的大使命。

民国教育家张伯苓曾提及学校出版活动的目的之一即为"训练学生之写作能力"。[①] 民国上海的中学校刊数量众多,虽不是每种校刊都达到文学造诣的高水准,但每份刊物都给文艺作品留出了空间,哪怕是像《松江女中校刊》这样典型的内部资料性刊物,每期中校讯往往就占 95% 的内容量,也总要留出至少 2 个版面供"文艺"栏目使用,给本校学生展示文艺作品提供机会。文坛"海上传奇"张爱玲在圣玛利亚女校读书期间先后在校刊《凤藻》《国光》中发表小说、书评等中英文作品 13 篇,并在 1937 年的《凤藻》刊文,将卡通画比同电影一样的二十世纪新文艺,建议应当全力培植。[②] 为此她特意在毕业留念之际为全班同学绘制了三十多幅卡通肖像画,身体力行地推广卡通画。

为了支持文艺创作,校刊还利用出版特刊、专号、合并刊期等机会推广新文艺作品。《光华附中半月刊》从 1932 年 10 月创刊,现存有至 1937 年 6 月这6 年期间共计 34 本原刊,虽在行文风格上该刊主要以学术论著和评论为主,但文艺作品也占文章总量的一半。特别是 1934 年第 2 卷的第 9/10 期的"文艺特刊",专门刊登各类文学作品,包含小说、散文、童话、批评(议论文)、戏剧、

---

① 张伯苓:《四十年南开学校之回顾》,《基础教育》2006 年第 5 期第 31 页。
② 张爱玲:《论卡通画之前途》,《凤藻》,1937 年版。

新诗、翻译7大类共收录51篇作品,且其中只有5篇为本校教师邢鹏举、潘予且所作,其他均为学生自发投稿作品。散文版块的散文诗、童话,当时还都是文坛上的新事物,在国内还没有多少人做,但因它富有韵律的节奏和启发灵感的美感,还是有校园作者踊跃尝试。当时还在光华附中高中一年级就读的谭惟翰与教师邢鹏举为给全校同学提供同等欣赏的机会,专门做了6篇童话给初中同学们阅读。附中还利用半月刊开辟了1933年第2卷第3期的《戏剧特刊》、1936年第4卷第4/5期的《新诗专号》、1937年第5卷第3/4期的《文艺翻译专号》,持续地输出散文诗、新体诗歌、文艺学理论,《文艺翻译专号》特别挑选了英国、美国、俄罗斯、法国、日本、奥地利6国17篇文学作品,翻译成中文供师生品鉴。

校刊不遗余力地推广新文艺,是因为"时代的潮流已然到来",[①]校刊希望利用自己的平台优势,为自己的读者提供一个探索的便利,带领学生群体走向这条符合时代要求的路。因此校刊不仅不排斥所谓"古文艺",反而是发扬国粹文艺、捍卫中国传统文化的平台。1919年时值五四白话文运动广泛开展之际,圣玛利亚女校的《凤藻》创刊,创刊初期女校学生们的旧文体作品就在数量和质量上值得称道,至20世纪30年代末,每期的"文苑"专栏都刊有相当数量的旧体诗词作品。[②]1936年,圣玛利亚女校的爱国团体国光会成员有感于教会学校学生重英文而忽视国文的倾向虽已成为过去式,但此风气仍需继续矫正,也是爱国的举措之一,在指导老师汪宏声的帮助下,创办了团体刊物《国光》,为爱好写作国文作品的同学提供发表平台,意在引起全体师生对国文的兴趣。

与如火如荼的新文艺推广场面相比,借助校刊进行自然科学、理科知识的学术研究和普及则要萧条很多。中学生受到教育水平的限制,很难对科学课题展开普遍尝试和深入讨论,科学文章的撰写和审稿难度很大。《松江女中校刊》刊载了8篇科学类文章,侧重调查报告、科普介绍这类中学生较为容易掌握的类型。而《墨梯》《凤藻》以文科知识见长,虽多少刊登了理科教室、实验室、科学馆、理科上课场景等照片,但从未出现过科学研究专题文章。

① 云飞:《前言》,《光华附中半月刊·文艺特刊》1934年第2卷第9/10期。
② 刘峰:《圣玛利亚女学与〈凤藻〉研究》,《中华女子学院学报》2011年10月第5期,第106页。

表1 1929年—1934年《松江女中校刊》科学类文章发表情况①

刊期	栏目	题目	作者
1930年第14期	科学	《饮料水检查法》	戎葳畦
1931年第16期	教育	《通信研究——S分数》	沈寿金
1931年第17期	教育	《通信研究——S分数(续)》	沈寿金
1932年第28期	校闻	《本校校园内之植物调查报告》	嵇联音
1932年第29期	校闻	《本校校园内之植物调查报告(二)》	嵇联音
1932年第35期	演讲	《无线电之原理及其应用》	曹仲渊
1933年第44期	学术	《受一九三二年诺贝尔奖金的轩令顿博士》	仲超范译
1933年第45期	学术	《暑期作业和自然研究》	仲超

资料来源:江苏省立松江女子中学:1929年第8期—1934年第59期,现存41本断刊《松江女中校刊》,国家图书馆民国中文期刊数字资源库、全国报刊索引数据库。

　　虽然科学文章的创作很难在校刊中大规模的展开,但秉承着科学与文艺二者不可偏废的理念,也依托于上海优质的教学资源和教育水平,学生们还是在教师的指导下尝试实践对科学知识的传播活动。《光华附中半月刊》在平时的编撰过程中就注重对科学类文章的刊载,除1期《理科专号》外,有18期刊物刊载了共39篇科学论文。即使是在毕业特刊、建校特刊、庆祝运动锦标特刊等特殊的刊期中依然会刊登学生的科学论文,以此来展示本校学生的学业成绩。1934年第3卷第1/2期的校刊专制成《理科专号》,共发表了数学、物理、化学、生物四个领域的40篇文章,共计22万字,其中有24篇是附中学生的作品,除了对科学工艺、技术的探讨,还有《科学杂谈》《我与自然科学》《关于光华附中科学会》等探索科学启蒙与科学历程的杂谈。

表2 1932年—1937年《光华附中半月刊》科学类文章发表情况②

刊期	栏目	篇名	作者	作者身份
1932年第1期	学术研究	行列式在平面解析几何上之应用	叔	老师
1932年第2期	学术研究	数字直角三角形之解法	倪道鸿	老师
		蕈之栽培法(上)	予若	老师

① 表1资料整理自1929—1934年间现存41期《松江女中校刊》。
② 表2资料整理自1932—1937年间现存33期《光华附中半月刊》(除《理科专号》)。

刊期	栏目	篇名	作者	作者身份
1932 年第 3 期	学术研究	应用在平面三角上的几何元素	叔	老师
1932 年第 4 期	学术研究	蕈之栽培法（下）	予若	老师
		氧的固定法	鲍传铭	不详
1932 年第 6 期	学术研究	毒气	鲍传铭	不详
1933 年第 7 期	学术研究	二次方程式的不常见解法	叔	老师
1933 年第 8 期	学术研究	圆内接正五角形之作法	金品	老师
1933 年第 9 期 庆祝运动锦标 特刊	学术研究	无线电收音机之制造	金品	老师
1933 年第 10 期 六三特刊	学术研究	放射漫说	胡梅轩	老师
1933 年第 2 卷 第 1 期	学术研究	共线点之性质	金品	老师
	论文专载	算学与人生	叔	老师
1933 年第 2 卷 第 2 期	学术研究	数学与语言	朱言钧	老师
		无线电收音机之制造（续）	金品	老师
1933 年第 2 卷 第 4 期	学术研究	化学与战争浅说	胡昭圣	老师
		美国通货政策之混乱	徐丽若	不详
		作圆解 $x^2-ax+b=0$	叔	老师
		世界经济会议	张芝联	光华大学 校友
		最近日本经济之危机	郭俭师	不详
1934 年第 2 卷 第 6 期	学术研究	一个三元二次联立方程式之解法	金品	老师
	论文专载	怎样打开算学之门	叔	老师
1934 年第 2 卷 第 7 期	学术研究	一个圆题之三种解法	金品	老师
		中国古代圆周率之算法考	张仲舒	不详
1935 年第 3 卷 第 4/5 期 第十一届毕业 特刊	未标明	以五十三号真空管作乙类放大的 设计	张椿	学生
		怎样阅读金融行市新闻	林天强	学生

续　表

刊期	栏目	篇名	作者	作者身份
		我国之矿产	丁锡和	学生
		物理杂谈	冯霁帆	学生
1935 年第 3 卷 第 9/10 期 第十二届毕业 特刊	学术研究	光和目的关系	Collings 著 凤申译	学生
		直线运动机构	吕忠奎	学生
		面之摩擦与润滑	林植藩	学生
		弹性球的冲突	吕忠奎	学生
		怎样研究和学习代数	震	学生
		财产之估价：资产负债与资本估价	张寿麟	学生
		从美国购买白银说到现在	余树芳 徐嘉绩	学生
		电化工业	包尚濬	学生
		银行界对于农工商业放款问题	余树芳 张沃流	学生
1936 年第 4 卷 第 6/7 期	学术研究	谈谈生物界的共生	毛仲磐	老师
1937 年第 5 卷 第 5 期	学术研究	动物剥制谈	毛仲磐	老师

资料来源：上海光华大学附属中学：1932 年第 1 期—1937 年第 5 卷第 6/7 期，现存 34 本断刊《光华附中半月刊》，全国报刊索引数据库。

　　综上可见，在校刊中科学类论文的内容以介绍自然科学和理学学科的基础知识，并与当时学生的课业内容相关，多由教师撰写。整体而言，校刊中的科学类文章数量不多、难度不大，但对稿件的质量要求却没有因此放松。特别是光华附中的"理科专号"，四个领域的文章均由附中的名师审核，编辑部还特意请到了在各领域内的专家和优秀校友撰稿。为了保证内容的科学性和准确性，编辑部 40 篇文章每篇校对至少 4 次，前后准备了 4 个月，才将这份专辑付印。校刊对科学知识的传播也不是为了赶"科学救国"的风潮，内容没有做大做深，风格也不赶时髦，而是以中学生学业课程为基础，为科学知识的普及提供"中等学生用得着的材料"。① 可见学生群体在利用校刊传播文艺和科学知识的时候,并没有脱离自己作为学生的实际能力和社会地位,他们更多地将自己看成文化的学习者、接受者,在与同龄人的交流,向教师的不断请教中传播新文化。同时他们也不会因为自己"才疏学浅"而妄自菲薄,反而非常珍惜校刊给予的机会,表达文化理想,参与文化启蒙和转型。

三、明日国民与主人翁:学生群体的社会意识与身份认同

现代学者指出,由于近代教育的科层制断绝了传统科举制度下普通人能够终生进入知识阶层的可能,而中国高等教育的容量相比中等教育一直相当微小,因此产生了大量具备中等文化程度的读书人,②以中学生群体为代表的中等文化的读书人,虽然不属于上层知识精英,也不一定会在毕业之后继续阶层的向上流动,但他们在学校生活中不断强化自我意识和集体认同,以自己的方式靠拢社会政治发展的自觉性、积极性却很高涨,学生与国民的双重身份交织,促使今日之学生都在为成为明日之国家主人翁、合格的人民引路人而努力。校刊最接近学生群体,它的创办也是为了增加学生发表思想的平台,于是在校刊中随处可见时事政治和社会话题,这些内容往往是校刊在创办之初就确定的办刊重点,讨论内容也紧跟时代发展和学校建设的进程。

创刊时间较早的《墨梯》(1917 年)和《凤藻》(1919 年)深受民初国民意识启蒙、女子参政、兴女学的思潮影响,又因两所教会女校是为推广女学的代表,两本创刊号中都率先刊登了《论女学之重要性》《女子教育与国家有何关系》《大战后我国妇女应有之觉悟》《对欧美女子争得选举权与被选举权之观念》等文章。20 世纪 30 年代,女校以外的普通中学女生数量开始大幅增加,社会上关于"妇女回家""新贤妻良母主义"的争论不休,这股辩论的思潮也影响了中学校园。1933 年光华附中开始招收女学生,1935 年在校女生数量明显增加,为此附中还专门成立了女同学会,《光华附中半月刊》也在 1935 年第 4 卷第 3 期新增"妇女问题"栏目,广泛讨论妇女职业、求学等问题。在这本校刊为数不多的女性主题文章中,既有宣扬妇女回归家务的论调,也有呼吁改善社会公共服务,给予女性获得公正社会地位的言论,并且由于国难加深,对抗日救亡时

① 云飞:《前言》,《光华附中半月刊·理科专号》1934 年第 3 卷第 1/2 期。
② 罗志田:《近代中国社会权势的转移:知识分子的边缘化与边缘化知识分子的兴起》,刊《权势转移近代中国的思想、社会与学术》,湖北人民出版社 1999 年版,第 216 页。

期女子的社会地位和责任问题也成为探讨主题之一。1934 年第 59 期的《松江女中校刊》刊出了初三女学生彭坤元的《现代女子应有的觉悟》，文中提倡妇女自觉接受教育，选择与自己志趣相投的社会事业而努力投入，不再满足于只做贤妻良母，而要树立超出贤妻良母的自立的人生观，如此才能使女子取得与男子并驾齐驱的地位。这篇出自女校学生的妇女社会观和当时流行的妇女回家论完全相反，可窥见当时的中学生实际上对妇女独立等议题已形成自己的见解，已不满足于随意跟从社会上的流行话语体系。

随着日本帝国主义对中国的侵略程度加深，如何继承中学生之青年国民精神，成为国家可托付的人才构成校园内的舆论焦点。一方面，学生群体充分利用校刊进行抗战分析和呼吁，另一方面也对自身角色和社会位置的构建提出具体的要求和设想。1931 年"九·一八事变"后，学生们怀着沉痛的心情以诗歌、戏剧、论述等各种形式的文艺作品呼吁抗战救亡。1931 年的《墨梯》发表了中西女塾文学会的国耻表演剧剧本《割台湾》，着重描述日本殖民台湾后的狂妄残暴，也借戏剧主人公夫妇因反抗日军殖民统治而相继献出生命，呼吁中西女中的同学们勿忘国耻。1932 年"一·二八事变"爆发，冲突中上海的中学受到波及，甚至有师生直接受到生命威胁，自此之后伴随着日军侵华的步步紧逼，上海中学生的爱国热情持续高涨。1932 年的《墨梯》刊发了《表龙江马将军》《表十九路军》《伤兵的雄起》《国难期中之经过》等文章，特别是后 3 篇的作者们都是女中几位参与过救护"一·二八"淞沪抗战伤员的志愿者，有感于抗日爱国将领和军队的奋勇抗战而特做感言。[1] 此后的 1933 年、1934 年、1935 年、1936 年，每期都刊登了中西女中学生们的抗日号召及论说，其中如《日侵我日亟国人宜如何自救说》（1933 年李红梅）、《我辈对付暴日之工作》（1933 年殷美姑）、《日军何以侵略中国》（1934 年周文贞）、《日本地理上之环境如何影响其政治外交》（1934 年吴舜文）、《华北事件之慨想》（1936 年陈汝霖）等论文更结合中日两国的历史与社会现实，从各方面分析日军侵华本质、制定清晰严谨的救国策略。

面对日寇侵略的民族危亡，中学生群体也开始自觉反省内部存在的问题，从而对自身进行规范，以达到切实救国，成为合格的中国主人翁之目的。1932

---

① 中西女中校史编写组组编、陈瑾瑜编著：《中西女中（1892～1952）》，同济大学出版社 2016 年版，第 146 页。

年 10 月《光华附中半月刊》的创刊号发表了高二学生黎青的小说《这世界根本
不需要我们》，主人公芷萍是一名中学生，平日沉溺于自我世界的多愁善感，又
因女友 W 女士与他分手而发出"这世界根本不需要我们"的哀叹。随着"一·
二八"淞沪战争的爆发，芷萍越发感受到了亡国之危，决心不再限于儿女情长，
而投入到救亡运动中："……伟大的民族战争是没有个人的存在的。"[1]最终芷
萍也为淞沪抗战牺牲了自己的生命。作者通过芷萍的转变和 W 女士的信，规
劝中国青年学生走出封闭的自我小世界而投身民族大义。同年第 28 期的《松
江女中校刊》也发表了师范一年级祁友箴的《论自杀之错误》，文中对一部分国
难当头却愤然自杀的青年学生提出严厉的批评，认为自杀是弱者的陌路，呼吁
青年学子在国家兴亡之际"戮力同心，共赴国难"。[2] 光华附中于 1935 年 1 月
1 日推出《光华附中半月刊》"励志特刊"，既是对当时风靡全国的"新生活运
动"的附议，也从个人修养、体育、文化、生活习惯等各方面对中学生提出具体
的指导。当期共刊出 41 篇文章，其中有 36 篇学生作品。校长邢鹏举从国难
角度分析励志的重要性，认为中国青年是应对国难，实现民族复兴的唯一基
础，现代中国的青年最大的职务就是励志，要将自己从学生培养成"应付国难
的新人物"。[3]

　　学生们则从自己的角度反省了自身普遍存在的问题：在励志特辑中刊登
了几篇光华附中学生作者的文章，如《青年的两大仇敌：烟与酒》《早起与健
康》《赌博与侥幸心》《现代学生的几个通病》等，这些文章深刻总结了青年学生
在当时并不平静的社会中因受到父母、学校的庇护得以幸福生活后，最容易沾
染的陋习、缺点。在《现代学生的几个通病》中，作者潘世孟详细地分析现代学
生"无决断、无恒心、无目的、无志向、无实力、无勇气"[4]等几个典型的弱点，批
评学生群体读书功利、眼高手低。作者感慨于对学生的通病时下已有无数学
者呼吁并劝诫学生改过自新，但实际上却没有什么效用。虽然在文末作者表
示改良的方法要让位于贤能者来说，但在另外一篇名为《前途的光明——怎样
励志自强》的文章中，作者提出如要让国家强大，需每一个中学生自强起来，为
此他提出中学生应养成"勤劳的习惯，简朴的风气，诚实的品性，健康的生活，

---

① 黎青：《这世界根本不需要我们》，《光华附中半月刊》1932 年创刊号，第 25 页。
② 祁友箴：《论自杀之错误》，《松江女中校刊》1932 年第 28 期，第 10 页。
③ 邢鹏举：《从国难说到励志》，《光华附中半月刊》1935 年第 3 卷第 3 期，第 7 页。
④ 潘世孟：《现代学生的几个通病》，《光华附中半月刊》1935 年第 3 卷第 3 期，第 60—63 页。

博爱的精神，高尚的志向"，①或可看作作者对自己所提问题的反思和回答。

纵然中学生群体一直在为成为未来的社会精英而不断强化自己的群体意识，但近代中国社会转型依然给他们造成了困扰，独属于他们的时代隐痛被自觉淹没在"国民要求"下，却透过校刊，略以文学的外衣做修饰，得小小喘息的机会。《松江女中校刊》1929 年第 8 期刊登该校学生沈定坤的小说《故乡》，文中讲述了一名女中学生初中毕业回到自己的家乡村庄，沿途却只看到污秽狭窄的道路和麻木的乡村青年，自己作为接受过新式教育的女性，还遭到族中遗老的冷待，面对校内教育与校外现实的巨大落差，她深感失望的同时，只得暗自立志要通过努力改变家乡风气，增进建设。1937 年光华附中第 5 卷第 6/7 期半月刊中出现了一篇小说《失业者》，主人公敏是在大城市丢掉工作的办公室职员，对城市的生活也灰了心，便选择回到家乡的农村，不想却和妻子在乡村生活中找到了久违的快乐。这两则虚构的文学作品真实地表达出踏入城市的普通读书人纠缠在新兴城市和衰落农村中的挣扎，以及对城乡分离愈发浓烈的伤痛感触。

1936 年的两期《光华附中半月刊》分别出现了散文诗《家》②和小说《灰色的往事》。③《家》的作者将自己比喻成一只躺在暖巢里的小鸟，为了自己内心灿烂前程的梦想而勇敢反抗这残酷的时代和社会制度，但飞出温暖甜蜜的"家"后却发现外面的世界是充满铜臭和犯罪的社会，充满刽子手的深山和凶猛的大海，而自己只有软弱的羽翼无处降落。《灰色的往事》则描述了自己的中学朋友因为亲历淞沪战争对生命的无情摧残而早早失去了对人生的希望，最终因体弱而早逝。残酷的社会竞争和战争带来的灾难不可避免地影响了心智尚未成熟，能力也未能更精进一步的中学生，他们难免萌生出迷茫、逃避或自暴自弃的心理，这样的心情被藏在校刊这种更具内部性、隐蔽性的刊物中，而这种烦闷和疑惑的情绪，也只在弃满友爱、理解、同情的校园内得以安心地分解消化。

① 潘世孟：《前途的光明——怎样励志自强》，《光华附中半月刊》1935 年第 3 卷第 3 期，第 68—70 页。
② 紫痕：《家》，《光华附中半月刊》1936 年第 4 卷第 4/5 期，第 3—4 页。
③ 奔潮：《灰色的往事》，《光华附中半月刊》1936 年第 4 卷第 9/10 期，第 64—70 页。

四、结语

中学生群体是近代中国新兴知识群体中的一个特殊的类别,他们从晚清学堂中走出,随着民国教育学制的发展和定型,逐渐形成一个相对独立的文化群体,在学程上和近代社会文化脉络中都具有承上启下的作用。他们接受过专门的知识培训,其学识可为普通民众做思想文化向下传播的一层媒介,却不及已掌握专门技能的精英阶层具备创造性和深度;他们中虽不乏顺利升入大学、留洋海外,最终成为社会精英的成员,但更多曾经的中学生未来要面对残酷的城市社会竞争和难再回归的故乡,残酷的战争及社会动荡带来的种种影响也横亘在他们的成长过程中。由于创办主旨、内容结构、人员构成的校园内部性和底层性,翻开距离学生最近、最为直观的校刊,这种中学生群体的特性也显露无遗。但在身份认同上,他们无不是在以知识精英的储备军、未来社会的引路人为标准要求自己,这样的落差使得这一群体虽有强烈的表达欲、参与感,但总受限于知识能力与行动条件,而校刊恰好给予中学生群体充分建构自我意识与群体认同的机会,弥补了社会身份带来的缺憾。

校刊为中学生群体创造了宽松的文化环境,以在校师生、特别是以本校成员为主的编撰群体和传播对象,最大程度地包容和鼓励学生群体的创作和思考,使学生少了很多心理负担、多了很多表达机会,也能收获学友间的友爱、师长的指导,还能收获许多诚恳的意见和批评,促其进步。虽然中学生群体只具备了基本的文化知识和行动能力,心智也尚未成熟,但在民国文盲人口不少于70%[1]的社会环境下,他们又是少数走进学校接受系统知识体系训练的人,这种优越感在校刊中随处可见:"在教育落伍的中国,一个中学生是何等的可贵。不要单看上海、北平等地大学那么的多,就以为中学生不足为奇……中国中学生的少,可想而知;而中学生的可贵,更可以想见了。"[2]也正是因为他们对自己充满期待、定位颇高,他们才会在自知学识有限,也有种种不足的情况下,依然通过校刊这个属于他们的平台奋然担起社会责任,并在不断变动的时局中寻找参与之道。一方面,他们非常清楚自己与知识精英的差距,了解自己作为

---

① 中国第二历史档案馆编:《中华民国史档案资料汇编》(第五辑第一编·教育),江苏古籍出版社 1994 年版,第 694 页。

② 杨家声:《励志会的使命:补救教育最大缺点》,《光华附中半月刊》1935 年第 3 卷第 3 期,第 34 页。

中间阶层的局限性,因此他们选择着眼于自身,在学习中完成他们所认同的传播真理的使命,精心挑选中学生能够理解、吸收的文艺作品和科学成果,尽最大的努力呈现在校刊中,做力所能及的工作,以高级知识分子的储备军要求自己,避免成为所谓的"中等游民";另一方面,他们始终将自己看作未来国家的继承者、主人翁,是未来社会变革的力量,从不放弃在校刊中对时政和社会现实问题的思考和讨论,即使是面临不可避免的少年之烦恼、时代之困境,也在稍做表露之后,将这痛苦和矛盾转化为问题意识,与群体成员一同探寻解决困难的突破口,反而更加坚定了自身的时代责任。可以说,校刊承载了一代中学生的家国情怀,见证了这个近代知识分子新兴群类的成长。因此,校刊虽扎根于校园、主要作用于中学生群体内部,但其所包含的主题却相当具有广泛性、社会性、开放性;它的创办者、发言者、接收者虽然都是普通的中学生,是社会知识分子的底层群体,但校刊的文化追求却一直向上衍伸,显示出中学生群体加强自我认同,强化群体责任的不懈努力,在完成自身建设的同时也不断地为社会输送变革与文明的动力。

Group Identity and Identity Construction of Middle School Students in the Republic of China —— Taking Shanghai Ordinary Middle School Journal as an example

Abstract：The group of middle school students spawned by the modern secondary education system with general middle school education as the main body is a new group of intellectuals emerging with the transformation of Chinese society. They are large in number, active in thinking, and have a lot of new knowledge and ideas extensive use of school journals to communicate with each other for self-expression and identity construction. Due to the limitation of the founding subject and the scope of communication, the school journal has internal and basic characteristics, and is the most widely used and most intuitive medium for middle school students. Benefiting from the resource advantages of Shanghai ordinary middle school education and periodical publishing industry in the Republic of China, the school periodicals of Shanghai Middle School have the characteristics of large quantity, complete preservation, diverse types, and rich content, which not only penetrates into the campus life and learning of Shanghai middle school students in the Republic of China, but also provides teaching construction and talent training played an important role, and also provides a space for identity construction for the middle school student group.

Keywords: Shanghai; Middle School Student; Middle School Journal; Group Identity; Identity Construction

作者简介：贾铭宇，上海师范大学人文学院专门史博士研究生。

近百年来对《中国丛报》的
利用与研究述评①

潘苏悦

摘 要：《中国丛报》是新教传教士在中国创办的向西方介绍中国的第一份英文刊物。上世纪初，国外学者就开始利用《丛报》来研究基督教在华传教史，但在 80 年之前对《丛报》的研究始终没有纳入"冲击—回应""传统—现代"等主流范式的视野，他们多关注传教士对鸦片贸易态度的转变、传教士与商人之间的复杂关系。中国学者对《丛报》的利用起步较晚，但受 1980 年代"后殖民理论"的影响，中外学者对《丛报》的研究迅速升温。国内外学者均认为传教士对条约口岸制度建立前后中西关系的走势具有影响力，新教传教士在《丛报》上构建出的中国形象为负面形象。此外，人们还进一步从新闻传播、翻译策略、西方汉学等方面拓展了对《丛报》的研究视野。

关键词：《中国丛报》 新教传教士 中西关系 研究范式

《中国丛报》(*The Chinese Repository*，1832—1851)是新教传教士在中国创办的，向西方读者介绍中国的第一份英文刊物。创办者为首位来华的美国新教传教士裨治文(Eliza C. Bridgman)，印刷地点主要在广州。② 该刊不仅报导中国时事和中外关系，还介绍中国的地理、气象、历史文化和社会风俗等知识，是当时在华以及欧美本土的西人了解中国的重要桥梁，在中西关系史和文

---

① 本文为华东政法大学科学研究项目"他者印象：《中国丛报》与来华新教传教士的汉文阅读和英文书写"(18HZK024)的阶段性成果。

② 鸦片战争期间曾迁往澳门，后又移至香港，1845 年再次迁回广州，直至停刊。——作者注

化交流史上具有重要价值。自 20 世纪 10 年代开始,海外学者便利用《丛报》
对近代中外关系史展开研究,近年来我国学者也越来越关注该刊,不仅利用其
刊载的资料,也对该刊本身展开了多方面的研究,并取得了丰硕的成果。以往
也有学者对近年来《丛报》的研究做过学术综述,①但仅局限于中国学界,且内
容过于简略。为全面了解该刊的史料价值和研究进展,本文拟对海内外学者
近百年来对《丛报》的利用与研究进行全面的梳理与评论。

一、国外对《中国丛报》的利用与研究

国外中美关系史和基督教传教史等领域的学者都非常重视对《丛报》的利
用,强调《丛报》是 1832 至 1851 年间"最准确、最忠实的记录",②不仅为西方商
人提供了大量有用的信息和讨论想法以及对华贸易愿景的论坛,还为英语世
界的更广泛的读者提供有用的信息;③对于研究者来说是"宝贵的资料来
源",④是"信息和见解的宝库",⑤弥补了 1844 至 1853 年间外交通信和领事通
信方面资料少的不足,而且其文章对所有已公开的 1832 至 1851 年间的文件
来说是"非常有价值的补充"。⑥

最早重视《丛报》研究价值的是美国基督教史学家赖德列(Kenneth S.
Latourette),他在 1917 年的专著中引用了《丛报》内容,认为《丛报》本身就值
得成为专论的主题,特别是它与商人群体的关系、所刊社论之实际作者,以
及裨治文和卫三畏对所刊载社论的选择标准等方面,尚待研究者仔细去调查

---

① 谭静:《〈中国丛报〉研究述评(2000—2015)》,《淮北职业技术学院学报》2016 年第 3 期,第 50—
53 页。

② Tyler Dennett, *Americans in Eastern Asia: A Critical Study of the Policy of the United States
with Reference to China, Japan and Korea in the 19th Century*, New York: The Macmillan
Company, 1922, p. 557.

③ Rolf G. Tiedemann (ed.), *Handbook of Christianity in China (Volume Two: 1800 to the
Present)*, Leiden/Boston: Brill, 2010, pp. 40 - 41,141.

④ Kenneth S. Latourette, *The History of Early Relations Between the United States and China
(1784 - 1844)*, New Haven: Yale University Press, 1917, p. 9; Elizabeth L. Malcolm, "The
Chinese Repository and Western Literature on China 1800 - 1850," *Modern Asian Studies*, vol.
7, no. 2(1973), pp. 166 - 167.

⑤ Peter W. Fay, "The Protestant Mission and the Opium War," *Pacific Historical Review*, vol.
40, no. 2(1971), p. 148.

⑥ Tyler Dennett, *Americans in Eastern Asia: A Critical Study of the Policy of the United States
with Reference to China, Japan and Korea in the 19th Century*, p. 685.

研究。① 他在 1929 年的专著中又对《丛报》做了介绍性叙述，并将其创办和经营视为新教传教活动的一部分。② 虽未有细节和微观的研究，却有开拓意义，为后来的研究者提供了思路。国外学术界对《丛报》的利用与研究主要围绕早期来华新教传教士展开，探讨他们与美国对华政策的关系，对中国形象的塑造，与商人、政客和鸦片贸易的关系，以及传教士汉学的话语构建等话题。

(一) 传教士与美国对华政策

美国历史学家泰勒·丹涅特(Tyler Dennett，1922)最先利用《丛报》来研究传教士与美国对华政策之间的关系，认为美国越来越不能容忍中国政府的排外政策与传教士有很大的关系。他对照了《丛报》文章和《望厦条约》，发现顾盛(Caleb Cushing)在 1844 年的中美谈判中，很大程度上有赖于充当口译和顾问的裨治文，有几项条款看起来正是在《丛报》上讨论后的产物。③

美国学者彼得·费伊(Peter W. Fay，1971)提出战争并非传教士本意，但多年来因传教不断碰壁而积累的怨恨使他们成为鸦片战争的推手。④ 与丹涅特相比，费伊进一步明确了传教士对中国的态度随着传教受挫和时局发展有个变化的过程。传教士在 1830 年代创办《丛报》，是对宣教方式的新尝试，他们希望能仔细观察中国人的真实状况，并通过《丛报》让中国人看到自己的道德状态有多可怕。⑤ 这说明《丛报》办刊时的目标读者是包括中国人的，但刊登在上面的文章少有中国人能看懂，传教士希望通过《丛报》让中国人认清自己的状况，以便接受基督教救赎的目的未能实现。传教士当时的另外两项新尝试，即创立在华有用知识传播会和马礼逊教育协会，以及实施医务传道，也都收效颇微。⑥ 这样的挫折不断出现，传教士难免会转而认为只有通过战争才能使中国向基督教开放。

---

① Kenneth S. Latourette, *The History of Early Relations Between the United States and China* (*1784 -1844*), pp. 91 - 100.

② Kenneth S. Latourette, *A History of Christian Missions in China*, New York: The Macmilan Company, 1929, pp. 218,221,265,437.

③ Tyler Dennett, *Americans in Eastern Asia：A Critical Study of the Policy of the United States with Reference to China, Japan and Korea in the 19th Century*, pp. 146,557.

④ Peter W. Fay, "The Protestant Mission and the Opium War", p. 153.

⑤ Peter W. Fay, "The Protestant Mission and the Opium War", p. 152.

⑥ Peter W. Fay, "The Protestant Mission and the Opium War", p. 153.

美国学者雷孜智（Michael C. Lazich，2006）引用《丛报》文章，探讨了美国来华传教士对鸦片贸易的反应，以及他们在条约口岸制度建立前后对美国对华政策的影响。他同样认为美国对中国通商口岸鸦片贸易的政策，很大程度上是少数美国传教士态度转变的产物。这一观点并不代表商业和政治利益对美国政府的决策没有影响力，而是强调传教士在第一批中美条约的内容确定方面有着特殊的影响力。雷孜智比丹涅特和费伊更进了一步，提出传教士对汉语的掌握以及与清政府官员打交道的经验，对于外交代表来说是不可或缺的助力，而且他们也被认为是道德权威，所以他们的意见成为决定美国在东亚政策的决定性因素。①

（二）传教士对中国形象的塑造

澳洲学者伊丽莎白·马尔科姆（Elizabeth L. Malcolm）的《〈中国丛报〉与西方文学中的中国（1800—1851）》（1973）是关于《丛报》的最早的专论。文章称虽然裨治文宣称创刊目的是以完全公正的方式向西方介绍中国，但除去所有"外部装饰"，《丛报》的实际目的是为了"抵消耶稣会所传达的中国之良好印象，并向西方展示这个国家的堕落本质，以及多么迫切地需要基督教"。虽然《丛报》对基督教的宣传也许比传教士专为中国定制的基督教著作"更为微妙"，但由西方传教士出版，由商人和传教士供稿，由深具宗教色彩的商人资助的《丛报》几乎不可避免会有某些偏见和误解。②

美国学者保罗·哈里斯（Paul W. Harris，1981）提出，新教传教士将对中国的客观观察与主观预设相结合，创造出了中国与中国人之独特形象。他认为传教士的预设是基督教文化得到的神的意旨和启示远远超过异教文化，因此他们用基督徒和非基督徒来区分各民族，也就不可避免地期望在中国的制度和民众中发现彻底的腐败和堕落。哈里斯强调《丛报》在其发行期间获得了西方社会的"极大尊重"，并为此后多年的在华传教事业确立了信息化和经验化的基调。《丛报》自称主要目的是促进"知识的交流，造福于'同一本源造出来，住在整个大地上'的那些人"，但是其人类学研究也表现出夸大皈依者和未

---

① Michael C. Lazich, "American Missionaries and the Opium Trade in Nineteenth-Century China", *Journal of World History*, vol. 17, no. 2(2006), pp. 197 - 223.

② Elizabeth L. Malcolm, "The Chinese Repository and Western Literature on China 1800 - 1850", *Modern Asian Studies*, vol. 7, no. 2(1973), pp. 166 - 167.

皈依者之间差异的倾向。①

马尔科姆和哈里斯都认为,《丛报》虽然自我宣称其内容公正、客观,但因为受创刊者、撰稿人和赞助人的影响,它的创办和经营不可避免带着目标和预设,甚至偏见和误解。《丛报》向西方展示的是中国的"腐败"和"堕落",未皈依基督教的中国异教徒与基督教徒的天壤之别。传教士们之所以这么做,目的是凸显在中国传教的必要性,发展更多的皈依者。

美国学者默里·鲁宾斯坦(Murray A. Rubinstein 1988)就《丛报》上塑造的中国形象提出了更为激进的观点,即《丛报》对中国"没有任何表扬和赞赏",只是"扩大中国的卑劣以及急需医治的形象",而医疗援助者就是英美传教士,医治方法便是提供西方科学、文明和基督教世界观。鲁宾斯坦称《丛报》是"敌对意图的表达",是"一种工具……用来塑造西方对中国的看法,并创造一种公众舆论,在这种舆论氛围中,发动对中国的战争被视为可行路线,或更确切地说被视为英国的外交政策"。② 鲁宾斯坦认为《丛报》是西人塑造中国形象的工具的观点无可厚非,但忽略了《丛报》除此以外的其他作用,称《丛报》对中国的态度是全盘否定,也未免有些绝对。他的观点不能准确描述《丛报》对中国历史、文化和文明,及其与西方接触的历史的细致研究,也忽略了《丛报》对 18 世纪末以降欧洲许多关于中国的最重要出版物加以评论,为阐释清楚中西关系、政治、中国文明、自然历史和地理所付出的卓越努力。③

(三) 传教士与商人、政客和鸦片贸易

马尔科姆认为《丛报》上的作品更多地受到马嘎尔尼使团、阿美士德使团、鸦片贸易之争和鸦片战争等热议事件发展的影响,而非学术兴趣的左右,④道

---

① Paul Harris, "'How Absurd Soever They May Be': The Chinese Repository and Anthropological Interpretation", *Michigan Discussion in Anthropology*, vol. 6, no. 2(1981). P. 126. 引用《丛报》的部分,见"Introduction", *The Chinese Repository*, vol. 1, no. 1(1832), p. 5。

② Murray A. Rubinstein, "The Wars They Wanted: American Missionaries' Use of *the Chinese Repository* before the Opium War", *American Neptune*, vol. 48, no. 4(1988), p. 277.

③ Guido Abbattista, "Europe, China and the Family of Nations: Commercial Enlightenment in the *Sattelzeit*, 1780 – 1840", in María Dolores Elizalde and Wang Jianlang (eds.), *China's Development from a Global Perspective*, Cambridge: Cambridge Scholars Publishing, 2017, pp. 165 – 166. 他此处所指的"政治"包括基督教传教史在内,"中国文明"包括文学、哲学、语言、历史、道德、社会、风俗、科学、艺术。

④ Elizabeth L. Malcolm, "The Chinese Repository and Western Literature on China 1800 – 1850", pp. 177.

出了传教士编辑们与商人和政客之间千丝万缕的联系。

鲁宾斯坦的研究重点在传教士和商人的同盟关系，以及美国传教士利用《丛报》来鼓励西方对中国发动战争上，认为《丛报》完美展示了在追求让中国开放贸易、接受《圣经》和进步的过程中，英美商人和传教士之间的情感亲密和意图统一。① 虽然他的文章标题只涉及美国传教士，但他并未关心自己所分析的多篇《丛报》文章的实际作者，其实根据《二十卷〈中国丛报〉主题总索引》②不难发现，这些文章的作者除了美国传教士，还有马礼逊等英国传教士。把所有传教士归为一个整体，忽视了他们因不同国籍和差会而有不同的个性，持不同的观点的可能性。此外，传教士为了传教，商人为了自由贸易，的确都有打开中国国门的意图，但他们之间是否"情感亲密"或者是否始终"情感亲密"值得商榷。

哈里斯（1991）认为新教传教士被认为是文化帝国主义者，关键在于他们与帝国主义者有着相似的信念、价值观和态度，在行事上采用类似的政策和方法。③ 他指出传教士编辑们总的来说把《丛报》当作让西方社会了解中国的一种媒介，并努力将"传教士和商人之间的权宜合作"神圣化。他承认《丛报》的确对中国文化进行了广泛的谴责，但与商人群体对中国彻底负面的评价和实行炮舰外交的主张相比，传教士的态度相对温和，反对公然的种族主义，试图唤起西方人对中国的人道主义关注。④ 从《丛报》上传教士的文章来看，至少在商人群体提出舰炮外交之初，传教士的确是持不同意见的。哈里斯认为传教士和商人之间只是"权宜合作"的观点较之鲁宾斯坦的观点更为客观，与费伊认为战争并非传教士本意的观点一致。

美国学者强·米勒和格雷戈里·斯坦察克（Jon Miller & Gregory Stanczak，2009）研究了 1790 至 1860 年间英国传教士在亚洲的传教活动。他

① Murray A. Rubinstein，"The Wars They Wanted: American Missionaries' Use of *the Chinese Repository* before the Opium War"，pp. 271 - 282.

② E. C. Bridgman & S. W. William，"Editorial Notice"，*General Index of Subject Contained in the Twenty Volumes of the Chinese Repository*，*with an Arranged List of the Articles*，Canton: Printed for the Proprietors，1851.

③ Paul W. Harris，"Cultural Imperialism and American Protestant Missionaries: Collaboration and Dependency in Mid-Nineteenth-Century China"，*Pacific Historical Review*，vol. 60，no. 3 (1991)，pp. 309 - 338.

④ Paul W. Harris，"Cultural Imperialism and American Protestant Missionaries: Collaboration and Dependency in Mid-Nineteenth-Century China"，pp. 318 - 319.

们认为通过《丛报》不仅能关注当时的现实,还能"倾听"当时商人和传教士对鸦片与福音传道之间的关系有何言辞。① 他们对《丛报》上的相关文章进行了详细研究,并结合其他史料和分析,提出,"在 19 世纪,为了传教,其他一切都是可以变通的",传教士、商人和政客的共生、核心宗教信念、传教战略的灵活性和传教的相对自主这四个因素解释了为何多年来传教士们在全球各地寻求皈依者的过程中,就像商人追求利润,政客寻求国家权力扩大一样,在遇到有争议的问题时,可以观念大转变。② 米勒、斯坦察克和雷孜智都注意到了传教士与商人的合作态度并非一成不变,不过两个研究分别从美国和英国传教士的角度切入。他们均关注到传教士和商人之间的合作是"权宜合作",均将《丛报》与其发行期之后的其他史料联系起来考量,挖掘出传教士对鸦片贸易态度的变化,发现无论态度如何变化,传教士始终把福音传道和基督教化中国的目标置于鸦片贸易之上。

(四) 传教士汉学的话语构建

马尔科姆认为《丛报》的实际目的是为了"抵消耶稣会所传达的中国之良好印象",③话语中透出了新教传教士从耶稣会士手中夺取话语权的努力,但这并不是她的研究重点。韩国学者闵正基(2017)则以新教传教士如何树立话语权为关注点,以《丛报》早期的"书评"栏目的文章为研究对象,分析了创刊者在摒弃耶稣会士以文献学为中心的汉学传统,推崇现场性和当代性的学术原则方面作出的努力,认为这是传教士将自己型塑为中国知识的主要表述者并树立学术权威的过程。④ 这一研究已经跳出传教士对中国负面形象塑造的视角,更多去关注新教传教士在《丛报》上对 18 世纪末以降欧洲许多关于中国的最重要出版物的评论,并分析他们如此评论的目的。

---

① Jon Miller, Gregory Stanczak, "Redeeming, Ruling, and Reaping: British Missionary Societies, the East India Company, and the India-to-China Opium Trade", *Journal for the Scientific Study of Religion*, vol. 48, no. 2(2009), p. 336.

② Jon Miller, Gregory Stanczak, "Redeeming, Ruling, and Reaping: British Missionary Societies, the East India Company, and the India-to-China Opium Trade", pp. 348 – 350.

③ Elizabeth L. Malcolm, "The Chinese Repository and Western Literature on China 1800 – 1850", p. 167.

④ 闵正基:《〈中国丛报〉早期的"书评"专栏——19 世纪英美传教士汉学的话语建构》,黄卓越主编:《汉风》(第二辑),五洲传播出版社 2017 年版,第 92—105 页。(此为五洲传播出版社授权的京东电子书页码——作者注)

二、国内对《中国丛报》的利用与研究

国内陆亨(2007)、谭树林(2008)、王化文(2011)、邹朝春(2014,2016)等学者对《丛报》的创办动机和停刊原因等进行了考释。[①] 研究中西外交关系、传教士与中西文化交流、新闻传播史、翻译史等领域的国内学者都非常重视对《丛报》的利用和研究,也有不少学者注重对《丛报》进行文本分析,研究传教士对中国形象的塑造和对汉文文本的译介等。

(一) 中西外交关系史

顾长声(1981)提出,传教士编辑《丛报》是其重要的政治活动,《丛报》上的内容代表在华英美商人的意见,其所制造的舆论对英国政府采取强硬对华政策有一定的影响。[②] 四年后,他再次强调《丛报》的利用价值,称《丛报》是研究鸦片战争前后二十年中外关系史的第一手资料。[③] 仇华飞(2005)将《丛报》内容用于贸易、传教士、领事裁判权问题等早期中美关系相关话题的研究。[④] 何大进(1998)通过研究美国传教士的在华活动分析了晚清中美关系与社会变革,多处引用《丛报》和《北华捷报》(1850—1867)上的资料。[⑤] 陈才俊(2011)认为《丛报》是裨治文、卫三畏等人反对鸦片贸易的阵地。[⑥] 吴义雄(2009)在研究1930年代的中英关系时,大量使用了《丛报》等西人在华报刊所公布的原始文献。[⑦] 他在2012年的专著中以这些报刊为依托,观察和认识鸦片战争前后中西关系的历史性巨变,着重研究了这些报刊及其所塑造的舆论在19世纪前

---

① 陆亨:《〈中国丛报〉的停刊原因初探》,《国际新闻界》2007年第6期,第76—79页;谭树林:《〈中国丛报〉考释》,《历史档案》2008年第3期,第84—89页;王化文:《〈中国丛报〉主要作者群研究》,《商品与质量》2011年第S4期,第91页;邹朝春:《〈中国丛报〉的创刊及其动机初探》,《宗教学研究》2014年第4期,第234—238页;邹朝春:《1832年〈中国丛报〉的创刊》,《历史档案》2016年第2期,第118—122页。

② 顾长声:《传教士与近代中国》,上海人民出版社1995年版。(初版为上海人民出版社1981年版——作者注)

③ 顾长声:《从马礼逊到司徒雷登——来华新教传教士评传》,上海书店出版社2005年版。(初版为上海人民出版社1985年版)

④ 仇华飞:《早期中美关系研究(1784—1844)》,人民出版社2005年版。

⑤ 何大进:《晚清中美关系与社会变革——晚清美国传教士在华活动的历史考察》,江西人民出版社1998年版。

⑥ 陈才俊:《美国早期来华传教士与美国对华鸦片贸易政策》,《世界宗教研究》2011年第1期,第120—131页。

⑦ 吴义雄:《条约口岸体制的酝酿:19世纪30年代中英关系研究》,中华书局2009年版。

期中西关系演变过程中的角色,寻找政治性的舆论与学术性的文化著述之间的关联,①在其之前的研究论文②基础上,将《丛报》单独设为一章,特别就该刊的中国研究进行了详细论述。

(二) 传教士与中西文化交流

早期来华传教士传教和文化活动的研究都非常重视《丛报》的史料价值。王树槐(1981)、李浩(2004)、张施娟(2005)、仇华飞(2006)、王化文(2011)等研究了与《丛报》的创办和经营密切相关的传教士的在华活动。③ 吴义雄(2000)认为《丛报》是西人观察中国的一个重要渠道和了解中国历史文化的权威性出版物。④ 夏洪进(2001)认为《丛报》对中美文化交流有着重大意义。⑤ 戴丽华(2009)认为《丛报》在一定程度上推动了"东学西渐"的进程。⑥ 而叶农(2002)与周岩厦(2011)则更关注《丛报》从西到东的文化流向,他们利用《丛报》分别研究了传教士在西医术引进方面做出的贡献,⑦以及传教士在华的文化活动对在华传教事业以及"西学东渐"起到的促进作用。⑧

学界公认《丛报》推动了西方汉学研究的发展,开创了美国早期汉学研究注重现实问题的先例。如仇华飞(2000)所述,美国汉学于19世纪中叶兴起时,研究的主体是裨治文、卫三畏等精通中文,熟悉中国历史文化的来华传教士。⑨ 尹文涓(2003)考察了《丛报》在现代汉学学科形成和发展过程中所起到

① 吴义雄:《在华英文报刊与近代早期的中西关系》,社会科学文献出版社2012年版。
② 吴义雄:《〈中国丛报〉与中国历史研究》,《中山大学学报》2008年第1期,第79—91页;吴义雄:《〈中国丛报〉与中国语言文字研究》,《社会科学研究》2008年第4期,第137—144页;吴义雄:《〈中国丛报〉关于中国社会信仰与风习的研究》,《学术研究》2009年第9期,第101—113页。
③ 王树槐:《卫三畏与〈中华丛刊〉》,林治平主编:《近代中国与基督教论文集》,台北:宇宙光出版社,1981年,第205—231页;李浩:《美国来华传教士第一人——裨治文》,《江西师范大学学报》2004年第2期,第120—131页;张施娟:《传教士:近代中外文化交流的使者——以裨治文为个案》,《电子科技大学学报(社科版)》2005年第?期,第70—74页;仇华飞:《裨治文与〈中国丛报〉》,《历史档案》2006年第3期,第56—50页;王化文:《马礼逊与〈中国丛报〉》,《兰台世界》第2011年第1期,第18—19页。
④ 吴义雄:《宗教与世俗之间:基督教新教传教士在华南沿海的早期活动研究》,广东教育出版社2000年版,第450页。
⑤ 夏洪进:《中美文化交流的历史回顾》,《四川外语学院学报》2001年第1期,第70—72页。
⑥ 戴丽华:《〈中国丛报〉与早期中美文化交流初探》,《老区建设》2009年第14期,第42—43页。
⑦ 叶农:《新教传教士与西医术的引进初探——〈中国丛报〉资料析》,《广东史志》2002年第3期,第36—43页。
⑧ 周岩厦:《国门洞开前后西学传播之路径探索》,浙江大学出版社2011年版。
⑨ 仇华飞:《论美国早期汉学研究》,《史学月刊》2000年第1期,第93—102页。

的重要作用,并由此探讨了其在中外文化交流史上的意义。① 顾钧(2009)和孔陈焱(2010)或挖掘全新史料,或对《丛报》的文章进行量化统计和分析,研究了卫三畏的汉学研究成果及其对美国早期汉学发端的影响。②

(三) 新闻传播史

新闻传播史研究肯定《丛报》对美国在华宗教新闻事业中的重要地位,并重点关注其报道内容背后的控制因素。沈毅(2009)发现从《丛报》创刊到鸦片战争爆发,刊载的经济新闻"比重越来越大,地位越来越重要,甚至差不多成为有关鸦片贸易和打开中国大门的专号了"。③ 邓绍根(2013)将《丛报》视为美国在华宗教新闻事业的开端。④ 谢庆立(2017)指出受历史传统、文化视野、现实环境等因素的制约,《丛报》对中国的报道不可能做到"真实客观";⑤早期在华外刊建构的"中国国民性"带有主观性,突出西方文化优越感,并将中国定位为陶醉于昔日辉煌的,停滞的,半开化的国家,为传教士扮演拯救者的角色提供依据。⑥ 谢庆立(2018)还通过分析《丛报》上对律劳卑(William J. Napier)事件的报道,得出早期在华外报具有"政治化"特征的结论。⑦

(四) 传教士翻译史和译介策略

翻译史领域对《丛报》的利用主要从汉文小说、儒家典籍、官府文件和中英条约的译介和翻译等问题展开。宋莉华(2010)梳理了《丛报》译介的小说篇目,指出西方社会对中国社会、历史、文化的认知,很大程度上是借由中国的历史演义小说实现的,传教士在介绍中国历史的同时也改变着自己的视野。⑧ 邓联健(2015)将《丛报》置于新教传教士译介史的脉络中,将传教士在《丛报》

---

① 尹文涓:《〈中国丛报〉与19世纪西方汉学研究》,《汉学研究通讯》2003年第22卷第2期,第28—36页。

② 顾钧:《卫三畏与美国早期汉学》,北京:外语教学与研究出版社,2009年;孔陈焱:《卫三畏与美国汉学研究》,上海辞书出版社2010年版。

③ 沈毅:《19世纪初新教传教士在华的经济新闻传播活动》,《社会科学院研究生院学报》2009年第6期,第63—70页。

④ 邓绍根:《美国在华早期新闻传播史(1827—1872)》,世界知识出版社2013年版。

⑤ 谢庆立:《"西洋镜"里的末世图景——1832年〈中国丛报〉的中国报道研究》,《新闻战线》2017年第21期,第77—79页。

⑥ 谢庆立:《在华外报与"中国国民性"话语生产探源——以早期〈广州记录报〉和〈中国丛报〉为例》,《新闻记者》2017年第7期,第4—11页。

⑦ 谢庆立:《看不见的"推手"——〈中国丛报〉与1834年"律劳卑事件"报道研究》,《新闻记者》2018年第2期,第22—30页。

⑧ 宋莉华:《传教士汉文小说研究》,上海古籍出版社2010年版。

上对儒家典籍、官府文件、通俗作品的英译文章用作个案来研究,找出英译动机,以及原文本选择、翻译操作方式和翻译策略等方面的诸多特征,用于分析19 世纪初至 1850 年间新教传教士翻译活动的历史影响。他认为传教士译介中国文献的过程有着明显的人为筛选、拼凑和建构的特征,他们的汉语水平与中国文化修养也限制了他们的译介水平。① 潘凤娟(2015,2016)综合比较了18 至 19 世纪四位传教士②名下的《孝经》译本。她透过裨治文在《丛报》上对《孝经》的译介和评注,发现该译本不仅在《孝经》经典西译史中扮演传承角色,也为《孝经》在清末学术和教育发展脉络中的定位提供了一个外部观察点。③

从译介策略和跨文化传播角度分析《丛报》对小说、经典等汉文文本的译介的研究较为丰富。王燕(2008,2009)最先对《丛报》上译介的中国文学作品进行研究,认为郭实猎在尝试解释《聊斋志异》这类他所谓的宗教读物在中国产生的原因时"错漏百出",对作品的文学价值却"闭口不谈";郭实猎将宝玉误读为"宝玉夫人",虽然可笑,但他毕竟是首位将红学带出国门的外国人。④ 刘同赛(2013)、刘丽霞等(2014)、李红满(2018)、赖文斌(2015,2016)、李海军等(2016)、蒋凤美等(2016)和宁博等(2016)的研究大都从译介内容和方式、意义和不足等方面着手。⑤

---

① 邓联健:《委曲求传:早期来华新教传教士汉英翻译史论(1807—1850)》,清华大学出版社 2015年版。

② 即卫方济(François Noël)、韩国英(Pierre-Martial Cibot)、裨治文和理雅各(James Legge)。

③ 潘凤娟:《翻孔子、译孝道:以早期的〈孝经〉翻译为例反思西方汉学的定位》,《编译论丛》2015 年第 8 卷第 2 期,第 57—88 页;潘凤娟:《介于经典与善书之间的民间教材——裨治文与中西教育脉络中的〈孝经〉翻译》,《汉学研究》2016 年第 34 卷第 4 期,第 235—262 页。

④ 王燕:《试论〈聊斋志异〉在西方的最早译介》,《明清小说研究》2008 年第 2 期,第 214—226 页;王燕:《贾宝玉何以被误读为女士?——评西方人对〈红楼梦〉的首次解读》,《齐鲁学刊》2009 年第1 期,第 125—131 页。

⑤ 刘同赛:《论近代来华传教士对〈南宋志传〉的译介——以〈中国丛报〉为例》,《剑南文学》2013 年第 7 期,第 133 页;刘丽霞、刘同赛:《近代来华传教士对〈三国演义〉的译介——以〈中国丛报〉为例》,《济南大学学报(社会科学版)》2014 年第 3 期,第 7—10 页;李红满:《德国传教士郭实腊对中国古典小说的译介与阐释——以〈中国丛报〉为考察中心》,《外语与翻译》2018 年第 4 期,第14—19 页;赖文斌:《从〈中国丛报〉看晚晴传教士对中国典籍的译介》,《兰台世界》2015 年 8 月上旬,第 87—88 页;赖文斌:《朱子学在英语世界的首次翻译:以〈中国丛报〉为中心》,《上海翻译》2016 年第 3 期,第 67—71,94 页;李海军、蒋凤美:《论〈中国丛报〉对中国典籍的译介》,《山东外语教学》2016 年第 2 期,第 101—107 页;蒋凤美、李海军、高婷、陈娅婵:《〈中国丛报〉对中国科学典籍的译介》,《中国科技翻译》2016 年第 3 期,第 62—64 页;宁博、李海军:《〈中国丛报〉对中国蒙学典籍的译介》,《武陵学刊》2016 年第 6 期,第 109—111,135 页。

(五) 传教士对中国形象的构建

李秀清(2010,2011,2016)利用《丛报》探讨了 19 世纪西人所呈现的真实与想象兼具的中国法律观,认为其背后所隐含的是中西法律文化孰优孰劣的宏大问题。[①] 张振明(2011)认为《丛报》构建出中国法律野蛮、落后的形象,为英美取得在华治外法权提供了舆论支持。[②] 熊英(2014)发现《丛报》中有关中国女性描写的文章多为负面,因为传教士想要表达的是中国之愚昧、未开化形象,为传教之必要性提供依据;而他们以妇女为传教突破口,推行女子教育等活动又客观上推进了近代妇女的解放。[③] 吴义雄(2014,2018)认为《丛报》对台湾形象的构建体现了西方在荷兰人"失去"台岛后依然长期存在的"福摩萨情结";[④]《丛报》为读者构建了一个专制、腐败、僵化乃至邪恶、黑暗的中国帝国的形象,反映了强盛的西方相对于衰落的中国的优越心态。[⑤] 张涛(2016)认为《丛报》是美国孔子观持续恶化的重要推手,《丛报》所建构的孔子观一定程度上预示了美国在华宣教政策的转变。[⑥] 综合上述研究的结论,传教士塑造中国形象更多反映的是 19 世纪西人和福音派教会的文化心理、动机和抱负,而非中国的现实。

三、国内外《中国丛报》研究的比较

首先,国内外学术界对《丛报》的关注程度和研究角度,受基督教在华传教史研究范式的影响。

[①] 李秀清:《〈中国丛报〉与中西法律文化交流史研究》,《中国政法大学学报》2010 年第 4 期,第 149—157 页;李秀清:《〈中国丛报〉中的清代诉讼及其引起的思考》,《南京大学法律评论》2011 年第 1 期,第 125—141 页;李秀清:《清朝帝制与美国总统制的思想碰撞——以裨治文和〈中国丛报〉为研究视角》,《法商研究》2011 年第 5 期,第 152—160 页。后在此三篇论文基础上出版了专题论著《中法西绎——〈中国丛报〉与十九世纪西方人的中国法律观》,上海三联书店出版社 2016 年版。

[②] 张振明:《跨文化解读中的知识与权力——〈中国丛报〉与鸦片战争前的中国法律形象》,《西南民族大学学报(人文社会科学版)》2011 年第 5 期,第 76—80 页。

[③] 熊英:《十九世纪中国女性形象研究——以〈中国丛报〉为中心》,《科学咨询(科技·管理)》2014 年第 3 期,第 15—17 页。

[④] 吴义雄:《"福摩萨情结"与台湾形象建构——〈中国丛报〉台湾论述解析》,《近代史研究》2014 年第 4 期,第 52—66 页。

[⑤] 吴义雄:《大变局下的文化相遇》,北京:中华书局,2018 年,第 140—166 页。(此为由中华书局有限公司授权的京东电子书页码——作者注)

[⑥] 张涛:《〈中国丛报〉的孔子观及其向美国的传播》,《安徽史学》2016 年第 1 期,第 134—143,168 页。

　　1900 至 1910 年代开始,国外的中国近代对外关系史研究领域,兴趣点主要在通过西文历史资料来研究中国与外部世界的早期交流,[①]《丛报》这一历时近二十年的英文资料开始被赖德烈和丹涅特等发现和利用,但直到 80 年代,《丛报》都未被西方学术界广泛利用,这可能跟基督教在华传教史研究为"传教学范式""西方冲击—中国回应"范式、"传统—现代"范式、"文化帝国主义"范式和"中国中心"取向[②]所主导相关。"传教学范式"以传教士对宣教事业的贡献来评价传教士活动;"西方冲击—中国反应"范式重视中文资料的运用;"传统—现代"范式强调传教士在中国社会从传统到现代过程中的"促变"作用。[③] 创办和经营《丛报》虽是传教士的在华活动,但其读者主要是西方人士,最多只是为福音改变中国做铺垫,对宣教的直接贡献不大。《丛报》是西方传教士和商人书写的英文刊物,更多的是通过对中国的介绍,对西方读者造成冲击,进而由西方通过对华政策做出反应。因此,《丛报》在这三种范式下未受重视。1980 年代开始,传教史研究转向"中国中心"取向,中国基督徒的活动和中国基督教会的成长成为研究的中心和主题,西方传教士的活动只是充当研究背景,[④]主要由他们编辑和撰稿的《丛报》自然难以成为研究的主题。费伊(1971)、马尔科姆(1973)、哈里斯(1981)和鲁宾斯坦(1988)对《丛报》的研究和利用均不在上述主流研究范式和取向之内。"传统—现代"范式之后出现的"文化帝国主义"范式关注西方强势文化的扩张性和破坏性。[⑤] 哈里斯(1991)虽以文化帝国主义为主题,也对《丛报》进行了利用,但严格来讲并非在"文化帝国主义"范式下从文化层面探讨传教士的活动对东方的影响,他关注的是文化帝国主义的自主性,认为传教士成为文化帝国主义者,源于那个时代无法摆脱的以征服和控制为特征的"帝国文化",而利用《丛报》,是因为它能体现出传教士如何在发展"帝国文化"中起作用,以及如何为他们与商人之间的合作披上神圣的外衣。

[①] 费正清曾划分出他自己生活时代的三代历史学家,认为是他们后浪推前浪,引发了英文世界中的中国近代对外关系史领域的主要换档移位。其中第一代便是 1900—1910 年代,比如马士(Hosea Ballou Morse),他们的兴趣点主要是从西文历史资料视角看中国与外部世界相遇。参见:王栋:《新时期英文世界中的近代中外关系史研究》,《中国社会科学评介》2017 年第 2 期,第 66 页。

[②] 王立新:《美国传教士与晚清中国现代化》,天津人民出版社 2008 年版,第 287 页。

[③] 王立新:《美国传教士与晚清中国现代化》,第 301—305 页。

[④] 王立新:《美国传教士与晚清中国现代化》,第 305—307 页。

[⑤] 王立新:《美国传教士与晚清中国现代化》,第 309 页。

　　大陆基督教在华传教史的研究经历了"文化侵略""文化交流"和"现代化"三大范式的演变。① 国内对《丛报》的利用和研究 80 年代才起步,因此受"文化侵略"范式的影响较小。文化交流范式把基督教在华传教史视为中西方两大文化相遇的过程。夏洪进(2001)、戴丽华(2009)、叶农(2002)、周岩厦(2011)等的研究均属此范式。现代化范式则重在分析来华传教士在中国从传统到现代的社会演变过程中扮演的角色。虽然《丛报》的初衷是为西方提供中国知识,但其刊载的有关来华新教传教士在教育、知识传播和医务活动方面的信息可以被用于研究传教士在中国社会现代化过程中的作用,何大进(1998)的研究便属于此范式。

　　以上中西方研究范式都很少触及传教运动对西方自身的影响,1970 年代末爱德华・萨义德(Edward W. Said)等人提出"后殖民理论",特别对"东方主义"进行了批判,为中西学界基督教在华传教史的研究提供了新的视角和解释框架。② 国内对《丛报》的利用虽然起步晚,但后来居上,其中一个重要原因应该就是正赶上"后殖民主义"范式的流行及其对传教士研究视角的拓展:一是分析传教士著作与西方汉学传统之间关系的视角,如尹义涓(2003)、顾钧(2009)、孔陈焱(2010)和潘凤娟(2011)等的研究;二是通过对传教士著作进行文本分析解构其殖民话语,反思传教士眼中的中国形象的视角,如李秀清(2010,2011,2016)、张振明(2011)、熊英(2014)和吴义雄(2014,2018)等的研究;三是分析传教士如何塑造西方民众对中国的认知和"施恩"心态,进而影响其国家的对华政策的视角,如鲁宾斯坦(1988)、吴义雄(2009,2012)等的研究。③ 国内对《丛报》本身进行研究的成果明显多于国外,④可能与国内外可以利用的英文资源的多少和可获得性有关,国外研究中西关系和基督教在华传教史的英文资源可谓浩如烟海,而国内相对来说获得英文资源相对来说较为困难,使得国内学者倾向于对《丛报》这类可以获取的宝贵资料加以更为充分的挖掘利用,加之国内学者英文水平日益提高,也使得对《丛报》进行细致的文

---

① 王立新:《美国传教士与晚清中国现代化》,第 287 页。
② 王立新:《后殖民理论与基督教在华传教史研究》,《史学理论研究》2003 年第 1 期,第 31 页。
③ 这三个视角参见:王立新:《后殖民理论与基督教在华传教史研究》,《史学理论研究》2003 年第 1 期,第 34 页。
④ 国外到目前为止仅有四篇关于《丛报》的专论,即马尔科姆(1973)、哈里斯(1981)、鲁宾斯坦(1988)和闵正基(2017)的专论。——作者注

本分析成为可能。

　　其次,国内外学术界对《丛报》的研究和利用有相似之处,但由于史学潮流与意识形态的不同,对《丛报》的利用方式和关注点存在着一定差异。

　　国内外学者均重视将《丛报》用于中西关系史的研究,均认为传教士对条约口岸制度建立前后中西关系的走势具有影响力。国外学者更多关注传教士因传教需要而发生对华态度和对鸦片贸易态度的转变,以及传教士与商人、政客之间的微妙关系;国内学者更关注《丛报》如何为战争造势,如何在来华西方商人关于对华关系的集体意识与公共舆论之形成与演变中起作用。国内外学者都认为新教传教士在《丛报》上构建出的中国形象为负面形象,是在相当程度上被扭曲的“他者”形象。除了鲁宾斯坦(1988),其他国外学者多以传教士迫切希望在中国进行福音传教为视角加以分析;国内学者从中国法律形象、女性形象、政治形象和孔子形象等多方面着手分析,更为细化,认为传教士们塑造的中国形象有集体想象的成分,并具有意识形态性,体现了根深蒂固的文化和宗教优越感。国外对《丛报》上的汉文作品译介的研究不多,国内学者对《丛报》上汉文小说和中国经典的译介研究较为丰富。

　　国内外对《丛报》的研究和利用已是“遍地开花”的景象,特别是国内,在吴义雄等学者的推动下,从中西关系和文化交流视角对《丛报》进行的研究已形成体系。但是以《丛报》为中心的论文虽多,著作却只有李秀清关于西人的中国法律观的专著,博士论文也只有两篇,分别将《丛报》用于西方汉学研究和传教士的教育、知识和医务传教研究。[1] 对《丛报》进行充分细读和更深入挖掘,并从新角度进行研究并非毫无余地。

　　以往研究《丛报》的专著或专论往往孤立地关注其本身,如果能对《丛报》创刊之前、创刊期间以及停刊以后的其他西人在华报刊进行综合研究,[2]那

---

[1] 李秀清:《中法西绎——〈中国丛报〉与十九世纪西方人的中国法律观》,上海三联书店出版社2016年版;尹文涓:《〈中国丛报〉与19世纪西方汉学研究》,北京大学博士学位论文,2003年;周岩厦:《早期新教传教士以教育、知识传播与医务活动促进传教事业述论——以〈中国丛报〉为中心》,浙江大学博士学位论文,2006年。周岩厦在其博士论文基础上进行了扩充成专著《国门洞开前后西学传播之路径探索》(2011年)。

[2] 由马礼逊与米怜创办的英文季刊《印支搜闻》(*The Indo-Chinese Gleaner*,1817—1822),与其几乎同时期,由英国商人创办的《广州纪事报》(1827—1843)和《广州周报》(1835—1844),以及在其之后由英国商人创办的《北华捷报》(*The North China Herald*)和由美国教会创办的《教务杂志》(*The Chinese Recorder and Missionary Journal*,1867—1941)等。——作者注

么,《丛报》的特点及其与近代政治、经济、社会和文化环境的关系定能更为全面和深入,其主要作者群新教传教士的思想意识及其在中西文化交流与外交关系中的作用也定能更为清晰。

此外,从研究方法看,目前兴起的阅读史研究可为《丛报》研究提供一个新的视野。阅读史是书籍史的一个分支,[①]在阅读史的讨论中必然会涉及到书籍,但它以读者而非书籍为中心,目标是了解不同的读者社群(或阐释社群)以及他们的阅读行为,[②]注重阅读与生活、社会、性别、权利等的关系。阅读史研究不仅要关注"谁在读""读什么""在哪里读"和"什么时间读"等问题,还要回答诸如"为什么读""如何读"等更困难的问题。[③] 对新教传教士的阅读史研究,不仅要考虑他们生长的社会环境,也需要考虑他们侨居地的社会文化;不仅要考虑他们的汉语能力和文学库存等自身的因素,还要考虑他们到中国的传教使命、在侨居国的传教和生活环境和其他在华西人的关系,他们的母国和侨居国之间的关系,他们的赞助者和《丛报》的赞助者等诸多因素。如果从传教士阅读史的视角对《丛报》进行进一步挖掘,研究新教传教士在中国这一侨居地的中文阅读史,探讨影响其中文阅读之选择和英文书写之阐释的深层因素,将有助于我们再次审视鸦片战争前后的中西局势和中西文化之互动,也会对研究当今西方媒体对中国形象塑造之深层动因,以及当今中西关系和文化交流具有一定的借鉴意义。

A Review of the Studies of *the Chinese Repository* in the Past Century

Abstract：*The Chinese Repository* （1834 - 51） was the first English-language periodical issued in China by some Western protestant missionaries with the aim of introducing the knowledge of China to the West. Western scholars have been using it in

---

① 戴联斌:《从书籍史到阅读史》,新星出版社 2017 年版,第 009 页。

② Roger Chartier, *The Order of Books. Readers*, *Authors*, *and Libraries in Europe Between the 14th and 18th Centuries*, trans. by Lydia G. Cochrane, Cambridge: Polity Press, 1994, p. viii; Guglielmo Cavallo, Roger Chartier (ed.). *A History of Reading in the West*, trans. by Lydia G. Cochrane, Oxford: Polity Press, 1999, pp. 34 - 35.

③ Robert Darnton, "History of Reading," Peter Burke （ed.）. *New Perspectives on Historical Writing*, University Park: Pennsylvania State University Press, 1992, pp. 157 - 186.

the studies in the history of Christian missionaries since the beginning of the last century. However, the studies of *The Chinese Repository* has not been included in the perspectives of those dominant paradigms such as "shock-response" paradigm and "tradition-modernization" paradigm which pay more attention to the change of missionaries' attitude toward the opium trade and the complex relationship between missionaries and merchants. Chinese scholars' studies of *The Chinese Repository* started later than that of Western scholars; however, the "postcolonial theory" in the 1980s heated up the studies both at home and abroad. Chinese and Western scholars all believe that the protestant missionaries had influence on the trend of Sino-Western relations before and after the establishment of Treaty Port system, and the image of China created by them in *The Chinese Repository* was negative. In addition, the research horizon of *The Chinese Repository* has been broadened to include such studies as journalism and communication, translation strategies and Western Sinology.

Keywords: *The Chinese Repository*; protestant missionaries; Sino-Western relations; research paradigms

作者简介：潘苏悦，上海师范大学历史系在职博士研究生，华东政法大学外语学院副教授。

艺术中的都市文化

凯旋式、奥古斯都家族与罗马帝国：奥维德《哀怨集》4.2 译注与解读^①

刘津瑜

奥维德《哀怨集》4.2 书写于流放之中,其主题是凯旋式,描述生动、如在眼前,常被用来作为"图像化再现"(*ekphrasis*)和"语象叙事"(*enargeia*)的案例。然而诗中密集的虚拟语气,表示所述的并非实际情况,而是想象中的庆典。本诗结构如下:

第 1—14 行:日耳曼尼亚已被征服,庆典或许已在准备,恺撒家族向神奉献牺牲和礼物;

第 15—26 行:观众来自各阶层以及他们的所见;

第 27—46 行:以观众的口吻描述凯旋式中所展示的战俘等等;

第 47—56 行:凯旋将军在庆典中的经历:欢呼、鲜花、抵达卡皮托林山;

第 57—74 行:"我"的心灵可自由地飞向罗马去观看庆典,但身在流放地,只能期盼有人从罗马带来音讯。来人会讲述凯旋式,但他讲的凯旋式已经是旧闻,即便如此,"我"也会高兴。

诗中并未直接提及凯旋将军的名字,而称他为恺撒、利维娅之子(第 11

---

① 本文为国家社科基金重大项目"古罗马诗人奥维德全集译注"(15ZDB087)阶段性成果。

行），即提笔略。① 奥维德笔下的这个凯旋式是庆祝征服日耳曼尼亚的，然而提笔略庆祝日耳曼尼亚战事的凯旋式，即提笔略的第一个凯旋式，是在公元前7年，这发生在奥维德流放之前。公元9年（此时奥维德已被流放到黑海沿岸的托弥），提笔略因在潘诺尼亚的战功，再次被授予凯旋式。然而，这个凯旋式并未如期举行，因为差不多同时，罗马在日耳曼尼亚前线遭受了首创，昆克提利乌斯·瓦卢斯（Quinctilius Varus）所率领的三个军团在条顿堡森林遭到伏击而覆灭，史称"瓦卢斯之灾"（Clades Variana）。罗马哀悼失利，提笔略推迟了凯旋式。② 但是他载誉入城，头戴桂叶花冠，并获得坐在奥古斯都之侧、两位执政官之间的荣誉，日期可能是公元10年1月16日。提笔略之后被派往日耳曼尼亚，公元12年返回罗马。

　　在奥维德写下《哀怨集》4.2时，提笔略的凯旋式还不曾举行过，而公元12年10月23日的凯旋式又并非旨在庆祝日耳曼尼亚的征服，而是推迟了（distulerat）的潘诺尼亚凯旋式，也是奥维德下一部流放诗集《黑海书简》2.1的主题。③ 那么这首诗该如何解读？讨论这个问题，需要明确两个分析背景：一，奥维德虽然只是描述了想象中的凯旋式，但历史价值并不低于李维、普鲁塔克、狄奥·卡西乌斯等所书写的凯旋式。凯旋式或许是对军事胜利的再现与重演，但正如玛丽·比尔德所言，④罗马人如何讨论、书写凯旋式和它本身一样重要。我们所知道的凯旋式无非是"笔下庆典"（ritual in ink）；二，在罗马从共和制向帝制过渡的过程中，凯旋式的数量、承载的意义也发生了重要变化。从公元前27年屋大维成为奥古斯都之后，凯旋式的数量渐次稀少，远远不可与共和时代相比，且凯旋式演变成只限于皇帝家族。下文将本诗置于这些历史背景中来考量。

　　在罗马共和时代，凯旋式是军事将领所能获得的最高荣誉，会名列凯旋年表（Fasti Triumphales）。凯旋式由元老院（偶尔由民众大会）授予，在战场上获胜的将领是否能庆祝凯旋式，需符合一些基本条件并且遵照一定的申请流

---

① Syme 1978，p. 45；Evans 1983，p. 20。

② 苏维托尼乌斯《提笔略传》Suet. *Tib.* 17. 2. 3："Triumphum ipse distulit maesta civitate clade Variana"；Seager 2005，pp. 35 – 36。

③ Suet. *Tib.* 17.2,20；Flower 2020，p. 20 认为这个凯旋式和提笔略在日耳曼尼亚的战功直接相关，这或许有可能，但苏维托尼乌斯（《提笔略传》20）的表述却并非如此，至少在表面上，公元12年的凯旋式是公元9年提笔略所被授予的凯旋式。

④ Beard 2004；2007.

程：比如战争需是对外战争，在单场战役中需要杀敌超过一定人数，有说是5,000人（Valerius Maximus 2.8.1），将领本身需担任过"法务官"（praetor）以上的公职，需在战场上被士兵呼为"英培拉多"（imperator），等等；在战场上获胜的将领需向元老院送去桂叶花环，陈述战功，如果元老院通过他的陈述，会举行谢神式，这通常是正式凯旋式的预兆。将领从战场回归后，需在罗马圣界（*pomerium*）之外待命。但符合基本条件并遵守流程的统帅也未必都能获得凯旋式。凯旋式与罗马政治文化的重要组成部分，也与罗马政治斗争、门阀竞争有着千丝万缕的关联。它不但是个人的荣耀，更和家族荣誉相连，子嗣可以与凯旋统帅同坐凯旋战车。凯旋式也是举城参与的盛典，在游行中可以见到被征服的外族王公贵族、域外奇物，在构建罗马的公共记忆、定义"罗马特质"（Romanitas）、强化罗马武功方面扮演着不可忽视的角色。凯旋游行并没有固定的路径，但会途经罗马重要的公共建筑，并以卡皮托林山上的朱庇特神庙为终点，在那里奉献祭祀，[①]而庆祝凯旋式的统帅是军中唯一拥有"神兆"（auspicia）的人，在罗马人的理解中，军事胜利来源于神佑，因此整个凯旋式也带有浓郁的宗教意义。[②]

　　在共和时代，凯旋式是常见现象，即便在恺撒遇刺之后，公元前43年1月有两次凯旋式，从公元前43年—公元前33年后三头期间，共有11次凯旋式。公元前29年，屋大维庆祝了三重凯旋式；公元前28年有三次，前27年两次，前26年一次；公元前21—前19年，每年各一次。凯旋式在逐渐减少。[③]奥古斯都时代是一个转折点，不但凯旋式最终成为皇族的特权，且成为罕见现象。公元前19年巴尔布斯（Balbus）的凯旋式是最后一个授予非元首家族统帅的凯旋庆典。在那之后，奥古斯都多次拒绝凯旋式，提笔略的两次凯旋式（公元前7年，公元12年）是仅有的凯旋庆典。哈丽雅特·弗劳尔（Harriet Flower）在梳理公元前　世纪后期凯旋式变迁的基础上，[④]认为奥古斯都在公元前19年后对凯旋式的限制，可能基于如下考量：凯旋式和扩张相关，而奥古斯都的战略考虑可能是不再扩张帝国疆界，因此也不再鼓励凯旋式；[⑤]另一方面，按

----

① Beard 2007，pp. 101 – 105.

② Flower 2020，p. 8.

③ Flower 2020，pp. 9 – 10.

④ Flower 2020.

⑤ 见塔西佗《编年史》1.11.4；Flower 2020。国内对罗马边界观的研究，见王忠孝（2020 年）。

共和传统凯旋式的前提是对外敌的胜利,那么镇压行省叛乱之类的军事胜利就不符合凯旋式的条件。此外,奥古斯都手下的将领也只是在他所拥有的"统帅权"(*imperium*)和"神兆"(*auspicia*)之下,并不具备被独立授予凯旋式的条件。根据弗劳尔分析,奥古斯都一而再再而三地拒绝凯旋式,连奥古斯都最倚重的将领阿格里帕也一再拒绝凯旋式,[①]这些都输送了一个强烈信号,即正式的凯旋式不在他的政治文化构建之内。

奥维德生于公元前 43 年,少时便移居罗马。他应该见过 10 次左右凯旋式。大部分都在他的青年时期。公元前 7 年提笔略的凯旋式应该是他见过的最后一次凯旋庆典。奥维德曾在《爱的艺术》1. 215—228 将凯旋式列为艳遇调情的场合之一,在《恋歌》1. 2. 19—28 中,将青年男女比作丘比特"凯旋式"上的俘房,似乎对凯旋式颇有调侃不敬之意。但 Evans 认为《哀怨集》4. 2 这首诗已经脱去了调侃的意味,而是对皇室的阿谀之词;[②]彼得·格林同样认为这首诗的奉承意味浓厚,纠正与弥补他以前对凯旋式的讥讽。[③] 然而,近年来的趋势是将这首诗理解为颠覆性的,只是或许采用了更微妙的方式来表达,这可以从凯旋将领、被征服者、观看者,以及作为书写者的奥维德这四个方面来看。

庆祝凯旋式的将领:凯旋式的主角是得胜的将领,他会着紫色(或深红色)的华服,脸上涂上红色,乘坐四驾车辇,游行结束之后,他会在卡皮托林山上的朱庇特神庙奉献牺牲。然而在本诗中,庆祝凯旋式的将领的名字(提笔略)在诗中并没直接提及,而是用了"利维娅之子"(第 11 行:pro sospite Livia nato)、恺撒(第 1 行、第 8 行)这样的间接方式,而恺撒之名不限于一人,奥古斯都及其家族(所收养)的男性都是恺撒。这首诗中唯一被明确提名的男性是已经逝去近 20 年的德鲁苏斯(Drusus,死于公元前 9 年),他是利维娅的儿子、提笔略的弟弟、日尔曼尼库斯的父亲,他生前曾获得"日尔曼尼库斯"的荣名,而这个名字他的儿子继续使用。利维娅在诗中并且率领媳妇们献祭。米勒指出奥维德所强调的是元首家族的群体性(collectivity)。[④] 确实,《黑海书简》2.1这另一篇关于凯旋式的诗中,奥维德也同样把凯旋式称为"凯撒家族的幸

---

① 公元前 19 年以及前 14 年(狄奥·卡西乌斯 Dio 54. 11. 6,54. 24. 7);Flower 2020, p. 11,16。
② Evans 1983, p. 20.
③ Green 2005, p. 257.
④ Millar 1993, p. 12.

事"(第 17 行:gaudia Caesareae gentis)。然而,比强调奥古斯都家族更重要的可能是奥维德对王室"继承"的态度。在《黑海书简》2.1 中,提笔略的名字仍然未被提及,倒是日尔曼尼库斯的名字成为亮点,奥维德不但期望他未来的凯旋式,还自愿为他撰写赞歌。在《黑海书简》2.1 和《哀怨集》4.2 中,庆祝凯旋式的胜利者本身的人物形象被掩盖了。奥维德可能以这种方式表示对提笔略的反感,暗示了较之于提笔略,他更希望日耳曼尼库斯成为奥古斯都的继任者。① 奥维德在其他的诗篇中,特别是《岁时记》中同样表达了对日耳曼尼库斯的偏爱。②

被征服者:展示战俘(特别是地位尊贵的战俘)、战利品是凯旋式的关键组成部分。所征服的城市、族群、地区也会以标牌、画像、塑像、(城市、城墙等的)模型、拟人化等方式呈现。③ 奥维德这首诗中提到拟人化的日耳曼尼亚、莱茵河。在现场的观众看到的也不过是"呈现"。凯旋式现场的"景象"(spectacula)和所谓的"真实"(vera)之间失去了关联,虚幻与真实之间的界限模糊了。菲利普·哈迪(Philip Hardie)甚至称凯旋式本身为"假物的游行"("parade of feignings"),而奥维德对凯旋式的描述则是"幻象的幻象"。④ 尽管奥维德只能靠想象(fingendō)和耳闻(auribus;audiero)体验凯旋式,而不能在现场,然而既然凯旋式本身已然是"呈现"和"幻象",他和现场的人又有何区别?⑤

观看者:奥维德在诗中特别强调观看者包括各阶层,平民、元老阶层和骑士阶层,一同欢庆,一派"阶层和谐"(concordia ordinum)。然而,在这里,他自身是被排斥在外的。⑥ 奥维德特地点出不久前,他还曾属于骑士阶层(第 16 行)。观看者在奥维德所书写的凯旋式中扮演着非常重要的角色,连接着"事

---

① Paola Gagliardi 保拉·加利亚尔迪,*The Triumph in Ovid between Literary Tradition and Augustan Propaganda*《奥维德笔下的凯旋式:文学传统与奥古斯都时代的宣传之间》(康凯译)。这篇文章的英文版在"全球语境下的奥维德"(Globalizing Ovid)国际会议(2017 年 5 月 31 日—6 月 2 日,上海师范大学)宣读。中文版收入北京大学出版社《全球视野下古罗马诗人奥维德研究前沿》(暂名)。

② 王晨(2018 年)。

③ 塔西佗《编年史》2.41 提到在日尔曼尼库斯公元 17 年的凯旋式上,有战利品、俘虏,以及山川和战役的模型(*vecta spolia*, *captivi*, *simulacra montium fluminum proeliorum*)。

④ Hardie 2002, p. 309.

⑤ Oliensis 2004, p. 312.

⑥ Pandey 2018, p. 221.

实"(或者是"幻象")与呈现。① 米勒指出,这和波利比乌斯在他的历史书写中手法非常相近,即用旁观者的反应给事件赋予意义。② 而观看者本身即便对战事、外族不甚了了(quamvis noverit illa parum,第 26 行),也不妨碍他们大段点评,在这里,他们和《爱的艺术》1. 215—228 中在凯旋式中希望有艳遇的旁观者并无不同认为《爱的艺术》中的这一段是在讥讽凯旋式所呈现之物其辨别度的模糊性(obscurity),甚至是无关性(irrelevance),而真正的"征服"是一旁的女孩。③ 潘迪则进一步分析道,奥维德笔下的叙述者"授权"观众忽视凯旋式的官方意图,即便是个无知之人也能够"篡夺"(usurp)原意,而奥维德通过虚构这个凯旋式,已先"篡夺"了元首的特权。④

书写者:奥维德借着观众的口描述游行中的战俘,虽是胜利场景,气氛却阴郁、悲凉、桀骜。这些战俘或许可以理解为奥维德自身处境的隐喻,⑤或者是他自己流放诗集的隐喻,他在《哀怨集》1. 1. 12 这样描述他的"小书":hirsutus sparsis ut videare comis"要看上去蓬头垢面",正和本诗中头发披散的日耳曼尼亚(第 43 行:crinibus en etiam fertur Germania passis)相仿。尽管如此,这首诗却并非奥维德自己的悲歌。奥里恩西斯指出这首诗表达了帝国中心对边缘无法控制。⑥ 近年来,保拉·加利亚尔迪和潘迪都强调奥维德作为诗人对奥古斯都权威的的挪用和挑战。此外,加利亚尔迪延续奥里恩西斯的观点,认为奥维德希望通过诗歌向奥古斯都表明,他的法令并没有削弱奥维德,"反而让他可能成为一个更加有价值的盟友或者更难以对付的敌人"(康凯译)。

因此,无论从哪个方面而言,这首诗隐含着复杂的信息,可供多角度的分析与解读。考虑到公元前 19 年之后凯旋式的稀少以及奥古斯都对凯旋式的规避,我们还可以用另一个角度来分析这首诗。奥维德被流放的时候(公元 8 年),他已经有 15 年未曾见过真正的凯旋式。凯旋式对他而言也是一种记忆,

① Pandey 2018,p. 221.

② Millar 1993,p. 11.

③ Beard 2007,p. 184.

④ Pandey 2018,p. 214;亦见 Hardie 1997,p. 193。

⑤ Oliensis 2002,p. 310.

⑥ Oliensis 2002,p. 313.

而这首诗或许也可以视为他对奥古斯都重新建构凯旋式的意义的一种参与。奥维德对奥古斯都家族权力之延续的强调、对各阶层的提及,这些切入点都有异于传统凯旋式。这是一个家族的凯旋,也是 *causa publica* "公共之务"(第74行),罗马人无论在何方都可共庆。如果说奥维德是颠覆性的,他也是一个共和传统的颠覆者,从这个意义上来说,无论他对奥古斯都的态度如何,他确实是一个奥古斯都时代的诗人,时代在变迁,政治文化在重构,奥维德是其中一个重要的参与者。

拉丁原文及译文

关于奥维德《哀怨集》的底本,可参见笔者已发表的译注。本译注仍然以以海德堡卢克本为基础文本,并参考对照了托依布纳本、牛津本及洛布本。① 以下的翻译以学术翻译为主,尽量保持原有语法和表达法中的元素,不做删增,以方便拉丁文学习者对照原文。② 译诗当然会损失原诗中的许多元素。这里简短说明一下翻译这首诗会流失哪些精华。这首诗的一个特点是频繁使用音效,契合凯旋庆典的氛围和节奏。比如,第46行 vincula fert illa, qua tulit arma, manu "曾持武器的手,带着镣铐"中,-la, ma-音节重复,a 元音用了5次,u 元音用了3词,制造开口元音和闭口元音交错,开开闭闭的效果,让镣铐中的战俘和他曾经的勇武形成对比。这种效果在译文中难以再现。同样难以再现的是句法制造的渲染效果,比如,第58行 erepti nobis ius habet illa loci "我被逐出的地方,我的心神有权造访",原文中 erepti "被剥夺的"修饰 loci "地方",这两个词分布在这一行的词首和词尾,ius habet "有权"置于中心,剥离感(被逐出罗马)和(冲破)牢笼感(我无权去罗马,我的心神可以)并行。这样的例子很多,在译文中难以表达。

Iam fera Caesaribus Germania, totus ut orbis,	1	野蛮的日耳曼尼亚,如同整个世界,
victa potest flexo succubuisse genu,		已被征服,屈膝臣服于恺撒们。

———————————

① 这些译注的更新版发表在"迪金森古典学在线"(Dickinson Classics Online):https://dco. dickinson. edu/ovid/tristia-i-1。

② 文学色彩更佳的译文,见李永毅(2018年)。

altaque velentur fortasse Palatia sertis,

高耸的帕拉丁山上或许布满花环，

turaque in igne sonent inficiantque diem,

乳香在火中作响，将天光熏染，

candidaque adducta collum percussa securi 5

雪白的牺牲，斧落击中脖颈，

victima purpureo sanguine pulset humum,

深红色的血喷溅地上。

donaque amicorum templis promissa deorum

许诺给佑护的诸神之神庙的礼物，

reddere victores Caesar uterque parent;

两位凯旋的恺撒正在准备奉献；

et qui Caesareo iuvenes sub nomine crescunt,

协同的是以恺撒之名成长的青年，

perpetuo terras ut domus illa regat, 10

为确保那家族永远统治世界；

cumque bonis nuribus pro sospite Livia nato

利维娅或许在偕良媳向受之无愧的诸神奉献

munera det meritis, saepe datura, deis;

贡礼，以谢其子平安，将来也会时常奉献；

et pariter matres et quae sine crimine castos

一同的还有主妇们以及无瑕贞女，

perpetua servant virginitate focos;

她们以永恒的童贞侍奉圣火；

plebs pia cumque pia laetetur plebe senatus, 15

忠心的民众欢欣喜悦，元老院与之同庆，

parvaque cuius eram pars ego nuper, eques.

还有骑士（不久前，我曾是其中卑微一员）。

nos procul expulsos communia gaudia fallunt,

放逐在远方的我错过举城欢庆，

famaque tam longe non nisi parva venit.

只有些许传闻来到如此之远。

ergo omnis populus poterit spectare triumphos,

所以，所有众人都能观望凯旋，读出

cumque ducum titulis oppida capta 20
leget,

vinclaque captiva reges cervice gerentes

  ante coronatos ire videbit equos,

et cernet vultus aliis pro tempore
versos,

  terribiles aliis inmemoresque sui.

quorum pars causas et res et nomina 25
quaeret,

  pars referet, quamvis noverit illa
parum:

'hic, qui Sidonio fulget sublimis in
ostro,

  dux fuerat belli, proximus ille duci.

hic, qui nunc in humo lumen
miserabile fixit,

  non isto vultu, cum tulit arma, fuit. 30

ille ferox et adhuc oculis hostilibus
ardens

  hortator pugnae consiliumque fuit.

perfidus hic nostros inclusit fraude
locorum,

  squalida promissis qui tegit ora comis.

illo, qui sequitur, dicunt mactata mi- 35
nistro

  saepe recusanti corpora capta deo.

hic lacus, hi montes, haec tot
castella, tot amnes

  plena ferae caedis, plena cruoris
erant.

被征服城市的名字和将领的名衔，

眼见被俘的君王，颈带镣铐，

  走在花环装点的马匹之前，

并发觉有的面容低垂，与其境遇相符，

  有的仍然凶悍，漠视自己的命运。

观众中有人询问情由、故事及名称，

  有人作答，即便他所知甚少：

"这位在高处的，光鲜耀眼身着西顿紫，

  曾是战争统帅，那位仅次于统帅。

这位，如今眼眸悲伤，凝望地面，

  他手持武器时神色并非如此。

那位凶猛狂暴，双眼依然灼烧着敌意，

  曾是鼓动战争及出谋划策之人。

这位奸诈之人，曾借地形凶险将我军围困，

  把污秽的脸藏在凌乱的长发中。

随后那位祭司，据说他将俘虏之躯

  奉献为牺牲，但常为神所拒。

这片湖，这些山，这许多要塞、河流

  都充满残酷的杀戮，充满鲜血。

Drusus in his meruit quondam cognomina terris,

　quae bona progenies, digna 40 parente, tulit.

cornibus hic fractis viridi male tectus ab ulva

　decolor ipse suo sanguine Rhenus erat.

crinibus en etiam fertur Germania passis,

　et ducis invicti sub pede maesta sedet,

collaque Romanae praebens animosa 45 securi

　vincula fert illa, qua tulit arma, manu.'

hos super in curru, Caesar, victore veheris

　purpureus populi rite per ora tui,

quaque ibis, manibus circumplaudere tuorum,

　undique iactato flore tegente vias. 50

tempora Phoebea lauro cingetur 'io' que

　miles 'io' magna voce 'triumphe' canet.

ipse sono plausuque simul fremituque calentes

　quadriiugos cernes saepe resistere equos.

inde petes arcem, delubra faventia 55

德鲁苏斯曾在这片土地赢得荣名，

佳儿无愧于其父，冠上此名。

这位，犄角折断，凌乱地覆盖着绿色莎草，

是莱茵河，在他自身的血中变了颜色。

看啊！甚至日耳曼尼亚也被架来，头发披散，

悲伤地坐在被常胜将军脚边，

桀骜的脖颈，伸向罗马刀斧，

曾持武器的手，带着镣铐。"

在他们之上，恺撒啊，凯旋马车载着您，

依礼身披紫袍，在您的众民之前，

所到之处，皆有您臣民的掌声，

处处鲜花洒落，覆盖了路径。

士兵头戴福波斯的桂冠，高唱

"好啊，好啊，凯旋庆典"。

欢呼声、掌声和喧闹声一起作响，您

会亲眼看到四驾马常因之停步。

然后，您会抵达山顶和眷顾您祈

votis,

  et dabitur merito laurea vota Iovi.

愿的神庙,

  许下的桂叶花环将献给受之无愧的朱庇特。

haec ego summotus, qua possum, mente videbo：

  erepti nobis ius habet illa loci;

这些,我这流放之人,仅能用我的心看到：

  我被逐出的地方,我的心神有权造访;

illa per inmensas spatiatur libera terras,

  in caelum celeri pervenit illa fuga;　　60

她自由地穿越广袤的地域,

  以迅疾的飞行直抵天空;

illa meos oculos mediam deducit in Vrbem,

  immunes tanti nec sinit esse boni;

她引领我的双眼进入都城中心,

  不容它们错过如此幸事;

invenietque animus, qua currus spectet eburnos;

  sic certe in patria per breve tempus ero.

我的心会寻到观瞻饰有象牙的车驾之处;

  这样至少我将短暂地逗留在祖国。

vera tamen capiet populus spectacula felix,　　65

  laetaque erit praesens cum duce turba suo.

然而,幸运的人们才得以享受真实的景象,

  现场的人群会与他们的首领一起欢庆。

at mihi fingendo tantum longeque remotis

  auribus hic fructus percipiendus erit,

而我不得不凭想象、靠着

  双耳远远地体验喜悦,

aque procul Latio diversum missus in orbem

  qui narret cupido, vix erit, ista mihi.　　70

也鲜有人从遥远的拉丁姆被派到世界的

  另一端,来讲述我心心念念之事。

is quoque iam serum referet veteremque triumphum；

  quo tamen audiero tempore, laetus ero.

他也只会讲已经是旧日过时的凯旋式;

  可无论我何时听到,我都会欣喜。

illa dies veniet, mea qua lugubria ponam,

那一天来临时,我将脱下我的哀衣,

causaque privata publica maior erit.

公共欢庆比个人哀伤更为重要。

注释

4.2.1　fera...Germania,是下一行 potest 的主语;Caesaribus,一般认为指奥古斯都和提笔略,第7—8行的两位恺撒指的也是奥古斯都和提笔略。

4.2.2　victa potest flexo succubuisse genu:这里的现在时陈述式 potest 和不定式完成时 succubuisse 之间不太协调,Pandey 认为这体现了在现时猜测过去曾可能发生过的事的困难,(Pandey 2018, p. 220)。

4.2.4　这一行中有听觉,也有视觉感受:燃烧的乳香劈啪作响,冒出的烟让空气都变了色。

4.2.5　candidaque adducta collum percussa securi:candida,奉献给朱庇特的牺牲必须是白色的;candida 和 percussa 都是阴性单数主格,修饰下一行的 victima;adductā 是第五格(夺格),修饰 securi,表示工具;collum,方面宾格,指被斧子击砍(percussa)的部位。

4.2.8　victores Caesar uterque:字面的意思是"凯旋者,两者中的每一位都是恺撒"。

4.2.9—10　iuvenes:一般认为这里的"年轻人"指日尔曼尼库斯(生于公元前15年)和小德鲁苏斯(生于公元前14年)。日尔曼尼库斯是大德鲁苏斯之子、提笔略之侄,公元4年,提笔略收养了日尔曼尼库斯,后者正式改名为 Germanicus Iulius Caesar;小德鲁苏斯是提笔略与维普萨尼娅(Vipsania)之子。

4.2.11—12　这两行的主语是 Livia 利维娅,奥古斯都的第三任也是最后一任妻子,提笔略的母亲。奥维德在《岁时记》《哀怨集》《黑海书简》中多次提到利维娅,强调她是奥古斯都的良配,称她为 femina princeps,称赞她的贞洁,并要妻子接近利维娅。见《岁时记》1.536,1.640,1.649,5.157—158,6.637;《哀怨集》1.6.25—27,2.161—164,4.2.11—14;《黑海书简》1.4.56,2.2.69,2.8.4,2.8.29,2.8.45,3.1.114—118,3.1.125—126,3.1.139—145,3.1.163—164,3.4.95—96,4.9.107,4.13.29;Barrett 2008, pp. 248—249。

4.2.11　cumque bonis nuribus:单数主格 nurus,复数主格 nurūs,可以指儿媳,亦可指孙媳。利维娅有两子:提笔略和大德鲁苏斯。提笔略的妻子尤利娅(奥古斯都的独女),在公元前2年已被逐出罗马,最后在公元14年死于流放;大德鲁苏斯(公元前38年—公元前9年)的妻子是小安东尼娅(马可·安东尼和屋大维娅的女儿)。利维娅的孙媳,指日耳曼尼亚(大德鲁苏斯之子、提笔略的养子)的妻子阿格里皮娜(阿格里帕之女),以及小德鲁苏斯(提笔略之子)的妻子利维娅·尤利娅(或称利维拉 Livilla,小"利维娅"之意,大德鲁苏斯之女),这两位也是提笔略的儿媳。Millar 1993 译为 daughters-in-law"媳妇"(p. 11),但注明是 Agrippina and Livilla(p. 12);这里的 nuribus 或可泛指奥古斯都家族中所有的各辈媳妇,塞姆(1978, p. 45)指出,克劳狄(Claudius)的妻子或许也包括在内;pro sospite...natō:因为其子平安归来而感谢神;natō,利维娅之子,指提笔略。

4.2.12　munera det meritis, saepe datura, deis:munera 是 det 和 datura 的宾语;datura,阴性主格单数,将来主动分词,修饰上一行的 Livia;meritis 修饰 deis,间接宾语。

4.2.13—14　castos...focos:这里的 castos 在语法上是修饰 focos 的,但也可以理解为修辞格转移描述词(transferred epithet),也就是说,它修饰的实际上是 quae,即 servant 的主语,也就是守护长明圣火的维斯塔贞女,她们在任职期间必须保持童贞。

4.2.15　pia:pius 作为形容词,指忠诚于对神祇、家族、群体等履行义务和职责,译法多样,依语境而定,比如,奥维德经常用 pia 来修饰他的妻子,指的是她"忠贞的"、"尽心尽力的"品质。这里译为"虔敬的",亦无不可,Vivona 的解释是人民感谢神祇带来胜利;但这个词在这里可能更多的是政治上"忠诚的"、"效忠的"、"尽职的"意思,卢克译为 das treue Volk"忠诚的人民";Millar 1993, p. 11 译为"loyal plebs";plebs:指平民。

4.2.16　eques:指骑士等级,低于元老等级。奥维德出身骑士家庭。《哀怨集》4.10 提到他曾参加"阅马式",即骑士等级接受奥古斯都的检阅,不过审的将被剥夺骑士身份。

4.2.17　nos procul expulsos communia gaudia fallunt:主语是 gaudia,宾语是 nos(用复数指"我"),expulsos 修饰 nos。

4.2.18　non nisi:"仅仅"、"只有"。

4.2.19—24　这六行构成一句话,主语是 omnis populus,即罗马全城的人民,谓语是一系列将来时动词:poterit(第 19 行)、leget(第 20 行)、vidēbit(第 22 行)和 cernet(第 23 行)。

4.2.20　cumque ducum titulis oppida capta leget:titulis,指的是"标牌",。这一行和普罗佩提乌斯《哀歌集》3.4.18(王焕生中拉对照本的第 16 行)非常近似:incipiam et titulis oppida capta legam("按标牌朗读座座被征服的城市",王焕生译)。关于标牌在凯旋式中的功用,见 Östenberg 2009b。

4.2.21　vinclaque captiva reges cervice gerentes:captiva reges cervice gerentes,交错语序(ABAB);captivā 语法上修饰 cervice,是修辞格转移描述词,意思上可以理解为修饰 reges;gerentes,现在时主动分词阳性复数主格,修饰 reges;vincla 是 gerentes 的宾语。

4.2.23　versos 也可理解为"转过头"、"别过头"(Feldherr 2010, p. 161);pro tempore:"和境遇相符"的意思;tempus 的基本意思是"时间",但也常是"境遇"的意思。

4.2.23—24　aliīs...aliīs,第三格(予格),可以理解为表所属的与格,或者是表参照的与格。

4.2.27—46：直接引语，引用想象中观看者的言语。指示代词 Hic... ille... Hic... Ille... 指的是凯旋游行中展示的战俘。用旁观者的反应来赋予事件以意义，这种手法和波利比乌斯在其历史书写中所采用的手法很接近(Millar 1993，p.11)。类似的场景，亦见《爱的艺术》1.215—228：Ibunt ante duces onerati colla catenis,/Ne possint tuti, qua prius, esse fuga./Spectabunt laeti iuvenes mixtaeque puellae,/Diffundetque animos omnibus ista dies./Atque aliqua ex illis cum regum nomina quaeret,/Quae loca, qui montes, quaeve ferantur aquae,/Omnia responde, nec tantum siqua rogabit；/Et quae nescieris, ut bene nota refer./Hic est Euphrates, praecinctus harundine frontem；/Cui coma dependet caerula, Tigris erit./Hos facito Armenios；haec est Danaëia Persis：/Urbs in Achaemeniis vallibus ista fuit./Ille vel ille, duces；et erunt quae nomina dicas,/Si poteris, vere, si minus, apta tamen. "脖颈被缚的敌军将领,/
无法像从前一般获救逃离。/人群中欢快的青年男女将会看到,/这一天将让所有人心神荡漾。/当某位女孩问起将领的名字,/什么地域、哪方山川正在登场,/你要一一回应,甚至不必等她问起;/哪怕不懂,也要答得成竹在胸。/这是幼发拉底,额前芦苇环绕;/垂着天青发丝的,是底格里斯。/说这些是亚美尼亚人,这是源自达娜厄的波斯,/阿契美德的山谷有这座城市。/这个那个将领,你总能说出名字,/若可以,说出真名,若不行,也编得煞有介事。"(肖馨瑶译)

4.2.27　qui Sidonio fulget sublimis in ostro：Sidonio... in ostro＝in Sidoniō ostrō"着西顿紫",另外一个类似的表述是"推罗紫"。西顿和推罗(Tyrus, τύρος)都是腓尼基城市,昂贵的"紫色"染料是这两个城市的著名的物产,这种染料取自海中的贝类,ostrum,或称 murex(《情伤良方》708：Murice cum Tyrio;《爱的艺术》3.170：Tyrio murice)。

4.2.31　ille ferox et adhuc oculis hostilibus ardens：ferox 和 ardens 都修饰 ille；oculis hostilibus,第五格(夺格)。

4.2.33　perfidus："奸诈的"、"背信弃义的"、"不值得信赖的",常用来描述罗马的敌人(Henriksén 2012, pp.408 - 409)；fraude locorum：这里采用了 Östenberg 的理解,"借助/依仗地形的凶险"(2018, pp.256 - 257："by the treachery of the terrain"),即将fraude 理解为表示工具的第五格(夺格)。

4.2.35—36　illo, qui sequitur, dicunt mactata ministro/saepe recusanti corpora capta deo：为方便理解,语序可调整为 dicunt corpora capta mactata illo ministro qui sequitur saepe recusanti deo。谓语为 dicunt,字面的意思是"他们说",也就是"据说"的意思;后接间接引语：宾格 corpora＋不定式 mactata(esse);corpora：中性复数宾格;capta"被俘的"修饰 corpora;mactata(esse);;illo... ministro,表行为者的第五格(夺格),"被那位祭司",是 qui 的先行词;recusanti... deo：第三格(与格),间接宾语,字面的意思是"给拒

绝(接受)……的神"。祭司用战俘献祭,但神不愿接受。塔西佗《编年史》1.61.3 提到日耳曼人的祭坛(arae),在那里罗马的军政官和第一团的百人团长被作为牺牲献祭(apud quas tribunos ac primorum ordinum centuriones mactaverant)。Östenberg 强调凯旋式重演的是整场战争,既欢庆胜利也再现失利,这首诗中的第 33—36 行就涉及战败的经历(2018,256)。公元 9 年,罗马三个军团曾在条顿堡森林遭伏击而覆灭,因为统帅是瓦卢斯,这场严重的失利史称"瓦卢斯之灾"(Clades Variana)。奥维德应该是在影射"瓦卢斯之灾"。

4.2.39　Drusus:指大德鲁苏斯,是利维娅之子,提笔略的弟弟。他因在日耳曼尼亚的战功曾被元老院授予"日尔曼尼库斯"(Germanicus)的荣名,见苏维托尼乌斯《克劳狄传》1.3;Velleius Paterculus 2.97;贺拉斯 Odes 4.14.10。

4.2.40　tulit 牛津本作 fuit;bona 在洛布本和托伊布纳本中作 bene;tulit 主语究竟是什么有不同看法,有学者认为是大德鲁苏斯,而 bona progenies"出色的嗣子"指的就是他本人。大德鲁苏斯的母亲是利维娅,利维娅改嫁奥古斯都的时候,六个月的身孕,大德鲁苏斯是利维娅改嫁后出生的。但有关他的生父究竟是利维娅的前夫 Tiberius Claudius Nero 还是奥古斯都,流言颇多。彼得·格林(2005)认为这里的 bona progenies 语带讽刺。也有人认为 bona progenies 和大德鲁苏斯指的不是同一个人,而是指他的儿子日尔曼尼库斯,而 tulit 的主语是"他出色的嗣子"。

4.2.41—42　cornibus hic fractis viridi male tectus ab ulva/decolor ipse suo sanguine Rhenus erat. 这两行描述拟人化的莱茵河(Rhenus)。河神的形象常常有犄角,《埃涅阿斯纪》8.727:Rhenus bicornis"双角的莱茵河";《岁时记》3.647:corniger hanc tumidis rapuisse Numicius undis;马提尔《讽刺短诗集》(Martial, *Epigrammata*) 9.101.17:cornua Sarmatici ... Histri"萨尔马提亚伊斯特河(即多瑙河)的角",见 Henriksén 2012, p.408 的注释。犄角折断意味着河流被征服,如,马提尔《讽刺短诗集》7.7.3:fractusque cornu iam ter improbum Rhenus"莱茵河傲慢的犄角已三次被折断";ab ulva:河神的形象常戴着草冠(Östenberg 2009a, 239);decolor ... suo sanguine:指被自己的血染成红色,类似的表述见《黑海书简》3.4.107—108:squalidus immissos fracta sub harundine crines/Rhenus et infectas sanguine ploret(有作 portet) aquas"就让莱茵河哀悼散落在折断的苇草之下的发缕/和鲜血沾染的河水"。

4.2.43—44　crinibus en etiam fertur Germania passis:拟人化的日耳曼尼亚;类似的表述,如奥维德《岁时记》1.645—646:passos Germania crines/porrigit;《黑海书简》2.8.39—40:sic fera quam primum pavido Germania vultu/ante triumphantis serva feratur equos"愿凶悍的日耳曼尼亚尽快为奴,面带惊惧,被拖行于凯旋战车之前"。

4.2.47　hos super in curru, Caesar, victore veheris:hos super,宾语前置(anastrophe

"倒装");这里的 Caesar 指提笔略;veheris,将来时被动态,第二人称单数,"您将被……所载"。注意本行中辅音的重复,c-、v-。

4.2.48　rite:副词,"依据仪式",但也可译为"庄严地",等等。

4.2.51　Phoebea lauro:桂树是太阳神的圣树。达芙涅(Daphne)为躲避阿波罗的追求,变成桂树,并成为阿波罗的荣誉之树故事,见奥维德《变形记》1.452—566,Daphne 是希腊语"桂树"之意。

4.2.52　'io' magna voce 'triumphe':凯旋游行中会高喊"io, triumphe",高声喊的可以是士兵也可以是观看者。亦见瓦罗《论拉丁语》Varro, De Lingua Latina 6.68;提布卢斯 2.5.119;奥维德《恋歌》1.2.34(这里是群众 vulgus 高唱);

4.2.53　这一行各版本差异较大。托伊布纳本:ipse sono plausuque simul cantuque frementes;牛津本:ipse sono plausuque simul fremituque canente

4.2.55　牛津本和洛布本作 inde petes arcem et delubra faventia votis;arcem 指卡皮托林山顶,凯旋式的终点为山上的朱庇特神庙。

4.2.56　meritō laurea vōta Iovī:交叉语序(ABBA);laurea vōta:"承诺的(或许下的)桂叶花环"。

4.2.57　mente:mens,"心灵"、"思想"、"精神"。Vivona 译为 il pensiero。这首诗中的 mens 和 animus(第 63 行)是同义词。

4.2.58　erepti nobis ius habet illa loci:erepti 修饰 loci,为第二格(属格);nōbīs,表分离的第五格(夺格);illa 指上一行(第 57 行)的 mens。因为 mens 是阴性,这里有是拟人化的用法,所以译文中用了"她"而不是"它"来翻译。关于身虽流放,但心并未流放的表述,亦见《黑海书简》2.9.41—42:mente tamen, quae sola loco non exulat, usus/ praetextam fasces aspiciamque tuos"然而,我的心灵,只有它未遭流放到此地,我可以用它看到你的镶边紫袍和(象征权力的)棒束"。

4.2.60　celeri...fuga,第五格(夺格),fuga 在这里的基本意思是"快速移动",兼具"逃离"之意;illa:仍指 mens。

4.2.63　凯旋式上得胜将军所乘坐的车辇常饰以黄金和象牙。见普罗佩提乌斯 1.16.3:inaurati...currus"嵌金的战车"(王焕生译);奥维德《恋歌》1.2.42;《黑海书简》4.35。

4.2.67　mihi fingendo:mihi,施动者;figendō,形动词,第五格(夺格),"凭想象";

4.2.69　Latio:Latium(常译为"拉丁姆"),是罗马所在的区域。

4.2.70　qui narret cupido, vix erit, ista mihi:qui 引导的从句表目的(qui＝ut is);cupidō 修饰 mihi,narret 的间接宾语,字面上的意思是:渴望听到这些事的我;ista 指 spectacula。

4.2.71　is quoque iam serum referet veteremque triumphum:is 指从意大利到托弥来的

人，他所带来的关于凯旋式的消息已然是迟来的消息、旧闻，serum. . . veteremque。

4.2.72 audierō：即 audiverō，将来完成时

4.2.73 illa dies：dies 为阴性名词是，指的是特定的一天；lugubria：中性复数宾格，意为"丧服"、"悼念的衣服"，卢克译为 Trauergewand。见普罗佩提乌斯《哀歌集》4.11.97：et bene habet：numquam mater lugubria sumpsi"我很满足：我作为母亲从没有穿丧服"（王焕生译）；奥维德《变形记》11.669；quā：表时间的第五格（夺格），"在那一天"，其先行词是 dies；

pōnam：在这里相当于 depōnam，"我将脱下（或置之一旁）"。

4.2.74 causaque privata publica maior erit：causa pūblica：主格，是句子的主语；privātā：表比较的第五格（夺格），这里需补上第五格的 causā；causa 的翻译译者各不相同，Vivona 把 causa publica 和 causa privata 分别理解为 pubblica gioia（"公共的欢庆"）和 privati dolori（"个人的悲伤"）；卢克译为 die Sache（"事情"）；Oliensis（2004，p. 309）译为"motive"（"主题"）。

参考书目

中文书目

保拉·加利亚尔迪（Paola Gagliardi）著、康凯译，《奥维德笔下的凯旋式：文学传统与奥古斯都时代的宣传之间》，《全球视野下古罗马诗人奥维德研究前沿》（暂名），北京大学出版社，即将出版。

李永毅，《哀歌集·黑海书简·伊比斯》，中国青年出版社 2018 年版。

普罗佩提乌斯著、王焕生译，《哀歌集·拉丁语汉语对照全译本》，华东师范大学出版社 2006 年版。

王晨，《奥维德《岁时记》第一卷第 1—100 行译注》，《世界历史评论》2018（2）：355—367。

王忠孝，《"无远弗届"：罗马帝国早期疆域观的变迁》，《历史研究》2020（2）：110—126。

西文书目

Angulo, Eulogio Baeza. Publio Ovidio Nasón. *Tristezas*. Madrid：Consejo Superior de Investigaciones Científicas，2005.

Barrett, Anthony A. *Livia：First Lady of Imperial Rome*. Yale University Press，2008.

Beard, Mary. "Writing Ritual: The Triumph of Ovid", in Alessandro Barchiesi, and Susan A. Stephens. *Rituals in Ink: A Conference on Religion and Literary Production in Ancient Rome Held at Stanford University in February* 2002. Munich: Franz Steiner, 2004,115 – 126.

Beard, Mary. *The Roman Triumph*. Cambridge, Massachusetts: Belknap Press of Harvard University Press, 2007.

Evans, Harry. *Publica Carmina: Ovid's Books from Exile*. Lincoln: University of Nebraska Press, 1983.

Feldherr, Andrew. *Playing Gods: Ovid's Metamorphoses and the Politics of Fiction*. Princeton: Princeton University Press, 2010.

Flower, Harriet. "Augustus, Tiberius, and the End of the Roman Triumph", *Classical Antiquity* 39. 1(20201): 1 – 28. doi: https://doi. org/10. 1525/ca. 2020. 39. 1. 1

Green, Peter. *Ovid, the Poems of Exile: Tristia and the Black Sea Letters*. Berkeley and Los Angeles: University of California Press, 2005.

Green, Steven J. *Ovid, Fasti 1, A Commentary*. Brill, 2004.

Hardie, Philip. "Questions of Authority: The Invention of Tradition in Ovid Metamorphoses 15", in Thomas Habinek, and Alessandro Schiesaro (eds.), *The Roman Cultural Revolution*. Cambridge: Cambridge University Press, 1997,182 – 198.

Hardie, Philip. *Ovid's Poetics of Illusion*. Cambridge: Cambridge University Press, 2002.

Henriksén, Christer, and Marcus V. Martialis. *A Commentary on Martial, Epigrams Book* 9. Oxford: Oxford University Press, 2012.

Millar, Fergus. "Ovid and the Domus Augusta: Rome Seen from Tomoi", *Journal of Roman Studies* 83(1993),1 – 17.

Oliensis, Ellen. "The Power of Image-Makers: Representation and Revenge in Ovid *Metamorphoses* 6 and *Tristia* 4", *Classical Antiquity* 23. 2 (2004),285 – 321.

Östenberg, Ida. *Staging the World: Spoils, Captives, and Representations in the Roman Triumphal Procession*. Oxford: Oxford

University Press，2009a.

Östenberg, Ida. "*Titulis oppida capta leget*：the role of the written placards in the Roman triumphal procession"，*Mélanges de l'école française de Rome* 121‑122(2009b)，463‑472.

Östenberg, Ida. "Defeated by the Forest，the Pass，the Wind：Nature as an Enemy of Rome"，in Jessica H. Clark，and Brian Turner（eds.），*Brill's Companion to Military Defeat in Ancient Mediterranean Society*. Leiden：Brill，2018，240‑261.

Pandey, Nandini B. *The Poetics of Power in Augustan Rome：Latin Poetic Responses to Early Imperial Iconography*. Cambridge University Press，2018.

Seager, Robin. *Tiberius*. Blackwell Publishing，2005.

Stahl, Hans-Peter. "Sneaking it by the Emperor：Ovid Playing it Both Ways"，in Bettina Amden and Jørgen Mejer，*Noctes atticae：34 articles on Graeco-Roman antiquity and its Nachleben：studies presented to Jørgen Mejer on his sixtieth birthday March* 18，2002. Copenhagen：Museum Tusculanum Press，University of Copenhagen，2002，260‑280. xi

xi. Oxford，1978.

Vivona, Francesco. *P. Ovidio Nasone. I Tristi*. Milano：R. Sandron，1899.

作者简介：刘津瑜,上海师范大学特聘教授,德堡大学古典系教授。

奥维德《女容良方》译注①

谢佩芸　常无名

导言

《女容良方》(*Medicamina Faciei Femineae*)仅有 100 行传世。末尾戛然而止,表明现有的文本并非全文。文本末尾标注了星号表明文本的残篇状态。在《爱的艺术》3.205—206 中,奥维德督促他的读者翻阅他之前有关容貌的药方(*medicamina formae*)的 *parvus libellus*(字面意思"小小书"),指的应该就是这篇《女容良方》。至于"小小书"的完整篇幅应该多长,说法不一,据沃森

① 本文为国家社科基金重大项目"古罗马诗人奥维德全集译注"(15ZDB087)阶段性成果。译注几经修改:译文最初稿由谢佩芸(Pei Yun Chia)完成,并撰写了英文注释;常无名对译文进行了校对和修改,并补充了注释;在这个基础上,谢佩芸进一步进行了修改和润色;2019 年 5 月,常无名再次进行校订、补充和润色。在付梓发表前,刘津瑜对导读和译注进行了校对、扩充和编辑。在本译注成文的过程中,耶鲁—新加坡国立大学学院(Yale-NUS College)的 Steven J. Green 提供了各方面的帮助和指导,并授权笔者使用他尚未发表的文章"Two Halves of a Fragmentary Whole: An Introduction to Ovid's *Medicamina Faciei Femineae*",特此感谢。谢佩芸参与了 2019 年 2 月 25—26 日 Steven J. Green 在耶鲁—新加坡国立大学学院所组织的"From Tomis to China"奥维德诗作跨文化翻译工作坊;谢佩芸与 Steven J. Green 在 2019 年 7 月 4—8 日伦敦"国际古典学联会"(*Fédération Internationale des Associations d'Études Classiques*)大会上 Tom Sienkewicz 教授所组织的"Ovid in China"专题小组上宣读了题为 *Medicamina* into Mandarin: Ovid at the Linguistic Crossroads("汉译《女容良方》:语言交叉路口的奥维德")的论文。在此对与会听众的回馈和建议一并表示感谢。同时感谢王晨协助查找资料,以及熊莹对译文的建议。本文"导言"和译注中所有译文,除注明的之外,皆来自笔者。有些译文来自即将发表的译注,几位译者,金逸洁、刘淳、肖馨瑶皆为"古罗马诗人奥维德全集译注"成员。翟文韬的维吉尔《牧歌集》译文即将发表于"迪金森古典学在线"(Dickinson Classics Online: https://dco. dickinson. edu/texts)。

(Watson)推算，全篇应当有 500 行左右的篇幅，但这也只是猜测。① 也有学者认为可能是 200 行或 800 行。② 《女容良方》的创作日期是在《爱的艺术》第三卷之前，但究竟是在《爱的艺术》第 1—2 卷之后创作的，还是与这两卷同时，还是早于《爱的艺术》第一卷，学界多有争议。但应该不会晚于公元 2 年。③

这篇作品曾以《美容》为题收入曹元勇《爱经全书》。④ 曹译"依据的是 1959 年格罗赛特与邓拉普有限出版公司出版的英语散文体版本"。⑤ 这首残诗另外一个常用的中文标题为《论容饰》，但这首哀歌体诗和《爱的艺术》一样归类为爱情教谕诗，而非论文。笔者采用了《女容良方》这一新译名，一方面因为它与拉丁文标题更为契合，⑥另一方面因为这个译名与奥维德另一部作品 *Remedia Amoris* 的译名《情伤疗方》更为对称。

如同《爱的艺术》*Ars Amatoria* 第三卷一样，《女容良方》称其教谕的传授对象是 *puellae*。值得注意的是，*puellae* 一词在爱情哀歌中有其特定的意思，即所谓的"哀歌女郎"（elegiac *puella*），并非单指年幼、未婚的女孩，而是指爱情游戏中的女子，哀歌诗人笔下"我"（陷入恋爱的男子）渴望的对象，包括已婚妇女。⑦

---

① Patricia Watson, "Parody and Subversion in Ovid's *Medicamina Faciei Femineae*", *Mnemosyne* 54(2001)，p. 457，这个推算主要是基于与维吉尔《农事诗》第一卷的类比。奥维德把《哀怨集》*Tristia*（至少是前四卷）称为"小书"（*parvus liber*, *libellus*），见刘津瑜，《奥维德对小书的寄语：〈哀怨集〉第一卷第一首译注》，*The World History Review*《世界历史评论》12(2019)：155—174，亦见 https://dco. dickinson. edu/ovid/tristia-i-1。但《哀怨集》全集是五千行左右的篇幅。

② Victoria Rimell, *Ovid's Lovers*：*Desire*, *Difference*, *and the Poetic Imagination*. Cambridge：Cambridge University Press，2006，p. 178；P. Toohey，*Epic Lessons*：*An Introduction to Ancient Didactic Poetry*. London：Routledge，1996，p. 162.

③ G. Rosati, Ovidio, *I cosmetici delle donne*. Venezia，1985，pp. 42‑43；F. W. Lenz，*Remedia Amoris*；*Medicamina Faciei*，Turin：Paravia 1965，p. 81；A. S. Hollis，*Ovid*：*Ars Amatoria Book I*，Oxford：Clarendon Press，1977，p. xii.

④ 曹元勇译，《爱经全书》，上海三联书店 2005 年版；译林出版社 2012 年修订版（2014 年重印），第 143—146 页。

⑤ 曹元勇译，《爱经全书》，译林出版社 2012 年修订版，第 272 页。

⑥ 这部诗作常见的西文译名包括 *I cosmetici delle donne*，*Die Pflege des weiblichen Gesichts*，*Les produits de beauté pour le visage de la femme*，*Cosmetics for the Female Face*，*Face Cosmetics* 等等。

⑦ 关于罗马哀歌中 *puella* 的讨论，可参阅 Paul Allen Miller，"The *puella*. Accept no substitutions!"，in Thea S. Thorsen（ed.），*The Cambridge Companion to Latin Love Elegy*. Cambridge University Press，2013，pp. 166‑179。《拟情书》1. 115 和 4. 1 中的 *puella* 分别指珀涅罗珀（Penelope）和淮德拉（Phaedra），都是已婚女性。

本篇现存 100 行可分为两个部分：

第 1—50 行：奥维德用以下的类比和例子来层层展示女子为何应该学习如何让面容迷人并保养容颜：农业耕耘（3—6）、城市里装潢装饰（7—10）、罗马古代历史上的女子不事装扮（11—16）、罗马当代女子华服奇饰（17—22）、男子亦讲求装扮（23—34）、女子为悦己而容（27—34）。接着，他督促读者别信赖巫术，激发爱情的是精致的容颜、考究的装扮而非草木、药剂、催情剂、咒语等等（第 35—42 行），继而又劝她们要注重品德上的修养，因为外形会受岁月的摧残（第 43—50 行）；

第 51—100 行：诗中记录了四个配方（第 53—68、69—82、83—90 和91—98 行），假如把 69—76 以及 77—82 看成两个配方的话，那么一共有五个配方，均用于涂抹于面部。这些配方主要使用植物、香料、蜂蜜等天然材料制成，并有盐、碱等加入，主要功效是洁净、美白皮肤。最后两行（90—100）提到有女子将曾在冰冷的水中浸过的罂粟花捣碎并抹在脸上。文本自此中断。

这两个部分风格非常不同，上半段轻松活泼、下半段不苟言笑且集中于实用内容，两段的转折非常突然，几乎没有过渡。但 Steven Green 认为这两段的不同只是表面上的，下半段其实增强了这首诗概念上的一致性（"conceptual coherence"）。Green 建议这可以从两方面来理解：其一，将新的美容配方敷于女性脸上，所反映的是奥维德要创作新的爱情教谕诗、重塑哀歌女郎的尝试，假如这一假设成立，那么对美容配方中成分的规范也可能反映的是奥维德对自己诗作的构建；其二，第一部分的情色色彩在第二部分继续延续，比如，第64 行提到"矫捷的右手"（*strenua ... dextra terat*），第 75 行提及"青年的"（*iuvenum*）以及，and"用壮臂舂击"（*validis ... subigenda lacertis*）。美容药剂在生产过程中蕴含有情色的委婉暗示。①

奥维德不止在《女容良方》一篇中讨论女性该如何梳妆打扮、精进容颜，《恋歌》1.14、《爱的艺术》1.505—524 以及 3.101—250、《情伤疗方》343—356

---

① Steven J. Green, "Two Halves of a Fragmentary Whole: An Introduction to Ovid's *Medicamina Faciei Femineae*"，尚未发表的论文。

也都涉及这些话题。①《爱的艺术》第三卷用很长的篇幅铺叙女人的形象、品味、姿态，强调女人不要执着于珠光宝气，而要追求 *munditia* "优雅"（《爱的艺术》3. 133：*Munditiis capimur*），这包括注意依脸型选择发型、服装配色、个人卫生（体味、牙齿，等等），等等。《爱的艺术》第三卷和《情伤疗方》343—356 都告诫女子上妆时要隐秘，不要让别人，特别是情郎，看到化妆的过程和所用的材料，这些材料（比如羊脂等）让人感到恶心。《恋歌》1. 14 劝告恋人不要过度染发。

　　《女容良方》中最重要的关键词是 *cura* 和 *cultus*，在中文中殊不易翻译。*Cura* 不等于 *remedium*（"矫正"、"治疗"），而是指注入某事的心思与技艺，"热衷于做某事"。在奥维德的流放诗中，*cura* 通常是"焦虑"的意思；*cultus*，本意具有强烈的农业意象，与耕种、除草、嫁接等直接挂钩。*Cultus* 是维吉尔《农事诗》的关键概念。在奥维德的爱情哀歌中，*cultus* 所关联的意象转移到了女子的面容身体。女人的身体被比作荒废的田地，需要耕耘，才能有收获。至于梳妆打扮、保养肌肤的目的，《女容良方》中强调女人也为悦己而容，而并非只是为了异性。而且即便是为了吸引异性和让爱情长久，打扮和保养也是不够的，*mores* 更为重要（第 43—50 行）。但因为奥维德在现存的诗中并未展开解释 *mores* 在此具体是何意，因此学者和译者的理解和翻译各有不同。下表仅列出三位英文译者对 *mores* 以及相关词语的不同翻译：

关键词	Johnson 2016	洛布版	Rimell 2006②
morum tutela	"the protection of your moral fibre"	to look to your behaviour	to act the part
ingenio... conciliante	"when it recommends character"	when character commends	personality
amor morum	"love of character"	character	what's inside
probitas	probity	goodness	good character

---

① 这些选篇都由 Marguerite Johnson 收集在《奥维德论化妆：〈女容良方〉及相关文献》（*Ovid on Cosmetics：Medicamina Faciei Femineae and Related Texts*，London：2016）中。

② Rimell 2006，p. 45.

　　除 Johnson 之外，其他两位译者都没有强调 mores 及其相关词语的"德行"之意，而偏向于用"举止""性格""人品好"等等较为淡化的词语来翻译。这或许是因为觉得如果奥维德谈及道德和他的主题是相悖的，因为美容化妆这个话题常和骄奢淫逸（mollitia , luxuria）相关联，① 是一个（从男性视角来看）受道德谴责的话题。② 但至少在现存的《女容良方》中，"德行"（mores）和装扮保养（cultus）并不冲突，而是兼容的，但德行比容貌更为长久，后者会被时间摧毁，尽管本诗中的配方有养护之功，皱纹终究还要来到，"终有一天，你们一见镜子就会难受"（第 47 行）。

　　《女容良方》这首诗对巫术的态度相当轻蔑，并明确表示毒汁、咒语、巫术没有什么用，告诫女人们不要使用。奥维德自己所提供的美容配方，我们在其他古代作品中并没有看到基本相同的。然而，古代世界对于植物、蜂蜜、乳香、树脂等等的医用和美颜功能有着广泛的记录，比如 Theophrastus《植物志》、Dioscorides《药物学》（De materia medica）、凯尔苏斯《论医学》（Celsus , De Medicina）、老普林尼《博物志》，奥维德的配方与古代草本理论是相符的。③

　　Cultus 是人工的，和"自然的"相对。作为奥维德的前辈，哀歌诗人提布卢斯（公元前 54—前 19 年）更为欣赏"未经雕琢的容颜"1. 8. 15（inculto... ore）。普罗佩提乌斯（约公元前 50 年—前 15 年）似乎也推崇天生丽质，《哀歌集》1. 2. 5—8 诗中的"我"质问爱恋之人（vita）为什么：

> naturaeque decus mercato perdere cultu,
>
> nec sinere in propriis membra nitere bonis?
>
> crede mihi, non ulla tuaest medicina figurae：
>
> nudus Amor formam non amat artificem.

---

① Roy K. Gibson, "Ovid, Augustus, and the Politics of Moderation in Ars Amatoria 3", In R. Gibson, S. Green, and A. Sharrock (eds), The Art of Love：Bimillennial Essays on Ovid's Ars Amatoria and Remedia Amoris. Oxford：Oxford University Press. 2006, p. 135；Watson 2001, pp. 457 - 471, 特别是 p. 464。

② Roy K. Gibson, Ovid：Ars Amatoria Book 3. Cambridge：Cambridge University Press, 2003, pp. 19 - 21.

③ F. Ursin, C. Borelli, F. Steger, "Dermatology in Ancient Rome：Medical ingredients in Ovid's 'Remedies for female faces'", Journal of Cosmetic Dermatology. 2020 Jun；19（6）：1388 - 1394. DOI：10. 1111/jocd. 13151.

　　　　　　"以贾于市肆的华美伤害自然的俏丽，
　　　　　　不让肌肤显示它固有的光艳？
　　　　　　请相信我，你的容颜无需任何药剂，
　　　　　　裸体的阿摩尔不喜欢仪容巧手。"①

　　在这里他将 mercato cultu（直译："买来的华美"）与 naturae decus（"天然的美丽"）相对比，又强调她无需 medicina（"药剂"），不需要 formam artificem（"人工美貌"），毕竟爱神便是裸体的。但这几行恰恰表明这些非天然手法的流行。

　　那么，在"人工"与"自然"之间，奥维德的立场是完全站在"人工"一边吗？他的立场和提布卢斯、普罗佩提乌斯确实大相径庭吗？基于对《爱的艺术》第三卷的分析，吉布森（Gibson）认为奥维德所建议的并非刻意的人工雕饰，而是对自然的模仿，让人看不出来的那种模仿，不是为了篡改自然，而是为了让自然更臻完美。在吉布森看来，无论是奥维德对题材的处理还是他所传达的信息，都表明他所选取的是一条中间路线。他与普罗佩提乌斯的立场的不同并非"人工"与"自然"之争，而是中间道路和极端立场之间的不同。② 他强调，《女容良方》现存文本中所提供的配方，其主要功能是美白以及去斑的面膜，而非化妆。③

　　至于《女容良方》的创作目的究竟为何，彼得·格林认为这确实是个实用美容手册。④ 但沃森在《奥维德〈女容良方〉中的反讽与颠覆》一文认为它主要是个诗歌试验，奥维德展示如何将技术性的题材转化成韵文，不仅如此，他让女子化妆这样一个比较边缘、甚至有些问题的话题提升成了教谕诗的主题，使得这首诗成为严肃题材教谕诗的反讽版，它所面向的读者不仅仅是诗中所说的 puellae，而是更为广泛的读者群，包括男性读者群。⑤ 吉布森的解读则提供了新的思路，他认为奥维德所调侃的是以往爱情哀歌中的"极端性"（extremism）。这可以理解为对奥古斯都本人以及奥古斯都严苛的婚姻法的

① 普罗佩提乌斯著、王焕生译，《哀歌集·拉丁语汉语对照全译本》，华东师范大学出版社 2006 年版。
② Gibson 2006，pp. 121–142.
③ Gibson 2006，p. 132.
④ Peter Green，"*Ars Gratia Cultus*：Ovid as Beautician"，*The American Journal of Philology* 100. 3(1979)，pp. 381–392.
⑤ Watson 2001，p. 471.

抨击,对奥古斯都缺乏节制与宽容的批评。①

本译注的拉丁文底本为 Kenney 的牛津校勘本,这个校勘本初版于 1961 年,1995 年出了修订版,这两个版本中影响文意的一个重要区别位于第 31 行,1961 年版中的 quaecumque 在 1995 年版更改为 cuicumque。但本译注选取了 quaecumque。其他的异文,包括与其他校勘本(书目见下节)之间的不同之处,会在注释中说明。牛津本中不区分 u 和 v 这两个字母,为了方便读者,本译注将作为辅音的 u 全部改成了 v。比如 uultis 改成了 vultis,内容不变,只是拼写不同。

在翻译原则方面,为了保留哀歌体的每个对句(couplet)第二行比第一行少一个音步的格律,译者采取了第一句大多 13—14 字、第二句 11—12 字的方法,但偶尔会有为了照顾文意,无法保持长度相对整齐的情况。翻译诗歌时,原诗的声效和音乐性是最难重现的特质之一。本篇译者也只能尽力为之,以第 71—72 行为例:

utraque sex habeant aequo discrimine libras,
utraque da pigris comminuenda molis
两者必须平分秋色,各有六磅,
两者皆以迟缓的磨石磨细。

第 72 行译文中重复出现的"磨"字可以部分反映拉丁文中反复出现的辅音 m-,但原文中的-da、-is 这样的音节重复,笔者还没有找到好的重现方式,勉强通过 s(h)-(石)、x-(细)这样的近似音节体现音节反复。另以,这两行都以 utraque"两者"开头,译文也都以"两者"开头,虽然 utraque 分别是动词 habeant 和 da 的宾语。第 72 行如果直译的话可译为:"将两者交付迟缓的磨石磨细。"

原文中的大量修辞手法,比如交叉语序等等,在译文中流失得比较严重。拉丁文中语序相对灵活,所以词语在句中所安放的位置有其修辞考量,拉丁文中的语序很难在汉语中得到保留或重现。但在有可能的情况下,笔者会尽量保留一些关键词的语序。比如在第一行中,puellae 位于行末,译文保留了这个词在行末的位置。

---

① Gibson 2006,pp. 135 - 142.

第 30 行中，Athos"阿托斯(山)"一词出现了两次，有的译文选择只保留一个 Athos。本篇译文没有合并这两个 Athos，因为这两个 Athos 的形容词分别是 arduus("陡峭的"，第 29 行)和 altus("高耸的"，"巍峨的"，第 30 行)，谓语分别为 celet("隐藏"、"藏匿")和 habebit(直译："将拥有")：

> rure latent finguntque comas; licet arduus illas
>
> celet Athos, cultas altus habebit Athos.
>
> 女人隐于乡间也塑造发型；哪怕陡峭的阿托斯
>
> 藏匿她们，巍峨的阿托斯也将拥有精致女子。

除了翻译拉丁诗歌特别是哀歌体的一般问题之外，本篇的另一个问题是文中包括大量的药材名称及度量衡单位(特别是 *libra*，*as*，*uncia*)。如果原文是散文，译文将 *libra* 和 *uncia* 分别译成罗马磅、罗马盎司不是问题，但是在诗句里，受每行的长度限制，罗马磅、罗马盎司这样的译法占用太多字数，笔者将"罗马磅"精简成"磅"，将"罗马盎司"音译为"翁恰"。

注释所使用的参考文献和缩写：

底本：

牛津本(Kenney OCT)＝Ovid, *Amores*, *Medicamina Faciei Femineae*, *Ars Amatoria*, *Remedia Amoris*, ed. E. J. Kenney, 1st ed., 1961；2nd ed., Oxford 1995.

其它校本、注本：

Burmann＝Ovid, *Medicamina faciei fragmentum*, in *P. Ovidii Nasonis Opera omnia*, ed. P. Burmannus, vol. 1, Amsterdam 1727：766 - 776.

della Casa 1982＝Ovid, *Medicamina faciei*, in *Opere di Publio Ovidio Nasone*, vol. 1, ed. A. della Casa, Torino 1982：459 - 473.

IUD 6 = Ovid, *Notae Variorum-Medicamina faciei*, in *P. Ovidii Nasonis Opera Omnia...cum notis et interpretatione in usum Delphini*, ed. A. J. Valpy, vol. 6, Londini 1821：2373 - 80.

Johnson 2016 = Johnson, M., *Ovid on Cosmetics*：Medicamina Faciei Femineae *and Related Texts*, London：2016.

Kunz = P. Ovidii Nasonis, *Libellus De medicamine faciei*, ed. A. Kunz, Vindobonae 1881.

Rimell 2006 = Victoria Rimell, *Ovid's Lovers: Desire, Difference, and the Poetic Imagination*. Cambridge: Cambridge University Press, 2006, pp. 41 - 70.

Rosati 1985=Ovidio, *I cosmetici delle donne*, ed. G. Rosati, Venezia 1985.

洛布版 = J. H. Mozley, G. P. Goold, *Art of Love. Cosmetics. Remedies for Love. Ibis. Walnut-tree. Sea Fishing. Consolation*. 2nd ed. Loeb Classical Library. Harvard University Press, 1979。

工具书及资料库:

Brill's New Pauly (《博睿新版保利古典学百科全书》), Antiquity volumes ed. H. Cancik and H. Schneider, English Edition by C. F. Salazar; Classical Tradition volumes ed. M. Landfester, English Edition by F. G. Gentry, web source: https://referenceworks. brillonline. com/cluster/New%20Pauly%20Online? s. num=0;

Loeb(洛布古典丛书电子数据库) = *Loeb Classical Library https://www-loebclassics-com* (除专门说明之外, 本译注中所引用的古希腊拉丁作家的原文皆来自该数据库);

OED (《牛津英语词典》) = *Oxford English Dictionary Second Edition on CD -ROM* (*v.* 4. 0), Oxford 2009.

OLD[2] (《牛津拉丁语词典》第二版) = *Oxford Latin Dictionary*, ed. P. G. W. Glarc, 2nd ed. , Oxford 2012.

《中国植物志》, 中国科学院《中国植物志》编委会, 北京 1959—2004, 网络资源, <http://frps. iplant. cn/>。

中国知网工具书=CNKI 中国工具书网络出版总库, 网络资源, <http://gongjushu. oversea. cnki. net/chn/default. aspx>。

所引主要论文或(其他参考文献在注释中随引随列):

García, L. R. , On a Passage of Ovid ("Med. " 27 - 36), *Mnemosyne* 48. 3(1995): 285 - 291.

Gibson, Roy K. *Ovid*: Ars Amatoria *Book 3*. Cambridge: Cambridge University Press, 2003.

Gibson, Roy K. "Ovid, Augustus, and the Politics of Moderation in *Ars Amatoria* 3", In R. Gibson, S. Green, and A. Sharrock (eds), *The Art of Love: Bimillennial Essays on Ovid's* Ars Amatoria *and* Remedia Amoris. Oxford: Oxford University Press. 2006, 121 - 142.

Green, P. , "Ars Gratia Cultus: Ovid as Beautrician", *The American Journal of Philology* 100. 3(1979): 381 - 392.

Goold, G. P. , "Amatoria critica", *Harvard Studies in Classical Philology* 69(1965): 1

－107.

Kenney，E. J.，"Review"，F. W. Lenz ed. and trans.，*Ovid*：*Heilmittel gegen die Liebe. Die Pflege des weiblichen Gesichts*，*Gnomon*，33. 6(1961)：577－581.

—，"Review"，Antonio Ramírez de Verger，ed.，*Ovidius. Carmina Amatoria*，Bryn Mawr Classical Review，2014，web source ＜bmcr. brynmawr. edu/2004/2004-01-13. html＞.

Miller，Paul Allen. "The *puella*. Accept no substitutions!"，in Thea S. Thorsen (ed.)，*The Cambridge Companion to Latin Love Elegy*. Cambridge University Press，2013，pp. 166－179.

Watson，P.，"Parody and Subversion in Ovid's *Medicamina Faciei Femineae*"，*Mnemosyne* 54(2001)：457－471.

普罗佩提乌斯著、王焕生译，《哀歌集·拉丁语汉语对照全译本》，华东师范大学出版社，2006。

拉丁文及中文译注

discite quae faciem commendet cura, puellae,	1	学学何种功夫能让容颜迷人吧，姑娘们，①
et quo sit uobis forma tuenda modo.		以及你们应当如何养护外貌。②

---

① 1 discite：祈使语气，现在时、复数，意为"学习吧"，这个词开宗明义地点明这首诗的教谕性质；《女容良方》其他拉丁语诗篇一个重要不同之处，是在其序言（*prooemium*，或称"引子"，第1—50行）部分诗人并没有述说自己如何从神灵接受诗兴。这似乎要显示出关于修饰容貌这个主题，并不需要神灵的启发，只需人的理论就足够了；

faciem：facies 的宾格，Johnson 2016 认为 facies 指整体的外貌、外表，包括面容、体态，也可译为"美貌"。比如，《爱的艺术》3. 105 中出现两次，皆意为"美貌"，3. 137 中指"脸"、"脸型"；3. 210 指外貌。在《女容良方》现存的文本中，facies 主要指面部(Rosati 1985)。

commendat：并非单纯的"美化"之意，而是"使别人喜欢"、"让……吸引人"的意思；

puellae：在爱情哀歌中，puellae 通常包括已婚女子，并不是小女孩之意，译为"姑娘们"或"女郎们"比较恰当。

② 2 uobis. . . tuenda：uobis 第三格/夺格（"由你"、"被你"），是 tuenda(形动词，"被护养")的执行者；tuenda 的主语为 forma；

forma：forma 常常是"美貌"之意，但 Johnson 2016 认为 forma 在这一行中指的是"外貌"而非美貌，因为奥维德所针对的对象是外貌并不完美而需要改善的姑娘们；forma 这个词在《女容良方》中共出现四次，Johnson 认为其他三次都指"美貌"。参见《爱的艺术》3. 105—106(那里奥维德同样劝导女人该如何养护外貌)。

cultus humum sterilem Cerealia pendere iussit		是耕耘命令荒芜的土地献出刻瑞斯①
munera, mordaces interiere rubi;		之税赋,②让刺人的荆棘凋萎;
cultus et in pomis sucos emendat acerbos,	5	是耕耘改良果子的酸涩浆汁,
fissaque adoptivas accipit arbor opes.		劈开的树③接受嫁接的财富。
culta placent:auro sublimia tecta linuntur;		经装饰之物讨人欢心④:高屋涂金,
nigra sub imposito marmore terra latet		黑土地匿于铺陈的大理石板之下,⑤
vellera saepe eadem Tyrio medicantur aeno;		羊毛常反复在推罗铜釜中染色,⑥
sectile deliciis India praebet ebur.	10	印度奉献象牙供雕成名贵物件。⑦
forsitan antiquae Tatio sub rege Sabinae		或许古时塔提乌斯王治下的萨宾女子,⑧

---

① 2 cultus:在第 3—6 行中这个词带有浓烈的农业意象,"耕耘"、"耕养"之意;
pendere:这一行是六音步,根据韵律,这个不定式只可能是"长短短",也就是说这来自第三变位动词 pendo"交出"、"缴纳"、"献出",而不是第二变位的动词 pendeo。

② 3—4 Cerealia...munera:刻瑞斯(Ceres)是古罗马神话中的谷物女神,对应希腊神话中的得墨忒尔(Demeter)。"刻瑞斯之税赋"是修辞中的迂言法(*periphrasis/circuitio*),指谷物。见《变形记》11. 121—122 迈达斯王点石成金的故事:"tum vero, sive ille sua Cerealia dextra/munera contigerat, Cerealia dona rigebant""的确,如果他以右手接触/刻瑞斯的馈赠,刻瑞斯的恩赏就会硬化"(*munus* 既有"礼物"、也有"义务"之意)。

③ 6 adoptivas:指嫁接。亦见《爱的艺术》3. 101—102。

④ 7 culta placent:拉丁文中 culta 和 cultus 同源,但是在这一行中,culta 的意思和第 3—6 行中的农业意象的 cultus 不尽相同,而更多地指外部装饰:第 7—8 行的例子关于用大理石装饰、给羊毛染色、用象牙制奢侈物件。

⑤ 8 铺上大理石盖住乌黑的土地。

⑥ 9 eadem:字面的意思是"同样的羊毛";Tyrio:"推罗的";Tyre"推罗",腓尼基城市,昂贵的"紫色"染料是推罗著名的物产之一,这种染料取自海中的贝类 murex,虽然通常译为"紫色",但色泽未必是现代人所了解的紫色,而包括了猩红色、泛着光的红色,等等。亦见《爱的艺术》3. 170:Quid de veste loquar? Nec vos, segmenta, requiro/Nec te, quae Tyrio murice, lana, rubes"对于衣装,我有何言? 绣品,我无需你们,/还有你,推罗紫染红的羊毛"。昂贵的布料要反复染色,亦见 Martial《讽刺短诗集》*Epigrammata* 2. 29. 3:quaeque Tyron totiens epotavere lacernae"他的外氅多次汲取推罗紫"。

⑦ 10 sectile:形容词,"可切割、雕刻的";deliciis:奢侈的、吸引人的东西,罗马作品中象牙常用来做小雕像、饰品、刀鞘等等;罗马的象牙来自印度,亦见维吉尔《农事诗》1. 1. 57:India mittit ebur....,用象牙雕像,见奥维德《变形记》10. 248。

⑧ 11 塔提乌斯王:据李维记载(1.9—13),萨宾人在罗马刚建立时是它的邻族,国王是塔提乌斯,和其他邻邦一起拒绝与罗马通婚。稀缺女人的罗马就举办了一场盛大的马神涅普顿祭(转下页)

maluerint quam se rura paterna coli, 　　　更愿祖田而非自己受到耕耘；①

cum matrona premens altum rubicunda sedile 　　　那时肤色通红的主妇端坐高凳，②

assiduo durum pollice nebat opus 　　　手指不停搓编粗糙的活计，③

ipsaque claudebat, quos filia paverat, 15 agnos, 　　　亲自把女儿放过的羊儿关入圈栏，④

ipsa dabat virgas caesaque ligna foco. 　　　亲自把树枝柴段放进炉火。

at vestrae matres teneras peperere puellas： 　　　但你们的母亲生了娇柔的女儿，⑤

vultis inaurata corpora veste tegi, 　　　你们想用绣金的衣服遮体，

vultis odoratos positu variare capillos, 　　　你们想让香发的样式千变万化，⑥

（接上页）赛，诱使各族参加，在他们专心看比赛时抢走了他们的处女，史称"抢夺萨宾女人"。后来在罗马与前来复仇的萨宾人交战时，成为罗马人妻子的萨宾女人在阵前求双方息战，萨宾、罗马二族自此合并。萨宾女人在奥古斯都时代政治宣传中被奉为贞洁的典范，当时作家经常用她们作为例子，攻击当代女子的放荡（Watson 2001, p. 468）。Watson 认为奥维德在这里把她们塑造成忽视自己相貌的反面教材，有颠覆奥古斯都政权主流意识形态的目的。奥古斯都压制婚外情爱，设立一些相当严厉的法规，把贵族和骑士阶级的政治前途，和所有公民的一些重要经济权利与是否已婚和子女数量挂钩，比如必须有三个孩子才能完整地继承一笔遗产（有关奥古斯都婚姻立法方面的研究非常丰富，仅举几例：J. A. Field Jr., "The Purpose of the *Lex Julia et Papia Poppaea*", *Classical Journal* 40. 7（1945）, pp. 402 – 403, 408；D. Nörr, "The Matrimonial Legislation of Augustus: An Early Instance of Social Engineering", *Irish Jurist*, new series, 16. 2(1981), pp. 351 – 352；Judith Evans Grubbs, "Singles, Sex and Status in the Augustan Marriage Legislation", in Sabine R. Huebner and Christian Laes（eds）, *The Single Life in the Roman and Later Roman World*. Cambridge University Press, 2019, pp. 105 – 124。）

① 12 maluerint quam se rura paterna coli：coli, colo 的被动态不定式；在这里的意思可以算是轭式搭配（zeugma），和人（se"她们自己"）搭配的时候，意思是"修饰"、"打扮"；和物（rura paterna"祖产"）搭配时，意思是"耕种"。译文中用"被耕耘"翻译 coli，但也是两种意思。

② 13 rubicunda：是指因常在户外劳作，肤色被晒红。奥维德在这里用萨宾女子来代表古时不加修饰、勤于家务和农活的女子。亦见贺拉斯《长短句集》（*Epodes*）2. 41，萨宾女子和黝黑的（perusta，"被晒黑"）阿普利亚人妻子。

③ 14 assiduo，副词，"不间断地"、"不停地"；durum...opus："粗糙的活计"，指纺织羊毛或亚麻线；pollice：来自 pollex，本意为"拇指"。
这一行洛布本作 Assiduum duro pollice nebat opus"用粗糙的拇指勤勉地纺线"。

④ 15 quos...agnos：quos 的先行词是 agnos"羊"；paverat：原形是 pasco"放牧"。

⑤ 17 peperēre＝pepererunt，pario 的第三人称复数完成时主动态直陈式，"生养了"。

⑥ 19 odoratos...capillos：带有香味的头发，见普罗佩提乌斯《哀歌集》1. 2. 3：aut quid Orontea crines perfundere murra"或者把奥隆特斯的没药撒满云鬓"（王焕生译），奥隆特斯指代叙利亚；positu：表方式的第五格，"通过式样"；variare："让……多变"。关于发型多变，亦见提布卢斯 1. 8. 9–10：quid tibi nunc molles prodest coluisse capillos/saepeque mutatas disposuisse comas"梳弄柔顺的头发，常改变发型，于你有何益处？"

conspicuam gemmis vultis habere 20
manum;

想要因珠宝而惹眼的手;①

induitis collo lapides Oriente petitos

脖子上戴着从东方搜罗的奇石,②

et quantos onus est aure tulisse duos.

双耳垂着难以承担的重负。③

nec tamen indignum: sit vobis cura placendi,

但这无可指摘:你们以动人为务④吧——

cum comptos habeant saecula vestra viros;

你们时代的男人都齐整精致:⑤

feminea vestri poliuntur lege mariti 25

你们的丈夫按照女人的范式梳妆,⑥

et vix ad cultus nupta quod addat habet.

华服巧饰,妻子也难以胜过。⑦

†pro se quaeque parent et quos venerentur amores

†她们为自己追求什么,眷恋何种情爱,⑧

refert. munditia crimina nulla meret. †

并非小事。而整洁优雅不是罪过。†⑨

---

① 20 conspicuam...manum:"惹眼的手",手是单数,但可理解为泛指;gemmis,表原因的第五格。

② 21—22 collo, aure:都是表示"在……部位"的第五格:"脖子上、颈项上","耳朵上"。

③ 22 [要在]耳朵上戴两只珍珠,重到戴着很累/费劲(Della Casa)。

④ 23 cura placendi:同样的表达法亦见于奥维德《变形记》13.764,独目巨人因为心里有了喜欢的人,开始注意外表和打扮。《爱的艺术》3.423 的类似表达法 studiosa placendi("热衷于讨人欢心的")中 studiosa 是形容词。

⑤ 24 cum comptos habeant saecula vestra viros: habeant:第三人称复数现在时主动态虚拟式,主语为 saecula vestra;cum 引导表原因的从句,男性对外表的考究给女人打扮提供了理由。亦见《爱的艺术》3.107—108: Corpora si veteres non sic coluere puellae, /Nec veteres cultos sic habuere viros"若古时女子不甚保养其身,/古时也无如此考究之男子"。在《爱的艺术》1.513—524 中,奥维德教导男性如何优雅得体,他们需要外表整洁、肤色健康、衣着平整、牙齿干净、鞋要合脚、头发有型、胡须精修、指甲干净、口气体味不难闻。但奥维德接着写道:Cetera lascivae faciant, concede, puellae, /Et siquis male vir quaerit habere virum"其余的装扮留给浪荡的女人,/和那些追求男色的伪男。"(奥维德《爱的艺术》1.523—524,肖馨瑶译)也就是说,奥维德认为男性对外表的追求要有个度,超过这个度之外的考究是则是浪荡女人和缺乏阳刚之气的男人(male vir);另外,《爱的艺术》3.433—438 中,奥维德告诫他的女性读者要警惕那些太过讲究发型的男人,因为他们有可能是轻浮不忠之人。

⑥ 25 lege:本意是"法律",但它常指"规范"、"方式"、"标准"。

⑦ et vix ad cultus nupta quod addat habet:这行的散文语序可调整为 et nupta vix habet quod addat ad cultus。对于 cultus 指的是丈夫(vestri...mariti)还是妻子(nupta)的 cultus(指比较具体的"华服巧饰"),还是一般性较为抽象的 cultus("精致"),可以有不同的理解,这句话也可译为:"妻子都无法为他们的精致增色"。

⑧ 27—36 García 1995, pp.285—291 认为这是一段旁白,是说给大众的,而不是第一行中 puellae。这里受众的转换有些生硬,但也许是因为文本有问题。

⑨ 27—28 这两行 Kenney 认为原型抄本(archetype)的读法解不通,肯定有问题,所以用 obelus(匕首号†)标出(下文一律保留 Kenney 本中标出匕首号的的语句。)。有人认为在 26 和 27(转下页)

rure latent finguntque comas; licet arduus illas

女人隐于乡间也塑造发型；哪怕陡峭的阿托斯①

celet Athos，cultas altus habebit Athos.   30

藏匿她们，巍峨的阿托斯也将拥有精致女子。②

est etiam placuisse sibi quaecumque voluptas：

讨得自己欢心也多少是种愉悦：③

virginibus cordi grataque forma sua est.

少女们心念并珍视自己的美丽。④

laudatas homini volucris Iunonia pennas

朱诺的爱禽将受人赞美的羽翎⑤

explicat et forma muta superbit avis.

开放，不发一言，以容貌自矜。⑥

sic potius †vos urget† amor quam   35 fortibus herbis,

这样，†带给你们激情†的是爱情，而不是⑦

quas maga terribili subsecat arte manus：

巫师之手用骇人法术采来的猛药：⑧

（接上页）之间可能有漏文。Johnson 2016 选择不译这两句。这里的中译文是对 Kenney 牛津本读法含义的尽量揣测：refert 为非人称动词，意为"这很重要"、"这很有关系"，接两个间接问题：pro se quaeque parent 以及 quos venerentur amores。在 pro se quaeque parent 中，quaeque 可以理解为中性复数宾格，为 parent 的宾语。另一种理解是把 quaeque 看作阴性复数主格，为 parent 的主语："让她们为自己梳妆打扮吧"。洛布本的第 27—28 行和牛津本非常不同：Se sibi quaeque parant，nec quos venentur amores/Refert；munditia crimina nulla merent"她们为自己梳妆打扮，无论喜欢何种/情爱；整洁漂亮让她们永远无错。"

① 29 licet 引导让步从句。

② 30 阿托斯：阿托斯山，位于希腊东北部哈尔基季基半岛上的一座山峰，现多称"圣山"。女子在无人见到的地方、无需取悦于人的地方，也可精心打扮。

③ 31 quaecumque：牛津本 1961 版中的 quaecumque，在 1995 版中改成了 cuicumque（无论何人），洛布本为 cuicumque，Johnson 2016 的拉丁文本选取了 quaecumque。这里保留了 quaecumque，修饰 voluptas。

④ 32 cordi grataque：cordi，第三格（夺格）；forma：在这里指"美丽"、"美貌"（Johnson 2016）。

⑤ 33 volucris Iunonia：朱诺的爱禽指孔雀。《爱的艺术》1. 627：Laudatas ostendit avis Iunonia pinnas（"朱诺之鸟炫耀其受人赞美的羽翼"，肖馨瑶译）。在这些表述中，孔雀都是雌性，为阴性形容词（Iunonia）所修饰。奥维德《变形记》1.722—723 及 15.385 称孔雀的尾翎上的图案来自 Argus 的千百只眼睛。

⑥ 34 muta：孔雀不着一声却用开屏炫耀美貌。洛布本中作 multa"许多"；superbit：这个动词可以是"骄傲"、"自负"之意，也可以是"自豪"的意思。通常带有负面含义，但在本篇 29—30 的语境下，美貌可以悦人亦可悦己，"自豪"的意味更多些（参考 Johnson 2016, p. 55）。

⑦ 35 vos urget：多数学者认为这里文本有问题并提出不同的修订：Rosati 1985、Johnson 2016：nos urget；洛布本：iungendus；但正如 Kunz 1881 所指出的那样，vos urget 的意思可以勉强说通。无论这里文本原来应该如何，意思总的来说是清楚的，即女子要通过"美貌"而不是药剂来获得、激起情爱（Watson 2001, p. 465）。

⑧ 36 terribili...arte：美狄亚在去采割让埃宋返老还童的草药之前，在月夜，伸手向星空，三次转身、三次向头上洒水、三次嚎叫，然后向黑夜、大地、森林之神等神祇以及赫卡忒女神祷告，唤来龙车，飞去名山，或摘、或连根拔、或用刀割来采集草药，一共用了九天九夜，见《变形记》7.179—233。

nec vos graminibus nec mixto credite suco

你们勿要相信草木和混制的汁液，①

nec temptate nocens virus amantis equae.

也勿试用发情牝马的毒泌。②

nec mediae Marsis finduntur cantibus angues

蛇不会被玛尔希③咒语劈成两半，

nec redit in fontes unda supina suos;　40

河水也不会倒流回源头；④

---

① 37—42 罗列了一些当时魔法传统和文学中的常见说法和套路（Rosati 1985）。

② 38 nocens virus amantis equae：“发情牝马的毒泌”；virus：黏稠的汁液、常带有异味；毒汁。这里指的应当是ἱππομανές/hippomanes（意为“马的癫狂”，吴寿彭所译亚里士多德《动物志》中把这个词译为“马狂”），古代有名的催情剂（亚里士多德《动物志》*Historia Animalium* 572a，577a）或魔法剂。但 hippomanes 究竟是何种汁液，古代作家说法不一。亚里士多德在《动物志》（*Historia Animalium*）572a-b，577a 中主要提供了两种说法：这是一种类似καπρία（猪的分泌物）的汁液，是牝马在发情时从生殖器官分泌出的液体，类似精液（γονή），但更稀薄；或者是新生马驹头上的黑色的、又扁又圆的附生体。关于前一种说法，亦见维吉尔《农事诗》3.280—283：hic demum, hippomanes vero quod nomine dicunt/pastores, lentum destillat ab inguine virus, /hippomanes, quod saepe malae legere novercae/miscueruntque herbas et non innoxia verba“最后，牧人称之为‘马狂’的汁液/才慢慢从私处滴下，/‘马狂’——邪恶的继母们时常采集，/并将药草与毒咒相混合”；提布卢斯 2.4.57；普罗佩提乌斯《哀歌集》4.5.18...et in me/hippomanes fetae semina legit equae“为此还收集了怀小驹的牝马的泌液”（王焕生译）。但奥维德《爱的艺术》2.90—100 涉及的应该是亚里士多德关于 hippomanes 的另一种说法：Fallitur, Haemonias siquis decurrit ad artes, /Datque quod a teneri fronte revellit equi“谬矣，诉诸海摩尼亚把戏的人，/还割下小马额上的附生体”（肖馨瑶译）。亦见普林尼《博物志》8.165。

③ 39 nec mediae Marsis finduntur cantibus angues：主语是 angues；Marsis；cantibus“玛尔希人的咒语”。玛尔希人是古代居住在意大利玛尔西卡一带（罗马东南方）的族群。在古代以咒语和巫术而著称，供奉的神祇包括蛇女神安吉提亚（Angitia）。奥维德《爱的艺术》2.101—104 将他们与美狄亚和喀耳刻这两位以魔法闻名的女巫相提并论：Non facient, ut vivat amor, Medeïdes herbae/Mixtaque cum magicis nenia Marsa sonis. /Phasias Aesoniden, Circe tenuisset Ulixem, /Si modo servari carmine posset amor“美狄亚的香草并不能让爱情永驻，/玛尔希人的哀歌配魔法的吟唱也没用。/法西亚人能留住埃宋之子，喀耳刻会留下尤利西斯，/如果吟歌念咒能让爱情长留”（肖馨瑶译）。亦见贺拉斯《长短句集》17.29：caputque Marsa dissilire nenia，指玛尔希人的哀歌能让头裂开；公元一世纪的诗人 Silius Italicus 在《布匿战纪》（*Punica*）8.495-510，玛尔希人不但善战，而且能够用咒语对蛇催眠，用药草和魔咒去除蛇牙的毒性。据说，是安吉提亚教他们使用药草、驯蛇之计以及如何将月亮驱出天空，让水流停止，让山丘失去林木。但 Silius Italicus 认为玛尔希人得名于羊人马耳叙阿斯（Marsyas，曾用排箫挑战阿波罗的弦琴，失败后被剥皮）。本行中的动词 finduntur 基本意思是“被劈开”、“被分割”，其他诗歌提到咒语发生作用的方式是让蛇炸裂，可参见奥维德《恋歌》*Amores* 2.1.25：carmine dissiliunt abruptis faucibus angues“诗歌让蟒蛇爆裂，下颚被撕开”（金逸洁译）；Lucilius 20.605-606：...“iam, ut Marsus colubras/disrumpit cantu venas cum extenderit omnes“有时，如同玛尔希人用咒语扩张蛇的血管让它们炸裂”。

④ 40 女巫让河水倒流的法术，见提布卢斯 1.2.43 fluminis haec rapidi carmine vertit iter（转下页）

et quamvis aliquis Temesaea removerit aera,	即使有人搬走特麦萨①铜器，
numquam Luna suis excutietur equis.	月亮永不会被击下她的马车。②
prima sit in vobis morum tutela, puellae:	以守护你们的德行为重吧，姑娘们，③
ingenio facies conciliante placet.	品性让人心折，容貌也就可爱。④
certus amor morum est；formam 45 populabitur aetas.	对品德的爱牢固可靠；而岁月将摧毁容貌，⑤
et placitus rugis vultus aratus erit；	在曾经迷人的脸上犁下皱纹。⑥
tempus erit, quo vos speculum vidisse pigebit	终有一天，你们一见镜子就会难受，
et veniet rugis altera causa dolor.	而痛苦将成为皱纹的另一起因。
sufficit et longum probitas perdurat in aevum,	正直的人格就已足够，历世长存，⑦

(接上页)"她用咒语改变河流的路径"。控制水流是美狄亚所拥有的法力之一，如奥维德《变形记》7. 199—200：... ripis mirantibus amnes/in fontes rediere suos..."在两岸的惊诧中，河水倒流回其源头"；《拟情书》*Heroides* 6. 87：illa refrenat aquas obliquaque flumina sistit"她令流水停滞，让蜿蜒的河水静止"（刘淳译）。歌谣亦有同样的力量，如维吉尔《牧歌集》8. 3：et mutata suos requierunt flumina cursus"连流水也为之一变，平息了常日的奔跑"（翟文韬译）；奥维德《恋歌》1. 8. 6 inque caput liquidus arte recurvat aquas；2. 1. 26：inque suos fontes versa recurrit aqua"水流被诗歌逆送回源头"（金逸洁译）。

① 41 特麦萨(Temesa)：意大利南部铜产地。当时相信法力强大的巫师可以吟唱咒语让月亮脱离它的轨迹，见提布卢斯 1. 8. 21：cantus et e curru Lunam deducere temptat。而敲打铜器(aera)可以干扰念咒，铜器可能包括铜锣之类。奥维德《变形记》第七卷中美狄亚在列举自己的法术时，说道：te quoque, Luna, traho, quamvis Temesaea labores/aera tuos minuant..."你，月亮啊，我也能摘下，即便有特麦萨的铜器/来缓解你的苦痛"(7. 207—209)(Johnson 2016, p. 57)亦见《拟情书》6. 85—86：illa reluctantem cursu deducere lunam/nititur..."她尽力驱赶月亮，让她不情愿地离开自己的轨道"（刘淳译）。Silius Italicus《布匿战纪》500 提到安吉提亚(Angitia)会驱月的法术(lunam excussisse polo)。

② 42 suis... equis：在罗马的视觉艺术中，月神通常是乘坐两匹马(有时是牛)拉的车(biga)。

③ 43 prima sit in vobis morum tutela, puellae：守护德行为最为重要，是首要任务。

④ 44 散文语序可理解为：ingenio conciliante facies placet。ingenio conciliante 为独立夺格，取自 concilio，征得某人赞许或使某物受人喜爱。

⑤ 45 这行表达的意思，亦见奥维德《爱的艺术》2. 119—120：Iam molire animum, qui duret, et adstrue formae：/Solus ad extremos permanet ille rogos"美貌之外，要锤炼心智，这才持久：/唯此方能持续直至生命的最后"（肖馨瑶译）。

⑥ 46 类似的表述亦见《爱的艺术》2. 118：Iam venient rugae, quae tibi corpus arent"皱纹将至，会犁遍你全身"（肖馨瑶译）；3. 73—82 也是关于容颜老去、皱纹遍布全身的。

⑦ 49 sufficit：和 perdurat 同为 probitas 的谓语作为不及物动词时，意思是"是足够的"；但大部分译者把它译为"打下根基"；aevum：可以指岁月，亦可指人的一生。

perque suos annos hinc bene pendet 50 悠悠岁月中，爱牢牢依之为根。①
amor.

dic age，cum teneros somnus dimiserit 请告知，睡梦刚准许娇躯苏醒之时，②
artus，

candida quo possint ora nitere modo. 有何方法能让面庞洁白生辉。③

hordea，quae Libyci ratibus misere 把利比亚农民用船运来的大麦④
coloni，

exue de palea tegminibusque suis； 剥离它们的外壳和麸皮；

par ervi mensura decem madefiat 55 将同量的野豌豆⑤浸入十只鸡蛋
ab ovis

（sed cumulent libras hordea nuda （而去壳大麦共应有两磅）：⑥
duas）：

haec，ubi ventosas fuerint siccata per 当这些在流动的清风中吹干之后，
auras，

lenta iube scabra frangat asella mola. 驱缓驴推糙磨把它们碾碎。

et quae prima cadent vivaci cornua cervo 将长寿雄鹿的初次落角细研，⑦

---

① 50 pendet：来自 pendeo，"依赖"、"倚靠"。

② 51 dic age：也可译为"说吧"、"请讲"，和开篇的 discite 一样是祈使语气。希腊拉丁诗歌传统中，认为诗歌并非由人创作，而是神把词语灌注于诗人，诗人只是歌手和喉舌。因此诗人在全诗或一个段落的开头经常祈求神把自己下面要歌唱的题材讲给自己，到奥维德的时代这已经成了宣告主题的一种套路（参见《埃涅阿斯纪》1.8）。这里诗人是求缪斯"告知/说"（Goold 59；然而 Goold 认为这里向缪斯说话非常突兀，建议修正文本）。有异文作"discite"，与第 1 行开头相同，见 Johnson 2016，p.138 注；洛布本作 disce（单数祈使式，"学吧"）。

dimiserit：dimitto 本意为"释放"、"松开"，但也有"离开"之意。这里是说睡眠不再控制娇柔的四肢，四肢一般指代身体，也就是说娇躯醒来。

③ 52 nitere："发亮"、"生辉"，这里指的不是来自年轻健康的天然光泽，更是经化妆、用人工方式做出的光泽，如昆体良《演说术》*Institutio Oratoria* 2.5.12，8.3.6，见 Marco Fabio，Tobias Reinhardt，and Michael Winterbottom. *Quintilian，Institutio Oratoria，Book 2*. Oxford：Oxford University Press，2006，pp.131–132。普罗佩提乌斯《哀歌集》1.2.6：nec sinere in propriis membra nitere bonis？"不让肌肤显示它固有的光艳？"（王焕生译）。

④ 53—68 第一个配方的功效是让皮肤光滑发亮。53 mīsēre：即 miserunt，是 mitto 的第三人称复数直陈式主动态完成时。

⑤ 55 ervi：据 *OLD*[2]，*eruum* 指 *Ervum（Vicia）eruilia*；它不见于中国（《中国植物志》不录），但与中国的野豌豆、救荒野豌豆等同归野豌豆属（*Vicia*），所以姑且译作"野豌豆"。

⑥ 56 libras：罗马磅，等于 12 unciae。本译注中统一译为"磅"，亦见第 71 行，比现代的英磅（＝453.59 克）轻，但具体相当于多少克，说法不一，但基本在 323—329 克之间，Johnson 2016，p.142 列出的是 327.05 克。

⑦ 59 vivaci：vivax 一词有"长寿的"以及"生机勃勃的"、"活泼的"之意（*OLD*[2] 1，2，3）。Johnson 2016 将这里的 vivaci 译为"long-lived"（长寿的）。用 vivax 修饰 cervus 是常见的搭配，（转下页）

contere；†in haec solida† sexta fac assis 60　取†整整†六分之一阿斯†加入药
eat.　　材†。①

iamque，ubi pulvereae fuerint confusa　然后，一旦它们与尘般粉末混合，②
farinae，

protinus innumeris omnia cerne cavis；　立刻用细密滤网将其全部精筛。③

adice narcissi bis sex sine cortice　加入十二只水仙花的去皮花头，
bulbos，

strenua quos puro marmore dextra　用矫捷的右手在净石中研磨；④
terat；

sextantemque trahat cummi cum semine 65　树脂与图斯奇亚籽⑤共六分之一磅，⑥
Tusco；

huc novies tanto plus tibi mellis eat：　再加入九倍之多的蜂蜜。⑦

（接上页）见维吉尔《牧歌集》7.30：... ramosa... vivacis cornua cervi"活力充沛的雄鹿分岔的犄角"（翟文韬译），西文译者多将这里的 vivacis 译为"长寿的"。但在本行以及《牧歌集》7.30 中，vivax 译为"长寿的"或"活泼的"似乎都可以成立。然而奥维德《变形记》3.194：... vivacis cornua cervi，多数译者译为"长寿的鹿的角"：这行的上下文是阿克提翁（Actaeon）因偶然撞见狄安娜女神裸浴被女神惩罚变成鹿，长出了鹿角，等等，成为鹿形的阿克提翁最终被他自己的猎犬撕碎。Anderson 在对这行的注释中认为，这具有讽刺意味，因为古时普遍认为鹿是长寿的，而鹿形的阿克提翁却是立刻失去了生命（Ovidius Naso，Publius，and William S. Anderson. *Ovid's Metamorphoses*：*Books 1-5*. Norman：University of Oklahoma Press，1997，p. 357）。亚里士多德《动物志》578b 24—27 提到确有关于鹿长寿（μακρόβιος）的传说，但是他对这种说法表示怀疑，一方面是因为那些故事都是传说，并未验证为真；另一方面，鹿的怀孕期以及幼鹿的快速成长表示这不是一种长寿的动物。

① 60 solida：异文为 solidi（Heinsius，引自 Burmann），洛布本这一行作：Contere in haec（solidi sexta fac assis eat）"将一整个阿斯的六分之一放入药材中"；*OLD²*"纯粹、不含杂质"。◎assis：阿斯（as）：罗马人的阿斯又称 libra（"磅"，亦见第 56、71 行）（Alexander Mlasowsky，"As"，*Brill's New Pauly*）。一阿斯等于十二"翁恰"（uncia，见第 76、80 行）；今天英制的盎司（ounce）由此得名，但是在固体度量中，一英磅等于十六盎司；haec 指第 53—58 行中所提到的已准备好的材料。eat：自 eo，第三人称现在时祈愿虚拟式，亦见第 66 行。

② 61 fuerint 的主语是研碎的鹿角的六分之一；pulvereae... farinae 和上一行的 haec 都指第 53—58 行中碾磨好的材料。

③ 62 innumeris... cavis：字面的意思是无数网眼，指细密的筛子，表示工具的第五格（夺格）。

④ 64 strenua... puro marmore dextra，交叉语序；strenua 形容 dextra（"右手"）。

⑤ 65 cummi：Johnson 2016 作 gummi；semine Tusco：图斯奇亚籽（semen tuscum）。图斯奇亚（Tuscia），伊特鲁里亚的别称，今天的托斯卡纳即由此得名。Rosati 与 Johnson 2016 都认为"图斯奇亚籽"是斯卑尔托小麦（*Triticum spelta*）。

⑥ 65 sextantem：一阿斯（即一罗马磅）的六分之一。

⑦ 66 mellis：蜂蜜的医用和美容功能在希腊罗马世界流传已久，如 Theophrastus《植物志》提到仙客来的根和蜂蜜混合可疗伤（9.9），有种治百病的药草（τὰ πανάκη）和蜂蜜混合可治瘤子（转下页）

quaecumque afficiet tali medicamine vultum,	任何把这副药方敷于脸上的女人，
fulgebit speculo levior illa suo.	都会亮眼，镜子光滑，她更光滑。①
nec tu pallentes dubita torrere lupinos,	别迟疑，去烤苍白的羽扇豆吧，②
et simul inflantes corpora frige fabas; 70	再去炸让身体胀气的豆子：③
utraque sex habeant aequo discrimine libras,	两者必须平分秋色，各有六磅，
utraque da pigris comminuenda molis;	两者皆以迟缓的磨石磨细。④
nec cerussa tibi nec nitri spuma rubentis	你也别少了铅白、红色的碱苏，还有⑤

———————————

（接上页）(φῦμα)(9.11)，有种金花(χρυσοειδές)的根与蜂蜜一起做成药膏可用来治烧伤(9.19)。Dioscorides《药物学》*De materia medica* 1.1：鸢尾根部煎煮和蜂蜜一起服用可祛痰，做成软膏可以治眼疾；凯尔苏斯《论医学》(Celsus, *De Medicina*) 5.16：Cutem purgat mel, sed magis si est cum galla vel ervo vel lenticula vel marrubio vel iride vel ruta vel nitro vel aerugine"蜂蜜可洁净皮肤，但和栲子或野豌豆或小扁豆或苦薄荷或鸢尾或芸香或碱或铜绿合用更好"。据老普林尼《博物志》20.23，大蒜和蜂蜜的混合可治犬咬(canum morsus)；30.10：羊脂与科西嘉蜂蜜混合可淡化脸上的斑点(maculae)，科西嘉蜂蜜和玫瑰油的混合剂放在羊毛上可去脸上的糙皮。

① 68 fulgebit speculo levior illa suo：散文语序为 Illa fulgebit levior speculo suo；"levior"为比较级（主格，和 illa 相应）；"speculo suo"为比较夺格。这行直译为"都会耀眼光滑胜过自己的镜子"。但韵文原文有其机巧之处：illa 置于 speculo ... suo 之间，并且 illa（"她"）suo（"她自己的"）并置。这里采用的译文"都会亮眼，镜子光滑，她更光滑"，可以保留原文的一些修辞特色，并且把"她"放在句末强调的位置。

② 69—82 奥维德并没有明白地写出第二个配方的功效，但看来它可以洁净、美白皮肤和消蚀粉刺。◎69 pallentes...lupinos：苍白的羽扇豆。"苍白"可能有两层含义。首先是说明羽扇豆的种类——奥维德指的可能是今天的白羽扇豆(*Lupinus albus L.* —— *OLD²* "Lupinus"；《中国植物志》42(2)卷)。另一层含义是，白羽扇豆味道极苦，尝了会苦得脸色苍白(*IUD* 6：3277)；用效果修饰原因，是"转喻"(*metonymy*)。Johnson 2016, p.68 认为这里强调豆的颜色，是因为罗马人认为白色的豆能带来白色的肤色。可是 *palleo* 用在人的身上时，意思是"苍白""灰白"或"煞白"，不是理想的脸色，因此取 *IUD* 的释义。

③ 70 inflantes corpora frige fabas：Johnson 2016 认为吃豆子可以让脸蛋看让去丰满、健康，但凯尔苏斯 Celsus《论医学》5.28.19D 中记载，豆面与一些物质混合使用（比如《女容良方》后面几张方子包含的 alcyonea、乳香、大麦等），有清洁、消蚀的功效，可以治疗白斑(Green 1979, pp.384 - 386)。底本的读法（"inflantes corpora frige fabas"）是 Heinsius 对抄本的修订，我们应当遵从他自己的解读：这里是说豆子吃多了会肚子多"气"(*IUD* 6：3277)。羽扇豆和豆子口服，都有让人望而生畏的效果，因此姑娘们连炒一炒，都会"迟疑"。

④ 72 m-辅音重复；da-、-is 音节重复；pigris："慢的"、"迟缓的"；Kunz 1881, p.43, Rosati 1985, p.58 作 nigris "黑色的"，Jonnson 2016 选择了牛津本的 pigris。

⑤ 73 cerussa：醋酸化的铅粉(Green 1979, p.385，注33)，通常译为"白铅"。成份与做法都与中药"胡粉"基本相同(《天工开物卷下·五金·附胡粉》，《从书集成续编》第八八册，新文丰：751)。它的作用是修正肤色（它就是今天常用的颜料"铅白"）、除疮、疹。◎碱苏(spuma nitri, 直译"碱的泡沫")。*Nitrum*（"碱"，见第85行）是古代对纯碱、草碱等碱的统称(*OLD²*)，碱苏（转下页）

desit et Illyrica   quae venit iris humo；　　来自伊利里亚之地①的鸢尾；

da   validis   iuvenum   pariter 75　　全部交给青年的壮臂均匀舂击，②
subigenda lacertis

(sed iustum tritis uncia pondus erit).　　（磨碎后的重量应取一翁恰）。③

addita   de   querulo   volucrum　　再添加取自怨啼的鸟巢，④从脸上
medicamina nido

ore fugant maculas；alcyonea vocant.　　驱走瑕疵的药，人称"翠鸟散"。⑤

pondere si quaeris quo sim contentus in　　你若问我，这药多少剂量我才满意，⑥
illis,

quod trahit in partes uncia secta duas. 80　　那便是一翁恰打个对折。⑦

ut coeant apteque lini per corpora　　为了使它们融合，能便于在身上
possint,　　涂抹，⑧

（接上页）(aphronitrum 的拉丁文直译) 则是碱中最优的品种，是松脆(海绵状?)的矿片，有时制成块销售，罗马人用它洁净皮肤、去除斑点、皮癣、脓疱、疥疮。主要成分是纯碱或钾碱的碳酸盐或硝酸盐，被铜、铁氧化物染成红色(老普林尼《博物志》31.110—113；Green 1979，pp. 385 - 386)。

① 74 Illyrica...humo：伊利里亚之地(Illyria)。相当于今天巴尔干半岛西部亚得里亚海岸边的地区，包括罗马行省 Illyricum；iris：鸢尾，据 Dioscorides《药物学》1.1，它之所以得到这个名字，是因为它的花有很多不同的色彩，可比彩虹(Iris 在拉丁文中也是"彩虹"、"彩虹女神"之意)。奥维德在这里没有具体说要使用鸢尾的哪一个部分。据 Dioscorides《药物学》1.1，要使用的是根部，和蜂蜜一起服用可祛痰；至于鸢尾的美容用途，Celsus 5.15 提到它可与蜂蜜混合用来清洁皮肤，老普利尼《博物志》21.143 提到它可治瘤子、痈疮、脓肿 (strumas haec vel panos vel inguina discutit)。见 Johnson 2016，p. 70。

② 75 iuvenum：Watson 2001，p. 460 认为 iuvenes 在这里指奴隶。

③ 76 uncia：一翁恰，即一阿斯的 1/12，等于 27.4 克(Gerd Stumpf，"Uncia"，Brill's New Pauly)，见第 60、92 行注。本行直译："磨碎后的正确重量是一翁恰"。

④ 77 querulo volucrum ... nido：语法上 querulo("抱怨的"，阳性单数夺格)是修饰 nido("巢"，阳性单数夺格)的，但从意思上而言是修饰 volucrum("鸟"，复数属格)的，是修辞格转移描述词 (transferred epithet)。

⑤ 78 alcyonea：单数(h)alcyoneum(-ium)。当代学者未能确定这是什么，或许是一种海里漂浮的海绵状东西，形似翠鸟巢。Dioscorides 列出五种，老普林尼(32.86 87)则列出四种，认为它们有去溃疡、洁净的功效(Green 386 - 88，Johnson 2016，pp. 72 - 74)。Celsus 多次提到 alcyoneum 和 alcyonium(5.6.2、5.19C，5.26)，洛布版中译为 coral("珊瑚")。盖伦称这种物质有干湿两种 (TLL (h)alcyoneum(-ium)词条)。奥维德在这里的说法，似乎认为它来自 ἀλκυών /halcyon 的海鸟所筑的巢。关于 Alcyone 的故事，见奥维德《变形记》11.410—748，Alcyone 是风神之女，她和 Ceyx 是一对恩爱夫妻，Ceyx 出海遇难后，Alcyone 也跳海殉情，但未及入水，便生出双翼变成了一只鸟，后来 Ceyx 随后也变身为鸟。现代有以它命名的 Halcyon 鸟属，中译"翡翠属"。

⑥ 79 pondere si quaeris quo sim contentusin illis：散文语序可调整为 si quaeris quo pondere sim contentus in illis；quo 引导疑问从句。

⑦ 80 quod 的先行词是上一行的 pondere。

⑧ 81 apte：在这里是"容易地"的意思，修饰 lini(被动态不定式)。

adice de flavis Attica mella favis. 加入蜜色蜂巢中的阿提卡蜜糖。①

quamvis tura deos irataque numina placent, 无论乳香多能平抚诸神以及怒灵，②

non tamen accensis omnia danda focis. 也无需都付诸燃烧的祭坛。

tus ubi miscueris rodenti corpora nitro, 85 把乳香和消蚀肌肤的碱混合后③

ponderibus iustis fac sit utrimque triens. 确保准称两边各重三分之一磅。④

parte minus quarta dereptum cortice cummi 加入一磅减去四分之一的去皮树脂，⑤

et modicum e murris pinguibus adde cubum. 还有一小方块浓厚的没药。⑥

haec ubi contrieris, per densa foramina cerne; 把这些东西磨碎，用密密筛网筛过，

pulvis ab infuso melle premendus erit. 90 再浇上蜂蜜，把这粉末覆盖。⑦

profuit et marathos bene olentibus addere murris 将茴香加入馥郁没药也有益处，⑧

---

① 82 Attica mella：阿提卡出产的蜂蜜最负盛名。阿提卡的希么多斯山繁花盛开（奥维德《变形记》3.687），是蜜蜂的采蜜之地；阿提卡蜂蜜的甜度可作为标杆，如《哀怨集》5.4.30—31：quam vultus oculosque tuos, o dulcior illo/melle, quod in ceris Attica ponit apis "都不如你的面容和双眼，哦，对他来说，/甜过阿提卡的蜜蜂储放在蜂巢中的蜜"。

② 83 tura：乳香（tus）。乳香属（Boswellia）树木的树脂，结成块状或卵形，可当作燃香，"乳香"是它的中药名（OLD²；"乳香"，程超寰编《本草释名考订》，北京 2013，中国知网工具书）；irata...numina：愤怒的神灵，numina（单数 numen）通常指"神的意志"、"神的力量"。

③ 85 rodenti corpora nitro：洛布版和 Johnson 2016 作 radenti tubera nitro "消除瘤子的碱"；关于"碱"，见第 73 行及其注释。

④ 86 ponderibus iustis fac sit utrimque triens：ponderibus iustis，字面的意思是"正确的称"；fac（fac ut）＋虚拟语气（这里是 sit），"确保..."，命令式；utrimque，"两边"，指称的两边；triens，指一阿斯（即一罗马磅）的三分之一。

⑤ 87 parte minus quarta：少四分之一；指一磅减去四分之一。

⑥ 88 Et modicum cubum e murris pinguibus adde：adde：祈使语态。modicum 和 cubum 对应，"一小方块"；murris："没药"（murra），也是这种物质的中药名，是橄榄科没药属（Commiphora）几种树的树胶（"没药"，李经纬等编《中医大辞典》，北京 1995，中国知网工具书）。

⑦ 90 pulvis ab infuso melle premendus erit：pulvis，指第 85—89 行由乳香、碱、去皮树脂、没药混合磨碎后的粉末；premendus erit：形动词（premendus）＋系动词（erit，将来时），将来被动态的迂说法，表示需要做的事。

⑧ 91 bene olentibus...murris：bene 修饰 olentibus，olentibus 修饰 murris，"香气浓厚的"、"馥郁的"没药。

(quinque　parent　marathi　scripula,
murra novem），

　　（茴香重五小砾，没药九小砾），①

arentisque　rosae　quantum　manus
una prehendat

　　再加上一手能抓起的干玫瑰花，

cumque Ammoniaco mascula tura sale；

　　以及带有阿蒙之盐的雄乳香。②

hordea　quem　faciunt,　illis　affunde　95
cremorem：

　　把大麦生出的浓浆倾倒在上面，③

aequent expensas cum sale tura rosas.

　　玫瑰称重，乳香加盐与它等量。④

tempore　sint　parvo　molli　licet　illita
vultu,

　　药膏只需短暂地涂于你的娇靥，⑤

---

① 92 parent：洛布版和 Johnson 2016 作 trahant；scripula：小砾(scripulum)，较小的重量单位，相等
于 1/24 翁恰，即 1.137 克。(Dietrich Klose, "Scripulum", *Brill's New Pauly*)，见第 60 和 76 行
注。

② 94 Ammoniaco...sale：ammoniacus sal，也写作 Hammoniacus sal(见老普林尼《博物志》31.39；
31.45)，希腊语为 ἅλας Ἀμμωνιακὸν，"阿蒙之盐"，一种不透明的硬晶体盐，《牛津英语词典》
Ammoniac 词条下的解释是这种盐据说最初是从埃及朱庇特·阿蒙(Jupiter Ammon)神庙附近
的骆驼粪中提炼而来，主要化学成分是氯化铵（Ammonium　Chloride，NH4Cl；*OED*
"Ammoniac"）。这种物质如今多写作 salammoniac，通用的中译名为硇砂或者氯化铵。但罗马
时代是不知铵这种元素的，所以不能使用氯化铵这样的译法。至于其词源，除了与埃及阿蒙神相
连之外，老普林尼提供了另一个说法：据老普林尼《博物志》31.39 记载，Cyrenaica(今利比亚东
北部沿海地区；当时的主要语言是希腊语)也以 hammoniacum 而著称，这种盐是在沙子之下发
现的，而沙子在希腊语中是 ἅμμος (ammos)。可做药用(medicinae utilis)。关于盐的美容功用，
老普林尼说，所有的盐都可以用来使皮肤绷紧、光滑，亦可去疖、去死皮等等(老普林尼《博物志》
31.45；Rosati 1985；Green 1979，p. 390；Johnson 2016，pp. 79 - 80)。罗马人好像认为埃及的
盐特别优质(Johnson 2016)。◎ mascula tura："雄乳香"；乳香(见第 85 行注)之中呈圆滴形的称
为"雄"，有人认为是由于在宗教仪典中只有男性可以燃这种香，有人认为是由于它形似睾丸(老
普林尼 12.61)。维吉尔《牧歌集》8.65：verbenasque adole pinguis et mascula tura"燃起油脂漫溢
的香枝和雄性的乳香"(翟文韬译)。

③ 95 hordea quem faciunt, illis affunde cremorem：affunde，祈使语气命令式，其宾语为 cremorem；
cremorem 也是 quem 的先行词；cremorem quem hordea faciunt"大麦浓浆"，大麦在水中浸泡后
会散出浓稠的液体(Rosati 1985)；illis：指第 89—94 行所准备好的材料。

④ 96 expensas rosas aequent cum sale tura：aequent，虚拟语气，来自 aequo, aequare：让一样东西
(这里是 tura cum sale)和另一样(expensas rosas)同量。但究竟是哪两样同量，理解不一。主要
涉及 cum sale 是和 rosas"玫瑰"连用还是与 tura"乳香"连用：有学者认为这里是指玫瑰加盐
(rosas...cum sale)的重量和乳香的重量等量，洛布版和 Johnson 2016 等的译文反映了这种理
解。但因为上文第 94 行提及 cumque Ammoniaco mascula tura sale"带有阿蒙之盐的雄乳香"，
这里理解为"乳香加盐"(cum sale tura)似乎更符合逻辑。这里的盐应该指的还是"阿蒙之盐"。

⑤ 97 licet：Johnson 2016 把 licet 理解为引导让步从句，似不通；licet 在这里更有可能是非人称动
词，表示可以做某事；illita：中性复数，字面的意思是可涂抹的东西，"药膏"，至少包括第 85—96
行的两张药方；molli...vultu：第五格(夺格)，"在娇嫩的脸上"。

haerebit toto nullus in ore color.	脸上就不会留下任何颜色。①
vidi, quae gelida madefacta papavera lympha	我见过②女子把罂粟花浸于寒波，③
contereret, teneris illineretque genis. 100	捣碎之后涂于娇嫩的双颊。
* * * * * *	* * * * * *

作者简介：谢佩芸，新加坡 Lucror Analytics 编辑；常无名，北京大学外国语学院博士后。

---

① 98 haerebit：字面的意思是"将粘附"；toto...in ore："在整个面部"；nullus...color："没有任何颜色"，是底本的读法。Goold 认为应选择"multus color"这个异文，这样一来，这句话的意思就成了"脸上就会面色丰盈"，理由是在其他作品中"nullus color"的意思一般为"（病得）面无人色"、"（吓得面无血色）"或"人老珠黄"(59)。而支持"nullus"的代表 Kunz 则指出，整个残篇列出的都是在早晨使用的美白药品，功效是洁净、去角质、死皮、斑痘等等，没有任何可以"增添颜色"的物质；Rosati 1985 觉得两种读法都不太通顺，但他倾向于"不留颜色"，猜测"颜色"可能指前一天的彩妆或彻夜面膜。这里我们遵从底本，并且相信，color 除了化妆品，可能还包括斑、痘、包等各种会影响面色的"瑕疵"。Rimell 2006 理解为"redness"（"发红"，在这里指化妆品刺激皮肤造成的泛红）。

② 99—100 vidi, quae gelida madefacta papavera lympha：vidi 是 99—100 行的谓语，"我曾见"、"我见过"，直接宾语是 quae 引导的从句，quae 的先行词是省略了的 puella，从句中的两个动词（contereret"捣碎"...illineretque"涂抹"）都在第 100 行。

③ 99 papavera："罂粟"，中性复数宾格，是 contereret...illineretque 的宾语；Johnson 2016 认为是胭脂；Rosati 1985 认为这还是洁肤剂；gelidā...lymphā：直译"冰冷的水"，第五格。

奥维德《爱的艺术》第一卷
第 351—772 行译注①

肖馨瑶

古罗马诗人奥维德《爱的艺术》是他最著名的作品之一，也可能是他遭受流放的原因之一。本译文节选自第一卷第 351—772 行。继讨论完在何处可以觅得心上人之后，诗人开始教导男人如何赢得美人芳心。

第 351—398 行：在行动之前，首先要靠近心上人的侍女，以此为突破口；

第 399—436 行：如何把握开始追求的时机，应该尽量避免需要赠送礼物的日子，虽然无论如何为了恋爱男人最后都得破费；

第 437—486 行：如何通过写信表明心迹；

第 487—504 行：如何在柱廊、剧院搭讪情人、表达爱意；

① 本文为国家社科基金重大项目"古罗马诗人奥维德全集译注"（15ZDB087）阶段性成果。译者感谢上海师范大学刘津瑜教授所提的修正意见。本篇译注为以下译注的续篇：肖馨瑶，《〈爱的艺术〉第一卷第 1—100 行汉译及简注》，《世界历史评论》第 8 辑（2017 年），pp. 318—328（更新版见迪金森古典学在线：https://dco. dickinson. edu/ovid/ars-amatoria-i-1-34）；肖馨瑶，《奥维德〈爱的艺术〉第一卷第 101—228 行》，《全球视野下的古罗马诗人奥维德研究前沿》，北京大学出版社，即将出版；肖馨瑶，《〈爱的艺术〉第一卷第 229—350 行译注》，《世界历史评论》12（2019），第 175—190 页。关于《爱的艺术》的介绍和译注策略的讨论请见以上几篇。底本基于 E. J. Kenney 校注的的牛津本（OCT）。注疏主要参考 A. S. Hollis, *Ars Amatoria*：*Book I*. Oxford：Clarendon Press, 1977；Elizabeth Block, *Ars Amatoria I*. Bryn Mawr, 1989；E. J. Kenney, "Notes on Ovid II," *The Classical Quarterly 9*（1959），240 - 260；G. P. Goold, "Amatoria Critica," *Harvard Studies in Classical Philology*，69(1965)，pp. 1 - 107。

第 505—526 行：男子应当如何打扮；

第 527—564 行：阿里阿德涅（Ariadne）被忒修斯（Theseus）抛弃、与巴库斯结合的故事；

第 565—609 行：如何利用酒宴的机会约会；

第 610—722 行：如何发挥口才，用誓言、眼泪打动她，用大胆的吻甚至暴力征服她；

第 723—772 行：最后补充了一些建议。至此本诗（共三卷）的第一卷结束。

Sed prius ancillam captandae nosse puellae①	但首先你需得去结识心仪女子的侍女，
Cura sit：accessus molliet illa tuos.	她会方便你向目标靠拢。
Proxima consiliis dominae sit ut illa, videto,	确保她是女主人身边最能进言的心腹，
Neve parum tacitis conscia fida iocis.	且足够忠心做你秘密游戏的同谋。
355　　Hanc tu pollicitis, hanc tu corrumpe rogando：	你要用承诺、用央求将她打动：
Quod petis, ex facili, si volet illa, feres.	你所求之事，若她愿意，就能轻松成功。
Illa leget tempus (medici quoque tempora servant)②	她将选准时机（医生也注意时间）

---

① 351 ancilla(侍女)是拉丁文爱情哀歌里常见的角色，在《恋歌》1.2, 1.12, 2.7, 2.8 中对她有刻画，前两首中，主人公借侍女寄书传信，后两首中，他通过女仆接近女主(Corinna)，并和主仆二人同时有染。《恋歌》中这几首对理解本诗这一选段有很好的辅助效果。在普劳图斯的喜剧中，通过贿赂女仆接近女主也很常见，见《驴的喜剧》(Asinaria)183 行起，和《孪生兄弟》(Menaechmi)540 行起。在欧里庇德斯和塞内加的悲剧中，女主人公往往有个年迈的侍女(nutrix)做男女主人公发展关系的中间人。可见奥维德此处的描述可能既源于罗马的日常生活，又根植于文学传统。

② 357 你需要抓准时机，正如医生需要在正确的时间用药一样。后文自第 399 行起将讨论时机的重要性。

Quo facilis dominae mens sit et apta capi;①　何时女主人心情舒畅,容易上钩;

Mens erit apta capi tum cum laetissima rerum,②　芳心容易被俘,正是她极其愉悦之时,

360　Ut seges in pingui luxuriabit humo.③　如同庄稼在沃土中恣意抖擞。

Pectora, dum gaudent nec sunt adstricta dolore,　当内心欢快、不为悲伤所缚,

Ipsa patent; blanda tum subit arte Venus.④　心意开敞,维纳斯就带着迷人的爱艺潜入。

Tum, cum tristis erat, defensa est Ilios armis;⑤　当伊利昂悲伤之时,它戒备森严;

Militibus gravidum laeta recepit equum.⑥　欢庆之际,却迎入满载敌人的木马。

Tum quoque temptanda est, cum paelice laesa dolebit;⑦　当她因丈夫情妇而神伤,正是你须撩拨之时;

———————————

① 358 女仆向女主提起你最好的时机分别是当她开心时(359—364 行)和当她嫉妒时(365—374 行)。

② 359 laetissima rerum,"世上最快乐的人"或"对所有事情都感到很开心,"在后一种解释中,rerum 是 objective genitive。试比较本诗 213 行"pulcherrime rerum"("俊朗无人能及")。

③ 360 luxurio 既指粮食茁壮成长,又可以用来形容人恣意、无拘束地生活,可能暗含荒淫无度之意。

④ 362 blanda arte 指令人愉悦的、诱惑的、爱的艺术。通过哀歌双行体的韵律可以判断 blanda 的尾音 a 为长音,故为修饰 arte 的夺格(ablative case)。

⑤ 363 Ilios 即特洛伊城,主格。defensa armis 直译为"受武力保护"。在特洛伊最好的战士与保卫者 Hector 战死之后,特洛伊并未因此陷落,人们反而因为悲伤而更加警觉。

⑥ 364 gravidum equum 指满载着希腊士兵的特洛伊木马,在特洛伊人认为战争结束、开始欢庆之际,却中了木马计。希腊士兵藏入木马被迎入城里,最终攻陷并洗劫了特洛伊。此处用词接近早期拉丁语诗人恩纽斯(Ennius)在他的悲剧作品《亚历山大》*Alexander* 80—81 中的描述:"gravidus armatis equus/qui suo partu ardua perdat Pergama."("满载着士兵的木马/攻陷了特洛伊坚实的堡垒。")

⑦ 此处诗人将心仪的女子描述为一位丈夫不忠的已婚女人。当她因为丈夫有了情人(paelex)而愤懑不已,"你"正好利用她的复仇心理,成功赢得她,虽然奥维德多次在诗中表示自己预设的女性是 meretrices,即高级妓女,多为被释放的奴隶,勾搭这样的女子在罗马是合法的。Hollis 认为这样的自相矛盾不是因为诗人在明修栈道暗度陈仓地教导已婚女人如何偷情,而是因为该诗并没有具体的目标读者,而具有普适性,并且根植于诸多文学传统中,因为也有大量的固定形象(stock characters)(Hollis, xvii.)。

Tum facies opera, ne sit inulta, tua.	确保通过你的努力她的冤仇得以伸张。
Hanc matutinos pectens ancilla capillos	让侍女在清晨梳头时煽动女主，
Incitet et velo remigis addat opem,	让桨手为风添上一份动力，
Et secum tenui suspirans murmure dicat	让她轻声叹息对自己细语：
370 'At, puto, non poteras ipsa referre vicem.'①	"可我看，你自己是没法以牙还牙了。"
Tum de te narret, tum persuadentia verba	这时让她讲起你，加上令人信服的言语，
Addat, et insano iuret amore mori.	让她发誓你为了痴狂的爱甘愿去死。
Sed propera, ne vela cadant auraeque residant：②	可你要尽快行动，以免风停帆落：
Ut fragilis glacies, interit ira mora.	如同薄冰，稍有停怠怒气便会熄弱。
375 Quaeris an hanc ipsam prosit violare ministram?③	你问我，引诱侍女是否有用？
Talibus admissis alea grandis inest.	如此行动有巨大风险。
Haec a concubitu fit sedula, tardior illa;	这人可能热衷欢爱，那人则更迟缓冷漠。
Haec dominae munus te parat, illa sibi.	一个把你献礼主人，一个留你自己享用。
Casus in eventu est：licet hic indulgeat ausis,④	结果如何难以预料：尽管上天眷顾勇者胆魄，

---

① 370 referre vicem 即丈夫对你不忠，可惜你无法以其人之道还治其人之身，即通过找情人来报复出轨的丈夫。此处的 poteras 是未完成时（imperfect），表示尝试性的建议。
② 373 继续第 368 行关于扬帆航海的暗喻。
③ 375—398 诗人不建议追求者与侍女发生暧昧关系。
④ 379 casus in eventu est 像掷骰子一样，每次的结果可能都不相同。casus 原意指骰子的坠落。

380　Consilium tamen est abstinuisse meum.

我建议还是免之为妥。

Non ego per praeceps et acuta cacumina vadam,

我不会行走在险峰峭崖,

Nec iuvenum quisquam me duce captus erit.

凡由我引路的青年不会被抓。

Si tamen illa tibi, dum dat recipitque tabellas,①

然而当她为你们鸿雁传书,

Corpore, non tantum sedulitate, placet,

她的身形美貌、不止是热忱服务让你欢喜,

385　Fac domina potiare prius, comes illa sequatur:

请把女主放在前面,让侍女随在其后:

Non tibi ab ancilla est incipienda Venus.

你的爱恋不可从侍女开始。

Hoc unum moneo, si quid modo creditur arti

此乃我唯一忠告,若我的爱艺还有人信服,

Nec mea dicta rapax per mare ventus agit:

狂风别将我的良言吹向大海:

Aut non temptasses aut perfice! tollitur index,②

要么不要企图,要么一举成功!耳目不复,

390　Cum semel in partem criminis ipsa venit.

一旦她成为罪行的同谋。

Non avis utiliter viscatis effugit alis;③

鸟儿羽翼沾上黏污又飞走不合算;

Non bene de laxis cassibus exit aper.④

狗熊逃出敞开的罗网多可惜。

---

① 383 tabella 指用蜡书写的信,后文 437 行开始会具体表述。

② 389 有些抄本此句为 aut non temptaris 直译为"要么不要被诱惑"。index 指线人,耳目。

③ 391 viscatis alis 捕鸟人常用冬青等植物的汁液抹在树枝上,从而捕获羽翼沾上粘液的鸟儿。此处 non utiliter 是从捕鸟人的角度讲半途而废不合算,而不是说鸟儿沾上粘液飞不远。

④ 392 laxis cassibus 可能是猎人出于疏忽没有关好布下的网。

Saucius arrepto piscis teneatur ab hamo；①	被吊钩刺伤的鱼儿就让它留下：
Perprime temptatam nec nisi victor abi.	一旦开始撩拨就一路追求，直到你胜利在手。
395　Tunc neque te prodet communi noxia culpa,	此后你罪行的同伙不会将你供出，
Factaque erunt dominae dictaque nota tibi.②	女主的言行举动都将被你掌握。
Sed bene celetur：bene si celabitur index,	然而事情须得好好掩藏，若将耳目藏好，
Notitiae suberit semper amica tuae.③	女友将会落入你情报的罗网。
Tempora qui solis operosa colentibus arva,④	有人认为只有水手与忙于耕种的农人
400　Fallitur, et nautis aspicienda putat；	才注意季节时辰，这是谬论；
Nec semper credenda Ceres fallacibus arvis,⑤	庄稼不能总播在欠佳的土壤，
Nec semper viridi concava puppis aquae,⑥	轻舟不能常行于碧蓝的水上，
Nec teneras semper tutum captare puellas：	捕获娇美女子也不是任何时候都安全：

---

① 391—393 诗人用三个例子说明，一旦锁定目标女孩并开始行动，就不要让她逃走，因此猎鸟、捕熊、抓鱼的人没有完成抓捕都很可惜（Hollis，103）。注意与前文一样，诗人再次将猎艳比作狩猎。

② 395—396 这两行并未出现在两个重要的抄本中，学者一般认为其意义与其他句子雷同。

③ 398 notitia 指关于情爱方面的知识；amica 此处指女主，即"你"想要追求的女人。

④ 399—436 诗人讲什么是开始追求的合适时机，例如应该避免需要赠送礼物的日子，虽然无论如何男人到最后都得掏腰包。399 关于农民需要注意时辰，维吉尔在《农事诗》1.204—207 讲到。

⑤ 401 fallax 直译为"有欺骗性的"。刻瑞斯（Ceres）是掌管农事、庄稼的女神，此处代"庄稼"。比较维吉尔《农事诗》1.224；必须在时机合适的时候才能"很快把一年的希望寄托在不情愿的土地上"（"inuitae properes anni spem credere terrae"）。

⑥ 403 赫西俄德《工作与时日》618—694 讲航海何时安全、何时危险。

Saepe dato melius tempore fiet idem. | 时机恰当时，同样的举动效果
更佳。

405　Sive dies suberit natalis sive Kalendae,① | 她的生日，或是四月初一的朔日，

Quas Venerem Marti continuasse iuvat,② | 当维纳斯与马尔斯欣然相会，

Sive erit ornatus, non ut fuit ante, sigillis,③ | 或当竞技场的装饰不再是当年的
陶土雕像，

Sed regum positas Circus habebit opes,④ | 而放置着精美的皇家用品，

Differ opus：tunc tristis hiems, tunc Pliades instant,⑤ | 延迟行动吧：阴郁冬日，普勒阿得
斯闪耀天际，

410　Tunc tener aequorea mergitur Haedus aqua；⑥ | 当温柔的御夫座与海水交融；

---

① 405—406 诗人开始列举不应该开始行动的日子，这些日子可能带来不小的开销。405 其中女孩的生日首当其冲。罗马人喜欢大肆庆祝生日，见 J. P. V. D. Balsdon, *Life and Leisure in Ancient Rome* (UK, Bodley Head：1969)，121 - 122。

② 406 指维纳斯的月份（四月）和马尔斯的月份（三月）相交替的时候，即四月一日的维纳斯节，因为四月属于维纳斯，罗马的贵族和平民都要在这天献祭与歌颂这位神祇。也暗指维纳斯和马尔斯的偷情幽会。本来按照古老的历法，一月属于马尔斯，二月属于维纳斯，但第二任罗马国王努马在它们前面增加了两个月，分别用来纪念雅努斯和 Februum 节。关于罗马月份的命名，见奥维德《岁时记》1. 39,43—44："Martis erat primus mensis, Venerisque secundus … at Numa nec Ianum nec avitas praeterit umbras, mensibus antiquis praeposuitque duos."（"第一月属于马尔斯，第二月属于维纳斯……但努马没有无视雅努斯和先人的亡灵，他在古老的月份之外增加了两个。"王晨译）。

③ 407 sigilla 可能指向 Sigillaria 市场，在十二月著名的农神节（Saturnalia）开放供人们交换礼物。诗人在此感叹以前大家只需互赠简单朴实的陶土人像作为礼物，现在不花大价钱买礼物都不行了。

④ 408 Circus 可能指大剧场 Circus Maximus，奥维德生活的年代 Sigillaria 市场在大剧场举行。Hollis 认为此处也可能指 Circus Flaminius(107)。

⑤ 409 普勒阿得斯代表天上的昴星团（"七姊妹"），是 Taurus 星座中明亮的几颗星星，在冬日天空常见，往往跟风暴和阴郁的冬日相关，如维吉尔的"hiems ignaua colono"（"对农人来说慵懒的冬日"）《农事诗》1. 299. 注意此处说到冬天不要行动只是比喻，借天气不好不能远航喻时机不佳不要追求，而不是说冬天不能追女孩。

⑥ 410 Haedus 星（御夫座）在隆冬时节从西边入海。这是最不宜航海的时间，如《变形记》14. 711："saeuior illa freto surgente cadentibus Haedis"（"她在御夫座沉入澎湃的海面时更加汹涌"）。

Tunc bene desinitur; tunc si quis creditur alto,

此时航海应当停止：若有人笃信此刻远渡，

Vix tenuit lacerae naufraga membra ratis.①

他连海难之后的破帆烂桨恐怕都难以留住。

Tum licet incipias, qua flebilis Allia luce

你可以选在阿利亚河悲泣的那天开始行动

Vulneribus Latiis sanguinolenta fluit,②

当它被拉丁人伤口的鲜血染红，

415　Quaque die redeunt rebus minus apta gerendis

还有不宜经商做事的那天，

Culta Palaestino septima festa Syro. ③

被巴勒斯坦的叙利亚人视作节日的第七日。

Magna superstitio tibi sit natalis amicae,④

让女友的生日成为让你恐惧的日子，

Quaque aliquid dandum est, illa sit atra dies.

所有必须赠礼的日子都堪称黑暗。

Cum bene vitaris, tamen auferet; invenit artem

无论你如何闪躲，她总能有所斩获；

420　Femina, qua cupidi carpat amantis opes.

女人总有办法薅走急切的情人身上的羊毛。

---

① 412 用完成时态表示戏剧化的强调，选择错误时间航海的人有船毁人亡的风险，就好比选择错误时间行动的恋人将蒙受巨大的财产损失。爱情哀歌传统常将为情所困的人比作"在维纳斯的海上遭遇海难"，情场得意的人则是成功扬帆返回港口的人(Hollis, 107)。

② 414 公元前 390 年 7 月 18 日，罗马在阿利亚河惨败给高卢人，从此罗马人将每年的这一天(dies Alliensis)作为公共哀悼日，商店必须关门避晦，情人也因此不用担心花钱买礼物。见 Baldsdon, *Life and Leisure*, 66, 370。维吉尔也曾提到这个日子："quosque secans infaustum interluit Allia nomen"("阿利亚流过，刻画着悲伤的名字")《埃涅阿斯纪》7. 717。413 行有抄本作 tum licet，但 tu licet 则更能强调情人的日历和普通人不同：奥维德将罗马历上最黑暗的一天变成了最适合情人表白的日子，而一般人欢庆的节日、生日则成为情人最暗无天日的时候。

③ 415—416 表明犹太人在罗马经济、社会中扮演了重要角色(这是继第 76 行之后再次提到)。罗马的许多商店都会在周六安息日关门，很多非犹太人可能不信犹太教，但也会遵守这样的规定。在《情伤疗方》219—220，奥维德提到了在安息日不能外出旅行的规定。

④ 417 magna superstitio 指让人无比恐惧的东西，例如维吉尔《埃涅阿斯纪》12. 817 "una superstitio superis quae reddita diuis."("一个被天上的神明带回的诅咒")。

Inststor ad dominam veniet discinctus emacem,①

衣襟敞露的小贩会在女主正欲购买时来到，

Expediet merces teque sedente suas;

他会摊开货物，而你绝望坐在一旁；

Quas illa inspicias，sapere ut videare，rogabit;

她会叫你验货，好让你看似深谙门道；

Oscula deinde dabit，deinde rogabit emas.

她会给你几个香吻；接着叫你掏出腰包。

425 Hoc fore contentam multos iurabit in annos;

她会发誓这够她用上好几年，

Nunc opus esse sibi，nunc bene dicet emi.②

东西合意，价格公道。

Si non esse domi，quos des，causabere nummos,

如果你央求说家里没钱，以后补上，

Littera poscetur，ne didicisse iuvet.③

那就得在欠条签名，你真后悔不是文盲。

Quid，quasi natali cum poscit munera libo

当她索要礼物买所谓的生日蛋糕，

430 Et，quotiens opus est，nascitur illa sibi?④

而何时需要何时便是她的生日，如何是好？

Quid，cum mendaci damno maestissima plorat

当伤心至极的她找你佯装哭诉

---

① 421 inststor 挨家挨户敲门兜售商品的小贩，比如贺拉斯 Epode 17. 20："amata nautis multum et institoribus"("深受水手与小贩喜爱")；奥维德《情伤疗方》306. discinctus 指小贩的装束，袍子往往不系腰带，对罗马人来讲，装束是否得当是一个人道德水准高低的象征，故而这表明小贩往往名声不佳。

② 426 直译为"现在这东西正是她需要的，现在买正合算"。

③ 428 littera 指手书的字迹，签名，证明"你"之后会付钱。ne didicisse iuvet 直译为"所以你不会庆幸自己学习过(读书写字)"。这可以看作否定的结果从句，由 ne 引导(Kenney, 249)；也可将 ne 看作等同于 ut non。

④ 430 女孩每次想吃蛋糕了就能过一次生日，nascitur 指过生日，同时还指"出生"，所以字里行间还藏着笑点：每当有需要的时候，这女孩能自己赋予自己生命(Hollis, 110)，颇有点自我塑造(self-fashioned)之感。

Elapsusque cava fingitur aure lapis?① 谎称耳坠从耳洞滑落，如何是好？

Multa rogant utenda dari, data reddere nolunt; 女人找你借东借西，一旦到手却不愿归还；

Perdis, et in damno gratia nulla tuo.② 你损失不小，还得不到感激作为交换。

435　Non mihi, sacrilegas meretricum ut persequar artes,③ 要我尽数妓女们冒渎神明的伎俩，

Cum totidem linguis sint satis ora decem.④ 纵使我有十张口舌也讲不完。

Cera vadum temptet rasis infusa tabellis,⑤ 用刮平的蜡版书写的信函去探探航路，

Cera tuae primum conscia mentis eat; 让蜡印书函做最早知晓你心迹的同谋；

Blanditias ferat illa tuas imitataque amantum⑥ 让它带去你的奉承赞美、仿来的情话；

440　Verba, nec exiguas, quisquis es, adde preces. 无论你是谁，加上些恳切的请求。

Hectora donavit Priamo prece motus Achilles;⑦ 感于哀求，阿喀琉斯将赫克托耳归还普里阿摩斯；

---

① 423 关于罗马的耳环，见 Lillian Wilson, *The Clothing of the Ancient Romans* (Baltimore: Johns Hopkins Press, 1938), 34—35。

② 434 damno tuo 直译为"（弥补）你的损失"。

③ meretrix 的意思接近 courtesan，名妓，参见 note 10。

④ 436 十张口舌这个意象最早源于荷马《伊利亚特》2.488—490. 也见于《变形记》8.533—534,《农事诗》2.42—44。

⑤ 437 作者终于开始讲靠近女孩的办法——写信。437—454 行讲信的内容，455—468 讲信的风格。437 cera rasis infusa tabellis"铺满刮平的木板的蜡油"，罗马人用来写信的工具是这样制成的：一块长方形木板，中间掏出一块小一些的长方形（不掏空，类似相框），将小长方形灌上融化的蜡油，等油干后方可在上面书写。这样的书写板还可以重复利用，看完一封信之后可以刮平（"rasis"）蜡版，再写上新的内容。再本诗第三卷 495—496 讲到前一封信没刮干净残余的信息可能带来严重后果。注意此时再次出现航海的意象。

⑥ 439 amantum 一说作 amantem；前一种 imitata amantum verba 直译为"学来的爱人的言语"，后一种 imitata amantem verba 则强调信如其人，学来的语言成了追求者的替身。对两种版本的讨论可参见 Goold, 64—65。

⑦ 441 指特洛伊国王普里阿摩斯在儿子赫克托耳战死之后去阿喀琉斯帐中哀求其归还儿子尸体，阿喀琉斯因感动而听从。

Flectitur iratus voce rogante deus.

发怒的神明都被哀求的声音说服。

Promittas facito, quid enim promittere laedit?

一定要勇于承诺：做点承诺有何害处？

Pollicitis dives quilibet esse potest.

有了承诺任何人都能变得富庶。

445　Spes tenet in tempus, semel est si credita, longum；

希望能抵御时间，一旦被寄予信任就能长久；

Illa quidem fallax, sed tamen apta, dea est. ①

这位女神虚假欺人，却正适合你的追求。

Si dederis aliquid, poteris ratione relinqui：

你一旦赠给情人财礼，按理就可能遭她抛弃：

Praeteritum tulerit perdideritque nihil.

她得到了已有的，且毫无损失。

At quod non dederis, semper videare daturus：

但你没给她的，却总像欲赠又止：

450　Sic dominum sterilis saepe fefellit ager. ②

正如贫瘠的土地常常欺瞒着主子。

Sic, ne perdiderit, non cessat perdere lusor,

这样，为了挽回输掉的，赌徒不停输掉更多，

Et revocat cupidas alea saepe manus. ③

骰子经常唤回那贪婪的双手。

Hoc opus, hic labor est primo sine munere iungi：④

这可困难，这可费力，起初没有礼物就靠近她：

---

① 446 关于希望女神的叙述源于赫西俄德《工作与时日》96 行起。奥维德在《黑海书简》1.6.29 起也有提及。

② 450 贫瘠的土地，主人却总对它寄予希望，虽然一次次失望。就好比追求者虽然没有满足情人拿到礼物的愿望，但因为给了情人希望而能一直保持这段关系。

③ 451—452 赌博在罗马是非法且被人所不齿的事，但奥古斯都却抵挡不住赌博的诱惑，故而苏埃托尼乌斯(Suetonius)曾这样形容："postquam bis classe uictus naves perdidit/aliquando ut vincat ludit assidue aleam.""此后两次带舰队征服，他抛下了舰船/然而为了征服骰子他却一直赌博。"(div. Aug. 70)。

④ 453 hoc opuc, hic labor est 可能是故意引用了《埃涅阿斯纪》4.129："facilis descensus Auerno：/noctes atque dies patet atri ianua Ditis；/sed revocare gradum superasque evadere ad auras, /hoc opus, hic labor est. "("降入地狱很简单/通往幽暗地府的大门日夜敞开；/但要带着步(转下页)

Ne dederit gratis quae dedit, usque dabit.	为了不让已给的付诸东流,她会继续付出。
455　Ergo eat et blandis peraretur littera verbis	所以让这写满柔情的信笺出发吧,
Exploretque animos primaque temptet iter:	去探索她的心迹,去开创新的航程:
Littera Cydippen pomo perlata fefellit,	苹果上的字迹欺骗了库狄佩,
Insciaque est verbis capta puella suis.①	不知情的女孩因自己的言语被俘。
Disce bonas artes, moneo, Romana iuventus,②	学学人文艺术吧,我忠告你们,罗马的青年,
460　Non tantum trepidos ut tueare reos:③	不止为了捍卫惊慌的被告:
Quam populus iudexque gravis lectusque senatus,	如普罗大众、严肃法官和被选的元老,
Tam dabit eloquio victa puella manus.	女孩也被雄辩之人征服而交出双手。
Sed lateant vires, nec sis in fronte disertus;	然而你要藏起锋芒,不要彰显辩才;

（接上页）履重回到人间空气中,/这可困难,这可是费力的。"）在讲述追女孩这样轻松戏谑的话题上,奥维德再次引用自己崇敬的维吉尔严肃史诗的段落。算不上是对前辈的讽刺,可能只是带着玩世不恭的态度嬉笑一些故作正经的行为。

① 456—457 年轻人阿孔提俄斯(Acontius),是刻俄斯岛上的一位美少年,他爱上了雅典的库狄佩。他在库狄佩来到狄安娜神庙前祈祷的时候,在一个苹果上写下"我以狄安娜之名起誓,我要嫁给阿孔提俄斯"并扔给了女孩,捡到苹果的库狄佩拿起来读出了苹果上的字,女神听到誓言。经历了一些波折后,库狄佩万般不愿意最终嫁给了阿孔提俄斯。奥维德对这个故事的再创造,见《拟情书》第 20 封"阿孔提俄斯致库狄佩"及第 21 封"库狄佩致阿孔提俄斯"。奥维德在流放后的作品《哀怨集》3.10.73—74 中也引用了这个故事:"此处果物不生,阿孔提俄斯也无处/书写让情人来读的话语。"(刘津瑜译)目的是衬托流放地托弥的荒芜。

② 459 bonas artes 又称 artes ingenuae、liberales, honestae,包括文学、数学、音乐,是自由民(free-born man)才能享有的教育。

③ 西塞罗在《论演说家》等修辞学作品中强调全面的人文艺术训练对演说家(orator)的重要性。

Effugiant voces verba molesta tuae. ①	语言要将做作的辞藻避开。
465　Quis，nisi mentis inops，tenerae declamat amicae?	除了傻子，谁用演说口吻对话温柔情人？
Saepe valens odii littera causa fuit. ②	不当的信件常是厌恶的起因。
Sit tibi credibilis sermo consuetaque verba，	你的言语要可信，用词要常见，
Blanda tamen，praesens ut videare loqui.	但又甜美哄人，读来见字如面。
Si non accipiet scriptum，inlectumque remittet，	若她拒收书信，未读便退回，
470　Lecturam spera，propositumque tene.	寄希望有天她会读到，并保持你的追求。
Tempore difficiles veniunt ad aratra iuvenci，	假以时日倔强的小牛也走向耕犁重轭，
Tempore lenta pati frena docentur equi. ③	天长日久马儿被教得乖乖忍受柔软缰索。
Ferreus adsiduo consumitur anulus usu，	铁做的指环因长期使用尚会磨损，
Interit adsidua vomer aduncus humo.	弯弯的犁头受土壤侵蚀而消耗殆尽。
475　Quid magis est saxo durum，quid mollius unda?	什么比石头硬，什么比水柔？
Dura tamen molli saxa cavantur aqua.	然而硬石终被柔水滴穿。
Penelopen ipsam，persta modo，tempore vinces：④	只要坚持够久，你连珀涅罗珀也能征服：

---

① 463—464 强调书信写作的风格，跟西塞罗笔下的辩论家一样，不应过分做作，或是使用过于生僻的词汇。molesta：做作的。比较西塞罗《布鲁图斯》315。

② 466 valens 可能修饰 littera 或者 causa。

③ 比较本诗 1.19—20。

④ 477 奥德修斯的妻子本是忠诚的伴侣的代表，此处，奥维德说只要功夫深坚持久，连珀涅罗珀你也能征服。

Capta vides sero Pergama, capta tamen.①

特洛伊之战虽旷日持久,但城池终究沦陷。

Legerit et nolit rescribere, cogere noli;

不要强求,假如她读了来信却不回复;

480 Tu modo blanditias fac legat usque tuas.

只需确保她持续读到你的蜜语甜言。

Quae voluit legisse, volet rescribere lectis;

既然愿意读信,便会愿意回复;

Per numeros veni unt② ista gradusque suos.

这事儿的发展有它故有的步骤。

Forsitan et primo veniet tibi littera tristis

也许最先你会收到严厉的回信,

Quaeque roget ne se sollicitare velis;

信中叫你不要叨扰冒进。

485 Quod rogat illa, timet; quod non rogat, optat, ut instes;

她所求反是所惧,未求恰是所欲,是你要坚持的:

Insequere, et voti postmodo compos eris.

乘胜追击,不久你就会如愿。

Interea, sive illa toro resupina feretur,③

与此同时,若她正蜷躺在抬起的卧榻上,

Lecticam dominae dissimulanter adi;④

悄悄走去到你情人的床旁,

Neve aliquis verbis odiosas offerat auris,

以防有人听到对话生出仇恨妒忌,

490 Qua potes, ambiguis callidus abde notis.⑤

聪明的你尽量用模棱两可的语句藏起本意。

Seu pedibus vacuis illi spatiosa teretur⑥

又或当她悠闲的步履踏上宽阔的柱廊,

---

① Pergama 是特洛伊城的堡垒,常用来代指特洛伊。

② 牛津抄本作"veni ent"。Kenney 与 Hbllis 选择 veni unt,表示事情发展的一般规律。

③ 487 你的意中人倚靠在由奴隶抬着的床上。torus 罗马人的床,里面垫有稻草、海藻、羽毛等让它尽量松软舒适,比较《埃涅阿斯纪》6.603,《恋歌》2.4.14(参见 William Smith, D. C. L. , LL. D. : *A Dictionary of Greek and Roman Antiquities* (London: John Murray, 1875);床边可加上可以开合的帘子。见附图1、2。

④ 488 lectica(床轿)与 torus 类似,可以抬起的床或卧榻,见图3。

⑤ 490 Kenney 认为 qua potes 优于 quam potes (249)。

⑥ 491 之前提到的可以遇到中意女孩的地方——柱廊和剧院。Porticus 为阴性,由 spatiosa 修饰。

Porticus, hic socias tu quoque iunge moras,	你就去这儿加入陪她漫步闲逛，
Et modo praecedas facito, modo terga sequaris,	确保一会儿在她身前，一会儿跟在背后，
Et modo festines, et modo lentus eas.	时而快步，时而慢走。
495　　Nec tibi de mediis aliquot transire columnas	不要羞于从几个分开你俩的廊柱间穿过，
Sit pudor aut lateri continuasse latus,	或是怕与她肩臂相挨，
Nec sine te curvo sedeat speciosa theatro：	不要让美人独坐环形剧场：
Quod spectes, umeris adferet illa suis.	你所要注目的就是她的美肩。
Illam respicias, illam mirere licebit,①	你可以回头望她，她会许你欣赏，
500　　Multa supercilio, multa loquare notis;②	万千柔情让眉目与手势传达；
Et plaudas aliquam mimo saltante puellam, ③	为舞蹈的拟剧艺人饰演的女孩喝彩，
Et faveas illi, quisquis agatur amans. ④	扮演爱人的伶人，你要特别偏爱。
Cum surgit, surges；donec sedet illa, sedebis：	当她站起，你也起立；凡她坐着，你也坐着：
Arbitrio dominae tempora perde tuae. ⑤	跟随你女主的意愿消遣时间。

---

① 499 奥古斯都规定罗马的男女在剧场要分开坐，女人只能坐在剧场后排。

② 500 后文从 569 行开始还会说起手势在晚宴上的重要性，手势在古代爱情诗中扮演重要角色。

③ 501 mimus 男演员，在此扮演跳舞（saltare）的女性角色。

④ 501—502 罗马拟剧（mimus）的常见情节是一个女人、她的傻瓜丈夫和她的情人的故事，情人总是比丈夫大聪明；所以追求者通过为剧中女主和情人鼓掌，便能向心上人传达自己的心意（Hollis, 116）。奥维德在《哀怨集》第二首 499—500 讲道：in quibus assidue cultus procedit adulter, / verbaque dat stulto callida nupta viro. "剧中总有衣着考究的奸夫登场，/狡猾的妻子欺骗愚蠢的丈夫。"505—506：cumque fefellit amans aliqua novitate maritum/plauditur et magno palma favore datur. "每当情人用新计骗过丈夫，他便获得/掌声和棕榈枝，备受青睐。"（刘津瑜译）关于拟剧中的婚外恋情节，见 R. W. Reynolds, "The Adultery Mime," *The Classical Quarterly* 40 (1946),77 - 84。

⑤ 504 Hollis(116)认为这是《爱的艺术》对罗马人较为严格的时间观念的挑战，如《哀怨集》2.483—484："quique alii lusus . . . /perdere, rem caram, tempora nostra solent. "（"还有其他游戏……让我们虚掷宝贵的光阴，"刘津瑜译）。

Sed tibi nec ferro placeat torquere capillos,①	但你别热衷用热铁烫卷头发,
Nec tua mordaci pumice crura teras.②	也别用粗糙的浮石在腿上拭擦。
Ista iube faciant, quorum Cybeleïa mater	这些留给他们吧,那些将库柏勒母亲
Concinitur Phrygiis exululata modis.③	以弗里吉亚节奏哀吁吟唱的祭司。
Forma viros neglecta decet; Minoida Theseus④	不修边幅的美才适合男人;忒修斯俘获
510 Abstulit, a nulla tempora comptus acu.⑤	米诺斯公主,鬓角没有针簪杷梳。
Hippolytum Phaedra, nec erat bene cultus, amavit;⑥	淮德拉爱上的希波吕托斯未曾精心妆饰;
Cura deae silvis aptus Adonis erat.⑦	获女神垂爱的阿多尼斯在林中混迹。

---

① 505 诗人教导追求者不要太精于打扮而失去男子气概。古罗马男子有烫卷头发的行为,但常被认为是浮华纨绔之人所为,例如西塞罗 *Pro Sestio* 18. ferrum 在此等同于 calamistrum,古罗马人用来烫卷头发的铁块。torquere,使卷曲,让头发变得不自然。

② 506 浮石,一种带有气孔的火山石,用来磨去老皮可以让肌肤更嫩滑。跟烫头发一样,诗人认为这让男子显得娘气,故而应该避免。

③ 507—508 Cybeleia mater,指库伯勒,被小亚细亚地区弗里吉亚人奉为地母的主神,类似希腊神话中的盖亚和米诺斯的瑞亚,对她的崇拜大约在布匿战争后传入罗马。她的祭典具有狂欢的神秘主义气息,她的祭司需要进行自我阉割方能入职,所以他们在此被用作代指没有男子气概的人,也是诗人奉劝读者要避免成为的类型。据说在奥维德生活的年代罗马公民一般不愿成为库伯勒祭司。

④ 509 Minoida,指阿里阿德涅(Ariadne)。米诺陶是牛头人身的怪物,克里特岛上的米诺斯国王将它困在代达罗斯和伊卡洛斯修建的迷宫里,每七年或九年必须为米诺陶献上童男童女。忒修斯自告奋勇去杀死米诺陶。米诺斯公主阿里阿德涅爱上了他,给了他一把剑和一卷线,帮助他完成任务后与他私奔。本诗 527—564 行会详细讲她被忒修斯抛弃之后的故事。

⑤ 510 abstulit 既指"将她从家乡带走",也指"让她坠入爱河"。

⑥ 511 淮德拉爱上自己的继子希波吕托斯。比较《拟情书》4.75 淮德拉赞扬希波吕托斯对自己的容貌不加修饰。338 行叙述希波吕托斯之死。

⑦ 512 爱神维纳斯爱上的阿多尼斯喜欢狩猎,最后在林中被一只野猪伤害而死。

Munditie placeant, fuscentur corpora Campo；①	外表须得整洁,身体在广场晒成古铜,
Sit bene conveniens et sine labc toga：	袍子要刚好合身,没有一点褶皱。
515　Lingula ne rigeat, careant rubigine dentes,②	唇舌切勿僵硬,牙齿不能有污垢,
Nec vagus in laxa pes tibi pelle natet：③	别让脚在宽松的鞋里滑动游走：
Nec male deformet rigidos tonsura capillos：	也别让糟糕的修剪弄坏你矗立的发丝：
Sit coma, sit trita barba resecta manu.④	头发和胡子要交给专家打理修饰。
Et nihil emineant, et sint sine sordibus ungues：⑤	指甲修剪干净,不要有半点污垢：
520　Inque cava nullus stet tibi nare pilus.	鼻毛不要从鼻孔露出。
Nec male odorati sit tristis anhelitus oris,	别让嘴里吐出难闻的气息：
Nec laedat naris virque paterque gregis.	别让那公羊骚臭惹人掩鼻。
Cetera lascivae faciant concede puellae,	其余的装扮留给浪荡的女人,

---

① 直译为"干净整洁的身体使人愉悦",placeant 和 fuscentur 的主语都是 corpora. mundities,外表的整洁,在古罗马用来形容男子时,强调一种"有节制的优雅",既不会过于邋遢,又不至于因为精心修饰而失去男子气概。例如西塞罗 de Officiis 1. 130："adhibenda praeterea munditia est non odiosa neque exquisita nimis, tantum quae fugiat agrestem et inhumanam neglegentiam. "("此外,要确保你的整洁既不找人讨厌又不过于精致,这样的整洁应该远离乡土气息和野蛮人的不修边幅。")本诗 513—524 行讲罗马流行的关于男子外表的标准,为后世了解奥维德生活年代打开了重要窗口。奥维德在《女容良方》(*Medicamina Faciei Femineae*)24 写道：cum comptos habeant saecula vestra viros "这时代连男人都打扮齐整"(谢佩芸、常无名译)。本诗第 729 行对爱人的肤色提出一种相反的要求。

② 有学者认为此行可能在讲穿鞋子的讲究,lingula ne rigeat,不要让鞋舌头太紧,dentes 则可以指鞋扣的齿；见 Goold, 65—66。

③ 516 鞋子不要穿太大。

④ 518 奥维德时代的罗马男人多留修剪之后的短胡子,那种代表着古老的罗马共和国的大胡子在哈德良时期又重新流行；见 Hollis, 120；trita. . . manu,字面的意思是"有经验的手","行家里手",这里的 trita 是第五格。

⑤ 519 罗马的理发师还提供修剪指甲服务。

Et siquis male vir quaerit habere virum. ①	和那些追求男色的伪男。
525 Ecce, suum vatem Liber vocat：hic quoque amantes②	看哪，巴库斯召唤着他的先知；他也
Adiuvat et flammae, qua calet ipse, favet.	帮助爱恋中的人，青睐那烧灼他自己的火焰。
Cnosis in ignotis amens errabat harenis, ③	克诺索斯的女孩发狂地徘徊在陌生海滩，
Qua brevis aequoreis Dia feritur aquis.	在那受海浪拍打的迪亚小岛海岸。
Utque erat e somno tunica velata recincta, ④	当她衣衫不整地从梦中醒来，
530 Nuda pedem, croceas inreligata comas,	赤着脚丫，金发散乱，
Thesea crudelem surdas clamabat ad undas, ⑤	她对着翻卷的浪花呼喊残忍的忒修斯，
Indigno teneras imbre rigante genas.	不值当的泪水打湿了娇嫩的脸颊。
Clamabat flebatque simul, sed utrumque decebat；⑥	她呼喊着，哭号着，却刚好装点她的娇颜；
Non facta est lacrimis turpior illa suis.	泪水没有让她的美有丝毫改变。

---

① 524 male vir 以及 parum vir 等表达法都是指"不像男人"、"不是男人"，强调缺乏"阳刚"之气，见 Craig Arthur Williams, and Martha Craven Nussbaum. *Roman Homosexuality*. Oxford：Oxford University Press, 2010, pp. 139 - 140。

② 525 结束关于男子外表的讨论，开始讲巴库斯追求阿里阿德涅的故事。vates 指先知、预言家，也可以指诗人。Liber 是酒神巴库斯的别称，和日神阿波罗一样，他也是诗歌之神。

③ 527 Cnosis 指来自克诺索斯的阿里阿德涅，她睡着后被忒修斯抛弃在了 Naxos 海滩（此处称 Dia）。

④ 529 tunica velata recincta 直译为"穿着一件没有束腰的长袍"。tunica 指男女都穿的内衣长袍，通常系腰带。

⑤ 531 比较《岁时记》3. 473 "decebam, memini, 'periure et perfide Thesea.'"

⑥ 比较第 126 行，将被罗马人抢走的萨宾女子，"惊惧反让其愈发迷人"。

535	Iamque iterum tundens mollissima pectora palmis	她不断用手拍打娇嫩无比的胸脯
	'Perfidus ille abiit: quid mihi fiet?' ait.	"那负心人走了,我怎么办呢?"她说。
	' Quid mihi fiet?' ait; sonuerunt cymbala toto①	"我怎么办呢?"她说。霎时铙钹响彻整个
	Litore et adtonita tympana pulsa manu.	海岸,狂热的手击打着鼓点。
	Excidit illa metu rupitque novissima verba;	她因恐惧而晕厥,话说到一半就中断;
540	Nullus in exanimi corpore sanguis erat.	失魂的身体没有半点血色。
	Ecce, Mimallonides sparsis in terga capillis: ②	看那酒神追随者们散发垂在后背:
	Ecce, leves Satyri, praevia turba dei: ③	看那放浪的萨梯里,神祇先驱,
	Ebrius, ecce, senex pando Silenus asello④	看那醉酒老迈的西勒努斯几乎不是骑着
	Vix sedet et pressas continet arte iubas. ⑤	后背弯曲的驴,而是巧妙攀着它鬃毛。
545	Dum sequitur Bacchas, Bacchae fugiuntque petuntque,	当他追逐着酒神女徒,她们逃窜又反击,
	Quadrupedem ferula dum malus urget eques,	当糟糕的骑士用棍子激励他的小驴,
	In caput aurito cecidit delapsus asello;	他从长耳驴背上摔下以头抢地;

---

① 537 酒神的队伍到来了。

② 541 Mimallonides 是马其顿语里对酒神的女追随者(Bacchants)的称谓。

③ 542 satyr,半人半羊的神,也是酒神的随从,以狂欢饮酒放浪著称,常在森林里游荡。

④ 543 Silenus 西勒努斯,一个年老的萨梯里。

⑤ 544 arte 颇有讽刺意味,西勒努斯已经醉到几乎已经无法骑上驴背了。可能也有双关含义,arte 的 e 是长音时,表示"紧紧地"。

Clamarunt Satyri ' surge age， surge， pater. '	萨梯里们高叫着："起来啊，起来，父亲。"
Iam deus in curru， quem summum texerat uvis，	这时酒神乘车驾到，车身由葡萄藤蔓覆罩，
550　　Tigribus adiunctis aurea lora dabat；①	他将金色的缰绳交给负轭的老虎；
Et color et Theseus et vox abiere puellae，②	女孩苍白失声，连忒修斯也被抛在脑后，
Terque fugam petiit， terque retenta metu est.	她三次试图逃跑，又三次被恐惧缚住。
Horruit， ut steriles agitat quas ventus， aristae，③	她战栗着，如同被风激荡的贫瘠稻草，
Ut levis in madida canna palude tremit.	又如潮湿沼泽中的纤细芦苇颤抖飘摇。
555　　Cui deus ' en， adsum tibi cura fidelior' inquit：④	神对她说："噢，我来为你奉上更忠诚的爱人，
' Pone metum， Bacchi， Cnosias， uxor eris.	放下恐惧，克诺索斯女孩，你将成为巴库斯之妻。
Munus habe caelum：caelo spectabere sidus；⑤	天空是我的赠礼：你将成为星辰供世人仰望；
Saepe reget dubiam Cressa Corona ratem. '	作为克里特冠冕的你常为迷途的船只领航。"
Dixit et e curru， ne tigres illa timeret，	言毕，为免女孩受老虎惊吓，

---

① 550 酒神是东方的征服者，他的车由老虎来拉也说明这一点，参见本诗 189—190。

② 551 前文讲到忒修斯离开了（abiit，536），而此时忒修斯彻底"离开"了阿里阿德涅的脑海。

③ 553 抄本常见 steriles...aristas...，但放在这里比较难解释。此处更改参照 Goold，66。

④ 555 cura 表示爱人，与 512 行一样。

⑤ 557 名为"北冕"的星座 Corona Borealis，传说是巴库斯送给阿里阿德涅的皇冠，比较《变形记》8.177—182。此处诗人说阿里阿德涅自己变成了星辰，比较《岁时记》3.509 开始的论述。

560 Desilit (inposito cessit harena pede)	他跳下车（沙砾纷纷为他踏下的脚步让路）
Implicitamque sinu, neque enim pugnarc valebat,	将她环抱拉到胸口，她也无力抵抗，
Abstulit: in facili est omnia posse deo. ①	他带走了她；神明轻易就无所不能。
Pars 'Hymenaee' canunt, pars clamant 'Euhion, euhoe!'②	有的唱着许门之歌，有人喊着"哟呼，哟吼！"
Sic coeunt sacro nupta deusque toro.	女孩与酒神就这样相会于神圣的婚床。
565 Ergo ubi contigerint positi tibi munera Bacchi③	因此每当有美酒作礼恰巧置于你面前，
Atque erit in socii femina parte tori,	且筵席的卧榻恰有佳人作伴，
Nycteliumque patrem nocturnaque sacra precare,④	就向巴库斯和夜间各路神灵祈求，
Ne iubeant capiti vina nocere tuo.	叫他们别让美酒冲晕你的头。
Hic tibi multa licet sermone latentia tecto⑤	此时你可以说些暧昧的话语，
570 Dicere, quae dici sentiat illa sibi,	让她感觉这些是对她传情达意，
Blanditiasque leves tenui perscribere vino,	借淡淡的酒劲表达你温柔的奉承，

① 562 神明的无所不能与"读者"追求女孩的辛苦形成对比。
② 563 Hymenaeus 婚礼之神；euhion, euhoe 是巴库斯的追随者的吼叫声，比较卡图卢斯《歌集》64.255 "euhoe bacchantes, euhoe capita inflectentes."（"噉嗖！"她们甩头，"噉嗖！"她们喧嚷。李永毅译）。
③ 565 此处结束酒神与阿里阿德涅的故事，转而开始讲如何利用美酒约会。
④ 567 nyktelios, 希腊语，"夜晚的"。Nycteliumque patrem 是巴库斯的头衔，因为敬酒神的仪式通常发生在夜晚。
⑤ 直译为"许多潜藏在隐秘的话语间的东西"。

Ut dominam in mensa se legat illa tuam,[①] 让她觉得酒桌上她就是你的心上人，

Atque oculos oculis spectare fatentibus ignem： 你注视她双眼的眸子要透着告白的火焰：

Saepe tacens vocem verbaque vultus habet. 沉默的表情常有自己的声音和语言。

575   Fac primus rapias illius tacta labellis 她的唇碰过的酒杯你要第一个抢来，

Pocula, quaque bibet parte puella, bibas；[②] 她喝酒吮过的位置，你也吮个遍；

Et quemcumque cibum digitis libaverit illa, 还有凡是她手指碰过的菜品，

Tu pete，dumque petis，sit tibi tacta manus. 你都去求来，端来的时候摸摸她的娇手。

Sint etiam tua vota viro placuisse puellae：[③] 你还要去讨得心上人丈夫的喜欢：

580   Utilior vobis factus amicus erit. 他若与你为友，会对你更加有用。

Huic，si sorte bibes，sortem concede priorem， 若是抽签喝酒，你要把头签让给他，

Huic detur capiti missa corona tuo. 你头上的花环也为了他褪下。

Sive erit inferior seu par，prior omnia sumat， 若他地位比你低微或相当，一切让他优先，

Nec dubites illi verba secunda loqui. 毫不犹豫地为他奉上恭维的语言。

---

① 571—572 在酒桌上传情达意、破译爱的语言是常见主题。比较《哀怨集》2.454；《恋歌》1.4.20 "verba notata mero"；《恋歌》17.89—90；"orbe quoque in mensae legi sub nomine nostro/quod deducta mero littera fecit 'amo'."

② 576 古罗马人祝酒时，酒杯会在众人间传递。

③ 579 奥维德号称自己诗里的女人是名妓（meretrices），而不是正经的已婚妇女，但在这里诗人又自相矛盾了。参见第 365 行注释。

（585Tuta frequensque via est，per amici fallere nomen；

（打着朋友的名号欺骗，既安全又常见；

Tuta frequensque licet sit via，crimen habet.

虽说安全又常见，这仍是罪恶一桩。

Inde procurator nimium quoque multa procurat，

执行官执行事务往往过度，

Et sibi mandatis plura videnda putat. ①）

认为要超额完成委托的任务。）

Certa tibi a nobis dabitur mensura bibendi：②

我将确切告诉你喝酒以多少为度：

590   Officium praestent mensque pedesque suum.

头脑与脚步要完成各自的义务。

Iurgia praecipue vino stimulata caveto，

要特别避免因酒引发的争斗，

Et nimium faciles ad fera bella manus. ③

不要一言不合就参与粗暴斗殴。

Occidit Eurytion stulte data vina bibendo；④

欧律提翁因愚蠢地喝下美酒而死：

Aptior est dulci mensa merumque ioco.

酒桌与酒杯更适合甜美的消遣。

595   Si vox est，canta；si mollia brachia，salta；

若嗓音不错，就歌唱；若身段柔软，就跳舞；

Et quacumque potes dote placere，place.

尽你所能让人开心满足。

Ebrietas ut vera nocet，sic ficta iuvabit：

正如真醉有害，假醺则于你有利：

Fac titubet blaeso subdola lingua sono，⑤

让你如簧的巧舌磕巴吐着含混的音，

---

① 585—588 放在此处不通顺的四行，许多学者认为这几行均属于后文。Kenney 认为可能放在 742 行之后。若放在此处，这几句勉强可以理解为：追求者装作心上人丈夫的管家，其实觊觎主人的妻子。

② 589—602 讲喝多少酒为宜，以及酒后什么样的行为举止为佳。

③ 592 直译为"避免让你的手过度（nimium）投入轻易引发（faciles）的粗暴斗殴"。一说 bella 原是 verba，Lenz 认为前者更好，故采用前者。

④ 欧律提翁是个半人马，在皮里托俄斯（Pirithous）的婚宴上喝了太多酒，在酒后引发的争斗中身亡。

⑤ 598 blaeso，结巴，具体指发不清 s 和 z 的音。

Ut, quicquid facias dicasve protervius aequo,

这样你所作所言比平常更鲁莽大胆的一切，

600　Credatur nimium causa fuisse merum.

都会被归结于酒的浓烈。

Et bene dic dominae, bene, cum quo dormiat illa;①

举酒敬心上人，也敬与她同床共枕的人；

Sed male sit tacita mente precare viro.

但心里默默祈祷她丈夫没好下场。

At cum discedet mensa conviva remota,②

当桌上肴核既尽、宴罢人欲散去，

Ipsa tibi accessus turba locumque dabit.

人群会给你靠近她的机遇。

605　Insere te turbae, leviterque admotus eunti

加入人群，当她正欲离开，轻轻用手指

Velle latus digitis et pede tange pedem.

拉住她的衣襟，用脚轻触她的纤足。

Conloquii iam tempus adest; fuge rustice longe③

现在正是与她交谈的时候；乡野的羞涩，

Hinc pudor; audentem Forsque Venusque iuvat.

快走得远远的；机会与维纳斯帮助勇者。

Non tua sub nostras veniat facundia leges;

不要用律法约束你的口才；

610　Fac tantum cupias, sponte disertus eris.

兴之所至随意发挥，辩才自会到来。

Est tibi agendus amans imitandaque vulnera verbis;

你须扮演情郎，用言语装出情殇；

---

① 601 bene 加与格(dative)表示"敬某人"。bene, cum quo dormiat illa, 桌上的宾客都会认为是敬女主的丈夫，只有"你"知道若你追求成功，这酒就是敬的你自己。

② 603—630 讲酒宴散去之后该如何行动。比较《恋歌》1.4.55 开始的段落。mensa...remota, 在罗马宴请习俗中，每道菜品都有自己单独的桌子，吃完一道菜桌子也会一并撤去，故而 mensa sencunda 意为第二道菜。

③ 607 rusticus 在诗中常出现，指村夫般的粗鄙、缺乏智慧、优雅和精致，与 urbanitas 相对应，在面对异性的时候，指一种笨拙、尴尬的状态（如 672）。

Haec tibi quaeratur qualibet arte fides.	要想尽办法寻得她的信赖。
Nec credi labor est: sibi quaeque videtur amanda;	让她相信并不难：女人都自认为可爱；
Pessima sit, nulli non sua forma placet.①	随她有多难看，样貌也没人不爱。
615 Saepe tamen vere coepit simulator amare;	然而起初佯装，后来常常真的爱上，
Saepe, quod incipiens finxerat esse, fuit.	一开始假装的东西后来倒成了真。
Quo magis, o, faciles imitantibus este, puellae:	噢女孩们，请对伪装的人宽怀些：
Fiet amor verus, qui modo falsus erat.	此刻的假意，会是未来的真心。
Blanditiis animum furtim deprendere nunc sit,	现在就用谄媚捕住她的心，
620 Ut pendens liquida ripa subestur aqua.	像流水侵蚀悬垂的岸堤一样。
Nec faciem nec te pigeat laudare capillos	赞扬她的脸蛋和秀发、
Et teretes digitos exiguumque pedem:②	玉手和纤足，多少遍都别倦怠：
Delectant etiam castas praeconia formae;	连纯贞女子也喜欢听人赞她美貌；
Virginibus curae grataque forma sua est.	贞女也乐于梳妆、在乎外表。
625 Nam cur in Phrygiis Iunonem et Pallada silvis	否则为何朱诺和帕拉斯时至今日
Nunc quoque iudicium non tenuisse pudet?③	都为没在弗里吉亚森林赢得金苹果而羞耻？

---

① 614 指女人不管有多丑，都愿意相信自己是人见人爱的。
② 622 teretes digitos，指匀称的手指，teres 常用来形容脖子、手臂、小腿等。
③ 626 指"帕里斯的审判"，维纳斯赢得金苹果，而朱诺和帕拉斯落选。诗人以这两位女神仍旧心怀怨念来说明，即使最贞洁的女性也希望别人称赞自己美貌。

Laudatas ostendit avis Iunonia pinnas；① 朱诺之鸟炫耀其受人赞美的羽翼；

Si tacitus spectes，illa recondit opes. 若你安静观望，她会藏起娉婷。

Quadrupedes inter rapidi certamina cursus 骏马在风驰电掣的竞赛期间

630　Depexaeque iubae plausaque colla iuvant. 也喜欢让人捋捋鬃毛拍拍脖颈。

Nec timide promitte：trahunt promissa 不要害怕发誓：承诺牵动女人；
puellas；②

Pollicito testes quoslibet adde deos. 呼唤所有你能召唤的神明为诺言
作证。

Iuppiter ex alto periuria ridet amantum 面对情人们的伪誓，朱庇特在天
上一笑而过，

Et iubet Aeolios inrita ferre Notos. ③ 然后命埃俄洛斯的南风带走这些
虚空承诺。

635　Per Styga Iunoni falsum iurare solebat④ 朱庇特习惯对朱诺以斯梯克斯之
名假誓，

Iuppiter：exemplo nunc favet ipse suo. 现在他自然青睐以自己为榜样
的人。

Expedit esse deos et，ut expedit，esse 神明存在于人有利，因此我们相
putemus；⑤ 信神存在；

Dentur in antiquos tura merumque focos； 把香与酒供上古老的祭坛；

---

① 627 "朱诺的鸟"（avis Iunonia）指孔雀，因为它们与朱诺年轻时呆过的萨摩斯岛（Samos）有联系。
孔雀在古代就因羽翼美丽而受到盛赞。《变形记》1.722 中讲述了 Argus 的千百只眼睛如何变成
孔雀尾巴上的图案；亦见奥维德《论容饰》33—34：laudatas homini volucris Iunonia pennas/
explicat et forma muta superbit avis（"朱诺的爱禽将受人赞美的羽翎/开放，鸟儿默默以容貌为
傲"，谢佩芸、常无名译）。

② 631—636 你可以尽管发誓，为爱情做出的无法实现的诺言能获得神的原谅。

③ 634 埃俄洛斯掌管所有的风。

④ 635 朱庇特爱上艾娥（Io）的时候曾对妻子朱诺假誓说自己从未与之发生关系。此后朱庇特下
令，恋爱之中的凡人做出的誓言若后来无法实现，都没有惩罚。Per Styga，以 Styx 河之名起誓是
最重的誓言。

⑤ 637—644 尽管为了爱情假誓可以获得神的原谅，在其他领域你还是必须尊重神明。只有为了爱
情欺瞒女人是安全的。637 犬儒学派的第欧根尼曾经被问及神灵是否存在，他回答说，我不知
道，我只知道他们若存在于人有利。

Nec secura quies illos similisque sopori①　　神灵并非沉浸于漠不关心的幻梦般的休憩：

640　　Detinet：innocue vivite，numen adest；　　活着不要作恶，神明就在身边；

Reddite depositum；pietas sua foedera servet：②　　归还托你保管之物；遵守信义；

Fraus absit；vacuas caedis habete manus.③　　切勿欺诈；双手不要沾染杀伐。

Ludite, si sapitis, solas impune puellas：　　若你聪明，为保安全只玩弄女人：

Hac minus est una fraude tuenda fides.　　这是唯一的欺诈，除此之外要保守信义。

645　　Fallite fallentes：ex magna parte profanum　　可以欺骗骗子：他们多是邪恶不敬神

Sunt genus：in laqueos quos posuere, cadant.　　的种：让他们陷入自己布下的罗网。

Dicitur Aegyptos caruisse iuvantibus arva　　据说埃及曾经缺水浇灌田地，

Imbribus atque annos sicca fuisse novem，　　干涸长达九个年头，

Cum Thrasius Busirin adit，monstratque piari④　　直到特剌叙尔斯告诉部西里斯，

650　　Hospitis adfuso sanguine posse Iovem.　　朱庇特的怒火要浇上异乡人的血方能平息。

Illi Busiris 'fies Iovis hostia primus，'　　部西里斯告诉他："你将是朱庇特首位祭品，

Inquit 'et Aegypto tu dabis hospes aquam.'　　你这异乡人将为埃及带来降雨。"

————————

① 639 伊比鸠鲁学派认为神虽然存在却对人世间的事务毫不关心。
② 641 后半句直译为"让义务遵守它的协议"。
③ 641—642 与犹太教教义类似的训导，可以追溯到公元前 5 世纪希腊文学，见 Hollis，134。
④ 649 Busiris 是传说中埃及的一位国王。Busiris 的字面意思是"House of Osiris"，埃及掌管来生、地府的神，很多埃及城镇都以 Busiris 为名。Thrasius 是一位从塞浦路斯来的预言家。

Et Phalaris tauro violenti membra Perilli

还有法拉瑞斯在凶残铜牛中炙烤佩里瑞斯

Torruit：infelix inbuit auctor opus. ①

的身体：缔造者试用自己发明的酷刑。

655　Iustus uterque fuit：neque enim lex aequior ulla est,

二者皆是正义的伸张：没有律法比这更公平，

Quam necis artifices arte perire sua.

谋杀的缔造者因自己的谋略丧命。

Ergo ut periuras merito periuria fallant,

因此以伪誓欺骗伪誓理所应当，

Exemplo doleat femina laesa suo.

让女人体会到她曾给你的创伤。

Et lacrimae prosunt：lacrimis adamanta movebis：②

眼泪也有用：泣啼的你会感动坚铁：

660　Fac madidas videat，si potes，illa genas.

故意让她看到你的脸庞潸然泪湿。

Si lacrimae（neque enim veniunt in tempore semper）

若眼泪（泪水也不是说有就有）

Deficient，uncta lumina tange manu.

流不出来，就用油膏沾水弄湿眼睛。

Quis sapiens blandis non misceat oscula verbis?

哪个聪明人不在亲吻的时候混着甜言蜜语？

Illa licet non det，non data sume tamen.

兴许她不会回应，但请径直索取。

665　Pugnabit primo fortassis，et 'improbe' dicet；

也许一开始她会抗拒，叫你"流氓"；

pugnabit vinci se tamen illa volet.

但就在抗拒中她有了被征服的渴望。

Tantum ne noceant teneris male rapta labellis,③

注意别让她娇嫩的双唇受伤害，

---

① 653—654 Phalaris 是西西里的一个暴君，以凶残出名。
② 659—668 除了誓言之外，还要用眼泪、香吻和赞美打动她。
③ 667 句子的主语是 rapta，被侵犯的女子。

Neve queri possit dura fuisse，cave. | 也以免她控告你的粗蛮对待。

Oscula qui sumpsit，si non et cetera sumet， | 得到甜吻的人若不索取余下的部分，

670 Haec quoque，quae data sunt，perdere dignus erit. | 就对不起已经得到的馈赠。

Quantum defuerat pleno post oscula voto? | 热吻之后，你离完成自己的心愿还差多远？

Ei mihi，rusticitas，non pudor ille fuit. | 哎，我看那是笨拙，不是贞洁。

Vim licet appelles：grata est vis ista puellis： | 你可以用点暴力：暴力让女人愉快：

Quod iuvat，invitae saepe dedisse volunt. ① | 她们总装作被迫的样子，其实心里很愿意。

675 Quaecumque est Veneris subita violata rapina， | 那些突然被侵犯的女子，

Gaudet，et inprobitas muneris instar habet. | 其实都暗自高兴，流氓行为好比赠礼。

At quae，cum posset cogi，non tacta recessit， | 但若她本可被迫就范，却安然脱身，

Ut simulet vultu gaudia，tristis erit. | 她表面装作开心，其实相当愤懑。

Vim passa est Phoebe；vis est allata sorori； | 福柏遭受暴力之苦；暴力也落到她姐妹头上；

680 Et gratus raptae raptor uterque fuit. ② | 可她们何尝不青睐对她们施暴之人？

---

① 669—674 奥维德在此表示，女人嘴上说着不愿意，心里还是很享受男人的霸王硬上弓。这个段落对中世纪关于情爱的观念产生了不小的影响。12世纪的一部流传甚广的名为"Pamphilus"的故事，几乎完整引用这一段，把它变成维纳斯对男主角的教导，最终导致他强暴了女主角。这段教导本可读作一种成人间的情爱的游戏，但不同读者在不同社会历史背景下可能有不同解读。在今天＃MeToo＃等社会运动的背景下，不难想象对此恐怕有更多批判的声音。

② 679—680 Castor 和 Pollux 曾侵犯了 Phoebe 和 Hilaira。

Fabula nota quidem，sed non indigna referri,　值得一提的是那有名的故事，

Scyrias Haemonio iuncta puella viro. ①　色萨利的公主与斯基罗斯男子的结合。

Iam dea laudatae dederat mala praemia formae　美貌受赞颂的女神已经送出那不幸的奖品，

Colle sub Idaeo vincere digna duas; ②　维纳斯已在艾达山下战胜二美；

685　Iam nurus ad Priamum diverso venerat orbe,　儿媳已经跋山涉水来到普里阿摩斯身边，

Graiaque in Iliacis moenibus uxor erat;　希腊新娘已经到达伊利昂的城墙；

Iurabant omnes in laesi verba mariti,　全希腊都在发誓为受辱的丈夫复仇，

Nam dolor unius publica causa fuit.　因为一人之耻已成众人之事。

Turpe，nisi hoc matris precibus tribuisset，Achilles　若阿喀琉斯不是因妥协于母亲的祈祷，

690　Veste virum longa dissimulatus erat. ③　他用女装藏匿男子身份就是羞耻了。

Quid facis，Aeacide? non sunt tua munera lanae;④　你在干嘛，埃阿科斯之孙？绢纺并非你的活计；

Tu titulos alia Palladis arte petes. ⑤　让你名垂后世的是帕拉斯的另一种技艺。

---

① 681—682 Haemonian 即 Thessalian,指阿喀琉斯。Scyros 岛是 Deidamia 的家乡。这里讲的是 Deidamia 和 Achilles 的故事,为避免儿子打仗送命,阿喀琉斯的母亲 Thetis 把他女扮男装藏在 Scyros 岛上,与国王的女儿们在一起,后来阿喀琉斯和公主 Deimamia 发生了关系。关于这个故事可以参见 Statius 所作广为流传的拉丁文史诗 Achilleid. 这里第 683—689 行先讲特洛伊战争的缘起,也是引发这个爱情故事的原因。帕里斯抢走海伦,海伦就是维纳斯送给帕里斯的礼物 (sua praemia),也是后文讲的来到伊利昂城墙的希腊新娘。

② 684 比较《拟情书》16. 70:"vincere quae formadigna sit una duas. "

③ 689—690 阿喀琉斯如果不是因为出于对母亲的 pietas 而顺从她的意见,男扮女装将是一种耻辱。

④ 691 Aeacide,指 Aeacus 的希腊后代,包括 Peleus 和其子 Achilles。

⑤ 692 帕拉斯既是主管纺织的女神,也主管战事。《变形记》8. 264 "bellatricemque Minervam. "

Quid tibi cum calathis? clipeo manus apta ferendo est;

拿女红篮子何用？扛起盾牌才是你的本分；

Pensa quid in dextra, qua cadet Hector, habes?①

那将会弑杀赫克托尔的手，为何拿着纺线？

695   Reice succinctos operoso stamine fusos!

快把那缠满线头的纺锤扔到一边！

Quassanda est ista Pelias hasta manu.②

佩利阿斯之盾只有你的手能举起。

Forte erat in thalamo virgo regalis eodem;③

恰好皇家床榻上有位黄花闺女，

Haec illum stupro comperit esse virum.

直至失去贞操才发现他是男子。

Viribus illa quidem victa est, ita credere oportet;④

她的确是被暴力征服的，这我们须得相信：

700   Sed voluit vinci viribus illa tamen.⑤

但被暴力征服却正是她所渴求。

Saepe 'mane!' dixit, cum iam properaret Achilles;

"留下！"喊了许多次，当阿喀琉斯准备离去；

Fortia nam posi to sumpserat arma colo.

当他把梭子换成了强大的兵器。

Vis ubi nunc illa est? Quid blanda voce moraris

那暴力现在去了哪？为何用甜言蜜语留住

Auctorem stupri, Deidamia, tui?

玷污你的人，得伊达墨亚？

705   Scilicet, ut pudor est quaedam coepisse priorem,⑥

的确，正如女人主动出击是羞耻，

Sic alio gratum est incipiente pati.

屈从于别人发起的追求却是桩乐事。

---

① 694 比较本诗开篇 15—16 行。
② 696 Pelian 标枪，只有阿喀琉斯可以拿起。
③ 697 virgo regalis 指 Deidamia。
④ 699 奥维德暗示有人认为这不是强暴。
⑤ 700 注意本诗 voluit 反复出现，强调女孩的意愿。也注意这一句押头韵(alliteration)的手法。
⑥ 705—714 总结故事告诉我们的道理：男人应该主动出击，不能等着女孩先开口。

A! nimia est iuveni propriae fiducia formae,

啊! 青年人是过于自信自己的容貌了,

Expectat si quis, dum prior illa roget.

若他踟蹰等待,等她率先求爱。

Vir prior accedat, vir verba precantia dicat:

男子应该主动,说些恳切的话:

710 Excipiat blandas comiter illa preces.

让她欣然接受甜蜜的祈求。

Ut potiare, roga: tantum cupit illa rogari;

为了得到她,就开口吧: 她多盼望别人求爱;

Da causam voti principiumque tui.

告诉她你欲求的缘由和开端。

Iuppiter ad veteres supplex heroidas ibat:

朱庇特恳求着走向传说中的女英雄:

Corrupit magnum nulla puella Iovem.

伟大如他,女孩也不会主动引诱。

715   Si tamen a precibus tumidos accedere fastus

而若你发现你的祈求遭到她傲慢的鄙视,

Senseris, incepto parce referque pedem.

收回你的步履,放缓你的计划。

Quod refugit, multae cupiunt; odere, quod instat:

许多女人渴望她得不到的,憎恨追求她的:

Lenius instando taedia tolle tui.

放慢攻势,避免她心生厌倦。

Nec semper veneris spes est profitenda roganti:

不要常把你占有她的愿望挂在嘴边:

720 Intret amicitiae nomine tectus amor.

让爱情戴着友谊的面具悄然潜入。

Hoc aditu vidi tetricae data verba puellae:①

我见过许多桀骜不驯的女子受这路数欺骗:

Qui fuerat cultor, factus amator erat.

刚开始的崇拜者,摇身一变成情人。

Candidus in nauta turpis color, aequoris unda②

水手以肌肤雪白为耻,它应因海浪

---

① 721 tetricae...puellae 常常用来形容严苛的、作风传统的萨宾女子,如《恋歌》3.8.61。

② 723—772 其实至此本诗第一卷要讲的主要内容已经结束,诗人已经讲完如何寻找理想的女孩并将她收入囊中。这最后一部分是附加的一些补充内容。723 关于肤色,罗马人区分(转下页)

Debet et a radiis sideris esse niger：① 还有阳光而黝黑：

725 Turpis et agricolae， qui vomere semper adunco 对农人来说也一样，他们常用弯曲的犁

Et gravibus rastris sub Iove versat humum. 和沉重的钉耙在烈日下翻土整地。

Et tua， Palladiae petitur cui fama coronae，② 而你应追求帕拉斯荣耀的桂冠，

Candida si fuerint corpora，turpis eris. 你也要以肌肤白皙为耻。

Palleat omnis amans：hic est color aptus amanti； 让多情人都面色苍白吧：这是爱情应有的色泽；

730 Hoc decet，hoc multi non valuisse putant. ③ 苍白与他相称，很多人却贬低它的价值。

Pallidus in Side silvis errabat Orion，④ 因为西黛而在林中游荡俄里翁面色惨白，

Pallidus in lenta naide Daphnis erat. ⑤ 不愿就范的仙女让达佛尼斯面无血色。

Arguat et macies animum，nec turpe putaris 用消瘦憔悴表达你的心绪，也别羞于用病号

Palliolum nitidis inposuisse comis. ⑥ 头巾包住你闪亮的头发。

735 Attenuant iuvenum vigilatae corpora noctes 让人憔悴的是那夜晚难眠

（接上页）ingenuus color(自由民的肤色，较为白皙)和 color servilis(奴隶的肤色)；但一般认为没有晒过太阳的苍白肤色并不好，正如513行所讲。

① 724 sideris，在这里指太阳，亦见提布卢斯 2.1.47。

② 727 Palladiae...coronae 指奥林匹克运动员戴的橄榄花环，是帕拉斯的圣物。

③ 730 Goold 认为 stulti 应取代 multi，"傻瓜才觉得……"，Hollis，114 认为是 hoc nulli……"没有人觉得……"

④ 731 Side 是 Orion 第一任夫人，因为美貌赛过赫拉而被打入冥间。

⑤ 732 Daphnis 爱上了不愿爱他的 Nais，后者可能是人名，也可能是泛指水仙女 Naiad。

⑥ 733—734 palliolum 是病人戴的头巾。nitidis comis 是欢饮夜宴的人常用油抹头发。

Curaque et in magno qui fit amore dolor.	还有焦虑与苦痛，无不源于热烈的爱恋。
Ut voto potiare tuo，miserabilis esto，	为了达成你的心愿，你要显得楚楚可怜，
Ut qui te videat dicere possit 'amas. '	这样谁见了你都能说："哟，你恋爱了。"
Conquerar an moneam mixtum fas omne nefasque?①	我该哀叹还是警告，是非如今已经混淆？
740　Nomen amicitia est，nomen inane fides.	友谊徒有虚名，忠诚名存实亡。
Ei mihi，non tutum est，quod ames，laudare sodali；	啊，要我说，向伙伴夸耀你的爱人并不安全；
Cum tibi laudanti credidit，ipse subit.	他信了你的夸赞，便会把你位置霸占。
At non Actorides lectum temeravit Achillis；②	可阿克托尔之孙并没有侵犯阿喀琉斯的床；
Quantum ad Pirithoum，Phaedra pudica fuit. ③	面对皮里托俄斯，费德拉倒是端庄。
745　Hermionen Pylades qua Pallada Phoebus，amabat，④	皮莱德斯爱着赫尔弥俄涅，如福玻斯爱妹妹
Quodque tibi geminus，Tyndari，Castor，erat. ⑤	帕拉斯，如卡斯托耳和孪生兄弟对妹妹海伦。

---

① 739—754 警告读者不能在朋友面前夸赞自己的女友，否则别人会想占为己有。比较《恋歌》3. 12. 7—10。

② 743—746 举例说明好友不一定会抢走爱人，接着说在现实生活中不能有这样的幻想。743 Actorides 是指 Actor 的后人，这里指他的孙子 Patroclus，作为最好的朋友，他没有抢阿喀琉斯的女友。

③ 744 Pirithous 是 Phaedra 丈夫的好友。Phaedra 没有引诱 Pirithous。

④ 745 Hermione 是 Orestes 的妻子，后者的朋友 Pylades 待她如兄弟。

⑤ 746 Tyndari，指斯巴达国王 Tyndareos 的女儿海伦。Tyndareos 是 Leda 的丈夫，Leda 被变成天鹅的朱庇特强暴后又与丈夫同房，后生下两个蛋，分别孵出海伦和 Clytemnestra，Castor 和 Pollux. 具体谁是朱庇特的孩子、谁是凡人丈夫的孩子，无法悉知。

Si quis idem sperat, iacturas poma myricas①　　谁要是期待着这些，就让他等着柽柳

Speret, et e medio flumine mella petat.　　结果子，去河中央寻蜂蜜。

Nil nisi turpe iuvat; curae sua cuique voluptas：　　惟可耻之事让人愉快；人都只顾自己爽快：

750　　Haec quoque ab alterius grata dolore venit.　　快乐的源泉就是别人的痛苦祸灾。

Heu facinus! non est hostis metuendus amanti；　　噢真是罪恶！恋爱之人应惧怕的不是仇敌；

Quos credis fidos, effuge, tutus eris.　　倒是你信任的人，想要安全，就要远离。

Cognatum fratremque cave carumque sodalem：　　当心你那些亲生的兄弟、要好的伙伴：

Praebebit veros haec tibi turba metus.　　这帮人你该真的担心。

755　　Finiturus eram, sed sunt diversa puellis②　　我本打算就此打住，但女孩的脾气种类多样：

Pectora；mille animos excipe mille modis.　　你要用一千种办法俘获一千个姑娘。

Nec tellus eadem parit omnia; vitibus illa　　出产作物的土地各式各样；那片适合

Convenit, haec oleis; hic bene farra virent.　　葡萄，这片长出橄榄；那里麦子生得肥苗。

Pectoribus mores tot sunt, quot in ore figurae；　　脸蛋有多少种形貌，性格就有多少种样式；

760　　Qui sapit, innumeris moribus aptus erit，　　聪明人会适应无数种方式，

---

① 747 idem 此处指朋友的忠诚。柽柳是出了名的结不出果子，河中肯定没有蜂蜜，所以你不能相信朋友不会觊觎你的女友。抄本中有 iacturas 和 laturas 两个版本。

② 755—770 女人的种类千差万别，你必须要有应变能力，足智多谋。

Utque leves Proteus modo se tenuabit in undas,①

就如普罗透斯时而化作轻浪,

Nunc leo，nunc arbor，nunc erit hirtus aper.

时而变作雄狮,忽而是树木,忽而是毛茸熊。

Hi iaculo pisces，illi capiuntur ab hamis；

这些鱼儿用梭镖捕捉,那些则要弯钩;

Hos cava contento retia fune trahunt.②

这些要用拉紧绳索的鱼网才能拖走。

765　Nec tibi conveniet cunctos modus unus ad annos：

没有哪种办法对付各个年龄女子都能奏效。

Longius insidias cerva videbit anus.

年长的鹿更远就会看出圈套。

Si　doctus　videare　rudi，　petulansve pudenti，

若你面对无知者显得博学,在保守持重者

Diffidet miserae protinus illa sibi.

面前放肆,可怜的她立马会陷入自我怀疑。

Inde fit ut，quae se timuit committere honesto，

因此,因害怕委身于正派男子,

770　Vilis ad amplexus inferioris eat.③

女人自卑地投入更劣等男子的怀抱。

Pars superat coepti，pars est exhausta， laboris.

我的任务还有待完成,工作暂告一段落。

Hic teneat nostras ancora iacta rates.

在此让这抛下的锚锭停住我的船舶。

---

① 761—762 Proteus,海上老人,以变换形貌著称,在荷马史诗《奥德赛》4.456 开始有介绍。

② 763—764 再次出现打猎的比方。

③ 770 若女孩在你面前觉得自卑(vilis),她便会拒绝你,转而投向一个不如你、跟她自己更平等的男子。

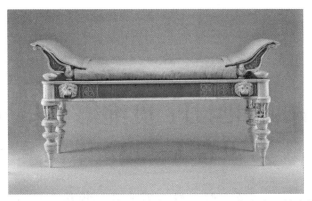

图1　罗马卧榻(纽约大都会博物馆：用来自 Lucius Verus 皇帝庄园的残片重构而成)

图2　罗马石棺上所展示的卧榻(梵蒂冈博物馆)

图3　罗马 lectica(床轿)复原图(来源：http://www.vroma.org/~araia/litter.html)

作者简介：肖馨瑶,任职重庆大学人文社科高等研究院。

维纳斯和四月：奥维德《岁时记》第四卷 1—132 译注[①]

王　悦　译　常无名　校注

导读

　　拉丁文标题 *Fasti* 可直译为"日历"。奥维德在《岁时记》1.48 中对 *fastus* 的定义如下：*fastus erit，per quem lege licebit agi*"合法的日子允许法律事务"，[②] *fastus* 是可以开庭的日子，复数为 *fasti*。标出所有节日、长官、活动的日历年历都可称为 *Fasti*。本篇沿用了《岁时记》这一常用译名。时间（或者更准确的说，时间的构建）是《岁时记》的主题，全诗的第一个字便是 *tempora*（"时间"），第一篇第一行便开宗明义地写道："我将歌唱拉丁姆一年的时节划分和缘起。"（王晨译）有学者甚至认为 *tempora* 可以作为另一个标题。[③] 时间的划分和缘起充满了浓烈的政治、宗教、历史意味，用诗来书写日历，已经自带政治色彩，是对意识形态进行讨论的一种介入方式。[④]

　　现存的奥维德《岁时记》一共六卷，从一月到六月，每一卷对应一个月。

---

① 本文为国家社科基金重大项目"古罗马诗人奥维德全集译注"（15ZDB087）阶段性成果。

② 译文来自王晨：《奥维德〈岁时记〉第一卷第 1—100 行译注》，《世界历史评论》9（2018），第 355—367 页。

③ Molly Pasco-Pranger, *Founding the Year：Ovids's Fasti and the Poetics of the Roman Calendar*. Brill, 2006, p. 103.

④ 详见王晨：《奥维德的〈岁时记〉：时间的政治划分》，《全球视野下的古罗马诗人奥维德研究前沿》（刘津瑜主编），北京大学出版社，即将出版。

但是每一卷中都有许多与该月不完全直接相关的罗马历史与宗教。第四卷对应四月，全篇954行，以与维纳斯的对话开篇（第1—17行），用了115行的篇幅向"恺撒"（可能指日尔曼尼库斯）礼赞维纳斯，铺叙维纳斯与罗马先祖的渊源，以及维纳斯在整个宇宙的势力与影响——她主宰世界，繁衍并控制万物；恋爱消除动物的野性并让人温文尔雅。在这一卷中，*ver*（"春天"，第87行、第125—126行）、*aperit*（"打开"、"让……绽放"，第87行）、*Aprili*/*Aprilem*（第20行，第89行；奥维德提到*aprire*是*Aprilis*的词源）、*Aphrodite*（阿芙洛狄忒，维纳斯的希腊名，*Aprilis*的希腊语词源；第61—62行）构成一个链条，所强调的是维纳斯与孕育新生之间的关系："因为那时春天让一切绽放，寒冬严酷的苦涩/退却，满怀新生命的土地坦陈，/他们说'阿波利里斯'得名自开放的时节，/但慈母维纳斯手按其上，宣布它属于自己"（第87—90行）；"没有哪个时节如春天般更适合献给维纳斯"（第125行）。当然维纳斯的角色并不只限于万物交合和众生繁衍，她是能串联春天、特洛伊、罗马的人物。

本译注所节选的，正是开篇与维纳斯的对话及赞美维纳斯的部分。由于三月是关于战神马尔斯的，是"哀歌"意味比较淡的题材，四月便是向哀歌题材的回归。[①] 然而古罗马的四月并没有与维纳斯直接相关的重要庆典，巴尔基耶西认为奥维德在日历中强势为她划出了一片空间。[②]

在本译注所节选的部分之后，《岁时记》第四卷正式进入四月月历的细节，奥维德讨论了库柏勒节（Cybele）、刻瑞斯庆典（Ludi Cereris）、丰饶节（Fordicidia）、刻瑞斯节（Cerialia）、罗马建城节/牧人节（Parilia）、酒节（Vinalia）、防枯节（Robigalia）、花神节（Floralia），等众多在四月庆祝的节日。四月所提到的神祇以女神为主，这些女神各有特质。约瑟夫·法雷尔指出，诗中所强调的刻瑞斯和库柏勒（亦称大母神 Magna Mater）的特质是庄严、贞洁，和维纳斯非常不同。《岁时记》第四卷将维纳斯和在四月庆祝节日的诸位女神联系在一起，使得维纳斯的"参照系"（"frame of reference"）得到了扩展，但又

---

① Stephen Hinds, *The Metamorphosis of Persephone*: *Ovid and the Self-Conscious Muse*. Cambridge: Cambridge University Press, 1987, 2014; Joseph Farrell, "Precincts of Venus: Towards a Prehistory of Ovidian Genre", Hermathena, 177/178(2005), pp. 27 - 69,特别是 p. 44, p. 68。

② Alessandro Barchiesi, *The Poet and the Prince*. Berkeley-Los Angeles-London, 1997.

没有牺牲她作为爱神的身份。此外,在这一卷中,她不仅是爱神,也是哀歌之神。[①]

奥维德以 *vates* 的身份书写《岁时记》,在《岁时记》第一卷第 25 行他向日尔曼尼库斯申诉: *vates rege vatis habenas*“作为诗人的您请执掌诗人的缰绳”。在《岁时记》第四卷第 1—132 行中,*vates* 这个词出现过两次,皆为宾格 *vatem*(第 2 行、第 14 行),都是诗人对自己的自称。这个词颇不易翻译,*Vates* 原指先知或占卜者,因为被神附体而成为神宣布未来的传声筒;因为人们认为诗人由于被神注入了灵感而写出诗,所以成为了诗人的另外一个名称。*Vates* 类似中国古代的“觋”或“巫”:“民之精爽不携贰者,而又能齐肃衷正,其智能上下比义,其圣能光远宣朗,其明能光照之,其聪能听彻之,如是则明神降之,在男曰觋,在女曰巫”(《国语·楚语下》)。而“史”(《说文解字》:“记事者也”)的职司与巫非常亲近,有时与其它相关职位一并提及,泛指掌管鬼神祭祀等事的一类官员:“巫史祈祝者,盖所以交鬼神而救细微尔,至于大命,末如之何”(《潜夫论·正列》)。“巫史”也独立见于《国语·楚语下》。“巫史”用来作为 *vates* 的译名是十分恰当的,也因为“史”可以略现 *vates* 与诗歌的关系。《岁时记》第六卷译者杜恒提出“史”可以用来翻译该词,虽然她倾向于译为“诗史”。但考虑到“巫史”可能造成读者误解,本译注中仍然采用了“诗人”来翻译 *vates*。

本译注所采用的拉丁文本为托伊布纳本: E. H. Alton, D. E. W. Wormell, E. Courtney, *P. Ovidi Nasonis Fastorum libri sex*. Leipzig: Teubner。这个校勘本已经历经四版(1978,1985,1988,1997 (repr. Monachii et Lipsiae 2005)。选择与该本相左的译文时,会在注释中说明。

《岁时记》第四卷直接相关的注释本主要有以下几种:

Fantham, E., *Ovid: Fasti Book IV*. Cambridge, 1998(所参照的底本为托伊布纳本 1978 及 1985 版).

Frazer, J. G., *Publii Ovidii Nasonis Fastorum libri sex: The Fasti of Ovid*, ed. with a translation and commentary, 5 vols. London, 1929[包含校本].

[①] Farrell, "Precincts of Venus: Towards a Prehistory of Ovidian Genre," p. 68.

Hallam, G. H., *The Fasti of Ovid*, edited with notes and indices. London，1881.

Neatby, T. M. and Plaistowe, F. G., *Ovid：Fasti III，IV*. London，1892.

Peter, H., *P. Ovidi Nasonis Fastorum libri sex*, text and commentary. 2nd edn., Leipzig 1879.

本译注亦参考了格林的《岁时记》第一卷注疏：S. J. Green, *Ovid*, Fasti *1*：A Commentary. Leiden-Boston 2004；洛布本：J. G Frazer, *Ovid*：*Fasti*, with an English translation，London 1931；2nd edn. by G. P. Goold, London 1989；以及王晨《岁时记》第一卷译注：《奥维德《岁时记》第一卷第 1—100 行译注》,《世界历史评论》9（2018），第 355—367 页；《奥维德〈岁时记〉第一卷第 189—300 行译注》,《世界历史评论》12（2019），第 215—229 页。

所参考的工具书包括：

OLD＝*Oxford Latin Dictionary*，ed. P. G. W. Glare, 2nd edn.，Oxford 2012.

TLL＝*Thesaurus Linguae Latinae*

Brill's New Pauly，eds. H. Cancik, H. Schneider and M. Landfester，English Edition by C. F. Salazar and F. G. Gentry，web source：https://referenceworks. brillonline. com/browse/brill-s-new-pauly.

本译注注释部分单独出现注家的名字或加上出版年份（如 Fantham 1998、Frazer 1931）的，都是指该注本对此处的注解。注释中所参考的主要学术研究为 Alessandro Barchiesi, A.，*Il poeta e il principe. Ovidio e il discorso augusteo*，Roma-Bari 1994［英译本 *The Poet and the Prince*. Berkeley-Los Angeles-London，1997］。其他参考文献在注释中随引随列。

拉丁文及中译文

'Alma，fave'，dixi 'geminorum　　1
mater Amŏrum';

　　ad vatem voltus rettulit illa suos;

'quid tibi' ait 'mecum? certe maiora
canebas.

　　num vetus in molli pectore
volnus habes?'

'scis，dea'，respondi 'de volnere.'　　5
risit，etaether

　　protinus ex illa parte serenus erat.

'saucius an sanus numquid tua
signa reliqui?

"眷顾我，"我说，"双生爱神①的
慈母!"

　　她转过自己的脸庞，望向诗人;②

"你，"她说，"与我何干? 你显然在
歌唱更宏伟之事。③

　　那旧日的伤口难道还在你缱绻的
胸中?"④

"女神，你清楚，"我回答，"伤口
如何。"

　　她一笑，那片苍穹瞬间晴朗。

"受伤抑或健全，我可曾丢弃过你的
旗帜?

---

① 1 双生爱神的慈母(geminorum mater Amorum)。据 Frazer 1931 注释，两位爱神分别指厄洛斯
(Eros)和安忒洛斯(Anteros)，诗人贺拉斯称他们为 Cupido("丘比特"，爱欲)和 Iocus(游戏;罗马
神话中的维纳斯之子丘比特对应厄洛斯);Fantham 认为更可能是 Amor(情)与 Cupido(欲)。
Barchiesi 则提出，"爱神"(Amores)双关诗人早期的重要作品《恋歌》(Amores)，"双生"是指它的
两个版本(285 注 22)，而且这段与维纳斯的对话显然是继续《恋歌》中与维纳斯决绝的最后一首
诗(3.15)，两者首行的后半行非常相近。《恋歌》3.15.1:Quaerenovumvatem, tenerorum mater
Amorum! ("去找寻新的诗人吧，温柔爱情之母!")。Alma...mater:哺育双胞爱神的母亲。
Alma...mater，见卢克莱修《物性论》1.2;alma Venus; alma，"给予生命的"、"滋养生命的"。

② 2 vatem:vates 原指先知或占卜者;因为人们认为诗人由于被神注入了灵感而写出诗，所以成为
了诗人的另外一个名称。

③ 3 更宏伟之事。在奥维德时代的文学中，爱情属于较"低"级的主题，而宗教则和战争、诸神一样，
属于更崇高、更宏伟的(更"大"的)题材(参见 Fantham 此处注及"Introduction"18—25 关于哀歌
体题材演变的概述)。

④ 4 vetus...volnus 指情伤(Neatby and Plaistowe);mollis, molle 一词在哀歌中常与情爱相关。在
普罗佩提乌斯《哀歌集》的中译本中，王焕生常译为"温柔的"、"妩媚的"、"柔媚的"，如 1.7.19: et
frustracupiesmollemcomponereversum"你将会徒然渴望写作温柔的诗歌"(王焕生译)，2.1.1—
2:Quaeritisundemihitotiensscribanturamores, /undemeusveniatmollis in ora liber. "你们询问我
怎么写出了这么多情诗，/我的诗集吟起来怎么如此柔媚"(王焕生译);in mollipectore;亦见《情
伤疗方》16.125: etferus in mollipectoreflagratamor! ("炽烈的爱情在温柔的心中燃烧");《哀怨
集》4.10.65—66; molleCupidineisnecinexpugnabiletelis/cormihi, quodque levis causamoveret,
erat. ("对丘比特之箭，我的心曾柔软不设防，/微小的缘由便能让我心动。")

tu mihi propositum，tu mihi semper opus.

你是我永远的主题，①你是我永远的职责。

quae decuit primis sine crimine lusimus annis;

适合少年的东西，少时我们行止无亏地玩耍；②

nunc teritur nostris area maior equis.　10

而今我们的骏马驰骋于更大的赛场。③

tempora cum causis, annalibus eruta priscis,

我歌唱采自古史的日子和它们的起源，④

lapsaque sub terras ortaque sig-na cano.

坠入地下而又升起的星符。⑤

venimus ad quartum, quo tu celeberrima mense：

我们来到了第四月，此月你最受敬拜：⑥

et vatem et mensem scis, Venus, esse tuos. '

你知道，诗人和此月，维纳斯啊，都属于你。"

---

① 8 主题（propositum）既指诗歌的题材、也指有意选择的生活方式（后面一义见 OLD）；opus，《爱的艺术》1.29—30：这一行中 semper 语法上修饰的是省略了的系动词（"是"），可直译为"你永远是我的主题，你永远是我的职责"。

② 9—10 适合少年的东西：严格说来应译为"适合少年时玩耍的东西"（Neatby and Plaistowe）。◎我们：可能是复数的"我"，但因为上下文中"我"大都是单数（然见第 17 行），因此也可能是指叙事者和维纳斯。◎玩耍（lusimus）在这里是及物动词（Fantham 1998），指作诗，适合少年写的诗也就是情诗。Ludere 既有"玩耍"也有"比赛"的意思，为下面"赛场"的意象铺垫。古代节日大多是宗教节日，经常举行体育竞赛，乃是祭典的一部分。

③ 10 更大的赛场：指更重要的主题，见第 3 行注。

④ 第 11—12 行重复了《岁时记》第一卷开明宗义的第 1—2 行：Tempora cum causis Latium digesta per annum/lapsaque sub terrasortaquesignacanam"我将歌唱拉丁姆一年的时节划分和缘起，/还有那坠下地平线和升起的星座。"（王晨 2017）和第 7 行：sacra recognoscesannalibuserutapriscis"你将重温采自古老的年表中的圣礼"。◎11 起源（causae）：可能暗指本诗的重要模型、公元前三世纪在亚历山大城图书馆工作的希腊语诗人卡利马科斯（Callimachus）的《起源》（Aitia），见 Green《岁时记》1.1—2 注。

⑤ 12 星符：指星座；所以"日期"不光包括节日，也包括星象升降的日期和据此推算出的节气（参见 Fantham）。

⑥ 14 venimus, venire 和 Venus 相呼应，venire（"到来"、"来临"）是 Venus 的词源之一（参考 Fantham 1998）。见西塞罗《论神性》（De NaturaDeorum）2. 69：Quae autemdea ad res omnesveniretVeneremnostrinominaverunt, atque ex eapotiusvenustas quam Venus ex venustate"那位莅临（veniret）万物的女神，我们称她为'维纳斯'（venus）；'美丽'（venustas）来自于此，而非'维纳斯'（Venus）源自'美丽'（venustas）。"

mota Cytheriaca leviter mea 15 tempora myrto	她被打动,用库忒拉①的桃金娘将我额头②
contigit et 'coeptum perfice' dixit 'opus'.	轻触,说:"去完成已开始的劳作吧。"
sensimus, et causae subito patuere dierum:	我有所感应,那些节日的缘起突然澄明;
dum licet et spirant flamina, navis eat.	且行船,趁还得准许,海风相吹。③
Siqua tamen pars te de fastis tangere debet,	但如果年历中有哪部分一定会触动你,
Caesar, in Aprili quod tuearis 20 habes:	恺撒,四月里有你要守护的东西。④
hic ad te magna descendit imagine mensis,	这一月由伟大的祖像⑤传至你手,

---

① 15 库忒拉的香桃木。根据赫西俄德的版本(《神谱》190—200),克洛诺斯被割下的阳具落在库忒拉岛附近,阿芙洛狄忒从阳具周围形成的泡沫中出生(Fantham 1998 第 62 行注)。后来库忒拉岛成为了阿芙洛狄忒/维纳斯的圣地,因此维纳斯又叫做库忒莱亚(Cytherea);而香桃木是维纳斯的圣木(Fantham 此行和第 62 行注)。库忒拉岛也就是法语的"西苔岛"(参见华托的名画)。

② 16 tempora 一词既可以是"额头"之意,也可以是"时间"(tempus 的复数)之意。Tempora 是《岁时记》的关键词,整首诗的开篇第一首第一行一个字便是 tempora。奥维德在这里可能刻意做了一个文字游戏。维纳斯所轻触的既是他的额头,也是他关于时间之作。见 Angeline Chiu, *Ovid's Women of the Year. Narratives of Roman Identity in the Fasti*. Ann Arbor: The University of Michigan Press, 2016, p.153。

③ 18 航行经常用来喻指写诗的过程。

④ 20 恺撒。在现存的《岁时记》第一卷第 3—26 行,奥维德将作品献给恺撒·日尔曼尼库斯(Germanicus),但奥维德在《哀怨集》(*Tristia*) 2.551 却称《岁时记》是献给奥古斯都的。学者一般认为奥古斯都是原本的题献对象,但奥维德在放逐中(可能在奥古斯都于 14 年去世后),觉得第二任元首提比略(Tiberius)的养子日尔曼尼库斯可以帮助他回到罗马,因此修订本诗,改献于他(Green《岁时记》1.3—26 注)。此处的"恺撒"也可以指第一版的奥古斯都——见第 22 行注——但在最终版本中当指日尔曼尼库斯(在下文第 81 行,奥维德直接对后者说话)。关于《岁时记》的修改和日尔曼尼库斯,另见 Green, "Introduction, II Textual and Temporal in Fasti 1: Exile, Revision and the Reader"(15—25)及所列文献。

quod tuearis (A-W-C); quo teneraris (*Fantham, Heinsius*)。

⑤ 21 magna... magnine: 第五格,主格 magna imago(伟大的祖像)。罗马人把曾任高官祖先的蜡像(单数 imago,复数 imagines)摆放在前庭,送葬时抬出展示。恺撒家族自认是罗马世家尤利乌斯家族(Iulii, *gens Iulia*, *domus Iulia*,第 40 行)的后代,该族奉埃涅阿斯之子尤路斯为祖,是几个所谓的"特洛伊家族"之一;由此恺撒们也得以宣称是维纳斯的苗裔(下文第 35—40 行,(转下页)

et fit adoptiva nobilitate tuus.

hoc pater Iliades, cum longum scriberet annum,

　　vidit et auctores rettulit ipse tuos;

凭借你养父的高贵而归属于你。①

族父伊利娅之子②书定长长的一年时，

　　看到了这点，是他把你的先人录入：③

（接上页）《埃涅阿斯纪》1. 288，苏维托尼乌斯《十二帝王传·神圣的尤利乌斯》6. 1；K.-L. Elvers, "Iulius", in *Brill's New Pauly*）。"祖像"或代指一位祖先——维纳斯，或泛指血统。

① 22 得来的高贵(adoptivanobilitas)：*adoptivus* 本意为"收养的""过继的""通过收养/被收养而获得的"，日尔曼尼库斯通过被提比略收养而进入恺撒家族，提比略自己则是奥古斯都的养子(Fantham 1998 第 22 行注；第 21—22 行对第一版的奥古斯都同样适用——他因为被尤利乌斯·恺撒收养才成为了该家族成员；参见第 20 行注)。然而，这里奥维德更可能是说，四月由于被归于维纳斯和恺撒的家族从而获得了本来没有的高贵。巴尔基耶斯指出强调"恺撒"被收养的身份，是不太明智的说法，也是过于流于字面的理解(Barchiesi 1997，p. 172)，这里采用了巴尔基耶斯 1997 年英文版的译文"it becomes yours through your adopted father's noble rank"。

② 23 伊利娅之子(Iliades)：希腊文，指罗慕路斯(Romulus)。Iliades 也可以解为"伊路斯(特洛伊或伊利昂城的创始者)的苗裔"(Frazer 1929)。罗慕路斯母亲一称伊利娅(Ilia)，一称瑞阿·西尔维娅(Rhea Silvia)，在《岁时记》中奥维德两个名字都使用(如 3. 11："Silvia")。

③ 24 看到了这点：23—24 两行难解。"这点"按最自然的读法，是指 21—22 行的内容，但罗慕路斯怎么可能"看到"四月因为维纳斯的关系，而成为日尔曼尼库斯的遗产呢？这样就只有两个选择，要不认为 22、23 行之间有脱文(Peter，转引自 Alton, Wormell and Courtney 校记)，要不把"vidit"解为"确保"(*OLD* "see that""see to, provide")。然而 Barchiesi 认为，下面奥维德口中罗慕路斯考证出的祖先名单，恰恰都是后者不可能知道的：到埃涅阿斯为止需要粗鄙不文的他熟读荷马或其他希腊神话；而尤利乌斯到罗慕路斯的族谱是屋大维政治宣传的一部分，是奥维德时代的产物(Barchiesi 1997，pp. 161-162；李维 1. 3 和维吉尔在《埃涅阿斯纪》6. 752 以下的版本，与此处的谱系都大同小异)。因此也有可能"vidit"就是"看到"的意思，奥维德在隐讳地揭示奥古斯都为家族构建的神话族谱的荒谬(参见第 31 行)。◎你的先人(auctorestuos)："你的"(tuos)是 Alton, Wormell and Courtney 本的读法。Fantham 1998 采取"自己的"(suos)的异文，如此一来这句话就成了罗慕路斯在制定立法时纪念了他自己、而不是恺撒的祖先。Fantham 认为必须如此，因为紧接下来，奥维德说罗慕路斯把第一月献给了自己的父亲马尔斯(25—6)，然而马尔斯并不是尤利乌斯家族和恺撒的祖先，因此如果第 24 行说"你[恺撒]的先考"，就和下文 25—6 行，乃至关于族谱的整段矛盾——到 57 行为止，一直是在说罗慕路斯如何把自己的神血写入历法。按：如果"vidit"解成"确保"，两种异文就没有优劣之别。然而，如果解成"看到"，"自己的先人"就会和上文龃龉，因为罗慕路斯看到的"这点"(23)，指的是恺撒从维纳斯手里继承了四月这个事实；而第 24 行中，罗慕路斯不可能"看到了四月和尤利乌斯家族因维纳斯而有的联系"，于是把这个月份归于"自己的"祖先。再者，Fantham 指出的与下文的矛盾，其实并不存在：25—26 行的马尔斯只是一个比喻"正如……同样"——就像他把三月给了马尔斯那样，他把四月给了维纳斯，重点还是落在维纳斯——恺撒家族的祖神上面。因此这里还是遵从 Alton, Wormell and Courtney 本。◎录入(rettulit)：Frazer-Gold 1989 译作"纪念"(commemorate)，Hallam 作"想起"(recalled to mind)，*IUD* 作"言说"(memoravit)；因为上一行说到"书定……一年"，指写书历法，因此遵从 Neatby and Plaistowe 注("rettulit: supply *in annum*"；当然，这本身也有多解)。

utque fero Marti primam dedit 　25
ordine sortem,

　　quod sibi nascendi proxima cau-
sa fuit,

sic Venerem gradibus multis in
gente receptam

　　alterius voluit mensis habere locum;

principiumque sui generis revo-
lutaque quaerens

　　saecula, cognatos venit adusque 　30
deos.

Dardanon Electra nesciret Atlan-
tide natum

　　scilicet, Electran concubuisse
Iovi?

huius Ericthonius, Tros est
generatus ab illo,

　　Assaracon creat hic, Assaracu-
sque Capyn;

proximus Anchises, cum quo 　35
commune parentis

　　non dedignata est nomen habere
Venus:

正如他把首位分给了好战的马
尔斯,①

　　因为他是自己生命的直接源头;

同样,族中跨多代被他继承的维
纳斯,

　　他要她拥有第二月的位置;

寻根问祖,详加审阅世世代代,②

　　他一直上抵同宗的神祇。

难道他会不知道达达努斯由阿特拉
斯之女厄勒克特拉

　　诞下,厄勒克特拉曾与尤庇特
共枕?

彼人生埃里克托尼乌斯,特洛斯由
此人所生,

　　他给阿萨拉库斯,阿萨拉库斯给
卡皮斯生命;③

安喀塞斯紧接其后,维纳斯
没有

　　不屑与他共享双亲之名。④

---

① 25 马尔斯据说是罗慕路斯的父亲(《岁时记》3.11—46,李维 1.4.2)。修饰 Mars 的形容词,参照
《岁时记》3.1—2:bellice("好战的"、"尚武的")...Mars。

② 29 principium sui generis,字面意思是"本族始祖":参见维吉尔《埃涅阿斯纪》7.219:ab Ioue
principium generis("祖先源自朱庇特");29—30 revoluta...saecula:revoluta,revoluere,"展开"
(卷轴、线团)之意;saeculum(单数),指"一代"。

③ 34 阿萨拉库斯(Assaracus):诗歌中经常把特洛伊人称为"阿萨拉库斯的苗裔、血脉"等等(如《埃
涅阿斯纪》6.778);卡皮斯,见第 34 行。

④ 36 non dedignata:litotes(反语法)。

hinc satus Aeneas; pietas spectata per ignes

　　sacra patremque umeris, altera sacra, tulit.

venimus ad felix aliquando nomen Iuli,

　　unde domus Teucros Iulia tangit 40 avos.

Postumus hinc, qui, quod silvis fuit ortus in altis,

　　Silvius in Latia gente vocatus erat.

isque, Latine, tibi pater est; subit Alba Latinum;

　　proximus est titulis Epytus, Alba, tuis.

ille dedit Capyi repetita vocabula Troiae 45

　　et tuus est idem, Calpete, factus avus.

埃涅阿斯由此而来；烈火中经过考验的孝子①

　　将圣物与父亲（亦为圣物）一并肩负。②

我们最后来到尤路斯这幸运之名，③

　　尤利乌斯家族由他上承透克里亚先祖。④

波斯图姆斯自他而出，因生在林莽深处，

　　在拉丁人之中他叫西尔维乌斯。⑤

拉提努斯啊，他是你的父亲；阿尔巴继承拉提努斯；

　　紧挨你的碑文的，阿尔巴啊，就是埃皮图斯。

他重拾一个特洛伊名字给卡皮斯。

　　又成为了你——卡尔佩图斯——的祖父。

---

① 37 pietas spectata per ignes，这个表述，亦见奥维德《变形记》14.109。特洛伊城破被焚时，埃涅阿斯在大火中带着守护神的雕像以及其父安喀塞斯逃离特洛伊；pietas 这个概念比较丰富，可以指对神、家人和同伴等等的忠诚尽职，相应的形容词为 pius，在维吉尔《埃涅阿斯纪》中，pius 用来修饰埃涅阿斯的品质。

② 38：sacra 意为"圣物"，本行中第一个 sacra 这里具体指"帕拉狄翁"（拉丁文为 Palladium，希腊文为Παλλάδιον），即守护特洛伊城的雅典娜神像。特洛伊陷落后，埃涅阿斯把神像带到了意大利；第二个 sacra，即另一个圣物（altera sacra）是 patrem 的同位语，都指埃涅阿斯之父安喀塞斯。几乎相同的表达法，见奥维德《变形记》13.624—625：... sacra et, sacra altera, patrem/ fertumeris, venerabile onus, Cythereiushcros"库忒拉之英雄带着圣物，肩抗父亲——另一圣物，可敬的负担"。

③ 39 Iuli，主格为 Iulus 尤路斯，在维吉尔《埃涅阿斯纪》中，尤路斯即阿斯卡尼乌斯（Ascanius），为埃涅阿斯与克瑞乌萨（Creusa）之子，随埃涅阿斯逃离特洛伊，最终在意大利落脚。尤路斯是阿尔巴·龙伽（Alba Longa）的建城者。

④ 40 透克里亚先祖（Teucrosavos）：特洛伊王室的始祖之一是透克罗斯（Teucrus 或 Teucer），因此特洛伊也称为"透克里亚"（Teucria）。

⑤ 42 西尔维乌斯（Silvius）：他的名字源自拉丁语 silva（森林），因为他出生在深林之中，见第 41 行（silvisfuitortusaltis）。这一说法见李维 1.3.6 casuquodam in silvisnatum。在维吉尔笔下，他是埃涅阿斯的幼子（《埃涅阿斯纪》6.763：postumaproles），是埃涅阿斯晚年与他的拉丁妻子拉维尼娅之子，在森林中长大（《埃涅阿斯纪》6.763—766）。

cumque patris regnum post hunc Tiberinus haberet,

　dicitur in Tuscae gurgite mersus aquae.

iam tamen Agrippam natum Remulumque nepotem

　viderat; in Remulum fulmina 50 missa ferunt.

venit Aventinus post hos, locus unde vocatur,

　mons quoque; post illum tradita regna Procae;

quem sequitur duri Numitor germanus Amuli;

　Ilia cum Lauso de Numitore sati;

ense cadit patrui Lausus; placet 55 Ilia Marti,

　teque parit, gemino iuncte Quirine Remo.

第伯里努斯在其后执掌父亲的王国时，

　据说在图斯奇亚的湍流中沉没。①

但他已见到儿子阿格里帕和孙儿勒穆卢斯；

传闻勒穆卢斯遭了雷击。②

他们之后来了阿汶提努斯，此地因之得名，③

　山丘亦然。再后，王国传给普罗卡；④

接下来是冷酷的阿穆利乌斯⑤的兄弟努米托尔；

　伊利娅⑥和劳苏斯为努米托尔之种；

劳苏斯倒在叔父剑下，伊利娅被马尔斯看上，

生下你，与雷穆斯双生的奎里努斯。⑦

---

① 48 图斯奇亚的湍流：阿尔布拉河，从此以第伯里努斯(Tiberinus)为名，改叫台伯河(Tiber)。

② 50 关于勒穆卢斯死于雷击，亦见奥维德《变形记》14.618：fulmineo periit, imitator fulminis, ictu；ferunt 一词字面的意思是"他们说"，指流传的说法，不确指"他们"具体是谁，可译为"据说"、"据传言"、"传闻"等等。

③ 51 山：阿汶提努斯山(Aventinus，又译"阿汶丁"山，今意语"阿文蒂诺山"(il colle aventino))，罗马七丘之一，位于罗马城西南角。

④ 52 普罗卡(Proca)：奥维德和李维(1.3.9)一样，都把他叫做普罗卡，但维吉尔称他为普罗卡斯(Procas，《埃涅阿斯纪》6.767)。

⑤ 53 阿穆利乌斯：据李维1.3.10叙述，他放逐自己的哥哥、逼自己的侄女为贞女祭司、杀死侄子劳苏斯(下文第55行)，将罗慕路斯和雷穆斯丢入台伯河。

⑥ 54 伊利娅：见第23行注。

⑦ 56 Quirine，主格为 Quirinus(奎里努斯)：罗慕路斯死后成神，他作为神的名号为奎里努斯(见维吉尔《埃涅阿斯纪》1.292，《岁时记》2.507)；Fantham 1998 也点出在这里用 Quirinus 这(转下页)

ille suos semper Venerem Mar-
temque parentes

　dixit，et emeruit vocis habere
fidem：

neve secuturi possent nescire nepotes，

　tempora dis generis continuata 　60
·dedit.

sed Veneris mensem Graio
sermone notatum

　auguror；a spumis est dea dicta
maris.

nec tibi sit mirum Graeco rem
nomine dici；

　Itala nam tellus Graecia maior erat.

venerat Euander plena cum classe 　65
suorum，

他常说维纳斯和马尔斯是自己双
亲，

　而他已为他的声音赢得权威。

为了让后世的子孙不至于无知，

　他将相邻的二时①献给族神。

但我猜人们是用格拉伊语②称呼维
纳斯

　之月的：女神得名自海的浮沫。③

你也不必惊讶它有一个希腊名字：

　意 大 利 之 地 当 时 是 更 大 的
希腊。④

埃万德尔已至，⑤舰队满载自己
族人，

───────────

（接上页）个称号，部分因为 Romulus 这个词比较难配合格律。罗马公民亦被称为 Quirites，也与
Quirinus 相关（见 Fantham 1998《岁时记》1.855 的注；亦见 2.479,505）。与奎里努斯相关的庆典
包括 2 月 17 日的 Qurinalia，4 月 21 日的 Parilia（建城节）与 8 月的 Consualia 都与罗慕路斯相
关。

① 60 二时：Martius 和 Aprilis 两个月份。

② 61 格拉伊语：格拉伊（Graius，a，um），形容词，意为"希腊的"。

③ 61—62 海的泡沫在希腊语中称作ἀφρός(*aphros*)，是维纳斯的希腊名 Aphrodite(阿芙洛狄忒，"生于海
沫"前半部分的词根（见第 15 行注）。这里奥维德是说，女神的希腊名字是四月名字 Aprilis 的来源。

④ 64 更大的希腊：意大利南部曾有众多的希腊定居地，合称为"大希腊"（Magna Graecia）；这里列
举的来自希腊的神话移民并非定居在大希腊地区，而是拉丁姆；但奥维德还是借用了这个抬举意
大利的名号（Fantham 1998）。然而到了奥维德时代，这些定居地除了那不勒斯等几个最重要的
之外，都已经枯竭（Frazer 1929）。

⑤ 65 埃万德尔（Evander）：来自伯罗奔尼撒半岛中部阿卡迪亚（Arcadia）的王，流亡至意大利。见
奥维德《岁时记》471—542；李维 1.7.3—8；维吉尔《埃涅阿斯纪》第八卷多处，如 8.51—54,100，
115—116,330—336. Elaine Fantham, "The Role of Evander in Ovid's Fasti," *Arethusa* 25
(1992),155－71.

venerat Alcides, Graius uterque genus

(hospes Aventinis armentum pavit in herbis

claviger, et tanto est Albula pota deo),

dux quoque Neritius; testes Laestrygones exstant

et quod adhuc Circes nomina 70 litus habet;

et iam Telegoni, iam moenia Tiburis udi

stabant, Argolicae quod posuere manus.

阿尔客德斯①已至，两人同宗希腊

（来自异乡的持棒者②放牧于阿汶丁的芳草，

阿尔布拉河③被如许神祇啜饮），

还有那位奈里同首领：④莱斯特律冈人可以为证，⑤

和至今仍拥有客耳刻之名的海岸。⑥

那时忒勒戈诺斯的城，⑦那时由阿尔戈斯人手建、

潮湿提布尔城⑧的墙郭都已经屹立。

---

① 66 阿尔客德斯（Alcides）：希腊文"父号"（*patronymic*，见第 23、76 行），意为"阿尔凯乌斯（Alceus/Alcaeus)的男性苗裔"，即赫拉克勒斯——他的生父为宙斯，但凡人祖父是提林斯（Tiryns)国王阿尔凯乌斯（Fantham 1998；T. Sheer, "Amphitryon", in *Brill's New Pauly*)。

② 67 hospes...claviger：hospes，指客人、并非本地的人；claviger"持棒者"指赫拉克勒斯，他的标志武器是一根大棒（clava)。

③ 68 Albula 阿尔布拉河，指台伯河。

④ 69 奈里同首领：即尤利西斯，奈里同（Neriton)是他的领土、爱奥尼亚海上伊塔卡岛（Ithaca)上的一座山。

⑤ 69 莱斯特律冈人（Laestrygon, -es）：又译"莱斯特律戈涅斯人"，荷马史诗中的巨人族类，食人，《奥德赛》10.80 以下讲到尤利西斯漂流到他们的领土，几乎被吃掉全部同伴，只剩一艘船逃脱。传说他们居住在拉丁姆与坎帕尼亚边界上的弗尔米埃城（Formiae，今莫拉·迪·加埃塔（Mola di Gaeta）；Fantham)。

⑥ 70 至今仍拥有客耳刻之名的海岸：高峻的客耳凯伊（Circeii/Circeium)海角（今齐尔切罗 Circello —— Neatby and Plaistowe、Frazer 1929)，位于拉丁姆南部，邻近那不勒斯，客耳刻（Circe)的家乡艾艾埃（Aeaea)位于那里。

⑦ 71 忒勒戈诺斯的城：图斯库隆（Tusculum)，位于拉丁姆，在阿尔巴山之北，相传由尤利西斯和客耳刻之子忒勒戈诺斯（Telegonus)所建（Frazer 1931，Neatby and Plaistowe)。

⑧ 71—72 阿尔戈斯人……提布尔城：阿尔戈斯（Argos)是伯罗奔尼撒半岛上的重要城市，在特洛伊战争中希腊人被称为"阿尔戈斯人"（*OLD* "Argolicus")。提布尔（Tibur)，今蒂沃利（Tivoli)，由来自阿尔戈斯的三兄弟所建，以三兄弟之一提布尔提斯（Tiburtus)命名（《埃涅阿斯纪》7.670—72)。坐落在罗马东北偏东方向 16 英里的山里，当时是避暑胜地，拥有很多富人的别墅和灌溉良好的果园，阿尼奥河（Anio)在城的正中心成瀑布泻下，所以有"潮湿"之称（Frazer 1929；Nesbit and Rudd, *A Commentary on Horace*：*Odes Book III*, Oxford 2004,4. 23 和 29. 6 注)。

venerat Atridae fatis agitatus
Halaesus,

　a quo se dictam terra Falisca putat.

哈莱苏斯已被阿特柔斯之子①的厄运驱赶而来，

　法利斯卡之地认为自己由他得名。

adice Troianae suasorem Antenora　75
pacis,

　et generum Oeniden, Apule
Daune, tuum.

serus ab Iliacis, et post
Antenora, flammis

　attulit Aeneas in loca nostra
deos.

huius erat Solimus Phrygia comes
unus ab Ida,

　a quo Sulmonis moenia nomen　80
habent,

再加上力主特洛伊人议和的安特诺尔，②

　与俄纽斯之裔③（阿普利亚的道努斯，你的佳婿）。

安特诺尔之后，埃涅阿斯从伊利昂烈焰中迟来，

　把他的神祇带入我们的国度。

有位索利穆斯，从弗里吉亚的伊达山伴他同来，④

　苏尔莫⑤的城池由他得名，

---

① 73 阿特柔斯之子：指阿伽门农，特洛伊战争中希腊联军的统领。返回迈锡尼后，他的妻子克吕泰墨涅斯特拉（Clytemnestra）伙同情夫埃吉斯托斯（Aegisthus）将之谋害。哈莱苏斯（Halaesus，一说是他的儿子，一说随从——Fantham）逃离迈锡尼，后在意大利建立法利斯卡（Falisca，又称法莱里 Falerii）城，据说此名来自于他的名字。

② 75 安特诺尔（Antenor）：李维开篇（1.1）便谈到希腊人攻陷特洛伊之后，放过了安特诺尔和埃涅阿斯两位英雄，因为这两位一直主张与希腊人讲和、归还海伦。两位最终都落脚到今天属于意大利的地方，安特诺尔建立了 Patavium（亦见维吉尔《埃涅阿斯纪》1.242—246；今意大利北部的帕多瓦），当时是维奈提人（Veneti）之地。

③ 76 Oenlden 俄纽斯之裔：指卡吕冬（Calydon）的俄纽斯（Oeneus）之孙、提丢斯（Tydeus）之子狄俄墨得斯（Diomedes），特洛伊战争中最著名的希腊英雄之一。特洛伊战争结束后，关于他的经历说法不一。一说他从特洛伊返回时被妻子逐出国，来到阿普利亚（Apulia，古意大利东南一地区，今普利亚大区（Puglia）得名于此），娶国王道努斯（Daunus）之女为妻（奥维德《变形记》14.458，510—511），所以这里称他为道努斯之婿（generum 为宾格，主格为 gener）。Apule Daune，呼格。

④ 79 弗里吉亚的伊达山（Phrygia Ida）：弗里吉亚是小亚细亚的一个国度，在诗歌中常用来代称特洛伊（OLD）。传说弗里吉亚的伊达山是尤庇特/宙斯掠走伽尼墨得斯之处（维吉尔《埃涅阿斯纪》5.252—260）。有两个伊达山，另一个在克里特岛，是尤庇特/宙斯被抚养长大的地方（如卡利马科斯《赞美诗一：致宙斯》5）。

⑤ 80 苏尔莫（Sulmo）：今苏尔莫纳（Sulmona），意大利中部阿布鲁佐大区的城市，奥维德的故乡。

Sulmonis gelidi, patriae, German-
ice, nostrae.

　　me miserum, Scythico quam
procul illa solo est!

ergo ego tam longe — sed
supprime, Musa, querellas：

　　non tibi sunt maesta sacra
canenda lyra.

Quo non livor abit? sunt qui tibi　85
mensis honorem

　　eripuisse velint invideantque, Venus.

nam, quia ver aperit tunc omnia
densaque cedit

　　frigoris asperitas fetaque terra
patet,

Aprilem memorant ab aperto
tempore dictum,

　　quem Venus iniecta vindicat　90
alma manu.

illa quidem totum dignissima
temperat orbem,

　　illa tenet nullo regna minora deo,

冷冽的苏尔莫，①日尔曼尼库斯啊，我的家乡。

　　惨啊，她距斯基泰之地②路途何其漫长！

所以我就这么遥远——但压下怨诉吧，缪斯：③

　　你不能将圣事用哀伤的诗琴歌唱。

恶意什么事做不出？有人妒恨你，

　　维纳斯，想剥夺你四月的荣誉。

因为那时春天让一切绽放，寒冬严酷的苦涩

　　退却，满怀新生命的土地坦陈，④

他们说"阿波利里斯"得名自开放的时节，⑤

　　但慈母维纳斯手按其上，宣布它属于自己。

其实她当之无愧地主宰整个世界，

　　她统治的疆域不亚于任何神明，

---

① 81 Sulmonis gelidi patriae ... nostrae：亦见奥维德《哀怨集》4. 10. 3：Sulmomihi patria est, gelidisuberrimusundis"苏尔莫是我的家乡，富于冷冽的水流"。

② 82 斯基泰：奥维德的放逐地在托米斯（Tomis，今罗马尼亚的托米 Tomi），但他通常用不太精确的 Scythia（在中文文献中常译为"斯基泰"）代称，虽然斯基泰人（Scythae）当时似乎以克里米亚为家（Fantham 1998）。

③ 83 ergo ego 表达对于不公平际遇的抱怨与不满（Fantham 1998）。

④ 87—88 nam, quia ver aperit tunc omnia densaque cedit/frigoris asperitas fetaque terra patet：春天和新生，亦见奥维德《岁时记》1. 151：omniatuncflorent, tuncest nova temporisaetas"那时万物绽放，那时是时间的新生"（王晨译）。

⑤ 89 即他们声称"Aprilis"（四月）来自 aprire（打开）一词。

iuraque dat caelo, terrae, natali-
bus undis,

她为天、地和生她的波涛立法，①

　perque suos initus continet omne
genus.

经由她的介入，她执掌万物。②

illa deos omnes（longum est 95
numerare）creavit,

她创造了所有神明，不可胜数，

　illa satis causas arboribusque dedit,

她把开端赋予庄稼和树木。

illa rudes animos hominum
contraxit in unum,

她把众人的粗蛮意志聚拢为一，

　et docuit iungi cum pare
quemque sua.

教每人各自与同伴结为连理。

quid genus omne creat volucrum,
nisi blanda voluptas?

是什么造出了百鸟，若不是媚人的
欢愉？

　nec coeant pecudes, si levis 100
absit amor.

若少了轻捷的爱，牲畜也不会交合。

cum mare truxariescornudecertat,
at idem

凶猛的公羊用羊角互相顶撞，
它却③

---

① 93 natalibus undis：见本卷第 15 行及第 62 行注，维纳斯出生于海浪中。

② 94 perque suos initus continet omne genus：这句的主语仍然延续了第 91 行的 illa（"她"，指维纳斯）。initus 和 continet 的意思都有不同的解读，Fantham 1998 认为 continet 这个词在这里强调的是"控制"、"支配"。Pasco-Pranger 把这句理解为"through her unions she controls every species"（"经由她的促合，她掌控众生"；Molly Pasco-Pranger, *Founding the Year Ovid's Fasti and the Poetics of the Roman Calendar*. Leiden：Brill, 2006，130）；King 的译文则十分不同："and she continues every breed of animal through her 'entry'."（"通过她的'进入'，她延续每一物种"；Richard Jackson King, *Desiring Rome：Male Subjectivity and Reading Ovid's Fasti*. Columbus：Ohio State University Press, 2006, p. 131）。关于维纳斯和万物繁衍，见卢克莱修《物性论》1. 19—20：omnibus incutiensblandum per pectoraamorem, /efficisutcupidegeneratimsaeclapropagent"在每个胸中燃烧起爱情的引诱, /你不断带来无数世代的生物, 各如其类"（方春生译）。奥维德对卢克莱修的推崇与借鉴，见 John F. Miller, "Lucretian Moments in Ovidian Elegy," *Classical Journal* 92. 4(1997), pp. 384 - 398（文中也指出奥维德常用卢克莱修式的大道理来制造幽默效果）。

③ 101—106 性是教化动物的力量，用公羊、公牛和鱼三个例子予以说明，也许因为三者都是黄道十二宫的星象而联系在一起。公牛的好斗和公羊的争强属于谚语式的表达，模仿了 formosaiuuenca（美丽的母牛）引发公牛角斗的描写（《农事诗》3. 219—36）。奥维德以男人的性事和动物的性事作对比，赞美性调停了动物和男人的冲突（《爱的艺术》2. 467—86），最高潮的一段 laetasaliturouis, tauroquoquelaetaiuuencaest；sustinetimmundumsimacapellamarem。参见 Fantham1998, p. 110。

frontemdilectaelaedereparcitovis;

deposita sequitur taurusferitateiuvencam,

　　quemtotisaltus，quemnemusomnetremit;

viseademlatoquodcumque sub ae　105
quorevivit

　　servat，et innumerispiscibusimpletaquas.

prima feros habitus homini-detraxit:ab
illa

veneruntcultusmundaquecura sui.

primus　amanscarmenvigilatumnoctenegata

　　dicituradclausasconcinuissefores，110
eloquiumque fuit duram exorare
puellam,

　　proque　sua　causa　quisque
disertus erat.

忍住不撞击爱恋①母羊的前额；
公牛丢下凶蛮跟随母牛，

　　所有的小径为之胆颤，所有的丛
林为之心惊；

同样的力量留存着广瀚海面下的一
切生命,

　　以无数的鱼儿充注各处水域。②

先③除去人类粗野的打扮：④

　　人的文雅和对整洁的关心从此而来。
首先情人唱起了夜曲，为拒绝他的
人儿，⑤

　　据说在紧闭的门旁，
是雄辩打动了铁石心肠的姑娘，⑥

　　每人巧于辞令为自身辩护。

---

① 102 诗人正向驯服的动物灌输他认为人类该具备的特征,准确说来 diligere（爱恋）仅表示人类的情感,参见 Fantham,1998,p.110。

② 106 从教育功能的性转到传播功能的性。奥维德在此处称性创造了生命,而在《变形记》1.74 中则称神创造世界。

③ 107 primus 往往用在大段歌颂神明的开篇,记述神的发明及对人类的恩惠,例如提布卢斯 *Tib.* 1.7.29,31；《农事诗》*Georg.* 1.147;奥维德《变形记》5.341。

④ habitus 到底做"状况"、"举止"解,抑或狭义的"穿着"（*OLD*,p.860),奥维德在 108 行提及 cultus（开化、文雅),暗示 habitus 一词兼具狭义和广义两层含义,Paley 的注释里仅提及个人的外表衣着(Paley,1860,p.155)。
107—114 维纳斯教人们梳妆,重申了《爱的艺术》3.101—28 中对求爱和文化修养之间纽带联系的强调,参见 Fantham,1998,p.111。

⑤ 109—112 carmenvigilatum "夜曲",希腊语中称为 παρακλαυσίθυρον 的那类诗作,παρακλαυσίθυρον字面的意思是"门边哭泣",被拒门外的恋人哀叹乞求,典型的一例为普罗佩提乌斯《哀歌集》1.16。

⑥ 111 追求情人时需要巧舌如簧,参见《爱的艺术》1.85—86。

mille per hancartesmotae; stu-dio-queplacendi,

  quae latuereprius, multareperta-ferunt.

hanc quisquam titulo mensis 115
spoliare secundi

  audeat? a nobis sit furor iste-procul.

quid quod ubique potens tem-plisque frequentibus aucta,

  urbe tamen nostra ius dea maius habet?

pro Troia, Romane, tua Venus armaferebat,

  cum gemuit teneram cuspide 120
laesa manum;

caelestesque duasTroiano iudice vicit

  (ah nolimvictas hoc meminisse-deas),

Assaraciquenurusdicta est, ut
scilicet olim

这位女神将千般技艺创造；①凭借取悦的愿望，

  带来了从前隐没无闻的许多发现。

难道剥夺这位女神给第二月的名称，②

  有人敢？保佑我不会疯狂。③

此外，女神在每个地方强大威显，她的神庙信众聚集，

  而在我们的城里，她拥有更大的权利？

罗马人啊，为了你们的特洛伊，维纳斯手持武器，

  什么时候为利矛戳伤玉指呻吟；④

经过一位特洛伊裁判，⑤她打败两位天神

  （哦，我愿输了的女神不记得此事），⑥

她被称为阿萨拉库斯的儿媳，⑦无疑为了未来

① 113 奥维德显然不同意维吉尔（《农事诗》*Georg*. 1.133—145)的见解，维吉尔认为朱庇特出于农业需要创造出百工千艺。

② 115 罗马历法最早以三月为一年的开始，亦见本卷第 28 行。

③ 115—116 行重申了第 85 行，117—118 行为过渡对句，接下来概括维纳斯的权利（119—124）及她带给春天的丰饶（125—132）。
procul：副词"远离"，驱邪祈愿里特有的用法，如 *Am*. 1.14.29 vimproculhinc remove, 1.14.41 procul omen abesto,《爱的艺术》2.107 sit proculomnenefas。

④ 120 荷马史诗描写了当维纳斯为救助埃涅阿斯加入与希腊人的战斗，为小臂受伤而呻吟。

⑤ 121 Troianoiudice 指帕里斯（Paris）的裁判；两位女天神指朱诺和雅典娜。

⑥ 122 奥维德通过此句 nolimvictas hoc meminissedeas 表达了对帕里斯的判断惹怒朱诺降罪特洛伊人的遗憾之情。

⑦ 123 呼应第 34—36 行，阿萨拉库斯之子安奇塞斯和维纳斯诞下埃涅阿斯；olim，指将来某一天。

magnus Iuleos Caesar haberet avos.	伟大的恺撒拥有尤路斯①一脉的祖先。
nec Veneri tempus，quam ver，125 erat aptius ullum	没有哪个时节如春天般更适合献给维纳斯②
（verenitentterrae，vereremissus ager；	（春天里大地闪耀，春天里土壤松弛；
nunc herbae rupta tellure cacumina tollunt，	现在青草尖尖，破土而出，
nunc tumido gemmas cortice palmes agit），	现在葡萄蔓在肿胀的树皮里吐出萌芽），③
et formosa Venus formoso tempore digna est，	美丽的维纳斯值得美丽的时节，④
utque solet，Marti continuata 130 suo est.	如平常一样亲近她的马尔斯。⑤
vere monet curvas materna per aequora puppes	春天里她提醒弯曲的船只在她诞生的海面⑥
ire nec hibernas iam timuisse minas.	航行，不再害怕寒冬的威胁。⑦

作者简介：王悦，华东师范大学历史系讲师；常无名，北京大学外国语学院博士后。

---

① 124 Iuleos 是奥维德造的新词，见《岁时记》5.564 Iuleaenobilitatis；6.797 Iuleis ... Kalendis.

② 125—132 行赞美春天是维纳斯的季节。125—126 行 ver（春天）的三重首语重复，127—128 行 nunc（现在）的首语重复，为常见的修辞手法。

③ 128 这是奥维德就春季万物萌发主题的第三次描写，cf.1.152，154 和 3.238。

④ 129 Formosus（美丽的）的重复出现，是为叠叙法。

⑤ 130 Utsolet：维纳斯和马尔斯一对情人，各自的月份也相邻，马尔斯和三月相关。见奥维德《岁时记》3；《爱的艺术》1.405。

⑥ 131 航海季春天开始，秋天结束，冬季船只停靠在海滩。
materna per aequora：克洛诺斯的精液以大海为媒介诞出了阿芙洛狄忒（维纳斯），大海也便等同于维纳斯的母亲。见上第 15 行，61—62 行。

⑦ 132 见第 700 行 minas frigoris（严寒的威胁，或冬天的威胁）。Timuisse 的现在完成时不定式没有时间上的意义。

时间无法冲淡忧虑：《哀怨集》第四卷第六首①

刘津瑜

导言：本篇为奥维德的流放诗之一，篇幅较短，一共 50 行，结构与内容如下：

第 1—16 行：时间的驯服、缓和功效；

第 25—36 行：然而时光并未抚平我的忧虑；

第 37—44 行：身心健康每况愈下；

第 45—50 行：所牵挂的一切都不在身边，眼前看到的都是糟心的人，只希望这些磨难因自己的死亡而终结。

Tempus（"时间"、"时光"、"岁月"）是这首诗的关键词，它的各种形式共出现 8 次，其他表达时间的词还包括 vetustas（第 17 行）、spatio（第 21 行）、mora（第 26 行、第 32 行）以及 die（第 38 行）。此外，诗中还用农业周期作为时间线索，提到禾场打谷、赤足踩葡萄出汁酿酒已有两度，也就是说他在流放地托米斯已有两年。诗中没有提到冬天，据此推断，这首诗的可能写于公元 10 年 10 月或 11 月。（视《哀怨集》4.7.1—2 两年的时间），在流放者的眼中是漫长的：spatio ... longo（第 21 行"漫长的光阴"），longa ... die（第 38 行"漫长的时日"）；tarda ... mora（第 32 行）。这种漫长来自心灵的折磨、身体的病痛，以及对罗马、友人和妻

① 本文为国家社科基金重大项目"古罗马诗人奥维德全集译注"（15ZDB087）阶段性成果。翻译过程中，穆启乐（Fritz-Heiner Mutschler）、徐旦莺、陈代之湄提出了许多精到的修改意见，特此表示感谢。

子的牵挂,这一切似乎没有终结,只有死亡才能化解困境。诗中的奥维德似乎对重返罗马已经失去希望,他的忧愁和折磨并没有随着时间而改善。

对于时间的政治、文化意义,奥维德再清楚不过。他曾撰写《岁时记》,现存六卷,每一卷对应罗马年历上的一个月,用哀歌体讲述每月的神祇、庆典、历史、典故等等。第一个词便是 tempora(tempus"时间"的复数)。在本篇《哀怨集》4.6 中,时间没有与神话或历史相联,而是与动物的驯化、农业周期相关联。从很大程度上来说,这种时间是一种回归到剥去了政治、文化意义的时间。这样的时间对他来说不但是难熬的而且是无意义的。

在流放诗中,奥维德反复强调流放地的寒冷、荒凉与危险。比如《哀怨集》3.10.73—75 写道:

> Poma negat regio, nec haberet Acontius, in quo
> scriberet hic dominae uerba legenda suae.
> Aspiceres nudos sine fronde, sine arbore, campos
> 此处果物不生,阿孔提乌斯也无处
> 书写给他情人的话语。
> 目光所及是荒原,无叶,无树

然而,本篇所提到的碾谷、酿酒却从侧面否认了托米斯是个不毛之地。奥维德笔下荒凉的托米斯是心境的呈现,读者不必把它理解为当地情况的写实。

关于奥维德《哀怨集》的底本、翻译原则等,可参见笔者已发表的译注。①本译注仍然以以海德堡卢克本为基础文本,并参考对照了托依布纳本、牛津本及洛布本。大部分的异读不影响大意,但卢克本第 24 行 scilicet et veteres fugiunt iuga saeva iuvenci 中的 saeva("野蛮的""凶残的""苛刻的"等等)一词和其他版本不同。其他版本做 saepe("经常""常常"),这比较符合这首诗大量

① 刘津瑜:《踏上流放之途的前夜:奥维德〈哀怨集〉第一卷第三首译注》,《世界历史评论》8(2017),第 329—346 页;《奥维德对小书的寄语:〈哀怨集〉第一卷第一首译注》,《世界历史评论》12(2019),第 155—174 页;《背信弃义的友人:〈哀怨集〉第一卷第八首》,《都市文化研究》2(2019),第 303—311 页;《诗集的罗马之旅:〈哀怨集〉第三卷第一首》,《都市文化研究》2(2019),第 311—322 页。这些译注的更新版发表在"迪金森古典学在线"(Dickinson Classics Online):https://dco.dickinson.edu/ovid/tristia-i-1。

使用排比手法的风格，因为第 25 行 et domitus freno saepe repugnat equus
（"即使是已驯服的马儿也屡屡抗拒缰绳"）中也有 saepe 一词。本译注的拉丁
文第 24 行采用了 saepe 替代 saeva：scilicet et veteres fugiunt iuga saepe
iuvenci（"是啊，即便是年迈的耕牛也常常躲避牛轭"）。

　　本译注的注释部分除《拉丁文辞海》*Thesaurus Linguae Latinae*（TLL）和
《牛津拉丁语词典》*Oxford Latin Dictionary*（OLD）之外主要参考了以下资料：

　　　　Antonio Alvar Ezquerra, *Exilio y elegía latina：entre la
antigüedad y el Renacimiento*. Huelva：Universidad de Huelva，2018，
pp. 124 - 136.

　　　　F. Della Corte, *Ovidio：I Tristia*. Genova：Tilgher，1973.

　　　　Peter Green, *The Poems of Exile：*Tristia *and the* Black Sea
Letters *with a New Foreword*. Berkeley：University of California
Press，2005.

　　　　Georg Luck, *Tristia：Kommentar*. Heidelberg，1977.

　　　　Francesco Vivona, *I Tristi*. Milano：R. Sandron，1899.

　　就翻译而言，本译注尽可能贴近原文，尽量保留原文的表达法，按字面的
意思而非引申的意义或转义来翻译。以第 47 行 vulgus adest Scythicum
bracataque turba Getarum 中的 bracata 为例，其字面意思为"穿裤子的"、"裤
装的"。在罗马的文化语境中，着裤装是不文明、不开化的标志之一，是用来指
代"他者"的词汇之一。对于这种表达法，译者会面临两难困境：一方面，假如
译文保留字面的意思，那么对于不熟悉罗马文化和罗马"他者化"语汇的读者
而言，也许就不能立刻领会这个词所包含的贬损之意；另一方面，假如把
bracata 译成"野蛮的"，能够方便读者直会其义，但同时也可能会使读者错失
一个体验古罗马文化语征和文化符号的机会。笔者采取了保留 bracata 的字
面意思的译法，将这一行译为："眼前是斯基泰群氓和裤装的盖塔蛮众"，并在
注释中解释 bracata 的文化涵义。①

---

① 大部分西文译文保留了 bracata 的原意：
　　意大利语译文："E' presente invece il popolo Scita e la turba bracata dei Geti." (F. Della Corte)
　　德语译文：Um sich ist das Volk der Skythen und die behoste Schar der Geten. (Georg（转下页）

拉丁文及中译文：

Tempore ruricolae patiens fit taurus aratri,	1	时光流转，农夫的牛屈从于耕犁，
praebet et incurvo colla premenda iugo;		脖颈承受弯轭的重压；
tempore paret equus lentis animosus habenis,		时光流转，烈马顺从坚韧的缰绳，
et placido duros accipit ore lupos;		柔软的口中接纳坚硬的嚼子；
tempore Poenorum compescitur ira leonum,	5	时光流转，布匿狮的愤怒受到抑遏，
nec feritas animo, quae fuit ante, manet;		往日的野性不复存在；
quaeque sui monitis obtemperat Inda magistri		听命于主人训令的印度象，
belua, servitium tempore victa subit.		为时光征服，甘受奴役。
tempus ut extensis tumeat facit uva racemis,		时光使得葡萄在蔓延的枝簇上充盈，
vixque merum capiant grana quod intus habent;	10	直到果实再也兜不住内中的琼浆；
tempus et in canas semen producit aristas,		时光令种籽抽出白色的麦穗，
et ne sint tristi poma sapore cavet.		使得果实褪去青涩的滋味。
hoc tenuat dentem terras renovantis aratri,		它磨薄犁地耕锄的犁齿，

（接上页）Luck)

英文译文：Before me is a crowd of Scythians, a trousered throng of Getae. (Wheeler-Goold, 洛布版)

英文译文：What's here is a Scythian rabble, a mob of trousered Getae. (Peter Green)

法文译文：Ici c'est les peuplades des Scythes, la horde des Getes porteurs de braies. (Jacques Andre) hoc rigidas silices，hoc adamanta terit；

它磨平砺石与坚铁；

hoc etiam saevas paulatim mitigat iras，

15

它甚至逐渐地缓和狂暴的愤怒，

hoc minuit luctus maestaque corda levat.

它淡化哀愁并抚平悲伤的心。

cuncta potest igitur tacito pede lapsa vetustas

流逝的时间脚步无声，可冲淡

praeterquam curas attenuare meas.

一切，除了我的忧虑以外。

ut patria careo, bis frugibus area trita est，

自我失去祖国，禾场已两次碾磨，

dissiluit nudo pressa bis uva pede.

20

葡萄亦被两度赤足踩榨破汁。

nec quaesita tamen spatio patientia longo est，

然而漫长的光阴却不曾带来坚韧，

mensque mali sensum nostra recentis habet.

我的心还能感受到新近的遭遇。

scilicet et veteres fugiunt iuga saepe iuvenci，

是啊，即便是年迈的耕牛也常常躲避牛轭，

et domitus freno saepe repugnat equus.

即使是已驯服的马儿也屡屡抗拒缰绳。

tristior est etiam praesens aerumna priore：

25

当下之磨难悲惨更胜以往：纵然

ut sit enim sibi par, crevit et aucta mora est，

本质未变，却已与日俱增。

nec tam nota mihi, quam sunt, mala nostra fuerunt；

我的苦难不曾如现在这般为我所感知；

nunc magis hoc, quo sunt cognitiora, gravant.

它们越是为我所知就越沉重。

est quoque non nihilum vires afferre recentes，

把新鲜的力量带给岁月的磨难，

nec praeconsumptum temporis 30
esse malis.

而非已为之耗尽，绝非小事。

fortior in fulva novus est luctator harena,

摔跤的新手，黄沙场上勇武更胜

quam cui sunt tarda brachia fessa mora.

因漫长等待而臂膀疲惫之人。

integer est melior nitidis gladiator in armis,

未受伤的角斗士，身着闪亮的盔甲，

quam cui tela suo sanguine tincta rubent.

胜过长枪被自己的鲜血染红之人。

fert bene praecipites navis modo 35
facta procellas：

新造之船在狂风暴雨中亦坚不可摧：

quamlibet exiguo solvitur imbre vetus.

而哪怕小雨，也会使旧船散架。

nos quoque vix ferimus（tulimus patientius ante）

我也难以承受（往日曾更能忍耐）

quae mala sunt longa multiplicata die.

因漫长的时日而倍增的苦难。

credite, deficio, nostrisque, a corpore quantum

请相信，我孱弱无力，依我的健康而

auguror, accedent tempora parva 40
malis.

预言，我的困境已时日无多。

nam neque sunt vires, nec qui color esse solebat：

我无精打采，也了无以往的血色：

vix habeo tenuem, quae tegat ossa, cutem.

消瘦到几乎皮不遮骨。

corpore sed mens est aegro magis aegra, malique

而心灵的折磨更甚于身体的病痛，

in circumspectu stat sine fine sui.

沉思着自身的不幸，无休无止。

Vrbis abest facies, absunt, mea 45
cura, sodales,

罗马城不在眼前，我心系的友人不在眼前，

et, qua nulla mihi carior, uxor abest.	我妻,我最亲爱之人,也不在眼前。
vulgus adest Scythicum bracataque turba Getarum:	眼前是斯基泰群氓和裤装的格塔蛮众:
sic me quae video non videoque movent.	我所见与我所不见同样折磨着我。
una tamen spes est quae me soletur in istis,	此间宽慰我的,唯有一个希望:
haec fore morte mea non diuturna 50 mala.	我的死将让这些苦难不再延续。

注释:

4.6.1 tempore,第五格,在这里的基本意思是"随着时光"。

4.6.5 Poenorum:罗马人称迦太基人为"布匿人"(Poeni 或 Punici),这里泛指阴非利加的。非洲狮性暴烈。

4.6.7 obtemperat:彼得·格林认为这个动词是抄本中的讹误。他认为这里应该是obnititur 之类表"抗拒"或"挣扎不服"的动词。

4.6.10 grana:单数为granum,本义为"种籽",常指代"果实",这里指葡萄;merum 指未掺水的酒,在这里 merum (vinum)指纯酒。

4.6.11 canas...aristas:canas 的原形 canus,-a,-um,本意是白色的、灰色的。OLD 1d释义:"(of trees, plants, etc.) covered with light or silvery foliage, etc."【(树、植物等等)为淡淡的或银色的枝叶所覆盖,等】,如奥维德《变形记》10.655:et segetis canae stantes... aristas"白色麦田挺立的麦穗"(这里 canae 修饰 segetis)。但是译者常将canus 译为"成熟的"。彼得·格林的译文保留了"白色的",但加了"成熟的"作为修饰语:"... time swells/seed into ripe white wheat-ears..."("时光使得种籽增长为成熟的白色麦穗")。

4.6.12 tristi... sapore,第五格,直译是"带有酸味"、"带有青涩的味道",意即"不熟"。cavet+ne 否定从句,字面的意思是"确保不……"。

4.6.13—16 hoc 皆指 tempus"时间"。

4.6.14 adamanta:来自ἀδάμας"最坚硬的金属",admanta 为按希腊语变格的宾格。见奥维德《变形记》9.615—616:nec rigidas silices solidumue in pectore ferrum/aut adamanta gerit nec lac bibit ille leaenae"他的心不是坚硬的燧石或坚实的玄铁/或金刚

石,他也没有吮吸过母狮的乳汁"(翟康译);《爱的艺术》1. 659：Et lacrimae prosunt：lacrimis adamanta movebis"眼泪也有用：泣啼的你会感动坚铁"(肖馨瑶译)。

4.6.16　maestaque corda：见卢克莱修 6.1152：cor maestum。对卢克莱修而言,心是感知愤怒和欲望的器官。corda 可以译为"心"也可以译为"心神"、"神志"、"思绪"。

4.6.17　cuncta potest igitur tacito pede lapsa vetustas：主语是 vetustas,这里指"时间"(OLD 4："Long duration (of a state of affairs),'time'")；tacito pede,第五格,表方式,"(以)无声的脚步",可译为"悄无声息地"、"悄然"。这个表达法,亦见提布卢斯 1.34：imminet et tacito clam venit illa pede"(死亡)近在咫尺,悄无声息地到来。"奥维德在他其他作品中也用过 tacito pede 的表达法,如《爱的艺术》2. 670：Iam veniet tacito curva senecta pede"可厌的老年很快会悄然而至";3. 712：Ipsa nemus tacito clam pede fortis init"她自己勇敢地偷偷悄然进入林子"。

莎士比亚喜剧《终成眷属》(All's Well That Ends Well)第五幕第三场国王的一段道白中："The inaudible and noiseless foot of Time"("时间的无声的脚步")。

4.6.19　Ut patria careo, patria 为第五格,在奥维德的流放诗中,patria 有时指 Sulmo,他的出生地,但更多的时候指罗马,或者泛指意大利。这个从句字面的意思是"自我失去故乡",指"自流放以来"。

4.6.20　脚踩葡萄是酿酒工序中的一道,葡萄倒入大桶,由人赤足踩踏,让葡萄破皮出汁。

4.6.21　spatio,在这里指的是时间而非空间。

4.6.23　et："甚至"的意思;

这一行中的 saepe 是据其他校勘本而进行的修改,卢克本作 saeva。

4.6.24　freno(主格为 frenum,中性)"缰绳",第三格(予格),因动词 repugnat 接第三格。

4.6.26　Ut sim enim sibi par：ut 引导让步从句；morā,第五格(夺格),表原因。

4.6.28　hoc... quo sunt 意思是"……与……成正比"。

4.6.29—30　afferre+宾格 vires... recentes+第三格(可补充)malis),将新鲜的力量带给……磨难,第 30 行的 mails 为表示 2 是的第 2 格(夺格)。

4.6.34　sanguine tincta rubent："为鲜血所染红";类似的表达法见《黑海书简》3.2.54 tincta cruore rubet。

4.6.37　卢克本及洛布本作 vix,托伊布纳本和牛津作 quae。

4.6.39　卢克本、牛津本、洛布本为 nostris,托伊布纳本为 nostro。

4.6.40：卢克本及托伊布纳本作 accedent,牛津本、洛布本为 accedunt。

"accedent tempora parva+第三格"这种表达法,亦见奥维德《哀怨集》3. 3. 41—42：nec dominae lacrimis in nostra cadentibus ora/accedent animae tempora parva meae"我妻的

泪水不会落在我唇上,/为我的生命延长些许时光;

4.6.42 对身体状况的类似描述,见《哀怨集》3.8.27—28：ut tetigi Pontum, vexant insomnia, vixque/ossa tegit macies nec iuvat ora cibus"自我到达黑海,苦于失眠;消瘦/到几乎皮不包骨,且食不甘味"。

4.6.43 corpore sed mens est aegro magis aegra, malique：关于身心皆病,心灵的折磨更胜于身体的病痛,类似的表达,亦见《哀怨集》3.8.33 nec melius valeo, quam corpore, mente, sed aegra est。第43—44行的主语为 mens,第44行的 Sui 非指 mens。

4.6.45 Vrbis：urbs 指罗马城,在流放诗中,罗马城也常是 patria("祖国"、"故乡")的同义语;mea cura 和 sodales 是同位语。

4.6.46 qua nulla mihi carior：quā,表比较的第五格(夺格),关系代词,指 uxor;这个从句的字面意思是"无人比她更亲爱"。

4.6.47 bracata：裤装的、穿裤子的。相关词为 braccae(裤子)。在罗马人眼中,"穿裤子"(以及长发等等)是野蛮、未开化的标志。

4.6.48 movent, Della Corte 译为 tormentano"折磨"。

4.6.49 soletur,来自异相动词 solor,"安慰"、"宽慰"。

4.6.50 haec fore morte mea non diuturna mala：散文语序为 haec mala fore non diuturna morte mea。

morte meā,表示原因的第五格(夺格),"因为我的死"。

作者简介：刘津瑜,上海师范大学特聘教授、德堡大学古典系教授。

戏改 1957：越剧与评弹由传统书到现代戏比较研究[①]

王 亮

摘 要 20世纪50年代是社会主义文化特征全面形塑的决定性阶段，而1957年是一个转折点：既是传统书流行趋势戛然而止的最后一年；又是现代戏孕育萌芽悄然而生的最初一年。这一特殊性在以越剧、评弹为代表的戏曲界表现突出，展现了殊途同归、异源同流的发展态势：在江南戏曲界，越剧演员与评弹艺人均运用时代特色政治语汇，创建传统书目整改组织，提升演出节目上座比率；在国营剧团里，杭州越剧团与上海评弹团均摘得戏曲会演桂冠，编创现代书目剧本，凝练艺术形式特色。由传统书到现代戏的趋同态势，不仅是地方政府按照相同的中央指令，进行社会主义改造的直接结果，是社会剧变针对不同的戏曲艺术，打下相似时代烙印的全面反映，而且是艺人个体依据既往的从业经历，适应现代社会的自我革新，是国营剧团凭借集体的组织优势，扭转艺人思想的统一塑造。

关键字 越剧 评弹 戏曲会演 文艺政治化

导言

1949年，新旧鼎革，江南都市并入解放地区。军事斗争的节节胜利并不

---

① 本文为浙江省社科规划课题成果"1951—1960年越剧界与评弹界组织化比较研究"（19NDQN362YB）。

意味着市场凋敝的经济环境和思想混乱的政治局面能在短期内完全改善。再加上，以浙江、上海为代表的华东地区处于解放海岛的前沿阵地，担负支援前线和恢复生产的双重任务。因此，如何统一民众思想，怎样维护社会稳定成为地方政府最关心的问题。这一问题借助戏曲界的宣教工作得以暂缓。

江南地区戏曲艺术中，越剧与评弹独具特色且受众广泛：越剧起源于绍兴，拓展于浙江，一人一角，相互配合，成为全国戏曲艺术第二大剧种；评弹起源于苏州，繁荣于上海，一人多角，跳进跳出，是沪上除电影外最受欢迎的娱乐方式。① 鉴于受众群体普及程度和时政宣传影响力度，借助以越剧、评弹为代表的戏曲艺术，宣传具有新时代、新内容、新特色的社会主义思想，无疑是一条捷径，致使戏曲艺术由个体艺人娱乐大众、追名逐利的手段转变为集体组织政治教化、鼓励生产的工具。促成这一转变的，是演出书目的更迭。

50 年代初期，对以越剧、评弹为代表的戏曲艺术进行社会主义改造：起初，以传统书目为抓手，以整旧创新为目的，导致艺人由主动参与转为被动接受；此后，整旧不如创新的社会舆论形成新编书目的登台和开创服务政治的局面。编创新书耗时费力，更新速度极为缓慢，导致戏曲舞台上出现极为严重的剧目贫乏现象，并进一步呈现剧场上座率持续下降的态势。上海文化局统计，民间职业剧团上座率 1953 年 72.6%，1954 年 62.7%，1955 年 55.7%，"这种情况，在全国其他大中城市是普遍存在的"。② 新编书目因重复率高而备受冷落之际，戏曲演出市场倒是出现一股复古倾向。这一倾向源于文化部会议的召开。

（一）复古倾向与旧书余韵

1956 年 6 月，文化部在北京举行新中国成立后首次全国戏曲剧目工作会议，推动发掘整理传统剧目、扩大丰富上演剧目工作。党政机关及戏曲界人士 79 位与会。副部长刘芝明指出，由于戏改运动清规戒律影响，上演剧目出现贫乏单调、质量不高的状况，依靠戏曲艺人的主观能动性，挖掘传统剧目潜力，发挥剧种自身特色，尊重艺术发展规律。关于传统剧目整改标准，中国戏曲研究院副院长张庚作了解释："凡是能起积极教育作用，能鼓舞人们精神向上，或

---

① 王亮：《20 世纪 50 年代浙江越剧与苏州评弹组织化比较研究》，《地方文化研究》，2017 年第 5 期，第 16 页。
② 朱颖辉：《当代戏曲四十年》，文化艺术出版社 1993 年版，第 163 页。

能给人以美感上的享受和愉快的剧目,都应该加以肯定。"①刘芝明的核心观点是调动艺人整改积极性,打破束缚,繁荣剧目,尊重规律,发挥特色,目的是将建国初期收归地方政府的剧目整改权力归还剧团组织和艺人个体。张庚进一步阐明了传统剧目整改标准,即具备积极教育意义和娱乐享受价值的剧目,都应"加以肯定"。实质上是在保留传统剧目教化民心意义的基础上,恢复其消遣娱乐价值,促进戏曲演出市场繁荣。二人的观点得到与会戏曲界代表的普遍赞同。此次会议对传统剧目现实价值的重新审定,塑造了一种相对宽松的政治局面,促使发掘整理传统剧目工作在各地大范围开展,活跃地方艺术创造,满足群众娱乐需求,提高剧场上座比率,改善艺人生活水平。数月后,全国各地300多个剧种发掘50,000余剧目,记录14,000多个,整理4,200多个。②此次会议及其影响塑造的文化符号,如"破除清规戒律"、"发掘传统剧目"、"恢复娱乐效果"、"提升上座比率"等语汇,在浙江越剧界、上海评弹界均有直接反映。

　　浙江积极响应中央号召,将文化部戏改指示全面普及。1956年9月,省第三次戏曲工作会议在杭州举行,党政机关及70多个剧团的艺人代表达440余人参会。文教部副部长黄源勾勒总体规划:传达全国戏曲剧目工作会议精神,讨论戏曲工作规划,部署剧目整改任务,号召动员全省力量,打破清规戒律,整理传统剧目,繁荣戏曲事业。副部长黄源将文化部"打破清规戒律"、"整理传统剧目"等既有口号进行传达,塑造本省戏曲整改相对宽松的政治环境,以期繁荣戏曲市场。文化局副局长、浙江越剧团团长王子辉作了深入诠释。他曾指出,对于那些"不一定有明显的政治内容,……(但)看了或听了增长历史知识,能使身心愉快,给他们(指观众,下同)以美的享受,能丰富他们精神生活的戏",是应该支持的,并强调应相信观众的欣赏能力和辨别能力,破除清规戒律。③ 王子辉主张"恢复娱乐效果"的提议跟文化部的思想保持一致,自然有助于"提升上座比率"。他的既往观点在此次会议上得到重申,形成《做好剧目工作为繁荣我省戏曲事业而奋斗》的报告。

---

① 《大力发掘整理传统剧目,扩大和丰富上演剧目:把戏曲艺术推向新的繁荣》,《人民日报》,1956年6月17日,第三版。

② 《让戏曲的花朵放得万紫千红:全国戏曲剧目工作会议确定大放手地发掘和整理传统剧目》,《人民日报》,1957年4月27日,第一版。

③ 王子辉:《在"百花齐放""百家争鸣"的方针下,谈谈我省的戏曲工作》,《浙江日报》,1956年7月20日,第三版。

另外,会议号召越剧工作者将已经发掘出的 511 个越剧剧本进行全面整理,实现推陈出新。511 个剧本的成功凝炼源自于省剧目创作整理委员会的不懈努力。该委员会在半年时间内,充分发动老艺人回忆、口述、整理上演剧本,形成《孟丽君》《盘夫索夫》《庵堂认母》《沉香扇》《百花台》等经典剧目,甚至奔赴嘉兴等地区,遍访优伶名角,考订剧目来源和编演时期,同时协助成立市剧目创作整理组,记录传统剧目 40 个,整理 20 个,出版 5 个。① 其中浙江籍作家唐远凡整理的《孟丽君》,独具特色。该剧结束剧本幕表制度,降低即兴发挥频率,固化导演创作思路,规范演出剧本内容,塑造艺人表演技巧等,并于次年在杭州中国剧场接待周恩来总理,颇受好评。省剧目创作整理委员会依靠老艺人整理旧有剧目,加入时代元素,形成新编作品,缓解了因剧本荒带来的演出危机,为传统剧目的恢复上演提供素材保障。浙江越剧团姚水娟、屠笑飞的《盘夫索夫》,金宝花、薛莺的《庵堂认母》,张茵、钱鑫培的《沉香扇》《百花台》等先后在浙江胜利剧院重新登台。新成立的杭州越剧团移植浙江昆苏剧团的《十五贯》,经过汤学楚改编、傅昊平导演形成新剧本,连演 25 场,观众达 5.8 万人次。② 该剧团还演出由佘惠民整理、陈年余、罗建中导演的《碧玉簪》,大获好评。其他如龙游越剧团在市东剧场演出《大堂会》、《陈胜王》,诸暨越剧团在大众电影院演出《唐伯虎与秋香》等,广受观众欢迎,上座率得到回升。浙江越剧界出现传统剧目恢复上演的状况,与上海评弹界相比,如出一辙。

首届全国戏曲剧目工作会议指示精神传达各地后,清规戒律得以扫除,戏曲遗产受到重视,其中,"上海戏曲剧目演出工作,出现了欣欣向荣的新景象"。③ 1956 年 12 月,为了宣传普及全国戏曲剧目工作会议精神,总结整理传统剧目方面工作,上海市文化局召开戏曲剧团第二次剧目工作会议。会议认为,应打破清规戒律,发掘传统剧目,活跃演出市场,提升上座比率。如此前在政府领导下成立的整理传统剧目工作委员会,下设包括评弹、越剧在内的九个分会,已经发掘 5,000 多个传统剧目,逐次安排整理搬演,深受观众欢迎:7月,观众人次达 180 余万,8 月,达 270 余万,10 月,达 293 万余,上座比率接近八成。年底,戏曲舞台上绝大部分是传统剧目,包括许多久未展现的,也能够跟观众重新见面,而新编剧目寥寥无几,被戏谑说道:"宁可让杨乃武与济公在

---

① 蒋中琦:《越剧文化史》,浙江大学出版社 2015 年版,第 400—401 页。
② 陈建一:《杭州越剧发展史》,浙江摄影出版社 2009 年版,第 92 页。
③ 《社论:演出剧目混乱现象严重吗?》,《新民报晚刊》,1956 年 12 月 18 日,第一版。

台上跑折了腿,而不让一个新时代的人物露一下脸。"①谈笑言语揭示的是传统书目备受荣宠,在地方政府默许的情况下,恢复往日风光,也说明了传统书目的市场需求巨大,艺人自然乐此不疲。如上海评弹团值建团五周年之际,以《十五贯》等传统书目为主打,在静园书场登台鬻艺,并去南京、浒浦等地巡回演出。除夕夜,借助上海人民广播电台播出的"评弹开篇集锦"节目,该团的朱慧珍《宫怨》、蒋月泉《杜十娘》、杨振雄《紫鹃夜叹》以及久已不唱的薛筱卿《柳梦梅拾画》和杨振言《闻铃》等 17 个开篇响彻黄浦江,以满足未购到书场座券而倍感焦急失望的听众需求。1957 年春节,该团在市区各大书场搬演长篇传统书目。华士亭、华佩亭在仙乐、大华、红星、文化宫演唱《三笑》,吴君玉在仙乐、大华开讲《水浒》,严雪亭在仙乐演唱《杨乃武》,唐耿良在新成、红星开讲《三国》,张鉴庭、王月仙在新成演唱《十美图》,薛筱卿、陈红霞在大华、东方、西藏演唱《珍珠塔》,张鸿声在大华开讲《英烈》,蒋月泉、朱慧珍在大华、西藏演唱《玉蜻蜓》,吴剑秋、高美玲在文化宫、富春楼、东方演唱《白蛇》等。为了支援西北地区工业建设,该团抽调唐耿良、杨振雄、朱慧珍等人去西安、兰州等地巡回演出,演出书目仍是《三国》、《长生殿》、《水浒》、《白蛇传》等传统长篇。据统计第一季度,包括评弹在内的上海戏曲界于书场、剧场、游乐场等地演出中,共接待观众 1,100 余万人次,完成季度业务计划的 119%,平均上座率达 80.4%。②

浙江越剧界与上海评弹界在传统戏曲恢复上演过程中,呈现趋同的态势。

首先,时代特色政治语汇运用的相似性。首届全国戏曲剧目工作会议形成的关于传统剧目恢复上演的系列语汇,传到江南后,被浙江、上海的地方政府吸纳,融合于指导戏曲整改的社会实践中。这些语汇,一方面,直抒胸臆地阐发中央文化部最新指示,明确传统剧目整改方向,为解决当前极为严重的剧目演出贫乏问题提供了最为有效的解决方案;另一方面,立竿见影地勾勒社会变迁中的时代特色,诠释政治大环境与戏曲小生态之间的互动关系,将以越剧、评弹为代表的地方戏曲自发形成的涓涓细流,按照既定模式,统一汇集到社会主义革命与建设的滚滚浪潮中。质言之,通过对传统戏曲的整改运动,在政治宣教与娱乐消遣之间,企图寻找到二者的最佳契合点。这一契合点的寻

---

① 《戏曲剧目丰富多彩·剧坛出现繁荣景象:第二次剧目工作会议明确了戏曲剧团今后努力方向》,《新民报晚刊》,1956 年 12 月 18 日,第二版。
② 《"百花齐放、百家争鸣"收到效果:戏曲观众人数激增》,《新民报晚刊》,1957 年 4 月 16 日,第二版。

找工作促使地方性整改组织的诞生。

其次,传统书目整改组织运营的相似性。浙江越剧团、上海评弹团等国营剧团在创编时事作品方面,依靠组织优势形成不少经典剧目,但仍是寥若星辰,杯水车薪,难以满足演出市场的巨大需求,尤其是"告别传统运动"后,更欲壑难填,形成剧本荒。基于此,作家、导演、编剧等社会力量被吸纳到剧本创作中,于是浙江省剧目创作整理委员会、上海市整理传统剧目工作委员会等地方性整改组织应运而生。这些组织依靠集体力量,人际关系,以保存传统书精华为旗帜,以传承艺术家流派为口号,与戏曲界老辈艺人合作,将政治宣教意义与娱乐消遣价值相结合,搜集诸多传统作品,形成万千演出剧本,在极短的时间之内,成功缓解剧本荒所带来的演出危机。这一成功的显著效果在演出节目上座比率的变化中得到完美呈现。

第三,演出节目上座比率变化的相似性。新中国成立以来,时政经典作品数量过少,卖座欠佳。原因在于此类作品时政宣教性质明显,娱乐消遣味道淡薄,从而引发剧本荒以及上座率不理想的问题。越剧、评弹等地方戏曲整改组织的建立,依靠组织优势的发挥,老辈艺人的支持,形成传统作品的各种"新编"。这些"新编"作品,在政治娱乐化与娱乐政治化之间,寻找到时政宣教与娱乐消遣的最佳契合点——寓教于乐,即在传统作品的既定内容中,融合新时代、新内容、新特色等现实因素,在潜移默化中统一民众认识,为社会主义革命和建设事业奠定思想基础。这一做法极为高明:既增添传统作品的时政色彩,为政府所认可,又恢复旧时剧本的娱乐属性,为民众所接受,从而实现剧院书场上座比率的大幅度提升,再造戏曲演出市场往日繁荣,结果中国当代戏曲迎来"第二次创作演出的高潮"①。

文化部凭借时代特色政治语汇的运用,将戏改政策的核心传至江南,借助传统书目整改组织的成功运营,将核心精神融会贯通于传统书发掘整理过程中,并找到了政治宣教与文化娱乐的最佳契合点,从而促使演出节目上座比率的持续提升,再造戏曲演出市场的繁荣。首届全国戏曲剧目工作会议取得的巨大成就促使戏改工作出现"大放手"的举措,并通过第二次全国戏曲剧目工作会议得以确立。

1957 年 4 月,第二次全国戏曲剧目工作会议在京举行。会议指出,根据

---

① 蒋中琦:《越剧文化史》,浙江大学出版社 2015 年版,第 399 页。

各地调查情况,含有毒素的坏剧"不及上演剧目的 1‰",目前的问题"不是戏曲剧目开放已经够了,而是'放'得还不够",因此必须采用大胆放手的方针。[①]会上,副部长刘芝明认为应该依靠艺人挖掘剧目,收集唱腔曲牌,归纳表演艺术。副部长钱俊瑞强调"大放手"方针应长期贯彻,消除四怕(即怕坏戏、怕新戏少、怕艺人不负责任、怕群众不识货)的顾虑。宣传部副部长周扬也认为,不要把整旧和创新对立起来,"整理得好,就是一种创作"。[②]刘芝明主张深入发掘传统,钱俊瑞强调全面消除顾虑,周扬提倡宣扬整旧价值。三位领导的观点通过"大放手"的号召得以呈现,即全面开放禁戏,彻底繁荣市场。然而 1957年夏季的风云变化显然没有按照此次会议的系统规划而延续发展,却促使戏曲界转为另外的方向,从而塑造了"1949 年成立以来中国戏剧领域最关键的转折之一"[③]。

(二)反右运动与新书会演

1957 年的戏曲界波谲云诡:第二次全国戏曲剧目工作会议企图逐步扩大的传统书开放局面,数月间被一场政治运动急速扭转。

1. 反右运动与贬斥旧书

6 月 8 日,毛泽东为中共中央起草党内指示,形成《组织力量准备反击右派分子进攻》一文:"不好的知识分子及社会上的反动分子正在向工人阶级及共产党猖狂进攻,要推倒工人阶级领导的政权",每个党派都应召开座谈会,"左中右的人都参加",阐发个人观点,并派记者报道,"巧妙地推动左中分子发言,反击右派",强调"这是一场大战,不打胜这一仗,社会主义是建不成的"。[④]当天《人民日报》发表社论:少数右派分子正在向共产党和工人阶级领导权挑战。[⑤]毛泽东指示与党报社论形成的运动浪潮很快波及戏曲界。

7 月,在全国人大第一届第四次会议上,梅兰芳、周信芳、袁雪芬等七位艺人,针对部分艺人和剧团"以曾经禁演过的剧目,原封不动地演出来号召观众"的做法,代表戏曲界表态"坚决不演坏戏",提出三点建议:首先,在党的领导

---

① 《社论:大胆放手,开放剧目》,《人民日报》,1957 年 4 月 27 日,第一版。
② 《让戏曲的花朵放得万紫千红:全国戏曲剧目工作会议确定大放手地发掘和整理传统剧目》,《人民日报》,1957 年 4 月 27 日,第一版。
③ 傅瑾:《新中国戏剧史(1949—2000)》,湖南美术出版社 2002 年版,第 64 页。
④ 中共中央文献研究室:《建国以来重要文献选编》(第十册),中央文献出版社 2011 年版,第 252 页。
⑤ 《社论:这是为什么?》,《人民日报》,1957 年 6 月 8 日,第一版。

下,以"社会主义爱国主义精神"为主题,促使戏曲艺术展示时政宣教价值;其次,号召改进传统作品,保证"有技术的戏"仍能登台,在时政宣教中继承娱乐性,这是对两次全国戏曲剧目工作会议精神的继承;最后,坚决不演坏戏。[①]作为全国人大代表,他们自然不能脱离党的领导,不能放下社会主义旗帜,却可以在"技术"层面寻求自我发展空间。这是新中国建立以来,能够显宦露脸的成功艺人一直的思维方式和一贯的具体做法。然而作为党领导下的艺人,他们"不演坏戏"的建议,显然与第二次全国戏曲剧目工作会议精神相违背,与文化部副部长刘芝明、钱俊瑞以及宣传部副部长周扬的倡导相违背。这是极为吊诡的事情。对此,学者傅瑾作了解释:七位艺人的建议"恐怕不会是出于他们自身的主动要求",因为 20 世纪 50 年代的戏改运动,政府对剧目演出的控制力大大增强了,因此"最清醒的言辞也不得不用小心翼翼的婉转曲折的方式提出,在所有极具戏剧性的热情的背后,还隐藏着深深的恐惧"。[②]这一解释切中要害地道出了 1957 年的"成功艺人"在寻求自我发展空间时的被迫与无奈。只是这种被迫与无奈后来演变为一场政治运动,使得许多业界同仁遭受了不公正的批评谩骂,整肃处罚,并在以越剧、评弹为代表的戏曲界中呈现扩大化的态势。这一结果恐怕是七位艺人始料未及的。

作为华东越剧团的团长,袁雪芬"不演坏戏"的倡议,很快传遍江南越剧界,包括浙江越剧团也受此影响。该团姚水娟曾在《东海》月刊上发表《行政命令代替不了艺术》的文章,认为越剧传统书目的整改应该独立进行,不应受行政干预。由于在《罗汉钱》《擦亮眼睛》两个现代戏中成功塑造中年妇女形象,受到观众、舆论一致好评,"这是你最适宜演的角色",姚却说:这是对自己生平最大的侮辱![③]这一做法和论调被定性为"反党反社会主义的言行",受到业界批评。同团演员张茵说,姚在团内"一贯反对上级领导,公开叫嚣:'不要行政团长过问艺术'";温州戏曲界张明认为《行政命令代替不了艺术》一文,"打击温州市越剧团党员艺人王湘娟,攻击温州市文化领导部门"。[④]杭州越

---

① 《全国人民代表梅兰芳等建议戏曲界不演坏戏》,《戏剧报》,中国戏剧出版社,1957 年第 14 期,第 19 页。

② 傅瑾:《新中国戏剧史(1949—2000)》,湖南美术出版社 2002 年版,第 62—66 页。

③ 杭州越剧团张琴娟:《责问姚水娟》,《杭州日报》,1957 年 8 月 7 日,第三版。

④ 《姚水娟到处向党进攻·宁波、温州等地演员在杭集会揭发姚的罪恶活动》,《杭州日报》,1957 年 8 月 2 日,第三版。

剧团演员张琴娟公开指责姚"昧着良心,信口污蔑,挑拨离间,推波助澜",是"忘恩负义",应该"向党和人民交代请罪"![1] 同事同行的指责批评汇成的舆论洪流将毫无还手之力者冲进右派阵营。与越剧界相类似,评弹界亦是如此。

以上海评弹团前任团长刘天韵为代表的 12 位戏曲界著名演员表态:拥护梅兰芳、周信芳、袁雪芬等七位艺人"不演坏戏"的号召,指出演好戏好书和演坏戏坏书是"戏曲界社会主义和资本主义两条道路的斗争,反对演坏戏说坏书,是戏曲界反右派斗争的一个重要内容"。[2] 刘天韵等艺人均为著名演员,是"成功人士"。他们响应"不演坏戏"的号召,其实是对梅兰芳等艺人在坚持党的领导之下寻求自我发展空间做法的照搬,毕竟好戏坏戏的具体评判标准、传统剧目的详细整改方案仍然掌握在艺人手里。主导权的掌握时间并未持续多久,便被截止了。"光裕书场事件"爆发,黄异庵受到苏沪评弹改进协会的批判:他是个策划于密室,点火于基层,上下串连,八方呼应,以天下大乱,取而代之的阴谋分子,并否定党对评弹界的绝对领导。[3] 评弹界的"反右"运动波及到团内,团领导开始整肃上海评弹团。团内艺人彭本乐回忆说,团领导曾在全体艺人大会上发布言论:"反党总是要反一个人的,这个人往往就是你的上级"。因此,衡量反动思想的标准就明确了,可操作了,那么在团内,全体艺人的上级就是支部书记。[4] 由于部分艺人的不当言论,在不足 50 人的评弹团内,团领导(即支部书记)揪出了五位右派分子和两个坏分子,将此次运动扩大化。[5] 之后,团内艺人集体噤声。

反右运动后,"不演坏戏"的倡议成为以越剧、评弹为代表的戏曲界统一认识。这种统一的认识,既表现在不能演出文化部曾经禁止后又开放的旧剧目,对于一些略有瑕疵或意义不大的传统书,也要严格审核,又表现在好戏坏戏的演出已经上升为社会主义与资本主义两条路线的斗争问题,"先进与落后不仅仅涉及虚荣与面子,更由于落后者将被无情地抛弃,并且以斗争的形式抛

---

[1] 杭州越剧团张琴娟:《责问姚水娟》,《杭州日报》,1957 年 8 月 7 日,第三版。

[2] 刘天韵等 12 位艺人:《我们响应不演坏戏不说坏书的建议》,《新民报晚刊》,1957 年 9 月 2 日,第五版。

[3] 王亮、张盛满:《评弹 1957:文艺政治化的呈现——以〈黄"青天"〉为例》,《新文学史料》,2016 年第 4 期,第 105 页。

[4] 彭本乐访谈,时间:2012 年 12 月 25 日下午,地点:上海艺术研究所一楼会客厅。

[5] 王亮:《盛衰之间:上海评弹界的组织化(1951—1960)》,商务印书馆 2017 年版,第 164—165 页。

弃"①。基于此,许多艺人怀抱着非常态的"社会主义热情",抛弃传统书,在"积极"与"进步"的表现中积累着现代戏,并通过戏曲汇演的方式,争取地方政府的认可和支持。

2. 戏曲会演与推崇新书

反右运动后,形势急转直下。1957 年是一个起爆点:既是复古倾向迅速刹车的最后一年,又是现代戏曲酝酿萌发的最初一年。次年,现代戏以戏曲会演的方式得以呈现,促使江南戏曲杰出代表越剧、评弹殊途同归,形成红极一时的系列作品。

1958 年 6 月,为了检查上海曲艺改造程度,为工农兵服务、为生产建设服务的执行情况,市文化局及戏剧协会举行第一届曲艺汇演。此次会演包括评弹、沪书、苏北评话、滑稽故事等四个曲种,共 97 档节目,评弹占 87 档,以仙乐书场和新华书场为固定鬻艺舞台,可见评弹担任主角。参赛作品评判结果如下:优秀作品 18 档(现代题材 11 档、传统题材 7 档),均为评弹,较好作品 37 档(现代题材 23 档、传统题材 14 档),其中 34 档是评弹。在曲艺界,评弹成为政治活动的积极参与者,成绩独占鳌头。从新旧题材来讲,优秀与较好级别的现代题材作品均占六成有余,这既是文艺为时事政治服务的要求,也反映新旧作品评判标准,即政治挂帅,厚今薄古,新编作品着重反映当前斗争,传统题材也要具备人民性。② 优秀类作品里,能够鹤立鸡群的是上海评弹团艺人唐耿良的《王崇伦》。该作品以社会主义时代的工人王崇伦为描写对象,以其破除迷信,敢于创新的先进事迹为编演故事,兼具豪迈与神奇色彩。如结尾处借助现代诗朗诵的形式——"时间老人吓了一跳,眼睛睁,胡子翘……快马加鞭追上去,追呀追呀追不到,嘴里说糟糕,心里火直冒",③展现了"时间老人"被王崇伦甩在后面的焦急心态,即凭借现实主义与浪漫主义相结合的方法,反映英雄人物的革新精神,塑造时代偶像的民众心理。通过戏曲汇演的方式,地方政府推出了系列"经得起考验"的作品,为上海戏曲界由传统书到现代戏的转变提供了榜样。这一过程亦表现于杭州越剧界。

同年 10 月,为了反映"一天等于二十年"的伟大时代,促使戏曲艺术更好

① 傅瑾:《新中国戏剧史(1949—2000)》,湖南美术出版社 2002 年版,第 66 页。
② 《曲艺工作总检阅——全市曲艺会演今晚开幕》,《新民晚报》,1958 年 6 月 10 日,第一版。
③ 毕采:《文苑欣赏:这段评话说得好!——曲艺会演中的〈王崇伦〉》,《新民晚报》,1958 年 6 月 11 日,第二版。

地为时事政治和生产建设服务,杭州市文化局假胜利戏院举行专业剧团现代戏创作会演。此次会演分为四场,11 个节目,包括越剧、话剧、杭剧、京剧、滑稽剧、歌舞剧等剧种,展示了社会主义建设中涌现出来的新人物、新事件、新风尚,产生了一系列代表作品和重要奖项,其中《西湖春光》独领风骚——以极高的分数力压群雄,一举包揽优秀剧本奖和最佳演出奖,成为"双料王"。《西湖春光》是杭州越剧团历时十余天创作排演的中型现代戏,以厂房事件为戏剧冲突起爆点,刻画了许多动人场景,如第三场的《采茶》、第五场的《抗洪》、第八场的《畅想》展示了社员无畏地扫清私有观念、坚决地塑造崇高理想的时代新风尚。[①] 该剧在演出内容与表达形式方面,较之传统剧目,均有创新之处。演出内容方面,以大跃进时期为创作背景,热情歌颂了社会主义新人在西湖人民公社创立发展过程中的不懈努力,全面描绘了新时代"人人为我,我为人人"的共产主义美好远景。表达形式方面,打破陈规旧律的传统乐曲形式,吸收充满朝气的现代民歌曲调,给观众带来了不同凡响的视听盛宴,"使人不再感到越剧曲调的单调而是异常新鲜优美"。[②]

在戏曲会演舞台上,越剧与评弹关于现代书编演成绩,体现诸多相同点。

首先,地方戏曲艺术独占鳌头。沪杭戏曲界举行的会演活动包括越剧、评弹等各类地方戏,可谓行家辈出,群星璀璨,竞争极为激烈。然而杭州越剧团和上海评弹团,凭借组织优势,力挽狂澜,一举夺魁,如《西湖春光》和《王崇伦》均获得会演最高奖项。这一成绩的取得,不仅是越剧与评弹在江南区域社会历史既有地位再次展现,是普罗大众对传统艺术形式表达时代特色内容的充分肯定,而且是地方政府对社会主义戏改运动所得结果的全面检验,是越剧演员与评弹艺人在社会剧变中寻求自我发展空间的有益尝试。这一尝试隐含于现代书目编创中。

其次,现代书目编创积极主动。大跃进运动开始后,剧团组织和艺人个体均被卷入其中,革新旧有思想,适应崭新时代。杭州越剧团和上海评弹团也积极投入:前者用十余天完成中型现代戏《西湖春光》的编演工作,将西湖区人民生产建设的宏大场面搬上舞台,最为直接地反映社会主义生产建设运动的滚滚热潮;后者仅用几天时间便孕育产生短篇《王崇伦》,将鞍山钢铁公司工人

---

① 陶冶:《略谈〈西湖春光〉》,《杭州日报》,1958 年 10 月 16 日,第三版。

② 唐向青:《初阳:戏曲的广阔前途——现代戏创作会演观后感》,《杭州日报》,1958 年 10 月 16 日,第三版。

的先进事迹传遍于上海滩工厂角落,响动于黄浦江工人耳畔,取得了启迪人民智慧、推动生产跃进的社会效益,轰动一时。该作品的表演者评弹艺人唐耿良也"被人们认为是一个能创作现代题材的作家"。① 国营剧团编创现代书的积极性,除了体现在内容创新之外,还取得形式变革的成绩,使得新编作品特色明显,别具一格。

第三,作品特色塑造别具一格。以杭州越剧团、上海评弹团为代表的国营剧团在寻求剧本内容创新的同时,也尝试演出形式变革。《西湖春光》打破传统越剧曲调平缓柔和的藩篱,依据现代民歌曲调,塑造铿锵有力、急速快捷的表现形式,描绘西湖人民公社社员挥汗如雨、勇往直前的冲天干劲。《王崇伦》突破评弹艺术传统表达方式的约束,增加现代诗朗诵的韵白,将时间老人输给王崇伦后的语言神态,刻画得惟妙惟肖,成功塑造了"一年完成五年定额、走在时间前面的人"的英雄形象。两部作品的形式变革是为了适应内容创新而孕育的,是为了满足大跃进运动时代旋律而诞生的,是为了更多应景之作的出现而塑造的。如杭州越剧团"决心做党的宣传员,在今年演出规划中,现代戏占50%",②而上海评弹团将比例锁定到80%。

综上,"反右"运动整肃以越剧、评弹为代表的戏曲界,加强政府对越剧团体与评弹艺人的管控,成功扭转搬演传统书目的局面,回到"文艺为时事政治服务"的境地。大跃进运动期间,越剧界出现不良创作倾向,只强调数量和速度,鼓吹"50 个小时写一个剧本,排一个戏",甚至要求 1958 年浙江省职业剧团和业余作者创作、改编现代剧目 2,586 个。③ 在评弹界,上海评弹团领导编撰跃进计划,即 1958 年须演出 3,500 场,其中三分之一应服务于工农兵,提出"四边"方法(边演出、边辅导、边劳动、边创作)以掀起群众创作热潮,将新编作品的创作额度锁定为至少八成以扭转"剧目开放后不努力创新"的现状。④ 此后,地方政策逐渐收紧,掀起现代书创作浪潮,直至演化为形式上疾风暴雨般的演奏速度和内容上"大写十三年"的限定范围,致使戏曲艺术彻底沦为宣传政策、教化民众、统一思想的舆论工具。

---

① 唐耿良著、唐力行整理:《别梦依稀——我的评弹生涯》,商务印书馆 2009 年版,第 102 页。
② 《上山下乡为工农兵演出:省戏曲界提出大跃进规划》,《浙江日报》,1958 年 3 月 31 日,第三版。
③ 陈建一:《杭州越剧发展史》,浙江摄影出版社 2009 年版,第 95 页。
④ 《曲艺动态:上海评弹界力争上游》,《曲艺》,人民文学出版社,1958 年第 4 期,第 30 页。

结论

20 世纪 50 年代,既是对传统戏曲批判继承阶段,又是改革开放后戏曲变革奠基过程,更是社会主义文化特征全面形塑决定性时间。1957 年是一个极为特殊的年份:这一年,传统书流行的趋势戛然而止;这一年,现代戏孕育的萌芽悄然而生。首次全国戏曲剧目工作会议取得了发掘传统剧目、提升上座比率的良好效果,形成了第二次工作会议完全"开放禁书"的举措,以期进一步繁荣戏曲市场、改善艺人生活。正当剧团组织和艺人个体怀着美好愿景,准备或者已经将传统书搬上舞台之际,却不明觉厉地卷入了一场声势浩大的反右运动之中:是否演出现代书已经不再单纯是剧团组织和艺人个体好恶的选择倾向,而是成为社会主义与资本主义斗争的路线问题。任何对主流价值的观念拖泥带水、心存怀疑者和对"政治领导一切"的格局产生异议、提出反对者,都可能受到无情举报、严厉批判、公开揪斗的处罚。在这一时代背景下形成的现代书大跃进的"积极"热潮,便不难理解。这一切在以越剧、评弹为代表的戏曲界表现突出。

以越剧、评弹为代表的江南戏曲艺术在 1957 年的社会剧变中,展现出了殊途同归、异源同流的发展态势:在江南戏曲界,越剧演员与评弹艺人均运用时代特色政治语汇,创建传统书目整改组织,提升演出节目上座率;在国营剧团里,杭州越剧团与上海评弹团均摘得戏曲会演桂冠,编创现代书目剧本,凝炼艺术形式特色。由传统书到现代书的趋同态势,一方面,是地方政府按照相同的中央指令,进行社会主义改造的直接结果,也是社会剧变针对不同的戏曲艺术,打下相似时代烙印的全面反映,另一方面,是艺人个体依据既往的从业经历,适应现代社会的自我革新,也是国营剧团凭借集体的组织优势,扭转艺人思想的统一塑造。

The Chinese Opera Reform in 1957: A Study on the Comparison of Yue Opera and Pingtan from Traditional Books to Modern Opera

Abstract: The 1950s were the decisive stage for the overall shaping of socialist cultural characteristics, and 1957 was a turning point: it was the last year when the trend of traditional books came to an abrupt end; it was also the first year in which modern opera came into being quietly. This particularity is prominent in the opera circles represented by Yue Opera and Pingtan, which shows the development trend of the same origin and the same flow through different routes: in the Jiangnan (regions south of the Yangtze River) opera circle, Yue Opera performers and Pingtan artists use the political vocabulary with the characteristics of the times to create a traditional bibliographic reorganization organization and improve the attendance ratio of performances; in the state-owned opera troupes, both Hangzhou Yue Opera Troupe and Shanghai Pingtan Troupe have won laurels in the national opera festival, compiled modern bibliographic scripts and refined artistic features. The trend of convergence from traditional books to modern operas is not only the direct result of the socialist transformation of local governments in accordance with the same central directives, but also the comprehensive reflection of different dramatic arts in the face of social upheavals and the brand of similar times. It is also the self-innovation of artists who adapt themselves to modern society on the basis of their past experience. It is the unified shaping of artists' thoughts by state-owned troupes with their organizational excellence.

Key Words: Yue Opera; Pingtan; Opera Festival; Politicization of Literature and Art

作者简介：王亮，历史学博士后，浙江理工大学马克思主义学院讲师。

川渝当代城市雕塑记忆景观中的"视觉修辞"分析

厉　华

摘　要：在当代都市中，艺术家以雕塑为媒介建构了诸多记忆景观。若想考察城市记忆雕塑的话语观念，就不能忽视其在当代图像中基于"记忆生产"的视觉实践过程。通过对川渝当代城市雕塑的视觉修辞分析我们可以发现，在"记忆建构"中存在着一个不容忽视的"视觉之维"，那就是，"视觉修辞"提供了一种通往"记忆建构"的研究路径。本文对当代城市雕塑中视觉记忆符号的来源、记忆呈现的时空编码及句法结构、视觉话语的"记忆建构"策略、记忆图像的叙事范畴等方面进行分析，有助于我们拓宽"记忆研究"的视觉向度。最后，文章从人文批评的视角，对当代城市雕塑记忆景观的视觉营造过程进行"反思"认同。

关键词：城市雕塑　记忆景观　视觉修辞

城市记忆雕塑作为都市文化景观，在一定程度上能够折射出当代艺术创作背后隐蔽的运作机制与复杂结构。图像的视觉特质比文字更具渲染力，当代城市雕塑图像创作的视觉传达性在于传递意义与情感关系，这是一种基于感性层面的文化再生产。记忆可以被书写或记录在图像中，雕塑则成为了构建记忆的展示媒介，且擅以不同的叙事维度对过往进行记录。本文立足于雕塑制图学的特殊构型中，研究当代城市"记忆图像"的组成结构、生成过程、叙述范畴与空间审美关系，剖析视觉修辞方法论在记忆书写与文化遗产传承之间的作用，以及其在历史时空重构、记忆奇观营造与多元化艺术表达等方面做出的创新性探索。

一、基于"过去句法"的时空编码：城市雕塑记忆景观中视觉修辞的表述框架

视觉文化研究本质上是修辞性的。视觉修辞研究体现出了鲜明的后现代主义学术体系基本逻辑：修辞对于视觉文化研究而言，不仅仅是一种研究方法论，更是一种研究框架和研究路径。[①] 在罗兰·巴特的神话分析与阿尔都塞的主体建构理论中，图像修辞的呈现都需要一个编码的过程。视觉修辞强调的是在图像维度上促进不同主体的协商与对话，它的主要使命是在图像维度上探寻"视觉性"的问题，探究的是图像如何铺设了社会认知的元框架系统。[②] 视觉修辞实践以视觉文本为修辞对象，修辞实践中包含着视觉话语的要素构成、编码结构、修辞策略与言说意义。

本文将川渝城市记忆雕塑作为视觉文本，从时间组织、空间句法方面解析都市记忆雕塑中视觉修辞实践的"时空编码"架构，即"记忆时间"的有机组成结构与空间叙事法则。在记忆雕塑中基于"过去时空的建构"是有机的，艺术家根据不同的文化叙事，建构不同的"时空秩序"，这其中既有"单一时空——正叙时间与倒叙时间"，又有"复合时空——平行时空与交错时空"，还有"超时空——神迹时空"。本文从城市记忆景观的时空架构探寻其表述框架，从而进一步剖析当代雕塑创作中的"时空分延、记忆迭代"、"时间的错位、叠加、乱序"与"空间的流动、杂糅"现象。

"过去"是一种技艺，是我们借助现在的手段对"过去"进行刻画的技艺，一种关于记忆的技艺。城市记忆雕塑中的"过去"是一种充满个体生命体验的"当下的过去"，是一种被"现时化"的过去，而非未经任何加工的"纯粹的过去"。文化回忆是对"过去"的指涉，而"文化的延续"则正是"传统的形成"。记忆理论视阈下时序建构中的"过去"与"现在"，"现在"占据着核心位置。在城市雕塑记忆景观的时间建构中，"过去"是"记忆时间"的起点，并且，"过去时间观"呈现出了"现在性"特点。"过去是从设定者的现在而去，是从设定者当下的终极信仰呈现之在的地方而去。过去以现在为本源而不是以自身为

---

① 刘晓燕：《修辞学视野中的视觉文化研究》，《深圳大学学报》，2008 年，第 122 页。
② 刘涛：《视觉修辞何为？视觉议题研究的三种修辞观》，《中国地质大学学报》，2018 年，第 155 页。

本源。"①

在城市雕塑记忆景观中,对"过往"的建构,正是基于"宽泛文化传统"意义上的记忆图式重组。记忆中的"过往"是一种"时空概念"。在当代记忆雕塑"建构过去"的过程中,艺术家以源于"古代与现代",象征着历史文化、地域民俗、工业文明的"视觉记忆图式"为母本,进行视觉演绎与文化叙事。

记忆的时间,从现在而去,走向过去的文化传统。回忆是建立在"过去时间观"上的一种心理效应。我们可以将这个有记号的世界称为"文化",也可以将其理解为"记忆术"。② 文化就是一种记忆术,然而"过去是常新的",③在文化记忆理论视阈下,"过去"是在"当下"基础之上的一种自由建构。以基于"传统过往"中的"古代或前现代"时间所进行创作的艺术实践为例,公共艺术家朱成用"砖历史文化墙"(2007—2008 年)铸造了一个属地性的"成都城市雕塑博物馆"。朱成的作品始终持存着一种深刻的"文化寻根"理念,从他的作品中可以看到,所谓的文化寻根,正是其扎根于"过往历史传统",继而不断创作"记忆图式"的过程。他的作品具备"时间的延展性",作为"过往物"的砖块是"时代化"的现实表征,诸如他以羊子山土坯砖、秦汉砖、唐宋砖、明清砖、火砖、七孔砖等媒介,呈现出了实物叙述上的"时间序列—正叙时间(按年月顺序编码)",从而使得"传统物质"具有了时间向度与叙事深度。

朱成设计的"中国都江堰百年民俗图像博物馆"(2012—2013 年)记录了川西平原、茶马古道、农耕文明等历史民俗文化内容。他借用都江堰"历史老照片"中的"松茂古道、城墙背夫、慈母洗衣、老南桥"等系列景致,以现代艺术造景手法进行加工创作。传统老照片中持存着"时间"经验,它也是文化延续的见证物。历史照片中有一个"时间索引","历史时间"被引申到了当下,作品明确了一种文化指向,即"过往"的时间与文明。

"向过往的回归"是通过记忆工作,从后来的时期向更前时期的追索。回忆性艺术,就是以"原图像"的形式不断"向前回溯"的创作过程。以过往时期的"现代工业文明"为例,《城市记忆文化墙》(九龙坡玉清寺地下通道,75 米)作品以工业艺术装置、情景式浮雕、黑白老照片等多维立体元素进行创作,塑

① 查常平:《历史与逻辑:作为逻辑历史学的宗教哲学》,巴蜀书社 2007 年版,第 39 页。
② 阿斯特莉莉·埃尔:《文化记忆理论读本》,北京大学出版社 2012 年版,第 4 页。
③ 阿莱达·阿斯曼:《回忆空间:文化记忆的形式和变迁》,北京大学出版社 2016 年版,第 9 页。

造了一个露天线性工业博物馆。在这条三公里的后工业时代时空隧道上,陈列着代表重庆工业发展历史的文化符号。这件包含五大时段(工业开埠1890—1933、陪都时期的抗战内迁、"三线"建设1964—1980、改革开放、直辖发展1997—)的"系统化版图"作品,为保守与回顾重庆地区一百二十多年的工业文明历程提供了视觉实证。当代"记忆艺术"城市雕塑中持存着一种"凝聚性时间结构",而物化的艺术起到了连接过去与当下的作用,这种基于"时间"意义上的文化记忆建构,具备了与当下"不共时"的特点。

在以城市记忆雕塑营造的叙事框架中含有一个"时空句法",以"线性时空、平行时空与交错时空"为主要建构模式。部分记忆雕塑艺术作品形成了以"交错时空"为主的叙事模式,朱成的"砖历史文化景观墙"(成都宽窄巷子)是由象征着"过往时段"的"历史的背影、历史的直面、历史的表情"三个篇章构成。文化景观墙是由"各个朝代"的老砖融合堆砌而成,这座四百多米的城墙以丰富的图像历史表情演绎着成都三千多年的建筑历史进程,包含"诸多文化符号"的景观墙的图像意旨,正是这座城的历史记忆。透过这堵历史文化墙,我们能感受到不同的"叠合时空"穿梭其中,不仅能寻得见"前现代"的历史民俗,更能追忆到遥远的"历代"古物遗存,甚至还能透过法楼窗棂感受到"往昔"城市中的异域风情。叶毓山与钱绍武合作的《诗歌大道》(杜甫草堂至浣花公园,300米)属于大型公共艺术作品,大道上的主体雕塑是由"李杜、屈原"组合而成的《圣·仙·魂》以及"三苏"、"三曹"、"初唐四杰"等诗人塑像,二十五件作品将历史上"不同时期"的杰出诗人"同构在一个平行时空"中。

其实,在当代城市记忆雕塑中,以"线性时间"为主的"上下文"叙事模式不乏少数。《跳澄河工业文化长廊》以立体雕塑结合黑白照片的方式,按照"线性逻辑"着重展示了见证九龙坡乃至整个重庆工业文明的七个龙头企业。设计者将每个企业抽象为符号化浮雕融入进百米长廊中,"轮胎、矿井、起重机、齿轮、矿车……",这些被高度凝练的工业图式按照企业成立的"先后顺序"组合成了一班工业文明"时光"列车。《西山雕塑艺术长廊》以陈寿所著的《三国志》为母本,内容由黄巾起义、宦戚争权、董卓废黜献帝、结盟讨董卓、曹操入兖州、迎帝都许昌、官渡败袁绍七组历史故事构成。这件长廊艺术作品的"叙事架构"也是按照明确的线性历史发展逻辑展开的。

在当代记忆景观中,艺术家将不同时期的"记忆碎片"整合,以"平行时空"的架构手法进行文化叙事。朱成的"砖历史文化墙"作品,用最古老的基本建筑符号"砖块"将日常的搓牌、喝茶、逗鸟、洗衣、刨饭、拉煤、拴马等民俗内容嵌入进历史文化街区中,由此,各具特色的"记忆片段"图像景观被统一在了"平行时空"中,以"共时"方式记录着川地逐渐消逝的时空气质与信息记忆。"中国都江堰百年民俗图像博物馆"作品则以类似手法将"历史景致片段"同构在了蜀地百年民俗景观序列之中。郭选昌的《世界文化遗产——都江堰全景浮雕》(2002年)由一千四百多块梨花白花岗石构成,全景浮雕浓缩了鱼嘴、宝瓶口、飞沙堰三部分,并将两千多年的历史文化以"同一空间布局"的方式全景呈现。

记忆是借助符号得以实现再现与表述的,记忆就是记忆的陈述。记忆必然要在过去与现实之间穿梭往返。[①] 在城市记忆雕塑的表述框架——特别是基于时空性叙事框架中,对"过往"的认知是建立在"现时论"基础上的,"过往"是被主体建构的"现在文本"。在记忆景观中,探究视觉修辞的表述框架,就得从图像视觉叙述的"过往时空观念"的营造范式着手。

二、图像流转中的"回忆律令":城市雕塑记忆景观中视觉 修辞的媒介符号来源与话语接受策略

从海德格尔宣称将世界把握为图像,到詹姆逊对图像时代的后现代特征阐释,再到雅克·朗西埃所独创的美学思想,图像研究成为把握当代审美文化的一个重要支点。[②] 从媒介图像行为论的角度来说,图像可以被理解为是主体对表象世界的整体把握。图像既产生又取消意义,图像是对语言的再补充,也是将语言进行视觉化处理与想象的过程。在以雕塑图像形构的文化记忆中离不开对文化符号的运用。

俄罗斯塔图学派的代表人物洛特曼继承了索绪尔二元论与皮尔斯三元论的符号学传统,继而提出了文化符号学理论。塔图学派关于"文化记忆"研究的核心是把文化视作一个"符号体系",阐明不同类型文化记忆的特征,并寻觅最适宜担当文化记忆职责的符号元素。记忆雕塑中充斥着"原文化能指"的视觉狂欢。符号本身就是能指,文化符号就是文化视觉能指。文化符号在当代城市记忆雕塑图式中的主要功能是建构意义、表达情感与强调集体认同。

---

① 赵静蓉:《文化记忆与身份认同》,生活·读书·新知三联书店 2015 年版,第 45 页。
② 周盈之:《图像何以生产"政治":探究朗西埃的美学思想》,《美与时代》,2019 年,第 16 页。

视觉修辞起源于符号系统、传者构图和接受者观看三种不同的学术视角。① 在城市空间的雕塑艺术中,传统文化图像作为记忆符号有其一定的运作机制,即确定符号—图像塑造—文化推广。"符号是可译的,所有的象征符号都在由母式(matrices)和潜在选择所构成的复杂网络里发挥功能。"②作为当代记忆雕塑"形构来源"的视觉符号具有象征功能与文化意义,它们象征着城市的历史文化与精神内涵。从"文化传统"记忆符号到空间中的立体艺术实物载体,雕塑图像被赋予了基于视觉修辞意义上的"记忆"能动力。在记忆符号的视觉话语接受过程中,我们可从以下两个维度解析当代雕塑景观中的"符号要素来源"与"记忆营建理路":基于传统历史、民俗文化、地域乡土符号或文化语义挪用基础之上的记忆重塑;以原工业场地环境结合空间再造方法进行的记忆场域建构。

视觉文化符号系统中包含着若干个单子符号,地域符号作为文化符号中的单子符号,它既是一个完整的整体,又是其他项目整体中的一部分。地域符号也是构成城市记忆雕塑中"图式要素"的来源部分。城市记忆雕塑作为图像象征物,脱离不了该地区所产生出的文明基础与文化逻辑。地域象征符号是这个城市的文化表达与精神图腾,因此经常被运用到现代城市公共艺术创作中。在朱成的当代公共艺术作品中,总是不乏关于传统文化记忆符号的艺术挪用与文化再现。在朱成的个人心灵记忆史中,曾有半个多世纪的时间面对中国文化符号,他收藏的传统古建筑中的一些"结构艺术品"直接影响着他艺术创作的心理走向,继而启迪他进行社会观念与艺术形式的转换。

在成都地标性记忆景观中总是不乏以地域文化符号为设计构思的都市雕塑艺术创作。如果将雕塑艺术比作城市记忆的书写文本,作为视觉"刺点"并且承载着上千年历史的地域文化符号,可以给人们带来一种重温或追忆的肉身体验。朱成的《都市村落:万户千门》建筑雕塑借用当地的"历代建筑构件",以"修旧如故"的方式打造出了一个"窗棂博物馆",并以非常当代的造型艺术语言再现了传统历史文化,彰显着老成都记忆。窗棂雕塑纪念碑就是一个凝聚着古典记忆的当代缩影。古砖和古窗棂等历史物件,伴随着社会现代化进程即将消失,但是透过朱成的"窗棂"纪念碑又能对城市的历史记忆进行

---

① 甘莅豪:《图像的谎言:符号交际视阈下的视觉修辞行为》,《西北师大学报》,2020年,第155页。
② 范景中主编:《象征的图像:贡布里希图像学文集》,广西美术出版社2014年版,第264页。

再追忆。"老门窗"被他以其独特的构思运用到了当代公共艺术作品中,并为这些故物延展了生命。在《天机》(2000 年)、《春江花月》(2004 年)、《栋梁》(2005 年)、《子母阙》(2005 年)、《璇玑》(2006 年)等此类建筑雕塑创作中,朱成运用了红色建筑构件(穿斗式木构架、斗拱)、阙造型等传统文化视觉元素,我们能从以上作品中看见线与面的叠合穿插,二维与三维的空间交织。艺术家在当代艺术语境中释放传统文化信息,使得这些作品遍布玄机。

　　从城市雕塑到社会雕塑,再到历史雕塑,朱成在艺术创作过程中始终坚信一个概念,即文化基因、文脉传承的问题。他以其特有的文化艺术素养构筑了属于他自身的"记忆哲学"。批评家查常平教授在《公共艺术的六种特性:对朱成作品的审视》中认为:"汉语思想的历史信仰逻辑,就是相信人的肉体生命及其赖以存在的物质自然世界的价值不朽。这种文化观念对象化的结果,形成了我们汉语文明的传统。它体现在各种不同的艺术符号、考古器物、历史残片之中,也记载在各种经、史、子、集之类历史文本之中。对于艺术家而言,他们更多继承、挪用、转换的是前者。"①朱其教授认为:"朱成在 20 世纪 90 年代中国城市公共艺术领域所获得的赞誉,主要在两个方面:对雕塑和公共历史文脉的延展与对现当代艺术形式的吸收。"②

　　雕塑图像作为视觉媒介,为人们通向文化记忆打开了通道,而传统文化图式为艺术家开辟新的回忆空间提供了图像素材。艺术家吴天擅以考据方法将古代甲骨文符号进行"建筑化"形式处理,并将其演绎为当代雕塑艺术。他的《汉簪》、《紫气东来——来自甲骨文字中的鸟》(2008 年)作品,以考证的古代文字符号——"鸟"的来源与变体为基础,建构出了极具传统美学精神的甲骨文字建筑。郭选昌的《记忆山城》(2005 年)以"古民居吊脚楼"为设计母题,将二十多座干栏民居建筑依据重庆山城地势,错落有致地呈现在人们面前。廖菲平的《三星堆古蜀文化:远古神韵》(2005 年)系列雕塑,将古蜀的三星堆青铜面具造型结合东汉说唱俑的身体姿态营造着诙谐的氛围。在东郊记忆园区,张明明的《敲打历史的记忆》作品融合了古今两种截然不同的塑形语汇,将蜀地出土的"说唱俑"以工业几何化元素加以概括和修饰,这是传统雕塑形式与现代艺术语汇的一次碰撞。

---

① 查常平主编:《人文艺术》(第 5 辑),贵州人民出版社 2004 年版,第 169—180 页。
② 朱其:《朱成的"天机":对不可视见的当代现场的表达》,《艺术界》,2000 年,第 77 页。

　　"民间传统图式"作为文化记忆的象征复合体,具有原真性、地域传承性、模塑性等特征。民俗文化与宗教信仰有关,艺术家为了还原与建构出原汁原味的民俗记忆,不断地往"乡土性"上追溯,从极具民俗学意识的"地方方言"中寻找视觉灵感,在一定程度上延续了乡土文化的生存空间。四川美院的何力平将重庆丰都的鬼城文化融入到雕塑创作中,建构出了一个臆想的"鬼国神宫"。在怪异民俗的隐形世界中,艺术家遵从乡俗中的"巫文化"记忆,继而在现实艺术作品中进行"冥界投射"。《鬼城系列》大量借鉴了积淀有传统审美历史精华的小鬼、建筑场所、明器等造型。木刻圆雕《日暮黄昏系列》(1988年)是将类似古代陵墓两侧神道上的"异兽"与其脊背上、身躯中的"老宅"、"枯井"做了某种宿命论的联系,作品中蕴含着一种苍老文化的落寞指向,流露出浓郁的抒情伤感。《催命锣》(1988年)是小鬼"手握锣椎"连续运动的造型,作品中既有基于传统雕塑意义上的对人物肢体动作的夸张塑造,又有西方未来派先锋艺术所追求的营造动态的视觉效果。在其《鬼城系列》作品中,夸张的人物肢体语言与阴魅色彩都是为了凸显"鬼文化"而服务,他以这些作品架构出了一个鬼怪帝国。

　　在当代城市雕塑中,由历史文化、地域符号所引发的记忆建构,是民族性的、集体话语式地传统记忆建构。以雕塑艺术形式再现的传统文化记忆是主流文化记忆优先选择的对象,它们所书写出的地域记忆、集体民俗记忆属于文化记忆、社会记忆的研究范畴。都市空间中,以记忆雕塑形构出的文化记忆是"功能性记忆",主要作用是储存、更新以及再现文化知识的基本资源。

　　记忆的另一种形式是"被记忆"。川渝地区有着深厚的工业文明基础,为复活记忆,艺术家们以"原地点环境"结合"空间重塑"的方法进行了"集体记忆"场域的建构。城市怀旧空间中的"厂区旧址",作为记忆客体或载体的实体性符号承载着一段过去,经由主体移情与情感投射后,"地点"就变成了具有先验情感结构的"意向"。过去的场地以缄默的态度向我们敞开,等待着记忆主体的撞击。"场地"可以激活回忆,回忆也可以再度复活场地。"地点"和其他记忆媒介联合,支撑与激发了整个"回忆过程"。地点是可以超越集体遗忘的时段而保存一个记忆。①

　　"怀旧空间"的视觉修辞建构源自于集体记忆,在当代,作为记忆载体的旧

---

① 阿莱达·阿斯曼:《回忆空间:文化记忆的形式和变迁》,北京大学出版社2016年版,第13页。

厂房以"符号叠积"的方式营建出了新的纪念空间。川渝地区"三线工厂"的代表成都红光电子管厂、重庆钢铁集团是保存了二十世纪五十年代工业文明的历史场地,负载着老一辈人的集体记忆。为了继承前重工文明历史,两个城市均在原部分工业遗存基础上建成了"新型记忆空间"。再度启用"原场地"是建构工业记忆空间的核心。在重塑两个"原厂地"怀旧空间的过程中,部分遗址被重复利用(工业建筑、废旧烟囱),部分遗址被打破重组(废旧仪器、军工残骸),部分被抹去,也有新的元素被整合进来。

当代记忆雕塑中的"前图像符号"都是经过挑选而被再度启用的,并且有意图地传递着各自的意义。一旦观者在接收这些"记忆形象"的时候能够辨识它们,"认同效应"就被激活,"意义"便完成了传递。

三、由"回归"向"反思认同"蜕变:
对城市雕塑记忆景观中视觉修辞营造的人文批判

当代记忆景观的建构并非直接地"向过往"回归,也不是简单的对前图像符号的挪用与重组,更不是立足文化传统上的商业促成,真正有价值的记忆建构,应该是基于反思层面上的文化认同与文化批判。以艺术学的视角分析因营造当代城市雕塑"怀旧记忆景观"所引发的问题,大致可归纳为两方面:一是浮躁的现代社会造就的肤浅审美观对文化传统的消解与削平,不断涌现出同质化的"记忆场所"。二是当代经济转型与消费社会对文化传统的颠覆。

在都市空间中再现与营建工业文化记忆,可为人们追忆往昔提供一种机会或可能,这种将原来的生产空间转换为文化空间的方式,成为各地城市"记忆工程"建设下的参照"模板"。而如此高度相似的运作方式势必造成一定的现实困境,穷其根源是,对工业遗产进行功能转换时,如何让原有的"生产性"遗产成为当代都市的文化记忆空间,而非简单的挪用与复制?

"记忆建构"不是机械的粘贴过程,而是一个"文化符号再生产"过程。在当代记忆空间中,存在着诸多再现前图像符号的"机械、程式化建构"问题,从而一度陷入了对"怀旧主题"的渲染浮于表面的窘境。若在工业创意园区的建设上流于对工业符号的拼凑,难免会缺乏剧场性与互动性。城市创意园区的"相似模式"造就了解域化、失地性结局,我们在设计的过程中应坚决规避工业遗产改造的同质化现象。如何恰当地通过城市雕塑"保存"人们的情感记忆,才是我们首要考虑的问题。以重工文创园区为例，对怀旧性情感符号的挖掘，并非是一味地提取含有工业文化语义的形式元素，而是创设合理主观化的"记忆之场"情景，才是恢复"遗忘之地"的有效手段。这涉及多方面内容，从景观设计的角度分析，城市记忆工业园的设计必须"主次分明，突出重点"，设计者应该根据记忆景观，从空间设计（实体空间、感知空间）、路径规划、艺术呈现方面着手，合理塑造情感记忆结构。

怀旧情节源自现代人的认同危机，在当代，怀旧不仅是一种情愫，它甚至可以演变为一种消费潮流。在后现代社会消费语境中，需求不是物品的实用功能，而是物品的象征价值，以工业文明打造的封闭型"怀旧乌托邦"，可以使游客暂时忘却现实世界。空间是记忆的场所，怀旧空间是一种文化空间，对于作为国家文明化石的老工业场所来说，从"完全被摒弃"的资源浪费到"文化景观再利用"，将原已丧失"生产功能"的厂区置换成新的"地理景观"，从文化发展的可持续层面来讲，这个演变过程具有进步意义。

至二战后，全球经济的产业结构发生巨变，旧的工业生产模式逐渐退出历史舞台，曾经的工业文化景观被搁置。在都市现代化进程中，众多具有前历史文化记忆的"废弃场地"被再度启用，它们被改建为都市的"怀旧性文化空间"。然而，以工业文明为依托的城市记忆文化建设同样带来了负面影响。第一，我国90年代初期对工业遗址的改造，完全照搬西方旧厂区改建为城市文化景观的范式（Loft风格改造模式：伦敦可茵街老工业区、美国纽约苏荷区（Soho）、东京立川公共艺术区、意大利西北部"米兰—都灵—热那亚"工业金三角、柏林工业区），缺乏独特的文化品格与艺术格调。第二，因国内主要几个城市以文化"协同"工业记忆的文创园（北京798、768、751、774工厂，深圳华侨Loft创意园，杭州拱墅区杭印路的Loft49文创基地，大连河口的老工业区）一度成为"老工业园区新改"的成功范例，于是，其他地区的部分城市采用了"复制"策略，文创园区在规模形式上，虽然取得了一定的效果，但是也带来了缺乏地域特色、创新力不足的工业记忆景观趋同现象。第三，在营造工业文化记忆空间的实践中，"片面追求经济"与"呈现文化记忆"之间不断地博弈，"记忆不了、消费不足、创新不在"成为某些怀旧创意空间的发展现状，最终造就了顾此失彼、非此非彼的发展后果。在建设文化记忆景观时，我们应重视并挖掘工业景观的文化艺术价值，"文化符号""怀旧情节""记忆呈现"不能成为发展商业经济、产业链条的幌子。在城市记忆空间中，人们过度消费"怀旧式"的流行文化，是被他者引导出来的虚假需求。立足文化经济学的角度对城市记忆空间进行分析，如何平衡记忆空间内部的文化意蕴与商业属性之间的关系？这是我们在城市空间营造记忆景观过程中应该思考的问题。

文化记忆景观在营建化过程中存在着一定程度上的"商业发展与艺术活化"矛盾，文化空间一度被异化为旅游消费空间，结果就是，一些具备传统文化意义的"工业记忆符号"被模仿、复制、拼贴、翻新、风格重塑，商业环境中的传统文化语境也就随之被消解了。这也正印证了鲍德里亚在《消费社会》中的描述："主体陷入进了一个虚假的、差异性的、被符码化了的物当中"。① 传统工业文化沦为消费文化，城市文化景观成为了文化产业的一部分。城市创建这些规划类艺术创意园区的初衷是健康生态的，而无节制的建设以"经济效益"为衡量尺度，具有商业性质的文化景观就会陷入"成于艺术，终于商业"的窠臼。其实，作为商业化的文化景观是具有原罪的，在追逐经济利益的前提下，文化记忆空间的"文化传承功能"不断降格，大众文化一旦"寄生"在商业利益上，就会不断诱导消费主体去捕捉瞬时性的娱乐体验，继而逐渐丧失其所具备的精神内核。

城市内的工业遗产、城市与城市间的工业遗产，各自孤立、缺乏"集群效应"、"协同效应"。从文化传播的角度而言，成、渝同属西南地区，有着同样的重工业文化遗产，两地可以利用类似地文化遗产打造属于西南地区的"工业记忆品牌"。现实情况是，周边区域互动不足，各自孤立发展，没有形成良性互动、融合共进的"文化记忆集群团块"。

在城市记忆雕塑的视觉修辞营造过程中，无论是在基于"过去句法时空编码"的视觉修辞表述框架中，还是在作为记忆媒介符号来源的传统文化图像中，抑或是在制定接收传统话语的回忆律令中，都需要我们不断的向"前文化回归"。只是，在营造城市记忆雕塑的视觉修辞中，并非是一成不变、一味回溯的全盘接受"传统"，也不是惯于套路的"模式化"建造，而是需要我们针对现实情况，总结经验教训，对前文化进行"反思认同"。在"记忆之地"，整合资源优势，努力实践具有时代属性的文化地标，建构本土化的文化产业发展生态模式。

---

① 鲍德里亚：《消费社会》，刘成富（译），南京：南京大学出版社 2014 年版，第 182 页。

Analysis of "Visual Rhetoric" in Contemporary Urban Sculpture Memory Landscape in Sichuan and Chongqing

Abstract: In contemporary cities, artists construct many memory landscapes through sculpture. If we want to examine the discourse concept of urban memory sculpture, we can't ignore its visual practice process based on "memory production" in contemporary images. Through the analysis of the visual rhetoric of contemporary urban sculpture in Sichuan and Chongqing, we can find that there is a visual dimension that can't be ignored in "memory construction", that is, "visual rhetoric" provides a research path to "memory construction". This paper analyzes the origin of visual memory symbols in contemporary urban sculpture, the temporal and spatial encoding and syntactic structure of memory presentation, the strategy of "memory construction" in visual discourse, and the narrative category of memory images, which will help us to broaden the visual dimension of "memory research". Finally, from the perspective of humanistic criticism, the paper "reflects" on the process of visual creation of memory landscape of contemporary urban sculpture.

Keywords: Urban sculpture; memory landscape; visual rhetoric

作者简介: 厉华,四川大学艺术学院。

光启评论

东亚学术体系的构建与发展：
脱亚入欧与近现代日本知识转型

刘　峰　瞿　新　徐静波等

刘峰：各位老师、各位同学，大家早上好！非常感谢大家在百忙之中抽出时间来参加我们的学术研讨会，我是上海师范大学的刘峰。我们今天的会议主要分成四个阶段进行：上午在领导致辞之后是三位专家的主题发言，结束之后是会议的第一节，下午是第二节和第三节，总体来说是这样的安排。在第一部分领导致辞和专家发言的部分由我来主持。首先有请上海师范大学副校长陈恒教授致辞。大家欢迎！

陈恒：各位专家、大家上午好！非常感谢大家在这么冷的天聚集在这里开会，我想先介绍一下我们为什么开这个会。三个层面，第一个层面，其实大家看到这个题目就知道我们学者对当下、当今的世界和中国是非常关心的，因为这几年一直说中国的学术独立性、自主性，这种独立和自主一方面需要靠历史的传承，另一方面也是需要靠当代学者不断地努力。我感觉还要借鉴域外其他国家民族文化，他们如何进行建设的。所以这个学期我们就讨论出两个话题，一个话题是西方学术谱系的构建，第一届在上个周末开完了，几位专家也都参加了。那是从另外一个路径展开的，要每年坚持下去。不但有小型的会议，还有工作坊、讲座等等，各种学术形式，都是在我们的文科实验楼讨论。

同时，我们启动了"东亚学术体系的构建和发展"这一主题。东亚学术体系的构建和发展，它既是西方的一个参照物，其实也是中国的一个参照物。而且日本在近代以来的脱亚入欧不仅仅是在文化、思想、意识等方面，在学术层面也渐渐脱离了东亚。虽然它的根扎在东亚，但是它西化得非常强烈。比如日本学者的翻译,西方所有的学术家全集都有了。而我们第一个西方学术思想的,只有亚里士多德,后来这几年陆陆续续有不少学者的作品被翻译出来,但是跟日本相比差距还是非常大的。这是我的一个出发点,其实在我们当代学术体系、学科体系的话语构建上,我们如何借鉴域外的东西,是可能触发的第一个层面。

第二个层面,我一直在想,其实东亚这一块是整个全球领域来讲,按照区域来讲,无论从历史的角度还是从现在、未来的角度,我个人感觉它是最活跃、最有创造性、最有发展的一个区域。但是它有致命的弱点——不团结。无论是中国也好、日本也好,韩国、朝鲜也好,其实不够团结就会使东亚无法在全世界发出声音,或者是与欧洲、美国抗衡的一个声音。假定这几个国家展开合作,我想可能美国的声音会大大地降低。所以从这个意义上来讲,可能我们研究东亚怎么去做,会有很强烈的现实关怀。一句话,这个对于我们历史研究非常非常重要,我个人感觉这个方面是被忽略,或者不被重视的。比如我们所谓的世界史,基本上所有的力量都集中在欧美。

我记得复旦大学的日本史研究曾经是多么地强。但是现在我们国内还有多少人去做日本研究?与此相似的,俄国也是这样。这是我们想做的也是想突破的,所以有刘峰在,我们就做了这个基础。

第三个层面,我们上海师范大学世界史,刘峰也是我们的队员,是一块要做的。此后康昊马上就要毕业了,是大阪大学的。

康昊: 还有两个星期交论文。

陈恒: 马上要进入上师大工作了,还有一位韩国的学者也会到我们的团队工作,也就是说我们现在有意识地在做一个团队,我们的这个团队现在相对来说比较成熟了。我们的美国史研究、英国史研究、法国史研究,包括我们的非洲研究,其实在国内都是不错的。但是东亚这一块,我们非常薄弱,所以这也是我们开会的目的之一吧。今天请大家来,向大家请教,也请大家给我们多多地把脉,告诉我们这个团队以后如何去建。这是真心话,请大家一方面讨论学术,就这个话题进行深入的讨论。另一方面,也请大家为我们提些建议,上师大的东亚研究应该怎么做。这样我们可能更有方向,能把它做得更好、更深入。我想,上海的每个大学如果都有东亚研究团队,那么它对国家就是一个最大的贡献。

我该表达的已经都表达了,不一定表达清楚。我只能停一段时间,待会要走,因为在对面还有一个会议。请大家一起讨论吧,有什么考虑不周的请多多包涵。刚才说了这个会议以后我们每年都要坚持,各种形式的,请大家多多支持。几位专家多来给我们做讲座,谢谢大家!

刘峰: 非常感谢陈校长的致辞,接下来进入第二个环节,专家主题发言。首先有请上海交通大学国际与公共事务学院翟新教授。有请!

翟新: 谢谢陈校长和会议主办方的邀请,谢谢主持人刘峰老师。我想在此就日本明治维新后的亚洲主义论在对外关系过程的矛盾性问题作一个发言。关于日本近代亚洲主义的涵义,国内外学界长期并无一致的定义。通常是指关于日本与亚洲民族国家间关系的思想及运动,及至西力东渐越发突出,该概念又常常在日本主导联合亚洲对抗欧美的意义上被使用。而在具体研究方面,我以为如兼顾考察对象、研究视角、问题意识、作业手法诸点,近代日本的亚洲主义论是否大体被分为以下几种:一是较多在人文学科领域处理的,带有浓重文化性,多半在强调传统和近代化的对置关系的文脉上展开,这类论述有时过于脱离了日本及亚洲史的背景,浑然论之,有时会让人有不知所云之感;二是在一般思想史予以定位的,研究时往往注重其具有普遍性侧面,注重所论的逻辑联系和对理论形态较强的特点进行分析,其中的一些超越时空的观点甚至可与当代的地域主义理论相对照和印证;三是完全属于政治思想史范畴的时局论或外交对策,这类大多无甚理论沉淀,但可能它对当时日本与亚洲的政情外交具有更大影响,研究时需要结合政治外交史的展开过程这一方法论的支撑,考察中也会习惯性地关注言说与政治外交过程的关系,尤其是后者对于前者的作用。我理解日本近代尤其是贯穿于明治、大正及昭和初期的亚洲主义论,无论数量还是影响与作用上,恐怕第三种是最为大量和具有主导性;我自己因为主要做政治外交史研究,这个发言所考察的对象和问题意识也限于后者。如换一个角度,谈近代日本亚洲主义的特质的话,是否又可将这个对象分为现实主义的亚洲主义、理想主义的亚洲主义、激进及温和主义的亚洲主义、侵略主义的亚洲主义等;而就其口号来讲,可举出"日中亲和、保全中国、日中联盟、东亚同盟、大东亚共荣"等。

我这个发言中正通过对一个有典型性的组织的亚洲主义言动来考察。这个组织就是东亚同文会,这是一个有将近50年对华活动历史的半官半民组织,也是在战前日本对华活动历史最长的亚洲主义团体。它的对华活动有三大支柱:一是办学校培养对华活动人才;二是对华调查研究和形成相关舆论;

三是对军政机构进行情报提供和献策。该组织所提的对华亚洲主义纲领也是其成立时的根本纲领,即"中国保全论"。这个纲领不仅鼓吹时间长,且被施行于现实国际政治过程,故而影响深远,这里把它作为分析该组织亚洲主义的具体对象。

接下来想说明下发言的题目。所谓近代日本亚洲主义的名和实,显然是指名实的深刻矛盾性。想主要指出其双重矛盾:第一重矛盾,是指亚洲主义名义为与亚洲提携对付西洋,实际上却随处牺牲亚洲的利益,只是将其作为牵制西洋和扩张亚洲的旗号;第二重矛盾,则是指亚洲主义虽名义为对抗西洋的意识形态和对外政策,实际上日本在甲午战争后的大部分时期内,不仅一直崇奉西洋文明文化为圭臬,而且直至20世纪40年代初,它对外政策的实质也是与对抗西洋无缘,这只要稍微检视一下当时日本外交史的大脉就可清楚的。

以下结合东亚同文会主张了约30多年的"中国保全论"在政治过程的展开,讨论亚洲主义名实的第一重矛盾。东亚同文会于1898年11月由东亚会和同文会合并而成立,会长是日本贵族院议长近卫笃麿。该会在成立之初就以"中国保全"为组会的理念和纲领。当时中国面临西洋列强竞相分割的危机,日本舆论对此的反应,主要就是批评政府对英、俄两国的一味追随,提出应积极干预大陆问题的论调。在这种积极干预论中最具代表性的,一是瓜分参与论。如日本的启蒙思想家福泽谕吉经营的《时事新报》就主张既然瓜分中国的端绪已为西洋人所开,对日本最有益的就莫过于尽快加入其列;因提倡平民主义而名扬明治论坛的评论家德富苏峰的《国民新闻》也认为清朝如不答应日本长期租借威海卫的要求,可以此为由割占舟山或福建的一部分。另就是领土保全论。著名政论家陆实主持笔政的《日本》即属这派,该报认为瓜分中国之所以不可坐视,首先在于中国被瓜分后欧美列强的下一个标的便是日本,所以,即便为日本计也应树起保全中国之帜,甚至采取与列强对抗的立场也在所不惜。那么东亚同文会主张怎样的保全论呢?当时近卫接连撰文向世人释明:自己并无与还不具备近代国家之实的中国设立"攻守同盟"的意图,自己之所以对中国问题寄予关心,并以保全理念作为对大陆事务积极干预的理由,是因其有三点意义:第一,日本的未来很大程度上取决于中国问题的如何解决,如中国被欧美瓜分,将给日本的发展带来致命性的打击,所以通过倡导"保全中国"可促使尚无明确对华方针的日本政府一改消极姿态而将扩张在华权益提上议事日程;第二,目下列强虽欲瓜分中国,但嘴上则都主张维护中国的领土和主权,以相互牵制,故日本顺其势,既可寻机与英国等保持协调,也便于日本找到插手中国问题的名分;第三,要参与在华利权的竞争,中国民心的向背极其重要,而保全主张无异于收揽人心的良方。

在这里,我们可以看到这样的主张相悖的特征。一方面,这个理念虽以维护中国的领土和主权完整为目标,但同时却把避免与视作瓜分主体的西洋列强发生冲突列为基本原则;另一方面,这个理念虽不排除日本在远东国际政治格局中与中国协调的姿态,但在具体的政治过程中,保全的主体和对象即日中之间却未必是处于同一阵营的连带关系。东亚同文会成立后,会员中围绕将来组织的活动方针形成了两种代表性的意见:一是协助以慈禧太后为首的清廷解除来自西洋列强的瓜分危机,一是支援康梁改革派及孙文一派以促成中国的自强,但近卫对两者都以"有干涉他国内政之嫌","作为会的方针发表于世有所不妥"而予否定,这个避免介入中国事务的谨慎姿态,实际上也是上述重心被置于确保日本的利益而非中国的得失这一近卫的保全论政策内涵所制约的结果。

至 1900 年八国联军攻占北京前后,先前一直持稳重立场的东亚同文会却与日本政府及军方一起干预了这场事变,更为奇妙的是这个干预是在保全中国的名目下被推进的。背景则是清廷对列国下达宣战诏书后,两江总督刘坤一、两湖总督张之洞、两广总督李鸿章等南方督抚拒绝开战,反而接受大理寺少卿盛宣怀的建议,作为收拾事态之策而与列国的上海领事团就缔结所谓东南相互保护约款开始正式交涉。东亚同文会干事长根津一对此提出新的对华政策案,该案含有四个方案,根津最推崇并得近卫等多数干部共鸣的是所谓联邦保全案。该案的特点首先是排除其它各案中与列国联合行动的做法而由日本方面独成其事,即其预测一旦清军与八国联军进入胶着战,各地革命党及反体制力量必将乘势起事以致中国全土大乱,遂开始实施联邦保全策:北方需列国尊重日本在该地域的权益,使中国方面对日本的威望有所敬畏,其它则相机慎重行事;在南方,日本须先促使刘坤一、张之洞、李鸿章等在各自辖区设立具有独立性质的"分邦",然后以维护日本势力范围的安全等理由从台湾出兵,把福建和浙江作为日本的直接保护地,在这基础上与刘、张、李等联合,最终把已统一支配的这块地区置于日本统治之下,实现以中国的国力治中国,并与日本"提携"共同维护东洋安定局面的目标。至 1900 年夏,东亚同文会的在华设施即上海、汉口、福州、广东四支部和南京同文书院及《同文沪报》的成员在清军及义和团与八国联军作战之际,分别形成了南部和中部两个集团展开活动。但因介于汪康年、唐才常、陶森甲、郑观应劝说张之洞、刘坤一和李鸿章另立政权的尝试先后受挫等,该会召开临时大会,申明放弃联邦保全方案,重新回到了"中国保全"的理念。

1911年辛亥革命爆发之际,东亚同文会不失时机地搬出同盟论,作为应对中国问题的行动纲领。1917年春,根津一、宗方小太郎、中岛真雄、井手三郎、白岩龙平等该会干部共同作成《对支意见书》,这样描绘该同盟的要旨:日中同盟采用英联邦模式,使日中两国处于"绝对不离"的关系;形成共同的防卫区域,设立完备的海陆联络系统,统一武器;建立向两国供给粮食、马匹、军备物质的方法;整治两国海岸及国境地区的要塞,设置两国的军港及铁道;遇非常时期,中国的所有资源、铁道、港湾、制造机构等设施都必须服从两国的军事需要。显然,东亚同文会"日中同盟论"的实质,就是追求日本在政治军事上扩张对华权益的有效性和制度保障。

进而及至九一八事变的发生,东亚同文会即刻在很短时期内动员了约600名东亚同文书院毕业生等就职于所谓"满洲国",以示对军方的行动和国策予以支援,还利用其拥有的中国情报系统积极服务于政府,成为对侵略现状一味追认的国家道具。同时,该会一些干部对外公开提出"亚洲人的亚洲"的地域主义论调,而对两国间理应对等相处的政治、经济、军事及文化关系却避之不言。这类政策宣传中稍具理论形态的,可举该会理事长白岩龙平关于对华理念大幅转换的言说:今日形势之下,所谓日本保全中国的宗旨,便是从西洋人之手"为了东洋或亚洲整体而保全亚洲"。东亚同文会在日本与美欧的矛盾激化的情势下,为了避免国际孤立、促成中国转换对日姿态而提出的这个"保全亚洲"政策理念,也把正当化日本侵略造成的现状当成了原则,势必被当时中国传媒斥为"缘木求鱼"而予批驳,这也从根本上倾覆了该会组会以来为应对中国民族危机祸及日本而长期主张作为对外政策原点的"保全中国"理念。

从如上分析也可看到,像保全中国论这样的亚洲主义言说特意以援华论的方式展开对华关系问题处理的解释和讨论,其实只是一种切入的手段,其根本意图则在于探寻解决日本与欧美在对华关系问题上的途径。如关于日中同盟论,即便在主要从事东亚活动的东亚同文会内,也并非是作为一种理所当然的、归结性的对华主张提出来的,这方面一个很好的说明事例是,除了在辛亥革命期间同盟论被一时提起以外,在很长时间内居然是被该会领导层视为话语禁忌;而之所以在革命期间同盟论被作为政策论加以重视,也是因为一次大战中日本在华大肆膨胀势力,并预想战后势必与欧美的利害冲突会进而加剧,论者们才重新搬出同盟论的。所以,可以说以同盟论包装的亚洲主义论更多具有的是应对国际时局的战略论尤其是策略论的性质。

另外,以上的理论特性也决定了亚洲主义论还具有这样的特征,即其持论虽然没有抹煞主权国家存在的价值和必要性,但作为"保全"对象的中国的国家主权却可在这个联盟体内轻易地予以削弱,并且在这个保全过程中,中日各自的地位规定也可以是极不对等的。按此原则,借东亚同文会的论客所言,那就是:如中国的利益为"非亚洲国家"侵害,意味着同属亚洲的日本利益也被侵害;当包括中国在内的亚洲国家的利益为日本所侵害时,则可理解为相反的结果,遂使日本的侵害行为在逻辑上获得了免责和正当性。因此,在东亚同文会的亚洲主义论者眼里,作为联盟对象的中国虽被赋予了必要时与日本提携而共同对抗美欧的工具价值,但只要限于解决中日双边关系问题,日方的权益追求就被赋予高于中国主权的名分。就是说,这个保全论或联盟论所规定的中日关系,不过是以日本为盟主和以中国为随从、以日本的主权及利益为上和以中国的主权及利益为下的不对称和非平等的国家间关系结构及机制。

在这里显而易见的是,东亚同文会保全论的宗旨似乎与它鼓吹的积极关注对华关系问题的解决是完全相悖的。那么,像这类亚洲主义论在处理日本自身与西洋诸国的关系上,是否真如其所标榜的那样,把一味的对抗当做其意识形态并且选为外交方针呢?其实非然。事实上就如前所述,这个亚洲主义的真意则在试图谋求根本上解决日本与美欧的在华权益问题为意识出发点的,亚洲主义名实上的第二重矛盾也正是缘由于此。

结论性地讲,亦即把考察视角扩大到整个近代日本社会而言,亚洲主义论在明治、大正乃至昭和初年,并非为意识形态的主流。众所周知,整个明治年间,官民的大部自始至终醉心于全盘引进西洋文明文化;至大正年间,在所谓大正民主的风习荡涤下,日本不仅出现了较为开放宽容的社会景观,而且各类源自美欧的思想思潮奔涌流行,所以无论政界、财界,还是言论学术界,人们主要关注的外部世界,始终还是美欧,当时一些自谓身处时代前沿的开明主义者和自由主义者甚至主张对自身和他者都要进行一定的相对化作业,而这里的"他者"仅指美欧社会。就是说,此期日本主流社会的观念所关注和形成的主要话题甚至语汇,也主要是以关于日西文化关系的讨论为中心的。虽然当时日本国民意识中的主旋律也经常表现为对美欧文化或自卑或自尊的精神倒错,然而作为逻辑结果,不时出现或主张融入美欧与其协调;或宣扬排斥美欧与其势不两立的浅稚状态,但由于日本与美欧实力过于悬殊的现实,所以真实情况是协调论明显一直在社会的上层建筑和意识形态领域占据着上风。在这样的社会氛围下,与中国等亚洲国家强化提携的对外意识形态论也就被视为不合时宜的固陋之见,即便能载之报章,也会往往被讥笑和排斥。就是说在当时精英世界和舆论主流中,被更多关注的对外问题,主要是如何融入美欧主导的国际社会,绝不是甘冒被孤立于美欧代表的国际社会的风险,而与中国等弱邻谋求联手。

关于这一点,如再就日本政府的对华政策稍作考察,就可更清楚看出亚洲主义与现实政策实际很长时间内所处的并行关系。20世纪初期,前首相山县有朋针对日本社会上出现的鼓吹在黄种人之间结成反美欧联盟的人种论,明确指出:"提倡露骨的人种论以致伤害与这些国家的感情,有损相互的友谊这类事,正是政治家应该最为警惕,也为帝国政府根本不该做的",而与英俄法美等国的协调才是当今日本外交的使命和任务。实际上,甲午战争后日本在对华政策上一直谨慎地交叉推行对英结盟和对俄协调的外交路线;尤其是至一次大战后,日本官方在处理中国问题上主要的政策观一是干涉论,另是协调论。干涉论的代表之一是宇垣一成,1918年中日签订两国陆军共同防敌军事协定时,时任参谋本部第一部长的宇垣是日方首席交涉代表,他在对华关系问题上主张日方应积极行使干涉权,才能有助于扩张在华权益,甚至还以中国人有"尊大自负的国民性"之理由,主张在解决对华关系问题时可完全不必顾忌中国人的意向和力量,只要根据日本人自身的考量和决心行事即可,而这个判断的根据,竟在于对华方针的确定就取决于日本的"舆论是否大体统一和英美两国的意向如何"这一极为无视中国的理解;就是说,在宇垣看来,日中关系从根本上讲就不应构建对等的国际模式,它必须是由日本掌控着"事实霸权"的双边关系。这里,不仅没有半点亚洲主义的对外观和政策内涵,横溢于内的只是制御中国的立场。1918年出任首相的原敬是有限度的对华协调论者,但他的对华政策观基本上也由对美协调、对华不干涉为其两翼,原敬基于今后的世界将由美国执牛耳,所以日本必须采取与美国提携的方针,采取了不干涉中国内政的政策,以求得到中方好感,以便利于扩充日本的利权。因此,无论干涉论抑或协调论,这些成为当时日本政府对华政策依据的对外论之中,都有高度重视美欧的战略意图,而十分鲜见与中国联手在政治军事上对抗美欧的政策安排。

进一步纵观日本明治大正期及之后的对华外交过程,形形色色的保全论、联华论或其他对外口号,它们虽在一定程度上对外交思想的形成及调整产生过影响,但最终成为日本政府尤其是外交当局所奉行的对华政策基调的,则始终是与美欧列强尽量保持协调以解决对华关系问题这一点。虽然此期日本历届内阁的对华政策存在着一定差异,但在尽量把大陆扩张的行径限制在美欧列强能理解和接受的尺度之内,则是其贯穿始终的对华政策特征。1917 年本野一郎外相甚至断言:中国的盛衰未必会对日本的发展产生重大影响,所以没有必要"在人种或地理上将两国的命运必然地予以连结",这也十分清楚地表明了当时日本政府并不认同保全中国之类的亚洲主义论立场。而如上所述的联合中国等亚洲国家对抗美欧的对外理念和对外政策观真正为国家政策所容,则要至 1941 年年底日美开战的前夕,亦即至日本高层判断与美欧通过谈判图谋共存已彻底无望,而在随后与其抗衡过程尚需中国等被压迫民族及国家的协助,才使大东亚共荣圈这样的亚洲主义对外理念真正予以外交政策化的。如说这就是亚洲主义理念的最终实现,那它也只是以进而压迫剥削亚洲各国为宗旨和目标的具有欺骗性的亚洲主义。

综上而言,明治尤其是甲午战争前后日本的亚洲主义论虽在口号标语、时局认识和内容观点上极为纷繁驳杂,且相互矛盾,但总体而论,它不过是一种应对国际形势的时局观和对外政策论,而它在近代日本对华政策体系中的地位也远非所想象的那般要紧,不过是一种主要来自民间并经常性不为庙堂所重,但却始终主张着国家利益最大化的对外政策观而已。因此,我在此尝试断论:对当时以非常规方式即通过急剧对外扩张权益和扩大殖民地支配来完毕近代化过程的日本帝国来说,出现这种致使国家观念或重要对外理念及方针政策的名实相悖的问题,是否也自有其历史必然的一面?

刘峰: 感谢翟老师的发言。目前一般都认为近代日本主要是向西方学习,追随西方,引入了西方的知识、技术乃至西方的价值观,但翟老师的发言提醒我们,实际上在西学东渐的过程之中也存在着一股"反作用力"。我们可以把它解释为一种对于东方传统社会(前近代社会)的"乡愁",也可以解释为一种对于西学东渐的"反动"。所以西方化虽然是主流,但当时的日本社会可能也存在着另外一股反向潮流,不能认为近代日本是完全百分之百地纯粹西方化,而是可能存在着"西方"跟"本土"相互融合或者冲突的过程。我认为研究这个问题是非常难的,但也是非常有意义的,可以放到后面再继续深入地谈。

那么接下来,有请复旦大学日本研究中心的徐静波教授为我们做主题发言,发言题目是"岩仓具视海外视察团在日本近代国家转型中的意义"。有请徐老师。

徐静波:尊敬的陈校长,尊敬的各位与会者,非常感谢邀请我来参加这个会议。严格来说我不是历史学的研究者,只是有些兴趣做些小文章,所以能够参加这个会议我非常高兴。刚才陈校长也谈到了,现在大家都比较注意东亚世界,上海学界也是如此。差不多一个月以前,复旦大学历史学系举办了一个差不多这样规模的小型工作坊,探讨了一个主题,比较大一点就是世界史中的东亚世界,主要以思想史为主的几个方面,我也被邀请参会。在这个会议上,我匆匆忙忙地做了一个发言。刘峰老师当时邀请我来参加这个会议的时候我也不知道该讲些什么,因为我积累的很少。读过一点书,正好想到我们会议的主题,就是脱亚入欧与近现代日本知识转型这样的主题,那么就讲一下岩仓具视海外视察团吧。因为这不是一个新的话题,大家都比较熟悉,我只是把自己读的一些书进行了一个非常粗糙的整理,很惭愧,没有递交论文,只是做了这样的PPT。

首先我们来看一下岩仓具视海外视察派遣的源起和目的。大家知道,明治政府成立后不久就派出了差不多五十人组成的非常庞大的海外视察团到欧美去,它的缘起是什么?目的是什么?我们来简单地梳理一下。大家知道在日本有一个西洋传教士叫 Verbeck,他是一个荷兰人,后来到美国念书,在江户时代的 1859 年就来到了长崎,当时办了一些学馆,很多日本的志士青年到那里学习,学到了很多的问题,后来由于他的重要性被请到了东京担任(开诚学校)教头,当时有很多领袖想要请教很多的西洋问题,他当时向大隈(重信)提出:与其这样零零碎碎地跟你们这样讲,不如你们组织一个比较有意思的团队到海外系统地考察一下,了解一下西洋的文明到底怎么回事儿。后来大隈向日本政府提出了建议,当时记载有三个目的,第一个就是明治政府成立了,要和海外西洋各国有交通,所以要递交国书,表示外交上的一个交往之礼。第二个,当时明治政府实现废藩置县以后,在考虑如何建设一个现代国家,当时日本没有经验,于是要到欧美考察一下欧美的情况,为以后日本的发展作为一个经验来考虑。第三个，在 1858 年前后日本曾跟欧美国家签订了一些通商条约，这里有很多不平等的内容，所以想借这次访问的机会修改条约，它最后达到的目的是第二个。

那么我们来看一下岩仓具视海外视察团的组成。我特别注重这个年龄，首先这个大使是公家出身，他是相对来说具有朝廷背景的，而且相对年龄比较大，47 岁，所以岩仓具视做了全权大使。副使木户孝允 39 岁，大久保利通 42 岁，伊藤博文才 31 岁，其他成员还有一等秘书、二等秘书等等，后来都在明治政府里面发挥了重大作用。比如出任帝国大学总长的渡边洪基 25 岁，还有担任外务大臣的林董三郎 22 岁，还有递信大臣的野村靖只有 30 岁，等等等等。所以平均年龄差不多 32 岁，这个是我们不可忽视的非常重要的特征，因为说老实话，李鸿章后来到了晚年，甲午战争之后也去过欧美，他差不多已经七十岁左右的年龄了，年龄已经很大，要吸取西洋的东西，相对在头脑上来说，从知识吸收来说都是比较弱的。而且我们注意到，像后来的满清政府，我们派驻外国的所有使臣里面都是穿着满清的官服，留着辫子。但是日本 1871 年这些人派出去都是穿着洋服，只有岩仓具视一个人，还是穿着日本传统的衣服。这两张小照片都是岩仓具视的衣服，后来他也完全穿了西服，这也是表明了一种姿态。

然后我们看一下他们整个的行程。在 1871 年 12 月 23 号坐船从横滨出发，横渡太平洋，先去了美国到了旧金山，这个路线差不多跟 1860 年当时的福泽谕吉等到美国的路线差不多，先到旧金山参观各种设施以后，然后再坐上了火车。当时 1860 年福泽谕吉到美国时贯穿北美大陆的火车还没开通，所以他们是坐海船到了巴拿马再到纽约，而 1872 年的时候已经坐了火车。这在当时对于日本来说是很大的刺激，居然横贯北美大陆已经有了这样新的交通工具，所以他们一路对火车铁路的建设提出了很多问题，也是想要以后在日本进行推进、建设积累一些经验。

然后又到了美国去了华盛顿那边，然后又从那边横渡大西洋到了英国，英国先到了利物浦，然后坐火车到了伦敦。日本人走遍了所有重要的城市，英格兰主要的地方他们都走过了，后来再坐船从英国来到了巴黎，会见了法国总统。最后访问了比利时、荷兰、普鲁士。德国形成是 1871 年，当时主要是普鲁士为首，然后俄国、丹麦、瑞典，再访问了德国北部和南部，包括意大利、奥地利，差不多主要的欧洲国家几乎都去过了。因为他们要递交国书，所以分别会见了各个国家的最高领导人。在奥地利的时候,还正好碰到了万国博览会在维也纳举行,所以各国的物产、先进的制造品在这里集中展示,这也给了当时日本人一个很大的刺激。他们也见识到了欧美文明最新的成果。1873年7月份,他们坐邮船离开法国马赛,一路经过了很多非洲、亚洲国家,然后途中也经过了香港、上海返回到横滨,是这样的历程。

这个图我们可以比较清楚地看到当时他们坐船,从横滨渡过太平洋到了旧金山,到了芝加哥,然后到纽约、到华盛顿,差不多这样。然后再渡过太平洋,下面的一个图我们可以看一下,这是到了欧洲,从伦敦到曼彻斯特、谢菲尔德等,到了荷兰的阿姆斯特丹,到了丹麦,然后去瑞典的斯德哥尔摩,一直到了圣彼得堡,然后一直到维也纳、罗马、日内瓦,差不多欧洲主要的国家和城市他们都走过了。

当时他们在外面看到了什么呢? 对于这一行人来讲,除了伊藤博文早年被派到英国留学之外,大多数人没有海外的留学经历。特别是岩仓具视,是有宫廷背景的,当时海外的经历差不多没有。他们到了旧金山的时候,美国的南北战争已经结束,整个国家进入大建设、大开发的一个欣欣向荣的时代。所以他们当时在旧金山大酒店受到了很大的刺激。首先到大堂里面有非常光滑的大理石地面,有高悬的吊灯,酒店里面还有浴室、理发师、桌球场一应俱全,大宴会厅里可以容纳三百多人同时用餐,而且客房里面有地毯、有软椅,还有让他们耳目一新的是女性可以出入任何公共场所,政府官邸都有她们的身影,像海军军校里面,女性还可以聚在一起观看士兵们的操练,结束之后还可以和军官在舞池当中翩翩起舞,这对日本人来说是非常大的刺激。然后他们还坐了火车,坐了有包厢的卧铺车,这在日本都是无法体验的,于是他们向美国请教了很多铁路建设的技术问题,他们已经想到了以后在日本开展铁路建设。

另外他们还仔细参观了美国的国会大厦和国会开会时的场景,对西方的制度改革抱着强烈的兴趣,对美国的自由、独立、奋斗精神有很深的感慨。到了伦敦,他们还坐了刚刚开通不久的地铁,蒸汽机车的地铁,眼界又扩大了。同时他们还访问了很多的机关,包括学校、医院、监狱、造币厂等等。他们也看到了西洋世界里面的阴暗面。虽然伦敦是国际都市,但是有相当多的贫民窟在里面,贫民窟里面充斥着盗窃、抢劫、诈骗这种行为,他们到了巴黎知道法国在普法战争中被普鲁士打败了,以及巴黎公社领导的工人运动带来的社会混乱,然后在归途中经过马六甲海峡过来,经过苏门答腊岛时正好发生了印尼原住民对于荷兰的反抗，发生了骚乱，在香港见识了所谓的鸦片交易市场，所以看到的也不是完全的没有灰色的，各种各样的社会面都看到了。

这里面比较有意思的一点就是他们在普鲁士的时候，首相俾斯麦在欢迎宴会时有一段话，在后来出版的《米欧回览实记》中有详细的描述。这是日本的学者把它翻译成口语的日文，俾斯麦当时的这段话对日本人是刻骨铭心的，他说：你们看到的只是在当今世界上各个国家去访问都是以礼相待，看上去很客气的，但实际上完全是表面的事情，其内部的实质还是弱肉强食，大国欺负小国的情况。俾斯麦特意给他们讲了自己的经历，他说我在小时候，当时所在的国家普鲁士还是非常贫弱的国家，那时候就是受到了很多欺负，所以我是有切身体会的，直到今天我还是愤愤不平。说到了《国际法》的这个事情，看上去是为了各个国家保全自己权利的一个通用准则，但是大国在争夺利益的时候，如果对于自己国家的利益是符合的，它会引用国际法，如果他觉得要悖逆《国际法》，为了有自己的实力和强权，为了自己国家利益时就可以完全不遵守所谓的《万国公法》、《国际法》。所以最关键的是一个国家要有实力，才能在这个世界上立足。所以他劝日本人不要那么天真，《国际法》有它的作用，更关键的是你们要把自己变成一个强国。这恐怕也是坚定了日本要步入西方列强的决心。事实上后来的明治政府在国家建设的方针上更多地是以后来的德国作为楷模的，包括它的宪法都是以当时的德国作为一个楷模。

这就是后来出版的，他们出的五卷本，《米欧回览实记》。他们每个人真的很用功，每个地方都做了很详细的调查和笔记，整理成五卷本的《米欧回览实记》出版，到今天阅读起来依然非常有现实意义。

田中彰先生在这里面做了很多的研究，当然他是从日本人视角来做的。

再简单说一下海外视察团在近代国家转型中的意义。我们知道，差不多整个明治维新的成功靠的既不是民间力量也不完全是官方力量，我们知道民间有启蒙思想运动，后来引发的自由民权运动，这都是民间的。但是光有民间的力量没有政府主导的话，明治维新或者后来日本国家转型也是不可想象的。所以我想这是汇聚了明治政府领袖两年的海外考察经验，他们一起改变了日本朝野的世界观和价值观。我觉得世界观和价值观非常重要，决定了近代日本的发展方向。就是通过政策来达到富国强兵的目的，以西方的列强为榜样，全面地推行大规模的改革，最终目的就是要实现与西方列强的并驾齐驱。

明治政府制定、推行具体政策和措施主要有这么几项，第一个推行近代教育,中国近代教育差不多到 1905 年科举制度被废除以后,近代学堂才有了一个官方支持的背景,以前只是民间或者教会办的学校。日本政府主要目的是造就高素质的国民,所以早在 1870 年代就开始逐步推行义务教育制度,把义务教育设定在小学。1875 年的时候全国建立了 24,225 所学校,几乎涵盖了所有的市町村。1877 年 4 月文部省创建了东京大学,又在本土建立了七所帝国大学,同时民间的私立大学也纷纷涌现,包括女子教育和实业教育起步得非常早,设立了各种专业技术学校,为近代产业的发展培养了应用型的人才。这一点我们不可忽视。

另外,培育近代产业。跟我们这里的洋务运动不一样,我们的洋务运动基本上都是官办企业,江南制造局也好,其他的如金陵制造局,包括轮船招商局也好都是官办的企业。日本一开始也是这样,它利用很少的资金,包括应用税收,然后官方培育几个产业以后,比较廉价地卖给民间,然后培育民间企业,像三菱商会就是典型的例子。它在政府的保护下垄断了日本的海运业,在 19 世纪末三菱商会成为了亚洲最大的航运企业,同时经营矿产、制造业、贸易等等,成为日本近代四大财阀之首。这也和岩仓视察团在海外得到的刺激非常有关系,同时他们还建立了现代银行制度,到十九世纪末期差不多已经形成了比较完整的现代金融体系。

另外就是铁路的问题。日本深深感受到了铁路交通的便捷性,于是明治新政府建立不久就花大力气建设了现代铁路交通。1872 年建成第一条横滨到东京新桥的铁路线之后,短短三十年间已经建成了从马关(现下关)到东北青森横贯大半个日本的铁路网。中国在 1876 年由英国出资建造了从上海出发到吴淞的小铁路,但是遭到了朝野的反对,说动了龙脉,破坏了风水,因为在铁轨上行走结果发生了铁路机车压死人的事情,民众就强烈要求上海地方政府把这条铁路买下来拆除,所以这跟日本形成了鲜明的对比,跟日本相比,中国的铁路建设起步也是相当地晚。

还有就是推行现代军队的建设,虽然后来李鸿章也是推行了洋务运动,但是日本是完全系统化的,它就是以普鲁士为楷模在全国实行征兵制,军队、设备、装备等各个方面都向西方靠拢,在 1874 年设立陆军士官学校,1882 年设立陆军大学,1888 年设立海军大学,等等,培养了具有现代作战能力的军队。

所以甲午战争日本打赢不是一个偶然的事件。同时日本还建立现代警察和医疗卫生制度,都是因为岩仓具视考察团在西方实际考察到的这些情况,同时民间的现代报业和出版业也蓬勃发展起来,我们知道在中国的早期报业和出版业是以西方传教士为主体,不要说西文报纸,上海早年最有影响的一份中文报纸《申报》一开始也是英国人办的,这跟日本非常不一样。日本的报纸几乎全部都是日本人自己办的。还有近代国家的制度建设,虽然非常不完整、不完美,但是好歹颁布了一部《大日本帝国宪法》,开设了国会,虽然还有相当大的缺陷,但是作为一个近代国家的架构差不多建立起来了。

总而言之,以岩仓具视为首的使节团在欧美近两年的考察,与几乎同时兴起的启蒙思想运动和后来引发的自由民权运动一起,在很大程度上决定了后来日本发展的方向,可以说是历经数十年大致完成了日本国家的近代转型。这个转型实际上也包含了资本主义和帝国主义两个互为相关的内涵,所以我们也不要忽视帝国主义这一块,因为刚才翟新老师反复讲到了所谓的"中国保全",这里面其实是它或者亚洲主义等很多帝国主义的内涵在里面,这也是不可忽视的一点。时间关系就讲到这里,谢谢大家!

刘峰: 感谢徐老师的发言。岩仓具视使节团在日本近代史上具有非常重大的转折性或者说标志性的意义。可以感到,在"西学东渐"一词的语境之下,以日本为首的东亚国家被放在了一种"被动"的位置,是被动地面对"西方"的到来。但是以岩仓使节团为转折,这种"被动"的姿态开始向"主动"的姿态发生转化,也就是说,从"西学东渐"开始走向"脱亚入欧",化被动为主动。在这个意义上,岩仓使节团所包含的向近代国家转型的意义显然是非常重大的。

那么接下来,有请苏州科技大学社会发展与公共管理学院祝曙光教授为我们做主题发言。有请。

祝曙光: 尊敬的陈校长,大家好!谢谢邀请。因为这个题目是一个命题作文,脱亚入欧与近现代日本知识的转型,那么就这个命题,我觉得对于日本来讲,铁路技术的引进最能体现这一点,就是说在近现代转型问题上铁路技术的引进最为典型。铁路运输不同于传统的水运及畜力、人力运输,具有输送量大、速度快、全天候运行的特点,对一个国家的经济发展、货物流通和人际交往以及知识的传播、教育的普及、社会风气的变化能产生重大影响。我这篇文章比较长,大概有一万五千字,我不详细展开论述,大家有兴趣,可以翻阅拙文。在此我想先讲一些文章之外的东西。

我们在座的各位老师或者同学,大家都有在日本留学、访学的经历。大家有没有发现,对于日本人来讲,铁路是非常重要的交通工具。日本人称火车为电车(电力驱动),没有电车,对日本人来说是不可想象的。日本是世界上铁路乘客最多的国家,2015年度,铁路乘客达230亿822万人次,约占世界铁路乘客的1/3,远超第二名印度,印度的铁路乘客为159亿人次。根据法国铁道杂志的记载,世界上每天利用铁路出行的人中有一半是日本人,即每天利用铁路出行的1亿6,000万人中,日本人为6,200万。现在全球乘客人数最多的51个火车站中(含地铁乘客),日本就占了45个。根据日本铁路技术专家提供的数据,JR东日本铁道是利用人数最多的铁道线,每天出行人数高达1,630万人。2010年度,东京新宿站平均每天乘客为364万人次,成为世界上乘客人数最多的火车站,超越了长期占据首位的孟买站,可以说日本是运行在轨道上的国家。刚才徐静波老师讲到了岩仓使节团访问欧美,岩仓具视使节团在欧美大都市见到了"铁与玻璃的宫殿"、具有"近代文明象征"的铁路车站,印象非常深刻。而且对于日本人来讲,火车站是一个城市的玄关。我们都知道,在日本绝大多数城市,城市的中心点,最繁华的地方,就是火车站,跟我们中国不一样。

铁路改变了日本城乡空间布局和结构。美国著名日本研究专家爱德华·赛登施蒂克(Edward Seidensticker)于1983年出版了《下町,山之手:东京从江户时代到大地震》,1990年又出版了《东京崛起:大地震之后的东京》(2018年,爱德华·赛登施蒂克的作品由上海社会科学院出版社推出了中文版,取名为《东京百年史》)。赛氏以充满感情的文学家笔触对百年来东京从一个前近代城市,历经明治、大正、昭和而演变为一个国际大都市的沧桑巨变进行了栩栩如生的描写,是迄今为止论述东京近现代史的最佳著作,很快被翻译成日文。但赛氏的描写天马行空,刻意模仿永井荷风的散文风格,所以对东京历史和地理一无所知的人很难领略赛氏这部名作的魅力,甚至会一头雾水。可能赛氏本人也没有意识到,如果读他的著作时,准备一份东京铁路线路图,循着书中所涉铁路线的敷设,百年来东京沧桑巨变的脉络便清晰地展现出来了。赛氏在书中所描写的新桥、东京火车站、新宿、涩谷和池袋的兴起,无不与铁路的敷设有关。车站是城市与铁路网的连接点。为了降低建设成本,车站一般建在城市的边缘,然而一旦车站启用,将成为人气最旺的区域。有学者说车站周边的街道,一夜之间就会改头换面,城市逐渐向火车站扩展,再越过火车站形成新的城区。

铁路的敷设也改变了日本人的时间观念。近世以前,日本普通百姓一般一天只吃两餐,晚上早早入睡,因为缺乏照明的燃油。德川时代,由于菜籽油的普及,解决了照明问题,人们的工作时间和娱乐时间延长,饮食由原来的一日两餐改变为三餐。但生活节奏仍然是缓慢的。日本是在明治 6 年(1873年)1 月 1 日正式采用阳历的,在此以前使用的是天保历(阴历),将一天分为12 个时辰,即"子、丑、寅、卯……",生活时间的最小单位为 30 分钟(小半刻)。这种记时方法显然是前近代记时方法,根本不适用列车运行,因为列车运行时间是以分来计算的。明治 5 年 5 月 7 日(1872 年 6 月 12 日),铁路运输部门率先采用 24 小时制,将一日分为上、下午各 12 小时。此外,当时日本人普遍缺乏记时的钟表,就连东京市民也只能通过寺庙的"晨钟暮鼓"和政府放午炮得知上午 6 时、中午 12 时及下午 6 时等 3 个钟点。日本人的时间观念是"日出而作,日入而息"的小农时间观念,时间概念笼统而不精确。我们现在出行有手机、手表,完全可以掌握乘坐火车的时间。明治初期哪有手表? 车站也没有显示时间的钟表。铁路通车以后,如何告知旅客乘车时间是铁路管理部门面临的一个大问题。尽管车站检票员反复提醒旅客上车,但仍时有旅客误车。有些旅客担心误车,干脆带着便当早早来车站候车,所以日本铁路发展初期,经常会出现这样的景象:"一些人会悠闲地花一天时间到达火车站,另一些误车的人会第二天捧着午饭盒到火车站等待出发。"为此铁路管理部门拟拆除寺庙大钟,将其搬运到车站,通过敲钟告知旅客上车,由此引起了僧侣们的恐慌,拆除了寺庙大钟,我们还怎么做早课? 双方发生冲突。结果铁路管理部门通过铁厂制作车站大钟。今天我们可以在京都铁道博物馆看到 1874 年大阪火车站使用的第一个黑色大钟。注意时间的精确性突然变成了一个非常现实的问题。由此日本人的时间观念增强了,时间单位大大缩小。车站聚集了各种各样的人,乘客又去往不同的地方,车站不是留守的场所,而是移动据点。日本的文学艺术作品特别喜欢描写火车站,关注乘客和接站人员进入火车站内候车到列车发送和抵达期间随时间变化所呈现的状态。夏目漱石、太宰治、永井荷风、川端康成等著名作家都曾在作品中对火车站进行了描述。1935 年,画家牛岛宪之创作的《山之站》轰动一时,作品描绘了中央本线的上野原车站。上野原车站是一座小站,被群山所环绕,车站位于画面右侧,蒸汽机车冒出的滚滚浓烟直上云霄,似乎要带领小站冲出大山的包围,极具视觉冲击效果。铁路技术发源于英国,是十九世纪的王牌技术和高新技术。普通日本人第一次见到硕大的机车以及机车牵引的多节车厢,内心极为震撼。担心火车头要拉动这么多车厢,车头肯定会断裂的。对机车待发状态喷吐蒸汽,以为是机车太热或正在流汗,于是取水泼到火车头上,让铁路管理人员哭笑不得。这些啼笑皆非的事例在报刊杂志和铁路研究著作中常被提及。

江户时代日本实行严格的等级制度,将所有社会成员划分为士农工商四个等级,武士至尊。但铁路旅行与骑马、坐轿不同,骑马、坐轿属于个人移动手段,铁路采用的是将客车编成列车的方式,具有大量输送的特性,并采用共乘方式和保证移动权利的乘车券,即车票,由此产生了一种新型的社会关系。生活在传统社会孤立和封闭状态下的日本人,缺乏同陌生人打交道的习惯或经验。但是一旦进入车站或火车车厢,与陌生人仅咫尺之遥,摩肩接踵,气息相闻,由此产生了一种新的社会关系。日本著名铁路史专家、首任铁道史学会会长原田胜正说:"铁道的大量输送特性和由此产生的共乘方式以及保障移动自由的乘车券,这些将日本带入了近代之路。"铁道乘车券,即车票是以共乘人平等的原理而发售的。这种不记名的有价证券,具有近代社会权利保障方式的特征,把近代社会的规则带入了日本。1872年,明治政府颁布《铁道略则》(共25条)作为乘车规则。《铁道略则》规定,无论何人乘车必须预先购票,在列车超员的情况下,持较远距离车票者可优先乘车,乘车距离相同者按所持车票上的顺序号依次上车。最初日本的机车、客货车均从英国进口,客车分为上、中、下三个等级。《铁道略则》规定,购买下等车票者不得乘坐中上等车。车票仅记载乘车时间、区间、等级、价钱等,不记载乘车人的姓名及身份等级。车票作为有价证券,是旅客乘车的唯一凭证。铁路管理部门按照车票安排旅客乘车,出现了旅客身份与所乘客车等级不符的现象,许多所谓"高贵人士"在众目睽睽之下乘坐中等车或下等车,破除了日本社会浓厚的封建身份等级意识。日本是一个贫富差距较小的国家,号称"一亿中流",而火车是最能体现社会平等的交通工具。日本的火车常被称为通勤电车。不管你是社长还是什么人,进入车厢大家都是平等的。与驾驶汽车出行不一样,因为轿车等级差别很大,驾驶保时捷和一般轿车是不一样的。我们中国人坐火车一般是出差、旅游,平时上学上班不会坐火车。而大多数日本人都是坐火车上学上班的,也就是说他的一生与火车紧密联系在一起了。我有一个在日本工作的朋友,生病住院,爱人每天乘坐火车去医院探视。游子返乡首先映入眼帘的就是车站,车站成为"乡愁"的同义词。在作家佐佐木俊郎的作品中,《乡愁》最为人所知,作为一个漂泊在东京的"有着严重思乡情节"的异乡少年,"我总是满怀忧伤。街面上洒的水映照着淡淡的灯光,我总是一边聆听隐隐约约的风铃声,一边游荡在进入夜晚的大街上。""这样漫无目的地走着走着,最后总会来到上野的车站。""手指抚上车站的地图,是想丈量故乡到东京的距离吗?"

铁路的出现还改变了日本人的生活习俗。我们知道,日本人有进屋脱鞋的习惯。日本早期铁路运行中经常发生一个奇特现象,即列车驶离站台后,站台上到处都是乘客留下的鞋子。乘客下车后,发现鞋子不见了。由此知道了公共空间和私人空间是不一样的,需要区别对待。京都铁道博物馆专门有一块展板说明这一奇特场景。

报刊、杂志的出版发行是现代社会的标志之一,但这些文化物品的发行离不开铁路。日本杂志的大量出版发行是在京滨铁路通车的第二年,即1873年。1897年,日本发行的报刊杂志种类共计745种,1912年上升到2,227种。我们知道,报刊杂志具有很强的时效性,必须以最快速度送到读者手中,使读者及时了解各种政治、经济和文化信息。铁路加快了信息传输速度。随着日本近代教育事业的发展,教材的及时供应成为一个不容忽视的问题。1907年,教材需求量近2000万册,1912年上升为4,300多万册。这样巨大的教材输送量,一切传统的运输方式均无能为力,唯有铁路才能担负起向全国各学校输送教材的重要使命,"低廉供应教材,全赖铁道的普及"。铁路还为中学生上学提供了便利。中学教育与小学教育不同,小学生往往就近入学,步行上学;而中学则以府县为单位招收学生,学生家庭住址与学校相距较远,多数学生须乘坐火车或有轨电车上学。因此各级地方政府在选择中学校址时,首先考虑的是交通问题,将学校建在铁路或轨道沿线,以便于学生上学。铁路管理部门专门出售"学生定期乘车券"。

铁路还促进了日本近代邮政事业的诞生和发展。铁路出现以前,邮件由人力或畜力传送。这种传送方式不仅速度慢,而且易受气候、地理条件的影响;遇到自然灾害时,邮传线路往往中断。所以在铁路开通的同时,"诞生了铁道邮政"。从此,日本邮件输送途径分为铁路、普通道路和水路三种。无论是普通道路,还是水路,邮件传送速度都大大低于铁路。于是随着铁路线路的延伸,邮件输送业务逐渐从普通道路、水路转移到铁路。

日本敷设铁路是从明治年间开始的,也就是19世纪。19世纪,可以说是"铁路时代",欧美各国掀起了兴建铁路的热潮。在短短的几十年间,欧洲和美国的铁路长度就分别突破了5万公里。铁路作为一种大能力、大规模、连续性强的运输手段,缩小了各地区经济发展的差距,克服了人力资源和自然资源分布的不均衡状态,推动各国经济发展迈上新的台阶。铁路技术发源于英国,是十九世纪的王牌技术和高新技术,也是西方国家领先于东亚国家的标志,考察近代铁路技术向日本的转移,可以了解日本对西方科学技术的接受程度、日本传统知识系统容纳异质科技知识的可能性以及日本传统知识系统的更新和向现代知识系统的转变。当日本踏上近代化征程时,在物质层面最早引进的技术之一就是铁路技术。近代铁路技术向日本的转移主要是通过实物转移(如铁路机车、客货车、路轨等)、"人力资源型"技术转移(如外国技术专家的现场技术指导、课堂讲授、观摩实习等)、铁路技术书籍或铁路科技情报的转移等途径进行的。

前面我讲到了,铁路技术发源于英国,然后由英国转移到法国、德国和美国等国,技术吸纳国与技术溢出国具有同等的技术水平,技术吸纳国的数学、物理学知识与英国不相上下,而且这些国家的土木工程技术、冶金技术和机械制造技术水平等也不亚于英国,也就是说技术吸纳国与技术溢出国之间不存在明显的技术势位上的落差,特别是上述国家的科学知识体系同属一源,即西方科技系统。因此铁路技术的转移非常顺利,表现在铁路技术转移成本较低、转移成功率较高。而日本在引入铁路技术时,不具有欧美国家发达的自然科学知识体系。日本或东亚科技系统与西方科技系统完全不同。所以,日本在引进铁路技术时,首先要掌握西方自然科学知识,对本国传统科技知识系统进行改造或更新,容纳异质科技知识。西方铁路技术向日本的转移总的来说比较顺利,日本大约用了50年的时间完成了对铁路技术的学习、理解、消化、吸收、模仿、改良和创新的过程,使得铁路在日本迅速延伸,成为近代日本发展最快的生产门类之一,是西方科学技术向"后发国家"转移、也是"后发国家"导入现代科技知识的成功范例。1880年代初,日本首先在土木工程技术和客货车制造技术方面做到了自立,到1882年建筑和土木工程专业的外国专家事实上被解聘或不再续聘,1890年代初开始了机车的国产化进程,大正初期进入蒸汽机车全面国产化阶段。路轨的国产化是在20世纪初,当时日本产业革命进入了重工业领域,随着采矿、冶金产业的发展,为路轨的国产化奠定了坚实的物质技术基础,1920年代铁路电气技术也取得了长足的进步。

中国在铁路技术的引进和铁路事业的发展方面,时间上并不比日本晚多少,1872年日本修建了第一条铁路——京滨铁路,4年后铁路也在古老的中国大地上诞生。但近代中日两国铁路发展的结局却不相同,中国铁路事业发展迟缓,技术引进速度慢,筑路成本高,经济效益低下,反映了近代中国的落后。

那么在铁路技术引进方面,中日两国存在哪些差异呢?

首先中国没有形成一个铁路技术官僚集团。尽管近代中国形成了从职工教育、高等教育到留学教育的完整的铁路技术教育系统,但兴办专门的铁路技术教育的时间比较晚,1896年南洋公学(后来的交通大学)成立,1909年第一届铁路工程班毕业,"为国内铁路专科之办理最早者",此时距中国铁路诞生的时间已相隔了30多年。而日本早在1877年就设立了"工技生养成所",快速培养中等铁路技术人材。铁路技术教育的迟缓使中国未能尽早形成一个在铁路建设和管理领域具有重要影响的技术官僚集团,占据铁路行政管理高位的不是技术官僚,而是政治官僚,如盛宣怀、梁士诒、曹汝霖、叶恭绰、孙科、顾孟余、张嘉璈等,而像詹天佑等铁路技术专家,虽然担任了一定的行政职务,但他们对中国铁路发展不具有决定性影响,这种外行领导内行现象的长期存在,在一定程度上影响了铁路技术向中国的转移。

其次在制订和统一铁路技术标准方面,中国严重滞后。标准化是现代化的基础,没有标准化就没有现代化。技术标准能加快行业结构调整和产品升级,推动行业技术进步,也是政府实现行业监管的高效方法。近代中国相当部分铁路由列强投资修筑,或由中国政府借外债修筑,因投资国或债权国不同,造成铁路技术标准长期不统一,列强都想把自己的技术标准强加给中国,由此导致了线路、路轨、机车、车辆等均有技术差异,严重影响了铁路联运业务,也影响了中国对外来铁路技术的吸收、消化和改造,难以在较短时间内完成铁路技术的自立。

三是国家政治局面的不稳定和其它技术系统的不匹配状态影响了铁路技术向中国的转移。铁路建设投资大、周期长、涉及区域广,技术要求高,而近代以来中国战乱频发,缺乏持续进行铁路建设的政治局面。另外铁路技术转移或引进是一个系统工程,涉及铁路技术与其它技术系统的匹配状态,如冶金技术、金属加工技术等,近代中国冶金工业、金属加工工业落后,至1949年都没有形成一个比较完整的工业体系,轻工业过重,重工业过轻。铁路技术的转移或引进是否成功,仅着眼于铁路技术本身是不够的,近代中国冶金技术、金属加工技术等的落后从根本上制约了铁路技术的引进、自立和发展。

四是日本文化具有很强的吸收能力。这方面大家都很熟悉,我就不多说了。我的发言完了，发言中涉及的数据和事例可参阅相关论著。谢谢大家！

刘峰：感谢祝老师的发言。祝老师是铁路史的专家，近年也在做跟抗战史相关的课题。今天通过学习祝老师的发言可以感受到，不仅仅是铁路本身，伴随着铁路，相关产业与技术、制度、文化等等方面都呈现出了向东方、向日本转移的趋向。另外还涉及了城市史方面的内容。所以我想铁路史是可以作为一个很具体的切入点来观察思考近代西学东渐，西方文化向东方、向日本转移问题的。非常感谢以上三位老师的发言！接下来到了休息的时间，请各位参会老师移步……

陈恒：我补充一句，大家手头有个《世界历史评论》的杂志，我们这个杂志去年开始有了正式的刊号。希望明年能出一期我们东亚学术体系构建与发展的专刊专辑，所以请在座的诸位一定要把你们的文章贡献给我们。今天三位大教授讲的，我们会有速记，回头会请你们校对一下作为底稿。参会论文请大家一定要支持我们一下，这样明年把这一期顺利推出来。我就提这个要求，小小的要求。但是对我们很重要，也是对于薛羽的支持。谢谢！

刘峰：非常感谢陈校长。那么接下来请各位移步大楼门口，我们合影留念。结束之后有茶歇。谢谢！

～～～～～～～～～～～～～～～～～～～～～～～～～～～～～～

会议名称：东亚学术体系的构建与发展：脱亚入欧与近现代日本知识转型

会议时间：2019 年 11 月 29 日（周五）08：30—18：00

会议地点：上海师范大学东部校区 54 号楼 101 会议室

参会嘉宾：徐静波　　复旦大学日本研究中心　　教授

　　　　　　翟　新　　上海交通大学国际与公共事务学院　　教授

　　　　　　祝曙光　　苏州科技大学社会发展与公共管理学院　　教授

　　　　　　陈　恒　　上海师范大学人文学院世界史系　　教授

　　　　　　谭　皓　　辽宁师范大学教育学院　　特聘教授

　　　　　　赵晓靓　　广东外语外贸大学东方语言文化学院　　教授

　　　　　　张艳茹　　中国社会科学院世界历史研究所　　副研究员

　　　　　　薛　羽　　上海人民出版社光启书局编辑中心　　副总监

瞿　亮　湘潭大学哲学与历史文化学院　讲师

陈　巍　洛阳师范学院历史文化学院　副教授

刘景瑜　北华大学东亚历史与文献研究中心　副教授

郭小鹏　山西师范大学历史与旅游文化学院　讲师

许美祺　苏州科技大学社会发展与公共管理学院　讲师

刘　峰　上海师范大学外国语学院、人文学院　副教授

康　昊　上海师范大学人文学院、大阪大学　讲师

安洙英　上海师范大学人文学院　讲师

张　舒　上海师范大学全球城市研究院　助理研究员

侯雨萌　上海师范大学外国语学院　讲师

日帝侵略时期儒林小考

——以亲日儒林为中心①

崔宰豪　文　刘飞燕　译

一、绪论

1876 年，日本仿效西方武力开放日本港口的方式，在朝鲜强制开港。1894 年，日本在甲午战争中胜利后，显露出了侵略朝鲜的意图。1910 年，日本强行将朝鲜与日本合并。19 世纪中后期，朝鲜被东北亚地区最早受到西方影响的日本剥夺主权。长久以来被认为是野蛮国的日本对朝鲜主权的剥夺使朝鲜人受到了巨大冲击。虽然不同阶层受到的冲击不同，但无疑当时主导社会的士人阶层受到的冲击是最大的。因为这一群体作为主导朝鲜社会的执政者，在面临危机时，他们势必有着予以应对的义务。本文旨在探究日本殖民主义侵略期间，朝鲜士人阶层应对侵略的方式。

当时的士人阶层是指朝鲜建国后 500 年间作为社会统治阶层，并具有儒学素养的儒林团体。之后随着近代化的发展，新一批知识分子登场。通过三角外留学等方式，这些分知识分子比其他士人阶层更早地接受了近代化，故被称为"开化知识分子"②。

---

① 本文是根据 2019 年 10 月 19 日—21 日在北京大学历史系主办的"近代东亚的知识生成与变异"青年学者工作坊中发表的成果《浅析日帝侵略时期的亲日儒林》中的一部分（第 2 章和第 3 章）整理而成。

② 开化知识分子，指较早接受西方文化，主动学习西方先进知识，并企图将西方文化制度运用到现实生活中的知识分子。其中强调汉学比新式学问更重要的一部分人被称为"开化儒林"。

本文试图围绕自诩 500 年朝鲜执政阶层的儒林展开论述。根据词典释义,儒林是指信奉儒学的团体。朝鲜自建国起就一直将儒教的"王道政治"作为自己的治国理念,因此,儒林一直是作为知识分子及社会统治阶层存在。虽然因为士祸与党争,儒林看起来像是处于分裂状态,但在面对外敌时,又能够同仇敌忾,表现出团结一致、共克危机的意志。

19 世纪末,朝鲜遭到外敌侵略,儒林阶层在这样的危急时刻展现出了强大的凝聚力。但随着日本侵略方式的不断变化,儒林内部也出现了多种多样的应对方式。那么儒林面对日本侵略做出了怎样的反应?尤其是儒林当中一部分人表现出的亲日倾向该如向理解?本文将聚焦此部分人亲日化的过程展开论述,研究目的如下:

第 1,针对儒林面对日帝侵略时的反应做出分析。将儒林大致划分为抗日和亲日两类,并进一步探讨他们的多种应对方式。

第 2,对儒林中与日本关系亲密的亲日儒林做出探讨。因为传统意义上儒林阶层具有一定的保守性,且相比其他阶层更具有强烈的爱国、保国意识。

相比揭示新的发现,本文更侧重于整理以往的学术成果。一是因为这是在准备海外学术讨论会过程中的研究成果;二是针对亲日的研究目前在韩国还在如火如荼地进行中,且需要更加细致及慎重的整理分析。

二、朝鲜儒林应对日帝侵略的方式及状况

19 世纪中后期,东北亚地区受到西方的影响经历了巨大的变迁。中国、日本分别于 1840 年、1853 年在西方列强的强制要求下被迫开放港口。虽然中国相较日本更早受到西方侵略,但相比之下,日本较早开始了近代化进程,这对日后东北亚的版图造成了巨大影响。

日本照搬西方的霸权主义,1876 年强制开放了朝鲜的港口。1894 年,日本于甲午战争中战胜了一直以东北亚盟主自居的清朝。与此同时,日本也显示出了侵略朝鲜的意图。

根据传统的华夷观,朝鲜自称是明朝灭亡之后接续明朝的"小中华",并自负为东北亚地区最强的文明国家。然而被长久以来认为是野蛮国的日本强制开放港口,以及继承明朝的清朝败战日本后,朝鲜的价值观受到了巨大的冲击。虽然冲击上至朝鲜王室,下至黎民百姓,但笔者认为这其中受冲击最大的,当属位于领导阶层的知识分子,即儒林阶层。对于日本强制开放港口,作

为朝鲜的代表,执政的儒林阶层想方设法来表达自己的主张并做出一定的反应。这一方面可能是因为固有观念,另一方面则可能是屈服于日本威慑的一种表现。

1876年朝鲜被迫开放港口后,朝鲜的士人阶层产生了很大动摇。被视为野蛮国的日本在朝鲜大肆宣扬西方文明并压迫朝鲜,原本信奉朱子学,并持有华夷观的士人阶层开始分为两派。一派仍保持固有观念,将日本视为"夷",主张保"华"制"夷";另一派则将西化视作近代化,主张积极接受西方文化制度。

虽然同为儒林,但主张排斥日本的大部分儒林在日后仍自称为儒林,而将西化视作时代潮流、选择出国留学或与外国积极来往,以非儒学而是西学为基础成长起来的知识分子,可以称为"开化知识分子"[1]的开端。但总体上,拒绝近代化的保守人士要比接受近代化的进步人士多,这可以说是引领朝鲜五百多年的儒林的最佳选择。

开港后,儒林通过上疏国王谴责日本的不正当行为,提出抵制日本的"斥和论"。还有部分人将自己的想法付诸实践,开展针对日本的武装斗争,这部分人被称作"义兵"。然而随着日本侵略政策的不断暴露,儒林内部也出现了分裂现象。但仅凭儒林们的行为难以单纯地将他们定义为亲日派[2]或者抗日派,因为儒林们遭遇的现实并非是简单的二选一。另外,一个人的人生经历中可能抗日与亲日行为并存,或者自己持有亲日或抗日的信念,却得到相反的评价。除此之外,亲日与否是由自己是否拥有相关明确的意识或信念决定的,因此也只有自己能够说明自己是否亲日。[3]

虽然儒林们应对日本侵略的方式十分复杂,也难以区分,但大致可分为以下几种形式:

事实上,在日帝侵略前,儒林是统一一体的。日本正式开始对朝鲜的侵略后,儒林内部就大致分成了主张亲日和抗日的两派,然而这之中也有相当一部分人既不主张亲日也不主张抗日,处于思想混乱的中间地带。本文旨在根据

---

[1] 早期开化知识分子虽然同心同力,但主张以朝鲜为主体进行西化的这部分人后来站在了抗日运动的前线,主张西化且改善朝日关系的这部分开化知识分子则被归类为亲日派。

[2] 对于亲日派的定义在1946年2月16日"民主主义民族阵线"的《亲日派规定草案》中有过提及,书中提到"亲日派是指意识上归属于日本帝国主义的一类人"。转引自박수현·이용창·허종,『일제의 친일 과 육성과 반민족 세력』한국독립운동의 역사,한국독립운동사편찬위원회·독립기념관 한국독 립운동사연구소 2009, p. 4.

[3] 如脚注3所说,因为要通过自己有意识的行为来判断是否亲日,因此判断起来并非易事。

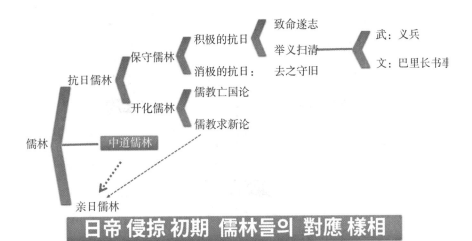

图1 早期日帝侵略时儒林的应对方式

常识或站在客观立场上，将儒林的个人行为分为亲日或抗日，并对拥有中间思想的儒林的表现做出细致的探讨。

首先介绍一下将儒林分为亲日、抗日及中间派的理由。如前文所述，儒林是引领朝鲜 500 年的知识分子集体。在近代化的巨大浪潮下，朝鲜的根基轰然倒塌。在这种情况下，想要保住朝鲜根基的人是儒林，而最终使朝鲜王国颠覆的一群人也是儒林。被称为"乙巳五贼"的官僚集团不是接受新知识的开化知识分子，而是具有儒学教养的儒林。也就是说救国的主角是儒林，亡国的主角也是儒林。因此，大韩帝国末期的儒林负有亡国的原罪。但除了像乙巳五贼这样追求权力的儒林外，大部分的儒林还是主张抗日的。

《乙巳条约》签订之后，儒林被禁止进入政坛，在乡村的发言权也被削弱，日帝通过此种方式使儒林难以成为抗日主体。另外，这里还出现了另一种复杂的情况，如下图所示。

从图中可以看出，在根据地被削弱之后，儒林受到了多方势力的攻击。

首先，对于开化知识分子来说，儒林是使朝鲜亡国的罪人，应当被革除。开化知识分子批判儒林的保守思想，称其目光短浅导致了朝鲜的灭亡，应当与没落的朝鲜一起消失。除此之外，儒林还受到了民族主义知识分子的攻击。民族主义知识分子认为儒林是落后于时代的群体，是主张"事大主义"的反民族集团，也是将朝鲜卖给日本的卖国贼，并坚定地认为典型的卖国奴乙巳五贼就是儒林。最后，他们也受到了来自具有亲日倾向的知识分子的攻击，这些人

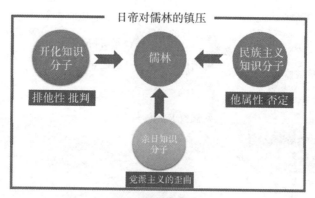

图 2　儒林的危机

受到日本的挑唆,开始歪曲曾经引领过朝鲜的儒林的思想及行动。

有趣的是,开化知识分子、民族主义知识分子、具有亲日倾向的知识分子的主张与日帝对韩国儒学的看法相差无几。日帝侵略时期,日本官方从事朝鲜语、朝鲜人、朝鲜思想的研究者高桥亨是这样批评朝鲜儒学的[①]:

第一,因为思想的固化,自朝鲜接纳性理学以来,对其他学问都持排斥态度;

第二,思想的依附性,朝鲜奉行依附中国的"事大主义";

第三,家族主义、家大于国的思想使得国家观念弱化;

第四,与朋党思想相像的分裂主义。

开化知识分子指责儒林的守旧思想,民族主义知识分子指责儒林思想的依附性,具有亲日倾向的知识分子则负责歪曲刻画儒林党派主义的缺点。各知识阶层对儒林的指责与日本所指出的朝鲜儒学的弊病是类似的。另外,置国家安危于不顾、把家庭放在第一位的思想将在下一章有关"关系指向性"的说明中进行叙述。因此,虽然当时大多数儒林面对日本的侵略都进行了反抗,但作为亡国罪责的主要承担者,他们受到了所有知识分子的攻击。这是日帝所盼望的,儒林也因为日帝的压迫和当时的时代背景开始走向分裂。

朝鲜时代 500 年间位于社会中心的儒林在巨大的社会变化下感受到了前所未有的自愧与冷落感。从这时起,在原有的恪守儒林传统的保守儒林之外,主张变化的开化儒林开始登场。另外,在此分化之际,也开始出现亲日儒林以

---

① 김경호,「탈식민과 한국유교」,『儒教思想文化研究』第 62 輯,한국유교학회,2015, p. 100.

及不持任何立场的中间派儒林。

首先介绍抗日儒林。抗日儒林根据学问倾向可以分为保守儒林和开化儒林。保守儒林是指主张维持既存的儒学精神,并将其付诸实践的儒林。本文所指的保守儒林并非一般意义上的保守儒林,而是为了自己固有的思想,进行一定实践的儒林。笔者认为日本侵略初期的大部分儒林应属于这个群体。相反,开化儒林是指既主张保留儒学精神,又不反对新式文明的儒林,主要是少壮派儒林。这部分人将传统汉学作为学问的基础,但必要时也不排斥西方文化,可以用"东道西器"来准确描述他们的立场。"东道西器"是指崇尚东方思想,学习西方技术。

除此之外,根据抗日的力度,选择抗日的保守儒林还可以细分为积极抗日儒林与消极抗日儒林。拥有抗日思想的儒林可以采取的行动有上疏、海外亡命、自尽、联名上书请愿、在书院及抗日遗址定期举行祭祀活动等。①

朝鲜学者、义兵将领柳麟锡将国难面前儒者应该采取的行动分为三类,被称为"处变三事"。第一类是以死抵抗不合理之事,名为"致命遂志"或"自靖致命";第二类是通过义行清肃不当之事,即"举义扫清";第三类是远离因国难而纷扰的世事,恪守自己长久以来所坚持的价值观,即"去之守旧",这些人大部分选择了去往伪满洲国等地方或是国内与世隔绝的小岛。②

日本侵略初期,大部分儒林选择了"处变三事",与日本积极对抗,或者消极对抗同时坚守着自己的思想与价值观。选择"举义扫清"的儒林的对抗方式大致可以分为两种:一种是运用武力进行抗日武装斗争;另一种则是通过写文章来告知天下日本非正义的侵略行径,代表事件为"巴黎长书事件"。

"巴黎长书事件"是指没能主导 1919 年"三·一运动"的儒林为表现自己的独立意志而要参加巴黎会议的事件。如前文所述,虽然 19 世纪的抗日运动主要是由儒林主导进行,但是进入 20 世纪,儒林的影响力大为削减,因此开化知识分子代替儒林占据了主导地位。结果在主导己未"三·一运动"的 33 名代表中,一名儒林都没有。这 33 名代表聚集了宗教界、学界、社会团体中的代表人物,但儒林在此却无立足之地。原因如上述图例所示,儒林受到了来自多

---

① 유준기, 1910년대 전후 일제의 유림 친일화 정책과 유림계의 대응, 한국사연구, p. 90.

② 안외순, 「식민지 근대문명에 대한 한국 유교의 분기와 이념적 지향」, 『동방학』제17집, 동방한 문학회, 2003, p. 294.

种势力的排斥。这对一直以来主导抗日运动的儒林来说是一个巨大的冲击，然而儒林仍想表现自己站在抗日最前线，因此策划了"巴黎长书事件"。

保守儒林不肯接受儒教走向没落的事实，仍将儒教作为绝对的真理。虽然这种思想表现出了积极的抗日意志，但这样封闭、守旧的态度同样也阻碍了朝鲜的近代化进程，也因此使他们遭受到了其他知识分子的排斥。保守儒林中的一部分人认为儒家理想比国家更重要，这部分人虽然没有进行义兵活动或抗日斗争，但却表现出了守护儒家理想的意志。他们通过消极的抵抗，隐居或是海外亡命等迁居到了岛屿或山间生活。

保守儒林之外，开化儒林与保守儒林的思想很不同。他们对儒教的弊端进行反思，主张革除儒教；或者带着对儒教的眷恋，主张改革儒教。开化儒林主张"东道西器"，将儒学的中心"汉学"作为学问的根源。开化儒林中有一部分人虽然将儒学视为学问的根基，但也主张"儒教亡国论"。事实上"儒教亡国论"是主张接受西方文化的开化知识分子所倡导的，开化儒林中的这部分人与开化知识分子一样，认为儒教的"事大主义"思想、党派纷争、虚礼虚饰等是朝鲜亡国的主要原因。这部分人虽然根本上主张抗日，但因对"东道西器"缺乏清晰界定，一部分人开始产生亲日倾向。因为如果说"东道西器"中"东道"是推广儒教为基础的王道政治，那么"西器"则是以使殖民统治正当化的"社会进化论"为基础的。[①] 因此，比起对朝鲜的眷恋更倾向于近代化的话，难免会落入亲日的陷阱。

开化儒林中，除了主张"儒教亡国论"的一部分人，还有一些人主张"儒教求新论"。"儒教求新论"主张朝鲜与儒教共生死，朝鲜不能丢弃儒教。即儒教不是旧时代的遗物，通过改良革新依然能够拥有引导国家社会的力量。比起盲目信奉儒教，这种思想明确判断了儒教的优点与缺点，是一种具有进步意义的思想倾向。这部分人还将大同教等儒教宗教化，并克服儒教的弊端，以儒教为中心团结人民。但是由于日本的欺瞒，主张"儒教求新论"的一部分人也逐渐走向亲日。换句话说，因为"东道西器论"是能使殖民统治正当化的理论，因此一部分开化儒林难免走向了亲日化。

以上分析了面对日本侵略秉持抗日立场的儒林，接下来将展开对于既不

---

① 김원열, 「일제 강점기 황도 유림의 사회 윤리에 대한 계보학적 연구」, 『시대와 철학』, 21권2호한국철학사상연구회, 2010, p. 93.

抗日也不亲日的中间派儒林的讨论。对这部分的讨论的难点在于,虽然中间派儒林数量众多,但是把他们都归结为中间派是因为他们没有表现出明显的抗日或亲日行为。如果一定要总结他们的行为特征的话,可能与"去之守旧"类似。如前文所述,"去之守旧"是指"为坚守自己的意志而选择远离尘世"的思想。但是中间派儒林又与"去之守旧"有一定差异。首先,他们没有逃亡到国外或孤岛;其次,在日帝的统治下,他们只选择了消极抗日。

儒生们一向很在意"出仕与隐退"的问题,即世间重"道"之时站出来表达自己的见解与想法,乱世之时则毫无留恋地远离尘世,这被称为"隐遁的美德"。儒林自称为隐者,也希望被称为隐者。但这些人是否真的想与现实政治保持距离仍需谨慎推断,也有必要去确认被划分为中间派的儒林究竟持何种思想。

在中央和地方突然失势的儒林应该很难放弃作为主流的既得权力,如果有机会,他们是否想要回到社会中心再次行使他们的角色呢? 这是个值得思考的问题。然而,如果想在世道变换之后仍成为权力的拥有者,就必须做出亲日的极端选择。除此之外,选择抗日也不是那么容易的,因此他们只能选择中立。另外,这部分人标榜"儒教根本主义"的可能性极大。

"儒教根本主义"主张终结乱世的根本是儒学。虽然该思想的初衷是纯粹的,但因其保守性,但逐渐产生脱离社会的封闭性和反近代性等负面产物。且更为严重的是,一部分信奉者开始追逐权力。他们呼吁回归儒教根本主义的纯粹早期儒学,盼望与现实世界不同的理想世界,但同时又幻想权力的回归。这种二律背反的思想结果成为了被日帝利用的契机。

没有明确表现出抗日或亲日行为的儒林,最后也只能走上中文的道路。事实上,如果不将他们划分为亲日派或抗日派的话,他们的数量是相当多的。对于此部分的叙述,我们一直以来是忽视的。笔者认为,虽然中间派儒林没有表现出明显的抗日或亲日倾向,也没有实际行动,但是他们必定有自己的想法与意图。对此将会在下一章"亲日儒林的产生背景"进行详细论述。

除去抗日儒林及中间派儒林,那么就只剩下了亲日儒林。对于儒林是亲日、抗日还是中间派的判定并不容易,但亲日儒林又的确存在,因此必须要对此作出论述。

韩国人心中有固化的儒林形象,韩国人认为儒林虽然因循守旧,但在重要关头又是最具有改革与实践精神的。在韩国,儒林又被称为"儒士",[①]他们所具有的胆魄与气节受到被支配阶层的尊敬,他们也利用这种尊敬去支配被支配阶层。且在国家危难之时,儒士,即儒林,能够每次都站出来克服危机。在日帝侵略时期,最具代表性的就是拼死抵抗"创氏改名"和"断发令"的儒林。

朝鲜的儒林虽然给人以光明磊落、大义凛然的印象,但真实历史上的儒林却不尽然。对于亲日儒林的出现时间虽然意见纷纷,但是笔者在这里将签订《乙巳条约》时的乙巳五贼看作是亲日儒林的源流。因为这五人均为当时处理国政的高官,也是将汉学作为学问背景的儒林,且因这五人的影响力,许多儒林选择了追随他们。事实上除了少部分人以外,其他儒林很难被归类为亲日儒林。亲日儒林会根据自己的意志行动,做出明显的亲日行为,而明确地表现出这种倾向并非易事。

第二章主要论述了儒林面对日帝侵略各种的反应。虽然将儒林分成三类是比较少见的,但是本文在此还是做出了尝试。如果要深入研究,还需要对儒林个体进行更细致的调研。本文虽然进行了分类,但还是会存在因人而异的情况。下一章将会对亲日儒林出现的原因做出探讨。

三、亲日儒林出现的原因

一般来说,儒林的价值取向偏于保守。儒学以孔孟思想为开端,后发展为朱子学,高丽末期在朝鲜半岛扎根,之后又成为了朝鲜 500 年间的治国理念,可以说儒学的稳固性以及朝鲜人坚忍的民族性格是与朝鲜共生死的。当时朝鲜的民众与现在 21 世纪的韩国人不同,比起变化,他们更喜欢安定,也认可以中国为中心的华夷观。

如前文所述,谈到儒林,韩国人经常会想起"儒士"这个词语。儒士是"正直与气魄"的代名词。为了保持这样的形象,1860 年外敌开始入侵时,儒林举起了"卫正斥邪"的旗帜。"卫正斥邪"是指扬善弃恶,所谓善是指一直以来朝鲜所推崇的儒学,而排斥的恶是指近代化,即西欧化。一方面,儒林的"卫正斥邪"运动虽然有旧势力延长政治生命的嫌疑,但另一方面,在国势衰退的情况下,开放也有可能会带来国家危机。[②]"卫正斥邪"运动后来在大韩帝国末期

---

① 　中文译为"儒士,士人",在韩语中为褒义词。
② 　최영성, 『한국유학통사下』, 심산출판사, 2006, p. 384.

逐渐演变成义兵运动,再后来变成了抗日义兵运动、独立运动。

19世纪80年代日本帝国主义侵略初期,为何在抗日最前线团结统一的儒林中出现了亲日儒林,其原因是值得探讨的。早期的亲日儒林是自发产生的吗? 还是按照日本的意图产生的? 首先应对这两个问题进行确认。

一般来说,殖民主义者在侵略殖民地前,都会对这个地区进行较为彻底的分析,并找出侵略的长处和弱项。因此,日本对于朝鲜是以儒教为中心的国家、且儒林位居权力中心的事实是非常清楚的。要想在在朝鲜顺利地进行殖民统治,就必须要在拥有儒文化基础的朝鲜削弱儒教的势力,或者掌握其势力。①

日本强制开放朝鲜港口后,着实感受到了朝鲜儒林的力量。儒林通过"卫正斥邪"运动充分显示了其实力,尤其是通过"倭洋一体论"告知大众,日帝应是"斥邪"的对象。对日本帝国主义来说,儒林主导的"卫正斥邪"运动以及维护朝鲜王朝的义兵运动令他们相当头疼。日本意识到,在儒林中树敌或镇压儒林绝非易事。这源自上文所提到的儒生不放弃、不气馁的儒道精神。儒林的抗日运动导致了日帝对儒林政策的变化。日帝意识到,只有有效地控制儒林,才能够顺利殖民朝鲜。所以日本开始一边继续镇压抗日儒林,一边通过收买来拉拢亲日儒林。

巩固亲日儒林势力对日帝有三个好处。② 第一,通过拉拢亲日儒林能加速儒林分裂。朝鲜是以儒教为中心的国家,想要完全支配朝鲜,就必须弱化儒林的力量。第二,利用儒林的理念能够加固殖民主义统治思想。即通过亲日儒林来强调儒教的忠、孝理念,从而使朝鲜人臣服于日本。第三,儒林仍然对乡村具有控制力,通过对其地方权力的默许来弱化乡村地区的抗日意识,以此来协助总督府的殖民政策。

以分裂儒林为目标,将亲日儒林作为控制朝鲜的先头部队。换句话说,就是不与儒林为敌,而是通过利用他们达到支配朝鲜的目的。日帝通过软硬兼施的方法开始瓦解儒林势力,在镇压抗日儒林的同时也积极寻找亲日势力。为进行殖民统治,日本在朝鲜的军事、政治、经济等官方领域频繁活动,同时将宗教、教育、医疗等民间领域作为攻击目标。且日帝企图在儒教等宗教领域植

---

① 김경호, 上揭论文, p. 100.
② 정은지, 「茂亭鄭萬朝의 친일로가는 思惟」,『대동한문학』제33집, 대동한문학회, 2010, p. 76.

入日本化的宗教。例如佛教净土宗的普及,基督教东方传道馆的扩张,日本国教神道教的传播等都是典型的事例。[①] 这其中儒教作为掌握朝鲜生死的宗教,被日本视为拉拢亲日的首要目标。

日本在瓦解儒林势力的过程中最先采取的方法是孤立儒林。并且持续不断并有组织地胁迫抗日儒林,并不断缩小抗日儒林的活动领域。同时,动员具有亲日倾向的开化知识分子歪曲儒林形象,挑唆开化知识分子及民族主义者孤立儒林。如此,儒林们感到了前所未有的恐慌、屈辱及挫败。对于遭受如此悲惨境地的儒林,日帝对他们实行了绥靖政策,并取得了相当大的成效。产生了一种与"斯德哥尔摩综合征"相似的效应。

人们在因压迫产生的恐怖、孤立下会做出怎样的反应是值得探讨的。也许这些人会拒绝做出积极的行动,严重的话行动甚至会变得消极。他们虽然对孤立自己的主体极度反感,但随着这种恐怖与挫折感长期持续,心中也难免想再次融入这个与自己背离的社会。在这种情况下,如果使自己恐慌与受挫的人给自己融入社会的机会的话,难以想象他们会做出怎样的反应。

当时的情况就是如此,日帝也是利用这样的心理扩大亲日势力的。再加上日本狡猾的分裂政策及绥靖政策,一部分儒林很快就产生了亲日倾向。日帝不断地破坏儒林所特有的连续性,并在儒林内部诱导他们赞成殖民地近代化。根据日方主张,亲日儒林的正式出现与1907年高宗被逼退位及军队解散密切相关。因为这两起事件,朝鲜人的反日情绪达到高潮,并开始了全国规模的泛国民抗日救国运动。当然,儒林是抗日运动的中心。再次认识到儒林的力量之后,日本开始镇压抗日儒林,并开始全面培植亲日儒林势力,通过当时有影响力的儒林安抚朝鲜民心。也正是从这时开始,儒林正式分成了抗日派与亲日派。日本在儒林内部明确区分敌我,并使亲日派为自己所用,也正因为此,儒林内部出现了激烈的矛盾。

接下来是亲日儒林的人员构成。如第二章中所说,能明确被划分为亲日势力的人并不多,原因是只有明确具有亲日思想,且行动确实表现为亲日的人才可以归类为亲日派。因此,讨论早期亲日儒林的人员构成并非一件易事。但是这种讨论又是十分必要的。

如果将"乙巳五贼"看作是亲日儒林的源流的话,1907年后全面登场的亲

---

① 上揭论文,p. 59。

日儒林中必定有引领他们的人,这些人就是构成早期亲日儒林的核心。设立最早亲日儒林团体大东学会的,是"乙巳五贼"中的李完用及"丁未七贼"中的赵重应,作为卖国元凶,他们亲自参与了日帝的亲日化政策。除此之外,还有13个发起人,其中包括会长申箕善,副会长洪承穆,总务徐相勋,评议员金嘉镇、郑乔等;地方各道另设总务,包括京畿道赵炳建、忠清道金庆奎、全罗道朴齐彬、庆尚道申泰休、江原道郑凤时,黄海道洪禹哲、平安道闵丙汉、咸镜道郑镇弘。会员总共有1,500多名。[①]

纵观大东学会的13名发起人,大部分为朝鲜末期官吏出身,相比两个创始人明确的亲日倾向,这些人的立场并不清晰。例如评议员金嘉镇,虽然加入了大东学会,并被日本授予了男爵爵位,但是晚年的行为却更像独立运动家;郑乔主导女性运动的形象也难以让人将其归类为亲日派;朴齐彬更是在《乙巳条约》时主张处决"乙巳五贼"。另外,这些人代表儒林也略有不足,所谓的各地域儒林代表大多为首尔出身,且这之中申泰休是武官出身,郑镇弘是因为儒学学问被认可受提拔成了大东学会的管理人员。只有担任过成均馆馆长的总务徐相勋以及参与编纂过《国朝宝鉴》的郑凤时才能被称为是儒林代表。

也就是说除了两个创始人,其他13名发起人并非具有明确的亲日倾向,而是可能受到日帝胁迫或笼络而倾向于亲日,或者也可能是在不清楚大东学会的实质下被欺瞒参与的。但这种混沌不清的倾向反而使更多的儒林感到困惑,导致1,500多名儒林也加入了大东学会。

如果大东学会表现出明显的亲日倾向的话,那么它就不可能那么轻易地成立。但大东学会视儒道为体,新式学问为用,主张"新旧合一",没有在众多儒林前展现自己的真实面貌。

首先,"新旧合一"的旗号使开化儒林们产生动摇。宣传"东道西器"的开化儒林中,主张"儒教亡国论"的一部分人被吸收为亲日儒林的可能性很大。虽然这部分人从根本上具有民族主义倾向,但在十分推崇西方化的情况下,很有可能走向亲日化。主张"儒教求新论"的一部分人在大东学会新的旗帜下被吸收为亲日派的可能也很大。即,不能排除一部分开化儒林被日本的亲日儒林政策同化的可能性。

另外,大东学会通过树立儒林学者代表或者推崇有抗日经历的人物来掩

---

① 参考"韩国民族文化大百科",转引自 Naver。

盖其真实面目,让人难以识别。除此之外,对儒林进行强烈压制的日帝还突然对其实行奖励政策,这也让儒林困惑不已。

这里还要提到韩国人特有的心理"关系至上主义"。殖民势力在侵略时需要考虑的一个重要因素是被殖民地人的民族性,描述这种民族性的经典著作之一就是鲁斯·本尼迪克特(Ruth Fulton Benedict)的《菊与刀》。书中介绍日本民族性中很突出的一点就是集体主义倾向,是指比起单独思考、单独行动,日本人更喜欢按照国家或者集体的要求行动。这与西方的个人主义形成了鲜明对比。但韩国人的民族性既不是个人主义,也不是集体主义。虽然韩国人平时更倾向于个人主义,喜欢按照自己的意志行动,但是如果与熟人属于某个团体的话,自己的行为也会与其一致。这被称为"关系至上主义"。

朝鲜的儒林并不单纯是通过儒道而形成的凝聚力薄弱的团体,其中还包含了师从同门的学缘,地域出身相同的地缘,具有血缘关系的血缘,以及因婚姻成为同一家族的婚缘等复杂关系。韩国人中"关系至上主义"意识最强的就是儒林。且韩国人"关系至上主义"的基础不是"国",也不是"个人",而是"家族",日帝准确抓住了韩国人这一特性。

关系至上主义简单解释的话如下所述。对于日本人来说,即使天空中什么都没有,但如果领导要求仰望天空,那属下一定会不问理由齐望向天空。对于西方人来说,如果有人抬头看天,那么感兴趣的人可能也会抬头看,但是也可能会有不感兴趣忙于自己事情的人。而对于韩国人来说,不管谁仰望天空,都不会对其有丝毫兴趣。但是如果仰望天空的人是和自己相熟的人,就会询问发生了什么事情,并仰望天空确认有无异常。

换句话说,对于自己将要做的事情,固然可能出于自己的个人意志,但另一方面对身边人步伐的跟随也必不可少。这种步伐跟随是韩国社会一个很重要的特质,也正是因为这种特质,韩国人十分强调"我们"这一同僚意识。如果通过学缘、地缘、血缘、学缘和自己联系在一起的人做了与自己意志不符的事情,坚守关系至上主义的儒林们就会纠结要不要和他们保持步调一致。

还有一个重要因素,就是所谓的"体面和眼力见儿"。"体面"和"眼力见儿"是互成反比的。注重体面就不会去在乎别人的眼光看法,而有眼力见就不会去在意自己的颜面。

儒林比其他任何团体都注重体面,因此他们很忌讳有损自己颜面的事情。但正如前面所提到的,儒林们在受到其他知识分子攻击时,他们的颜面自然有感损失。而且对于主张抗日的儒林来说,日本帝国主义一施压,他们就被迫地要学会去看眼色。而日本帝国主义创立了亲日儒林团体并假意维护了儒林们的体面。时任日本总理的伊藤博文直接主导并参与了一场演讲会来吹捧儒林,并向他们捐赠了两万韩元的巨款,儒林们就误以为已经摆脱了日本帝国主义的压迫,从此再也不用看他们的脸色行事了。

因此,对具有亲日倾向但因坚守关系至上主义而无法直接参与的儒林来说,"体面和眼力见儿"的问题似乎得到了解决。加上日本帝国主义能让他们像以前在乡村那样享有自治权,让他们作为中枢院的官僚在中央政界自由活动,还赐予他们赏金等诸多实际利益,因此儒林们内心也愈发纠结。

以上讨论了关于早期亲日儒林的人员构成,整理如下。在早期亲日儒林的人员构成上,少数具备了亲日思想的儒林占据着最高地位,然后是受日本帝国主义威胁或者拉拢的知名人士,或许也有极少数人受日本帝国主义欺瞒而加入了亲日儒林。开化儒林或中间派儒林则大多位于最底层。其中开化儒林很可能已经具备了亲日思想,因此坚守关系至上主义,受"体面"和"眼力见儿"、社会地位和经济利益、身边人支持等多种因素综合影响而摇摆不定的中间派儒林,可能位于整个亲日儒林团体的最底层。在这个过程中,日本帝国主义充分利用了儒林们追逐权力地位的这一心理。

对于亲日儒林是自发形成还是由日本帝国主义创立这一问题,学界曾产生过较大疑惑,但从以上讨论中便可以找到答案。以大东学会为例,大东学会虽是在日本帝国主义的庇护下创立的,但不可忽视李完用、赵重应等亲日势力在大东学会成立过程中起到的的重要作用。即在签订《乙巳条约》后,日本帝国主义虽然对亲日儒林团体的创立起主导作用,但亲日势力自发与其相配合这一点也是不容忽视的。

除了早期亲日儒林构成人员之外,还需要探究一下之后的亲日儒林人员构成。根据亲日儒林的活动情况可以大致分为以下三个时期。

第一个时期是1907年至"三·一"运动时期,日本创建大东学会,由于朝鲜人民的反对,将其改为孔子教会、经学院。这个时期,日本帝国主义把重心放在了利用亲日儒林分裂儒林上。当时亲日儒林由少数亲日儒林,被日本帝国主义威胁、怀柔、欺骗而参加的著名儒林,部分被日本帝国主义欺骗的开化儒林及中间派儒林构成。

第二个时期是从"三·一"运动以后到20世纪30年代中期,是大同斯文会、儒道振兴会和各地区的亲日儒林组织泛滥的时期。组织的成员是亲日分子和想借助亲日势力获得经济、政治利益的伪儒和腐儒们。这些人在日本帝国主义的指挥下,为使殖民统治合理化而对朝鲜人进行"教育"、洗脑或进行"内鲜同祖论"的说服。

第三个时期与20世纪30年代中期日本帝国主义将战争扩大到亚洲及太平洋地区的时间一致。当时,日本为了进一步加强以天皇为中心的统治体制,将儒教的王道政治与天皇统治思想结合在一起,创造了"皇道儒学"这一御用儒学。第三个时期的亲日儒林们代表日本帝国主义,强化了"皇道儒学"理念。当时的代表性亲日儒林组织为朝鲜儒道联合会,其高层成员与以往的组织不同,日本人和亲日卖国势力杂糅在一起,基层成员依然是伪儒和腐儒群体。很多朝鲜人被强迫参与到日本帝国主义所主导的战争中来。[①]

亲日儒林人员构成的变化大致如下图所示。

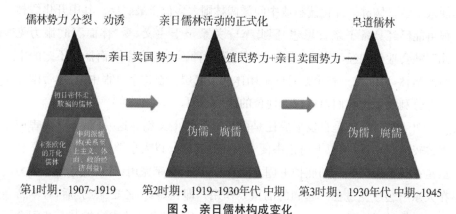

图3　亲日儒林构成变化

四、结论

本文探究了儒林应对日本帝国主义侵略的方式及亲日儒林出现的原因。内容可总结如下:

第一,在日本帝国主义侵略初期,儒林的反应大致可分为抗日、亲日、中立三派。抗日派儒林可分为保守儒林和开化儒林,反应略有不同。保守儒林内部也根据自身价值观不同分为"致命遂志"、"举义扫清"、"去之守旧"三派。在

① 정준기,上揭论文,p. 66。

奉行"举义扫清"的儒林内部,有一部分人依靠武力积极展开义兵活动,也有一部分人通过"巴黎长书事件",试图按照传统儒林的方式进行抵抗。开化儒林基本上按照"东道西器"理念进行活动。虽然也有持"儒教亡国论"这样具有反儒学倾向的儒林,但也有持"儒教求新论"这样试图改良儒学,或将大同教等儒教进行宗教化尝试的儒林。日本帝国主义侵略初期,亲日儒林只占极少数,但夹在亲日派和抗日派中间、没有采取任何行动的儒林是存在的,这些人被称为中间派儒林,而且占大多数。

第二,亲日儒林出现的理由。儒林在日本帝国主义高压政策下只能萎缩,除了日本统治以外,他们还受到了开化知识分子、民族主义知识分子的攻击,从而被孤立。此时,日本帝国主义通过蒙骗儒林、怀柔政策、加派伪儒、腐儒等,或攻击抗日儒林,或使朝鲜人对日帝的殖民政策产生错误认知。吸收亲日儒林的方法是利用儒林所具有的"人脉偏好""体面""眼力见儿""同调"等属性,并加以政治权力和经济利益进行诱惑。

第三,根据亲日儒林的行为,可大致将亲日儒林的演化划分为三个时期。第一个时期是"三·一"运动前,依附日帝的儒林数量不断增加。第二个时期是"三·一"运动后到中日战争前,在卖国的亲日儒林基础上,伪儒、腐儒频繁活动,鼓吹日帝的殖民统治。第三个时期正值日本帝国主义全面侵略扩张期,被称为"皇道儒林"的亲日儒林扮演了向朝鲜人鼓吹"日式御用儒学"的角色。值得一提的是,在这一时期,日本人也加入到亲日儒林团体中来,非儒林也可以加入亲日儒林团体是这一时期的特点。

至此,笔者对日帝侵略时期亲日儒林进行了粗浅的论述。通过此次研究可以看到,曾主导抗日的儒林们在日本帝国主义的顽固和欺骗式分裂政策中,逐渐走向了亲日。如文章所论述的那样,只有对各个人物、事件进行细致分析,才能够正确把握亲日儒林这一群体。希望此文能够帮助提高学界对韩国亲日儒林的关注。

作者简介:崔宰豪,韩国第三陆军军官学校教育系教授;刘飞燕,北京大学外国语学院研究生。

大学与城市的双向互动

——评《象牙塔的建造：20世纪大学与大都市的发展》

常　远

摘　要　自19世纪以来，大学作为一种实体机构，与城市之间存在着一种复杂的双向互动关系。在20世纪的美国社会发展中，大学起着至关重要的作用，并不断发展。对城市推动者而言，对大学的投资促进知识的生产，吸引人口聚集，改变了传统的城市空间，从而形成一种新型的城市社区，这些新型城市已经成为美国城市就业机会、市场经济增长的关键来源。作为一种实体机构，大学是城市教育价值观和政治经济局势的承载体，能随城市社区的转型作出反应并发生改变。随着城市资源的不断投入，大学对周围社区价值观的敏感性日益下降，甚至对城市发展有害。为了保护和扩大其资源和使命，大学在城市环境中加剧了阶级差异、种族隔离。因此，大学无疑在自身创建与发展的过程中再现了美国社会发展的问题与希望。大学是20世纪美国社会的不可或缺的机构，当他们将空间意识形态强加于城市社区时，必将成为城市发展的主要推动者。

关键词　城市史　美国大学　城市空间意识

　　无论是高等教育的发展，还是城市化与郊区化的进程，美国无疑都走在了世界的前列。哈佛大学也同样是教育界的翘楚，但2007年以来，哈佛大学在波士顿奥斯顿(Allston)街区扩建校园的计划因经济危机的爆发陷入了僵局，由此产生了一系列影响。这一案例反映了一个多世纪以来美国转型中的重要时刻，即大学已经成为美国经济转型与城市发展的主要驱动力。他们通过教育、研究和文化生产,将知识的创造作为经济增长的基础。而知识的生产需要空间的存在,从而促进了全国范围内农村或郊区土地开发的变化,并将人们聚集在人口相对稠密的定居点以创造新知识。高等教育的经济视野需要大学及其校园有互补的空间。

尽管大学与城市之间有着长期与密切的联系,但很多学者在进行研究时都将大学孤立在城市之外。研究高等教育的历史学家,强调《莫里尔法案》的重要影响,以此来维护大学校园的田园式乡村形象;而城市史学家的研究中,往往很难看见大学的身影。在《象牙塔的建造:20 世纪大学与大都市的发展》(*Building the Ivory Tower*:*Universities and Metropolitan Development in the Twentieth Century*)一书中,拉代尔·温林(LaDale C. Winling)对大学如何影响 20 世纪美国城市空间的发展做了深入研究,为我们展现了一幅幅生动的图景。全书共分为五章,每一章节选取一个案例,分别为鲍尔州立大学、德克萨斯州立大学奥斯汀分校、芝加哥大学、加州大学伯克利分校以及哈佛大学和麻省理工学院,从镀金时代,到新政和冷战,再到后工业时代,每一个研究案列都符合一个美国历史发展的转变时期,这些变革和发展使美国社会和政治意识形态发生了变化。作者在分析中将大学置于大都市转型的背景下,同时将城市作为大学转型的中心。世纪之交的工业巨头将其所获利润投入高等教育,大学的发展引领城市转型的同时,工商业领袖以慈善的方式在城市中产生了重要影响。大萧条的危机为大学带来了巨大的发展机会,联邦政府投入大量资金从根本上改变了大学、政府和城市之间的关系。二战时期,大学显然已经成为了联邦政府的盟友。战后,城市危机引发大学危机,以新自由主义的思想来应对危机又意味着城市和大学发生了根本变化。总而言之,高等教育及由此带来的知识经济早已扎根于美国这片沃土,并与大都市的发展息息相关。

一

位于曼西市(Muncie)的鲍尔州立大学(the Ball State University)是工商业领袖以慈善业的方式在城市中产生重要影响的典型例子。随着乔治·鲍尔(George Ball)将拍卖所得的地产捐赠给大学校园,建立鲍尔州立大学,鲍尔家族在曼西便占有举足轻重的地位。这一举措有助于城市的发展和经济发展方式的转变,大规模工业化成为了曼西市经济文化发展的基石,城市利用新学校及其周围的环境走上了转型之路,试图通过更好的教育、就业机会,健康保障,文化服务等一举成为印第安纳州的领导城市。

鲍尔州立大学的成立标志着"空间"成为 20 世纪美国经济转型的重要逻辑。城市推动者和教育领袖并肩作战,鲍尔家族收购并重组大学的过程与城市渴望基于知识推动社会进步、建立新秩序的野心相提并论,从而引发了一系列城市生活的空间逻辑、经济以及社会的变化。对大学的投资建立了绿地发展和城市重组的模式,在这种模式下,城市的经济资源、住宅发展、公民投资都在无形之中向着大学周围聚集,从而创造了一种以文化生产和富裕消费为特征的新的城市视野。工业领导者和进步时代的改革者在工业发展中促进了教育进步,并将其剩余的资本投资于更为广泛的社会福利,努力减轻劳资关系中的阶级冲突,建立起诸如学校、美术馆、图书馆、公共雕塑等公共机构。这些公共机构一方面成为了消费者眼中新的文化和娱乐中心,推动了该地商业利益的发展,另一方面也体现出了极高的政治价值,他们加强了政治家在该地区的个人影响力,以及私营企业与国家之间更广泛的合作。

大学自成立之初就带来了阶级差异,成为了经济和社会流动性的平台。高等教育将城市的知识经济与工业经济分离,将中产阶级与工人阶级分离,将白人与黑人分离。曼西市高等教育的发展同样也将曼西市分为了工人阶级与商业精英两个部分。在校园规划和设计上的投资为周边土地带来了新的价值,引起了房地产市场的变化。1923 年鲍尔家族买下了大学校园以北的一大片农业用地,规划出一个名为韦斯特伍德(Westwood)的住宅区,并明确禁止少数族裔拥有居住地,使该住宅区仅为白人种族所拥有①。随后建立起的韦斯特伍德公园(Westwood Park)也同样具有排他性②。由城市规划引起的分区制(zoning)阻碍了少数族裔和中下层阶级向富裕社区的流动,沿种族、阶级划分的种族隔离现象转化为了社会隔离现象。实际上,高等教育已成为社会流动的一种手段,但大学的空间逻辑却破坏了潜在发展力量和机会的均等性。

鲍尔和城市领导人的投资象征着美国全国范围内以慈善事业推动教育发展的广泛模式,同时也提醒着人们注意国家行为的重要性。至新政开始,大学

---

① LaDale C. Winling, *Building the Ivory Tower: Universities and Metropolitan Development in the Twentieth Century*, Philadelphia, University of Pennsylvania Press, 2018, p. 33.

② LaDale C. Winling, *Building the Ivory Tower: Universities and Metropolitan Development in the Twentieth Century*, Philadelphia, University of Pennsylvania Press, 2018, p. 34.

可以使用联邦基金进行城市重建,而根据美国规划法,大学本身往往获得了指导规划和实施拆除等全面发展的权利,同时也取消了租金控制。

二

二战后芝加哥成为了"宇宙科学中心",但好景不长,伴随着移民浪潮中非裔美国人的大量涌入以及中心城市的恶化,高等教育也深陷危机。芝加哥大学通过对周边社区进行实质性地改造来作出回应。20 世纪 50 年代,牛津大学就率先效仿其他大学的做法,开创了一种与自然环境相关联的模式,而作者则为我们提供了一幅更为丰富的景象。他指出,大学与其行政管理部门不仅受益于联邦第 112 条信贷计划(The Section 112 Credits Program),更促成了 1959 年联邦立法。该立法使得众多大学都采用了城市更新计划,以追求城市发展的愿景。这种受过高等教育的精英阶层,创造了一种强有力的后工业化城市主义,其中住房、工作、社会服务都集中在大学周围而非工厂周围。朱利安·列维(Julian Levi)作为城市重建和高等教育界举世闻名的人物,负责该校社区的改造工作。他通过美国大学协会(Association of American Universities)的协调,不仅与哥伦比亚大学、华盛顿大学等高校共享信息,更与城市政客之间保持着密切联系。随后,他"开始在全国范围内发表演讲并提供咨询,就如何最好的赢得和利用城市重建资金向各机构提供建议",他的咨询工作"帮助该大学巩固了其作为其他机构榜样的地位"。[1] 作者所描绘的景象正体现了大学是如何对市政府施加压力的。大学在"批准的城市更新计划区域附近做出的任何合理的支出,都可以被市政当局视为与联邦资金相匹配的地方捐款,通常为二比一"。[2] 也就是说,城市行政管理部门可以将贷款用于其市内任何地方的城市更新项目,而不仅仅是在大学附近已批准的城市更新计划中使用。同时也就意味着,大学与城市行政管理部门之间的合作可能使城市收获数百万联邦资金的意外之财,而市政府无需花费一分钱。在这种情况下,芝加哥大学显然已经"成功地融入了市政部门的经济增长愿景以及技术和资本主义胜利的国家议程,以至于它不可避免地陷入了政治动员、公共政

---

[1] LaDale C. Winling, *Building the Ivory Tower: Universities and Metropolitan Development in the Twentieth Century*, Philadelphia, University of Pennsylvania Press, 2018, p. 107.

[2] LaDale C. Winling, *Building the Ivory Tower: Universities and Metropolitan Development in the Twentieth Century*, Philadelphia, University of Pennsylvania Press, 2018, p. 107.

策和重建融资的网络之中"。①

　　芝加哥大学利用第 112 条信贷计划获得了市政府的批准,允许该校接管中途岛以南 60 街和 61 街之间的狭长土地,校方领导人认为,这是保护大学不受南边社区问题影响的关键。列维所指导的另一所高校是麻省理工学院(MIT),该校所位于的剑桥市同样利用第 112 条信贷计划筹得联邦重建资金,以期于 1970 年代中期完成重建肯德尔广场(Kendall Square)的计划,该广场是一个靠近校园的去工业化地区。麻省理工学院和剑桥重建局(Cambridge Redevelopment Authority)于 1980 年代建立起生物技术和计算机公司,这种围绕着打造一个"白领剑桥和创业型高等教育部门"②的愿景,与工人阶级居民希望将新的工业工厂带到园区的愿望背道而驰。此举改变了剑桥市的人口结构,1994 年取消波士顿和剑桥长期存在的资金控制政策加剧了这一转变,作者将其描述为新自由主义的标志。数十年来,白人种族日益突出,劳工运动不断强大,整个波士顿都为工人阶级的政治活动提供了活力。剑桥市作为一个独立的城市和学区,有自己的工人阶级斗争,包括控制租金、肯尼迪图书馆项目、内带计划(the Inner Belt)和肯德尔广场计划,③这些都是剑桥政治格局不断变化的关键。不断变化的政治经济格局也对大学的发展产生了深远的影响。大学的宗旨不再是促进工业发展与就业,而转变为颂扬企业研究,甚至是一个新的企业社会,研究者们和理论家们提倡白领的价值以及非传统知识劳动对城市建设的影响。作者甚至认为,哈佛大学和麻省理工学院的"白领视野正在改变大都市波士顿的空间逻辑"。④

　　加州大学伯克利分校的情况则有许多不同。在那里,当地居民于 1966 年投票否决了该大学利用第 112 条信贷计划获取联邦资金重新开发校园南部土地的提议。随后大学决定通过自身力量完成重建工作,但在拆除指定地块后,立法机关并没有提供相应的建设资金。当地的激进分子试图将这片土地变成

① LaDale C. Winling, *Building the Ivory Tower: Universities and Metropolitan Development in the Twentieth Century*, Philadelphia, University of Pennsylvania Press, 2018, p. 108.

② LaDale C. Winling, *Building the Ivory Tower: Universities and Metropolitan Development in the Twentieth Century*, Philadelphia, University of Pennsylvania Press, 2018, p. 160.

③ LaDale C. Winling, *Building the Ivory Tower: Universities and Metropolitan Development in the Twentieth Century*, Philadelphia, University of Pennsylvania Press, 2018, p. 163.

④ LaDale C. Winling, *Building the Ivory Tower: Universities and Metropolitan Development in the Twentieth Century*, Philadelphia, University of Pennsylvania Press, 2018, p. 155.

人民公园,从而导致了 20 世纪 60 年代最臭名昭著的校园暴力冲突。作者发现了一条从 1964 年因一块有争议的狭长土地而开始的言论自由运功,到 1969 年的人民公园抗议,再到 1973 年伯克利的《社区保护条例》(Neighborhood Preservation Ordinance)及其"暂停新开发和拆迁"①的发展轨迹。温林认为,这个目标表明"政治空间是瓦解自由政治秩序的关键"。② 在伯克利,"政治上的自由主义理想需要保守的城市设计理想",③而不是战后自由主义典型的现代美学。

<h2 style="text-align:center">三</h2>

今天在美国大学校园里仍然存在的对非裔美国学生的骚扰表明了一个很残酷的事实,即对许多人来说,这些地方依旧是"为纯白种族保留的"。在奥斯汀,了解种族隔离、都市发展和高等教育之间的关系对于了解城市的发展至关重要。在德克萨斯州立大学奥斯汀分校,联邦资金和德州石油收入相结合,推动了大学的不断发展,改变了城市的空间组织和经济性质,同时也强化了城市中的种族隔离,并"将这种社会体系纳入到了高等教育体系"。④ 大学领导者和城市精英合作,开发城市绿地和以汽车为导向的场所,这种场所按种族进行功能隔离,另一方面,他们在科学探索、区域经济增长和消费者选择方面也无意识地塑造了一种种族隔离的意识形态。当民权运动对大学法学院中存在的种族隔离制度提出挑战时,公民领袖和教育行政人员仍然继续追求着这种黑白界限。甚至是当法律制度被推翻之时,空间隔离仍然根深蒂固。

在芝加哥大学,黑人学生寻找公寓住房所面临的困难,将该地种族歧视的问题暴露在公众面前。在种族平等大会(the Congress of Racial Equality)的支持下,学生占领了行政大楼,爆发了指控大学种族歧视的抗议活动。这次抗议行动也表明大学行政人员、教职员工与学生之间的关系十分紧张,他们就住

---

① LaDale C. Winling, *Building the Ivory Tower: Universities and Metropolitan Development in the Twentieth Century*, Philadelphia, University of Pennsylvania Press, 2018, p. 149.

② LaDale C. Winling, *Building the Ivory Tower: Universities and Metropolitan Development in the Twentieth Century*, Philadelphia, University of Pennsylvania Press, 2018, p. 140.

③ LaDale C. Winling, *Building the Ivory Tower: Universities and Metropolitan Development in the Twentieth Century*, Philadelphia, University of Pennsylvania Press, 2018, p. 149.

④ LaDale C. Winling, *Building the Ivory Tower: Universities and Metropolitan Development in the Twentieth Century*, Philadelphia, University of Pennsylvania Press, 2018, p. 77.

房问题有着严重的分歧。作者还指出,大学行政人员不一定全是出于种族主义的动机,有时他们更关心阶级问题。在一份早期的备忘录中,列维提到要消除"会吸引下层白人和黑人的贫民窟和衰败现象"。[①]

和许多欧洲城市一样,位于城市边缘的大学校园刺激了中产阶级郊区的产生,但随着城市的不断发展,中产阶级不断向外迁移,一些大学——芝加哥大学就是典型的例子——眼睁睁地看着自己变成一座充满犯罪、贫困问题的孤岛。在这些所有的事件中,他们的反应都是公开且合理的,他们以种族隔离为基础,目的是为了保留或重建更适宜居住的住房,即白人和中产阶级的住房,以供教职员工和学生使用,也供有其子女在该校就读的家庭使用。当大学设法吸引女学生以提高其入学率,缓解危机时,"安全的环境"则被视为了头等大事。奥斯汀和芝加哥或许最清晰地展现了传统房地产市场的运作方式。伯克利的情况也是如此,但这里的学生对有特色的老城市结构更为偏爱,追求标准化、高效率的现代主义住房计划遭受了重重困难,也由此展现了对自由秩序的不满。20世纪60年代,对大学周围空间的控制成为了学生和市政当局之间冲突的中心。以哈佛大学为例,近年来,该大学所获得的巨额捐款使它能够购买众多房产,直到2008年的金融危机,这一过程才得以停止,留下了许多空置的土地。

纵观整个20世纪,大学在美国各地都帮助城市建立起了一种新型的城市社区。这些社区显然已经成为了城市就业机会的关键来源、居民理想的定居和消费地点、文化创意和知识生产的场所以及蓬勃发展的房地产经济市场,同时也是具有争议性的邻里政治的领域。美国城市的活力以及大都市边缘的发展都是不断增强且具有持续性的。大学是这一系列社区既不断向外围扩展又在中心聚集的原因所在,他们既不是天生的城市也不是再生的郊区,一所大学可能拥有多个校区,不同的专业在空间上截然不同。不论其地理位置如何,大学都是城市发展的推动者,是经济活动和知识创造的重要中心。这种新型的依赖教育发展的城市社区通常是在城市危机后出现的,但他并不是依据危机而发展,相反,危机给大学创造了机会。大学利用慈善事业所增加的资源,投

[①] LaDale C. Winling, *Building the Ivory Tower: Universities and Metropolitan Development in the Twentieth Century*, Philadelphia, University of Pennsylvania Press, 2018, p. 91.

入曾因犯罪、失业和残破而陷入困境的社区,但是仍有社区居民对此感到不满。

时代发展到今天,城市更新的关键在于专业且富有创造力的年轻人,他们取代了中心城区的工人阶级。吸引大学和受过高等教育的人才已经成为发达国家政府寻求复兴的一项中心政策。高科技公司把他们的办公室描述成另一种"校园"的时尚也是这种知识经济综合体的一部分。房租螺旋式上涨和社区社会转型的结果是为人们所熟知的。大学的实体扩张仍在继续,知识经济对城市空间的需求似乎与过去的实验室、医疗机构一样多。除了在学术想象中,大学从来就不是真正的"象牙塔",用作者的话说,他们常常把自己看作是"被困在当地的国家和全球机构"。① 但只要大学仍是一种实体机构,他与城市之间复杂的双向关系就会持续存在。不断扩张的知识之城势必会给城市社区带来冲突和创造性的破坏。

Two-way interaction between university and city — Reflections on the *Building the Ivory Tower*: *Universities and Metropolitan Development in the Twentieth Century*

Abstract: Since the 19th century, as an entity, the university has a complex two-way interaction with the city. In the development of American society in the 20th century, universities played a crucial role and continued to develop. For city promoters, investments in universities promote the production of knowledge, attract population clusters, and transform traditional city spaces into a new kind of city community that has become a key source of job opportunities and market economic growth in American cities. As an entity, the university is the carrier of city educational values and political and economic situations, which can respond and change with the transformation of city communities. With the constant input of urban resources, universities are becoming less sensitive to the values of the surrounding communities and even harmful to city development. In order to protect and expand its resources and mission, universities have

---

① LaDale C. Winling, *Building the Ivory Tower*: *Universities and Metropolitan Development in the Twentieth Century*, Philadelphia, University of Pennsylvania Press, 2018, p. 12.

intensified class differences and racial segregation in the city environment. Therefore，universities undoubtedly represent the problems and hopes of American social development in the process of their own creation and development. Universities are the indispensable institutions of American society in the 20th century. When they impose space ideology on urban communities，they will become the main promoters of urban development.

Keywords：Urban history；American university；urban space consciousness

作者简介：常远，上海师范大学人文学院世界史研究生。

图书在版编目(CIP)数据

城市世界与历史/苏智良,陈恒主编. —上海:上海三联书店,
2020.12
(都市文化研究)
ISBN 978 - 7 - 5426 - 7286 - 5

Ⅰ.①城…　Ⅱ.①苏…②陈…　Ⅲ.①城市文化-文集
Ⅳ.①C912.81 - 53

中国版本图书馆 CIP 数据核字(2020)第 246228 号

城市世界与历史

主　　编 / 苏智良　陈　恒

责任编辑 / 殷亚平
装帧设计 / 徐　徐
监　　制 / 姚　军
责任校对 / 张大伟　王凌霄

出版发行 / 上海三联书店
　　　　　(200030)中国上海市漕溪北路 331 号 A 座 6 楼
邮购电话 021 - 22895540
印　　刷 / 上海惠敦印务科技有限公司

版　　次 / 2020 年 12 月第 1 版
印　　次 / 2020 年 12 月第 1 次印刷
开　　本 / 710×1000　1/16
字　　数 / 500 千字
印　　张 / 28.25
书　　号 / ISBN 978 - 7 - 5426 - 7286 - 5/C·611
定　　价 / 98.00 元

敬启读者,如发现本书有印装质量问题,请与印刷厂联系 021 - 63779028